U0620088

青藏高原农业发展及其生态环境影响和调控对策

吕昌河　卢宏玮　莫兴国　史文娇　于伯华等　著

科　学　出　版　社

北　京

内 容 简 介

本书基于实地考察、遥感、第三次全国国土调查和统计等多源数据，采用对比分析和模型方法，阐释青藏高原土地资源的质量特征和农业适宜性，揭示耕地、设施农业用地、主要作物的增产潜力、草地生产力、牲畜承载力和超载程度的时空变化特征，以及气候变化、政策等因素的影响；分析 1980 年以来高原种植业、畜牧业和粮食供需的发展变化特征，评估农业活动的生态环境影响与未来风险。综合自然和社会经济因素、土地利用和农业结构，提出面向生态保护的农业调控分区及农业可持续发展对策。

本书可作为从事青藏高原资源环境和农业研究与管理人员的参考用书。

审图号：GS 京（2024）0956 号

图书在版编目（CIP）数据

青藏高原农业发展及其生态环境影响和调控对策 / 吕昌河等著 . —北京：科学出版社，2024.6

ISBN 978-7-03-075512-4

Ⅰ.①青⋯ Ⅱ.①吕⋯ Ⅲ.①青藏高原–农业发展–研究 ②青藏高原–农业环境–生态环境–研究 Ⅳ.①F327.7 ②S181.3

中国国家版本馆 CIP 数据核字（2023）第 086407 号

责任编辑：杨逢渤 / 责任校对：郝甜甜
责任印制：徐晓晨 / 封面设计：无极书装

科学出版社 出版
北京东黄城根北街 16 号
邮政编码：100717
http://www.sciencep.com
北京建宏印刷有限公司印刷
科学出版社发行　各地新华书店经销
＊
2024 年 6 月第 一 版　开本：787×1092　1/16
2024 年 6 月第一次印刷　印张：23 1/2
字数：550 000
定价：288.00 元
（如有印装质量问题，我社负责调换）

前　言

青藏高原南起喜马拉雅山脉，北至昆仑山、阿尔金山和祁连山北坡，西起喀喇昆仑山脉，东部与黄土高原、秦岭山脉和川西山地相连，东南部与云贵高原相接，介于 25°28′N ~ 40°40′N 和 73°25′E ~ 105°E，土地面积 267.82 万 km²，约占我国陆地总面积的 27.9%。高原地势高亢，平均海拔超过 4000m，被称为"世界屋脊"和"地球第三极"。区域内冰川、湖泊和水系发育，是我国长江、黄河以及塔里木河和河西走廊绿洲农业的水源地，也是湄公河、印度河、恒河、布拉马普特拉河等跨境河流的发源地，因此被称为"亚洲水塔"。由于特殊的自然地理环境，珍稀野生动植物资源丰富，是我国自然保护区分布最密集的地区和重要的生态安全屏障。

青藏高原的社会经济发展总体还处于较低水平，目前仍有超过一半的人口从事和依靠农业。受自然条件制约，青藏高原生态脆弱，土地承载力低，对农业活动非常敏感。虽然人类活动和土地利用强度总体较低，但草地过牧退化现象尤其是在 20 世纪 80 ~ 90 年代非常普遍，对高原脆弱的生态环境造成了严重危害。21 世纪初期，国家在青藏高原实施了一系列的草地保护政策和生态建设工程，草地压力减轻，生态状况得到显著恢复，但同时也对牧民的收入造成一定影响。因此，要实现高原区域可持续发展，必须协调好农业发展和生态保护的关系，促进农牧民增收和生计改善。为此，中国科学院在 2018 年启动了"泛第三极"先导科技专项（A），设置了"青藏高原农业发展与水土资源高效利用"的研究任务，重点分析青藏高原的农业发展过程、驱动机制及其生态环境影响，探讨农业可持续发展途径和调控对策，提出规避生态风险、保障高原生态安全的农业发展模式和战略。本书就是在该科技专项支持下完成的主要研究成果的集成总结。

2018 ~ 2022 年，研究团队对青藏高原的主要农牧区进行了实地考察和调研，获取了大量第一手资料。通过与政府部门座谈和农户调查，了解了青藏高原农业发展取得的成绩和存在的问题、农牧民的生活现状和需求；基于亚米级高分影像，通过目视解译和野外样点验证，获取了青藏高原高精度的耕地、设施农业用地面积和空间分布；基于水土采样数据，获取了高原水土质量特征和污染状况；基于长序列 MODIS 数据，通过模型分析获取了青藏高原草地面积、青草期长度和盖度、草地生产力和牲畜承载力的时空格局和变化趋势数据，识别了主要的影响因素；基于各省区的县级农业统计数据，分析了改革开放以来种植业和畜牧业的投入产出，以及粮食供求的时空变化，评估了农业活动的生态环境影响；通过对土地资源和农业发展现状的综合分析，提出了青藏高原农业调控区划和发展对策。

本书包括 16 章。第 1 章概要介绍青藏高原的范围的界定和面积，基于 2020 年第七次人口普查数据和县乡界限，确定青藏高原人口总量和空间分布。第 2 章通过系列制图分析青藏高原的水热和水土空间匹配特征，揭示土地资源质量和适宜性，阐释土地对农业利用的敏感性。第 3 章和第 4 章，根据亚米级遥感影像解译数据和 2019 年省、县级第三次全国国土调查数据，分析青藏高原耕地的空间分布特征；根据 2020 年县级统计数据，分析种植业和畜牧业的发展现状和空间变化，揭示农业活动强度及其区域差异。第 5 章分析 1978 年以来青藏高原农地利用与农业发展变化过程及其驱动机制。第 6 章测算青藏高原草地产草量和理论承载力，在县级尺度上分析了 20 世纪 80 年代以来草地超载程度的时空变化。第 7 章利用作物模型和逐日气候数据，模拟青藏高原主要作物青稞和春小麦的生产潜力；根据县级统计数据，测算两种作物生产潜力的开发程度。第 8 章基于高分影像解译数据及 DEM 和县级统计数据，分析青藏高原耕地分布格局的形成机制，以及一江两河地区和湟水河谷地 2000~2018 年耕地的变化特征和影响因素。第 9 章基于 MODIS 数据，分析青藏高原草地植被盖度的趋势变化及其空间差异，识别退化风险热点区和影响草地变化的主要因素。第 10 章基于野外采集的水土样品数据，分析青藏高原水土质量特征和农业活动对水土环境的影响。第 11 章通过典型区研究，分析农地变化对生态、粮食生产和河流径流的影响。第 12 章通过实地采样数据和模型分析，揭示 2006~2018 年拉萨河水质的变化特征和农业活动的影响。第 13 章从风险源危险度–生态脆弱度–生态环境损失度三个视角，分析评估农牧业开发的生态环境影响与风险。第 14 章根据县级统计数据和情景方法，分析青藏高原 20 世纪 80 年代以来粮食供需变化特征，预测未来趋势。第 15 章提出农业调控区划和农业发展空间布局方案，阐释分区特征和农业调控方向。第 16 章提出农业可持续发展对策。

本书由吕昌河组织和统稿，各章节的主笔和主要完成人分别是：第 1 章吕昌河、张泽民、刘亚群、魏慧；第 2 章吕昌河、姚明磊、张泽民、刘亚群、邵东国、董前进、顾文全；第 3 章吕昌河、魏慧、于伯华、陈源源；第 4 章吕昌河、刘亚群、陈源源、于伯华；第 5 章吕昌河、于伯华、魏慧、刘亚群、张泽民、刘玉洁、吕硕；第 6 章莫兴国、刘文；第 7 章张泽民、吕昌河、李俊、于强、穆青云；第 8 章魏慧、吕昌河、于伯华；第 9 章刘亚群、吕昌河、于伯华；第 10 章卢宏玮、冯三三、薛宇轩、于庆、姚天次、李恒臣；第 11 章魏慧、吕昌河（11.1 节），卢宏玮、田沛佩、薛宇轩（11.2 节）；第 12 章李丹、罗玉峰、邵东国；第 13 章卢宏玮、薛宇轩、聂倩文、殷闯、唐孟；第 14 章史文娇、丁锐、崔佳莹；第 15 章吕昌河、刘亚群、张泽民、魏慧、于伯华；第 16 章昌河、卢宏玮、史文娇、于伯华。

本书的特色是基于从实地考察、遥感影像、统计年鉴等数据源获取的数据，通过综合集成，细致分析青藏高原农业的时空变化特征和生态环境影响，图文并茂，是一部数据翔实、内容较系统完整的关于青藏高原农业发展状况、生态环境影响和调控对策的专著。本书的出版是全体课题研究人员共同努力的结果，在此对所有课题研究成员尤其是参加野外资料收集工作的研究生表示感谢。在野外考察调研中得到西藏自治区农牧科学院和西藏、青海、云南、四川、甘肃、新疆各省区政府部门的大力协助，在此也深表谢意。我们希望本书的出版能为从事青藏高原农业和资源环境研究的科研人员提供参考，为政府部门编制区域发展规划提供支持。限于作者水平和时间限制，本书难免会存在不足之处，敬请读者批评指正。

吕昌河

2023 年 6 月

目　　录

第1章 区域范围和人口分布

青藏高原地势高寒，被称为"世界屋脊"和"地球第三极"。区域内冰川、湖泊和水系发育，是诸多重要河流包括我国的长江、黄河和国际河流湄公河、印度河、恒河、布拉马普特拉河的发源地，因此，又称为"亚洲水塔"，是我国重要的河流水源地和生态安全屏障。由于特殊的自然地理环境，青藏高原社会经济发展总体还处于较低水平，其中农业仍占有重要地位，是青藏高原地区分布范围最广、对生态环境影响最大的产业，是区域经济发展与长治久安的基础，对巩固边防、促进民族团结、社会和谐稳定具有举足轻重的作用。

1.1 区域范围和面积

青藏高原南起喜马拉雅山脉，北至昆仑山、阿尔金山和祁连山北坡，西部为帕米尔高原和喀喇昆仑山脉，东北部毗连黄土高原和秦岭山脉，东部邻近四川盆地，东南部毗连云贵高原。青藏高原中北部地区为其主体，以高原面、高原山丘地和湖泊盆地为主（杨逸畴等，1982；李吉均，1983），包括羌塘高原、可可西里山地和青海高原，海拔多在4500m以上，地势平缓。青藏高原东南部和周边地区，主要为中高山深谷地貌：北部有昆仑山、阿尔金山和祁连山脉，东北部有柴达木盆地和河湟谷地，南部有喜马拉雅山脉、雅鲁藏布江谷地，东南部为横断山地。

对于青藏高原的具体界限，目前多采用张镱锂等（2002）确定的边界。主要考虑行政界限的完整性和便于数据统计，本书对青藏高原边界进行了微调：①将青海全部都划为青藏高原；②东北部甘肃、东南部云南的范围有所扩大，即甘肃天祝藏族自治县（简称天祝县）、岷县，云南省剑川县、云龙县、宁蒗彝族自治县（简称宁蒗县），平均海拔在2500m以上，其县域都划入了青藏高原；③西北角有所北延，将新疆乌恰县全部划入青藏高原；④东部，即川西地区，地形复杂，青藏高原界限不是很清晰，首先根据阿坝藏族自治州（简称阿坝州）的边界将其全部划入青藏高原，其他部分主要依据2500m等高线划分，界限变动不大。

根据上述调整，青藏高原的范围介于25°28′N~40°40′N和73°25′E~105°E，土地总面积267.82万km²，约占我国陆地总面积的27.9%，其中71%的面积分布在西藏和青海，较张镱锂等（2002）界定的范围稍有扩大，面积增加4.2%。行政范围包括西藏和青海全部，以及甘肃西南部、四川西部、云南北部和新疆西南部地区（图1-1），涉及230个县市（表1-1），其中174个县域单元完整，包括西藏、青海、甘肃甘南藏族自治州（简称甘南州）、四川甘孜藏族自治州（简称甘孜州）和阿坝州、云南迪庆藏族自治州（简称迪庆州）和怒江傈僳族自治州（简称怒江州）的全部县市；以及甘肃岷县和天祝县，云南丽江市古城区、宁蒗县、玉龙纳西族自治县（简称玉龙县）、剑川县、云龙县，新疆塔什库尔干塔吉克自治县（简称塔什库尔干县）和乌恰县。其余 56 个县市位于青藏高原北部、东部和东南部的青藏高原过渡带，仅包括位于青藏高原坡脚线以上的区域。

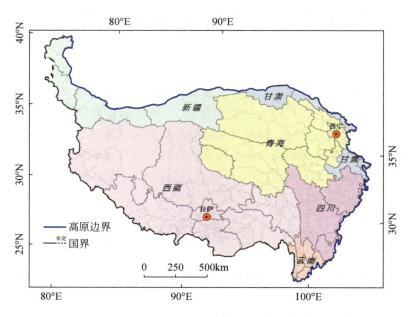

图 1-1　青藏高原的范围、涉及的省区、州市和县域分布图

表 1-1　青藏高原涉及的行政区域

省区	完整州、县市	不完整县市
西藏	全部 74 县市/区	
青海	全部 45 县市/区	
四川高原区	甘孜州 18 县市；阿坝州 13 县市	（1）盐源县、宝兴县、冕宁县；（2）石棉县、平武县、天全县；（3）西昌市、什邡市、彭州市、芦山县、北川羌族自治县（简称北川县）、盐边县、都江堰市、绵竹市、大邑县、越西县；（4）甘洛县、喜德县、荥经县、崇州市、汉源县、青川县
甘肃高原区	甘南州 8 县；天祝县；岷县	（1）阿克塞哈萨克族自治县（简称阿克塞县）、肃南裕固自治县（简称肃南县）；（2）肃北蒙古族自治县（简称肃北县）、漳县、宕昌县、和政县；（3）临夏县、山丹县、康乐县、积石山保安族东乡族撒拉族自治县（简称积石山县）、文县、民乐县、玉门市；（4）永登县、永昌县、渭源县、礼县、瓜州县
云南高原区	迪庆州 3 县市；怒江州 4 县；丽江市古城区、宁蒗县、玉龙县；剑川县；云龙县	（1）洱源县；（2）鹤庆县、永胜县；（3）华坪县

省区	完整州、县市	不完整县市
新疆高原区	塔什库尔干县、乌恰县	(1) 和田市、阿克陶县、叶城县；(2) 若羌县、皮山县、民丰市、策勒县、且末县、于田县；(4) 莎车县、洛浦县、墨玉县
青藏高原	包括174个完整县市	包括56个不完整县市，其中：(1) 9个县市涉及面积占县域的66%~93%；(2) 15个县在30%~45%；(3) 17个县市在10%~21%；(4) 15个县低于10%

1.2 人口与分布

根据2020年第七次人口普查县级数据，青藏高原共有人口1584.62万人，平均人口密度5.92人/km²。其中县域完整的174个县市共计1503.43万人，占青藏高原总人口的94.88%，其余56个不完整县市，按照2020年乡级人口统计数据（国家统计局农村社会经济调查司，2021）的占比估算，共计81.19万人，占5.12%。分省区看，西藏和青海分别有人口364.81万人和592.40万人，合计占青藏高原总人口的60.41%，低于土地面积70.91%的占比（表1-2）。川滇横断山区，即四川高原区和云南高原区，人口分别为247.91万人和218.31万人，合计占比近30%，但土地面积仅占12.24%，人口分布较密集。新疆高原区虽然土地面积占比达12.43%，但人口数量很少，只有17.94万人，仅占青藏高原人口总数的1.13%，平均人口密度0.54人/km²。

表1-2 青藏高原各地区土地面积、人口数量和密度

地区	土地面积		人口数量		人口密度/（人/km²）
	万km²	占比/%	万人	占比/%	
西藏	120.25	44.90	364.81	23.02	3.03
青海	69.67	26.01	592.40	37.38	8.50
甘肃高原区	11.83	4.42	143.25	9.04	12.11
四川高原区	26.68	9.96	247.91	15.65	9.29
云南高原区	6.10	2.28	218.31	13.78	35.79
新疆高原区	33.29	12.43	17.94	1.13	0.54
青藏高原	267.82	100.00	1584.62	100.00	5.92

按县域统计，人口分布空间差异显著，但大部分地区人口密度低于5人/km²（图1-2），其中藏羌塘高原地区低于0.5人/km²。西藏一江两河地区包括堆龙德庆区、达孜区、曲水县、尼木县、桑珠孜区、江孜县、白朗县、贡嘎县等主要农业区，人口密度超过15人/km²。横断山中北部区，人口主要分布在河谷和山地缓坡，平均密度为5~10人/km²。滇北地区、青海东北部河湟谷地，包括西宁市、海东市、丽江市和大理市北部所辖县区，人口密度超过30人/km²。高原两个省会城市人口密集，拉萨市人口密度超过1000人/km²，西宁

市超过 5000 人/km²，其中城中区超过 1.5 万人/km²。藏南地区的人口密度根据我国实控区的人口数据计算，因此人口密度较低。

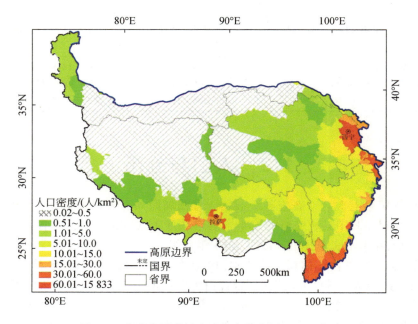

图 1-2　青藏高原县域人口密度分布图（2020 年）

在全部人口中，藏族人口约占 40%，其中西藏藏族人口占比最高，达 86.0%。青海以汉族人口为主，占比 51%，其次是藏族人口，占比 25% 左右，其余为回族、撒拉族、蒙古族等少数民族人口。对于常住人口中城镇人口比例，青海最高，为 60.08%，其次是云南怒江州和丽江市，分别为 52.35% 和 47.65%。在藏族分布较集中的地区，城镇化率较低，如在西藏，2020 年城镇人口占常住人口的比例仅为 35.73%，在四川甘孜州和阿坝州、云南迪庆州和甘肃甘南州等藏族自治州，城镇人口比例分别仅 31.10% 和 42.1%、31.07% 和 42.27%。

总体来看，在整个青藏高原地区，城镇人口比例在 45% 左右，即超过一半的人口生活在农村，主要从事农牧业。从 2020 年的统计数据看，农业（农林牧副渔业）总产值占地区总产值的比例不高，在西藏仅为 12.27%，低于全国的比例（13.59%）；青海稍高，为 16.85%，略高于全国的比例。

参 考 文 献

国家统计局农村社会经济调查司.2021.2020 中国县域统计年鉴（乡镇卷）.北京：中国统计出版社.
李吉均.1983.青藏高原的地貌轮廓及形成机制.山地研究，1（1）：7-15.
杨逸畴，李炳元，尹泽生，等.1982.西藏高原地貌的形成和演化.地理学报，37（1）：76-87.
张镱锂，李炳元，郑度.2002.论青藏高原范围与面积.地理研究，（1）：1-8.

第2章 ｜ 土地质量与适宜性

本章基于逐日气候数据、数字高程模型（DEM）和土壤数据、河流水文数据，分析青藏高原土地资源的质量特征及其对农业利用的敏感性和适宜性，测算适宜种植业、牧业和林业的土地面积，并编制空间分布图。

2.1 土地要素的基本特征

2.1.1 地形

基于 ASTER 全球数字高程模型（GDEM）30m 空间分辨率的 DEM 数据，利用 ArcMap 空间统计，全区 54.85% 的面积海拔在 4500m 以上，34.46% 在 3000~4500m，10.69% 在 3000m 以下（表2-1），地貌以高原盆地、高原丘陵和高山为主（图2-1）。

表 2-1 青藏高原不同海拔带占比和坡度构成

海拔带/m	面积占比/%	坡度构成/%			
		<6°	6°~15°	15°~25°	>25°
>4500	54.85	31.20	33.24	19.06	16.50
4000~4500	16.29	22.87	26.49	23.51	27.13
3500~4000	10.06	17.11	24.27	24.22	34.40
3000~3500	8.11	30.86	21.93	17.20	30.01
<3000	10.69	34.84	17.52	16.98	30.66
青藏高原	100.00	28.79	28.64	19.93	22.64

采用地形起伏度指标，即每个窗口区内海拔最高像元与最低像元的高度差，按 41×41 个 30m 像元（1.23km×1.23km）的最佳窗口区（封志明等，2020），利用 ArcMap 的 Focal Statistics 和 Raster Calculator 工具，计算和编制了青藏高原地形起伏度的空间分布图（图2-1）。结果显示，青藏高原的地形起伏度多在 50~800m，区域差异显著。西北部高原区，海拔一般在 4500m 以上，以高原丘陵和湖泊盆地为主，地形起伏度多低于 150m，地势平缓。东南部横断山区，海拔多在 4500m 以下，但地形破碎，相对高差大，地形起伏度多在 500m 以上，为深切山地峡谷地貌（图2-1）。

从土地的坡度构成看，以低于 15° 的缓坡地为主，合计占比约 57%，其中在大于 4500m 的高寒地区，≤15° 的平缓地占比约 64%。在海拔低于 4000m 的地区，≥25° 的陡坡地占比较高，超过30%（表2-1），尤其是在东南部横断山区，地形起伏陡峻，大部分地区为超过25°的陡坡地（图2-1）。

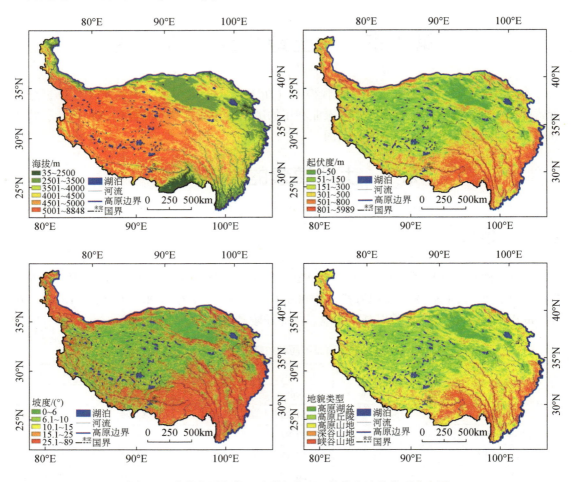

图2-1　青藏高原海拔、地形起伏度、坡度和地貌类型分布图

2.1.2　光热条件

（1）地面总辐射和气温

青藏高原太阳辐射资源丰富，是我国地面辐射强度最高的地区。根据1978～2017年位于青藏高原的131个台站的日照数据，青藏高原年平均日照时数在2500～3500h，受云量影响，大致从西部向东南部降低（图2-2）。根据基于日照时数的经验方程（Doorenbos and Pruitt，1977；Williams，1997）计算，青藏高原年辐射总量在4828～7983MJ/m²，其中西藏西部和南部地区，太阳辐射强度最高，年辐射总量超过7000MJ/m²，青藏高原东南部受云量影响，太阳辐射强度较低，年辐射总量在6500MJ/m²以下（图2-2）。

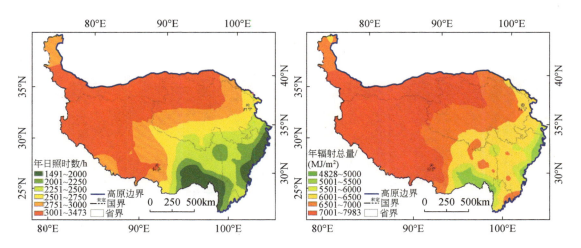

图 2-2 青藏高原年日照时数和年辐射总量空间分布

青藏高原年均气温总体较低，根据 1978～2017 年气象站点数据，考虑海拔影响，采用 Anusplin 空间插值方法（Hutchinson，2004）和 ArcGIS 空间统计方法测算，区域平均气温在−25.1～28.3℃，空间差异十分明显，西北部高原区气温较低，低于 0℃，东南部地区较高，多在 2℃以上，属中温、暖热河谷气候（图 2-3）。受地形的影响，地表夜间有效辐射强，热量大量散失，导致夜间气温偏低，大部分地区的年均日最低气温都低于 0℃（图 2-3），即使在夏季，在藏北高原和高山地区，夜间也时常出现低于 0℃的低温，导致青藏高原大部分地区无霜期偏短，不足 5 个月（图 2-3），尤其是在羌塘高原中北部高海拔地区，无霜期日数低于 60d；在高原东南侧，包括藏南地区和滇北南部地区，热量条件较好，元霜期在 8 个月以上。

相对而言，青藏高原日均温度≥0℃的生长期较长，约 40% 的区域超过半年，其中西藏南部、四川和云南高原区的大部分地区超过 8 个月（图 2-3）。由于太阳辐射强，白天气温相对较高，除羌塘高原中北部高海拔地区，其他地区年均日最高气温都在 0℃以上（图

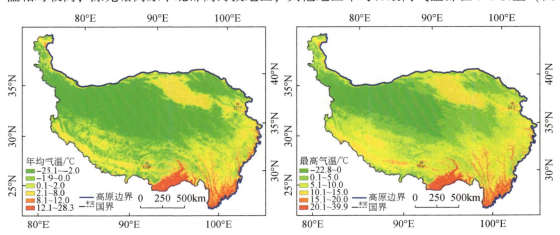

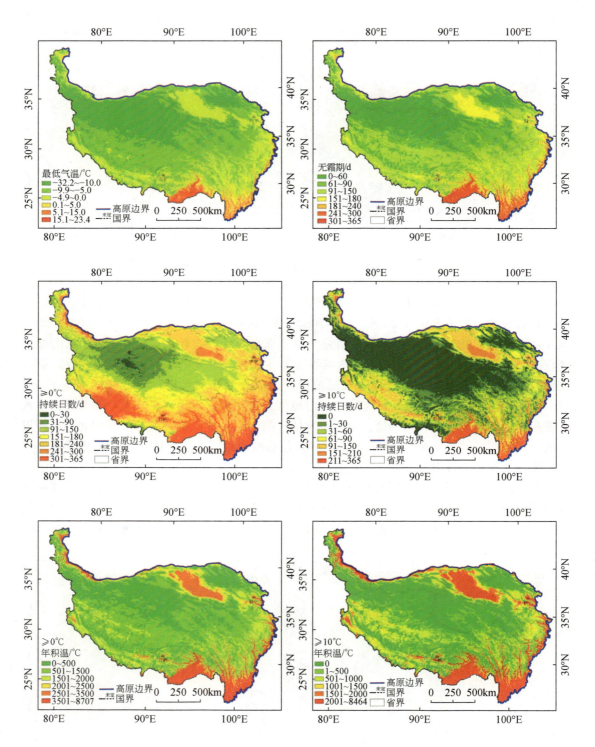

图 2-3　青藏高原主要热量指标的空间分布

2-3）。白天温度高，使日均温度≥0℃的持续日数延长。不过，受夜间低气温的影响，大部分地区有效积温偏低，≥0℃年积温多在1500℃以下，尤其是日均温度超过10℃的持续日数，即植物、作物生长的活跃期短，绝大部分地区不足90d，≥10℃年积温不足500℃（图2-3）。

（2）气温趋势变化

1978～2017年，青藏高原大部分地区的太阳辐射强度呈下降趋势，区域平均下降22MJ/（m²·10a），其中青海、西藏北部和四川西北部下降显著，降幅超过60MJ/（m²·10a）；在西藏东南部和川西地区，地面辐射强度有所上升。日均气温、最高气温和最低气温都呈上升趋势（图2-4），大致随海拔升高其升幅增加。在站点尺度，每10年日均气温、最高气温、最低气温的平均升幅分别在0.3～0.6℃、0.4～0.6℃、0.4～0.85℃，其中高海拔站点即高原西北部升幅较大，而东南部海拔较低的地区升幅不明显。气温上升使青藏高原区的热量条件得到改善，无霜期都显著延长，平均10年增加1.8～11.2d（图2-4）。≥0℃天数增加，平均增加速率在0.1～11.3d/10a，大致呈自西向东逐渐下降的态势，西部大部分地区在7.0d以上，南部的增加速率则相对较低，一般低于5.0d/10a。

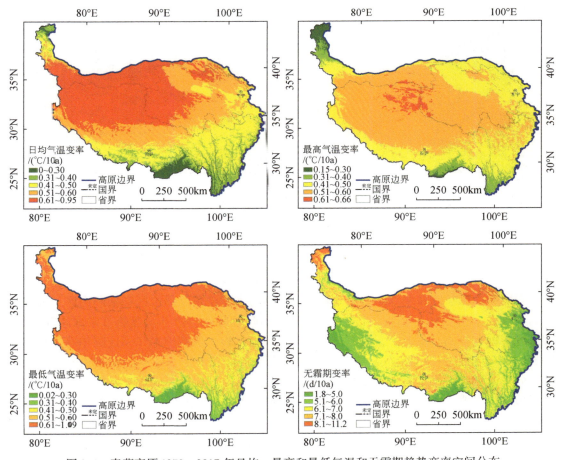

图2-4 青藏高原1978～2017年日均、最高和最低气温和无霜期趋势变率空间分布

2.1.3 降水特征

青藏高原多年平均降水量多在 100～800mm，集中在 5～9 月，区域差异显著（图 2-5）。中部高原区和昆仑山、冈底斯山、喜马拉雅山北坡、祁连山等年降水量多低于 450mm。横断山区年降水量多在 450～800mm（图 2-5）。喜马拉雅山东段降水丰富，年降水量超过 800mm，局部地区超过 2000mm。

青藏高原多夜雨，降水强度较低。根据日降水量数据统计，位于高原的全部 131 个台站，其多年平均日降水量在 1.3～7.9mm，其中 56%～96% 和 28%～70% 的降水日数，降水量分别不足 5mm 和 1mm。从空间分布看，除东南部较高，超过 5mm，其他大部分地区日降水量都较低，尤其是西北部地区，降水稀少，年均日降水量不足 2mm（图 2-5）。低强度降水会很快蒸发，难以入渗土壤被植物利用，造成降水效率不高。

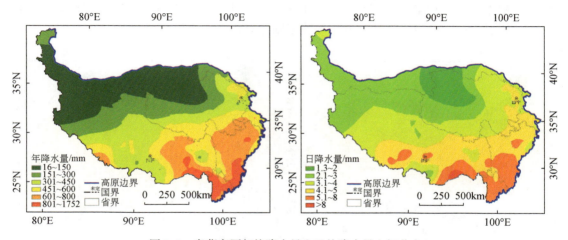

图 2-5　青藏高原年均降水量和日均降水量空间分布

2.1.4 植被和土壤

青藏高原植被以高寒草原、草甸和寒漠草原为主，在东北部山区和横断山区，林地分布面积较大，主要为山地针阔叶混交林、亚高山暗针叶林、松林、亚热带常绿阔叶林等，常见的树种有乔松、高山松、云南松、铁杉、大果红杉、西藏柏木和祁连圆柏等。根据中国 1∶100 万植被类型图测算，嵩草、杂类草高寒草甸和禾草、薹草高寒草原分布面积较大，分别占青藏高原总面积的 23.5% 和 18.6%，其次为亚高山革质常绿阔叶灌丛、高山稀疏植被、山地针叶林、垫状矮半灌丛、高寒荒漠植被等类型，面积均超过 10 万 km²。经济林和作物种植面积较小，面积之和低于 1.0%。

青藏高原典型土壤为高山、亚高山草甸和草原土。在横断山的中低海拔地带，分布有山地棕壤；在喜马拉雅山南麓，气候湿热，有砖红壤、黄壤、黄棕壤等热带土壤分布。在那曲和青海高原南部，气候冷湿，主要为高山、亚高山草毡土类。藏南高山河谷区，主要为阿嘎土或灌丛草原土、寒钙土或亚高山草原土；藏北高原南部，以寒冻钙土为主；藏北高原西部和北部，气候干寒，以冷漠土或亚高山荒漠土为主。

受地形和高寒气候的影响，大部分土壤土层薄、石砾含量高（图2-6），保水能力差。根据国际土壤信息参比中心（International Soil Reference and Information Centre，ISRIC）数据（http://www.soilgrids.org/），青藏高原超过60%的面积，土壤土层厚度低于50cm，只有不到5%的土壤超过100cm，主要分布于河湖盆地。土壤土质差，以砾质土和沙土为主，大部分土壤表土石砾含量在20%以上。在高原东北部、湖盆和雅鲁藏布江谷地，土层较厚，主要为黄土和河湖沉积物，表土石砾含量低于5%。由于气候干旱，近60%的土壤表土 pH 在7.5以上，其中柴达木盆地、藏北高原部分湖盆地，土壤盐渍化严重，表土 pH 多在8.0以上（图2-6）。在藏南和横断山南部，降水丰富，土壤淋溶强，表土 pH<6.5，属中酸性土。由于大部分地区为草原和林灌植被，土壤表层有机质含量相对较高，超过一半的面积表土有机质含量超过3%，在若尔盖草甸草地和高原南部森林分布区，表土有机质含量超过5%（图2-6）。

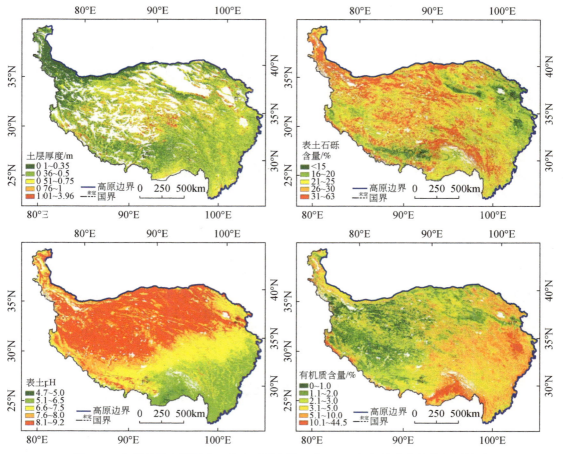

图 2-6　青藏高原土壤厚度、表土石砾含量、表土 pH 和有机质含量的空间差异

数据来源：ISRIC Data Hub（http://www.soilgrids.org/）

2.1.5 河流湖泊

青藏高原是亚洲主要河流包括长江、黄河等的发源地。以巴颜喀拉山—念青唐古拉山和冈底斯山为界，将青藏高原的河流分为外流区与内流区两部分，外流区位于高原东部及东南部，包括注入太平洋的黄河、长江和注入印度洋的西南水系如雅鲁藏布江、怒江等。内流水系位于青藏高原西北部，包括羌塘高原、柴达木盆地、南疆、祁连山地及藏南局部小块的封闭湖盆。

外流区可分为黄河水系、长江水系和西南水系。长江和黄河均注入太平洋，属于太平洋水系，澜沧江、怒江、雅鲁藏布江和印度河，均注入印度洋，属于印度洋水系。外流水系大多起源于藏东南或东部，所以其补给的主要方式是雨水补给。内流区受到高大山脉的阻挡，使得暖湿空气难以到达，降水稀少。加上日照充足，蒸发量相对较大，因此内流河大多径流量较小且流程较短。内流河大多以冰雪融水为主要补给水源，多注入湖泊或洼地，如著名的青海湖、纳木错等。

青藏高原共有大小湖泊 1500 多个，其中，面积 $1km^2$ 以上的湖泊有 1091 个，总面积为 45 万 km^2，大于 $10km^2$ 湖泊有 346 个，面积超过 $500km^2$ 的大型湖泊有 7 个。湖泊以咸水湖和盐湖为主，面积约占青藏高原湖泊总面积的 90%；外流湖均为淡水湖，主要分布在长江和黄河源头，除黄河源头三大湖外，面积均较小。著名的湖泊有青海湖、纳木错、色林错、察尔汗盐湖、鄂陵湖、班公湖等。青海湖古称西海，在青海东北部大通山、日月山、青海南山间，系断层陷落所成，是中国最大的内陆咸水湖。色林错湖面海拔为 4530m，湖水面积为 $2391km^2$，湖水矿化度为 18.28mg/L，是中国第二大咸水湖，有扎加藏布注入此湖。纳木错位于念青唐古拉山的北面，当雄县和班戈县境内，是世界海拔最高的大湖，湖面海拔为 4718m，面积为 $1920km^2$，是中国第三大咸水湖。班公湖是青藏高原西部与克什米尔地区交界的国际性湖泊，东西走向，长约 155km，南北宽约 15km，面积约 $2300km^2$，湖面海拔为 4242m。

青藏高原水资源总量为 5688.61 亿 m^3，其中太平洋水系为 1966.93 亿 m^3，印度洋水系为 3211.50 亿 m^3，内陆水系为 150.18 亿 m^3。青藏高原冰川广布，冰川面积达 49 163km^2，占我国冰川总面积的 83.8%，冰川储量为 41 050.6 亿 m^3，约占我国冰川总储量的 80%，冰川总条数超过 2.5 万条，多年年平均融水量为 463.65 亿 m^3，是青藏高原许多河流源头的主要水源。青藏高原沼泽分布也较广，总面积为 13.4 万 km^2，约占我国沼泽总面积的 1/5，主要分布在河源地区，其中川西的若尔盖草原沼泽面积达 $3000km^2$，是我国最大的泥炭沼泽分布区。

2.2 水土资源匹配及农业利用的敏感性

2.2.1 水土资源空间匹配特征

根据青藏高原的自然环境特征，选择年均温度、年降水量、植被覆盖度和地形坡度为主要指标，采用 ArcGIS 软件，通过空间叠置计算，编制了水热和水土匹配的空间分布图（图 2-7）。总体来看，青藏高原水土资源的空间匹配程度较差，处于中低水平。北部和西部地区气候干旱，植被稀疏，为干旱荒漠或高寒荒漠区，虽然土地平缓，但气候干寒，土壤发育差，土层薄，以砂砾土、沙土为主，水热和水土匹配都很差，干旱缺水和低温严寒是土地资源利用的主要限制因素。东南部地区，气候温暖，年降水量在 500mm 以上，水热组合较好，属中等至良好水平，但土地条件较差，多为中陡坡山地，地形限制了土地的适宜性，对土地生产力形成严重制约。

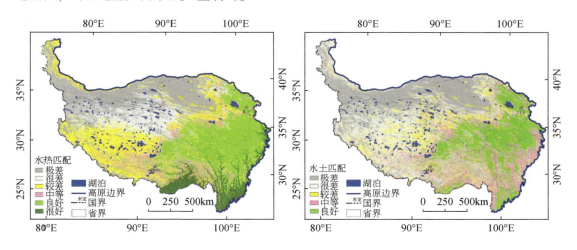

图 2-7　青藏高原水热匹配和水土资源匹配等级分布图

在区域尺度，当雄和那曲高原盆地、青海高原南部、若尔盖草地等地区，地形平缓，坡度<15°，分布有密集的草甸植被，气候温凉湿润，水热和水土匹配良好，集中了青藏高原最优质的牧场，也是牦牛集中放牧区。在横断山峡谷区，地形陡峻，坡度多在 25°以上，虽然降水量丰富，年降水量多在 600mm 以上，水热匹配程度高，但平缓地面积很小，可利用农地资源有限，多不适宜农业利用，但适宜树木生长，分布有较密集的林地，水土匹配程度中等，地形是制约土地利用的关键因素。在西藏一江两河地区，河谷盆地分布面积较大，土地和热量条件都较好，但降水量不足，多在 350～450mm，水土匹配程度中等。柴达木盆地形平缓，热量条件较好，但干旱缺水，年降水量多在 150mm 以下，大部分地区为沙地和石砾地，水分和土壤条件都很差，水热和水土匹配程度低，但在盆地周边绿洲区，水分和土壤条件好，水土匹配程度较好，是重要的枸杞生产区。

2.2.2　土地对农业利用的敏感性

土地对农业利用的敏感性是农业利用时土地出现水土流失、沙化、盐渍化或植被退化等生态环境问题的风险程度，取决于土地利用强度和土地属性。一般来讲，气候干旱、植被稀疏的地区，土地耕垦或放牧易引起草地退化和土地沙化。在山坡地，尤其是陡坡山地，耕垦和放牧会导致水土流失。因此，以植被类型和植被覆盖度、地形坡度为主要指标，对土地的退化风险进行了划分，然后综合考虑农业利用强度，将土地对农业利用的敏感性划分为6类（图2-8）。其中荒漠无植被区、密林地和湿地单独划出，前者基本无人类活动，土地也不适宜农业利用。密林地主要分布在横断山区，多为深山原生或密闭次生林地，人类活动影响较小；湿地主要分布在三江源区和若尔盖河盆洼地，是重要的水源涵养区，虽然植被覆盖度高，草地耐牧性强，但放牧会对水源涵养功能造成负面影响，多已划为自然保护区，因此，与密林地一起划为密林湿地类，未做敏感性评价。

对于其他农牧业利用地类，考虑利用强度和可能的生态风险，划分轻度、中度、强度和重度敏感4级（图2-8）。轻度敏感地是指农业利用时土地退化风险低的土地，面积不大，仅占青藏高原总面积的8.1%，主要分布在青藏高原东中部，青海、四川和甘肃的交界处，为高盖度（>70%）湖盆和中缓坡（坡度<15°）亚高山草甸和山地草甸植被，草地耐牧性强，水土匹配较好，虽然目前放牧强度较高，多大于2羊单位/hm²，但草地质量总体保持良好，退化现象不明显。中度敏感地面积占9.1%，主要分布于东中部和横断山区高山带，为半湿润气候，主要为高山和亚高山中陡坡草甸植被，青草期盖度在50%~70%。受低温限制，草地生产力较低，植被恢复能力较差。强度和重度敏感类型主要分布在西部干旱、半干旱区和南部山地区，面积分别占14.2%和29.8%，荒漠化稀疏草原植被对放牧活动非常敏感，过度放牧易发生草地退化和土地风蚀沙化。

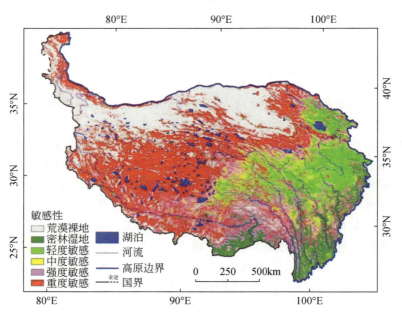

图2-8 青藏高原土地对农业利用的敏感性分布图

2.3 土地适宜性与质量等级

土地的适宜性是指土地对特定用途的适宜程度。根据主要的农业类型，按种植业、牧业和林业分别进行了评价和质量分等，分为宜农地、宜牧地、宜林地和不宜地4类。宜农地是指适宜开垦种植粮食、饲草或果木作物的土地,包括已耕垦的土地;宜林地是指适宜树木生长的土地,包括适宜造林的宜林荒地和现有林地,但不包括已划为宜农地的土地;宜牧地是指适宜放牧的草地和灌丛草地,不包括宜农地和宜林地;不宜地是指不适宜农林牧利用的土地,包括高寒和干旱荒漠、裸岩石砾地,以及水域、冰川等基本无植被的土地,划分指标见表 2-2。

表 2-2   土地适宜类型及指标

适宜类型	土地利用类型	指标
宜农地	适宜开垦种植粮食、饲草或果木作物的土地,包括已耕垦的土地	年均温度>0℃和年降水量>350mm 或有灌溉水源,土层厚度>20cm 且坡度<15°
宜牧地	适宜放牧的草地和灌丛草地	海拔低于 5300m 且生长季最大植被覆盖度>10%
宜林地	适宜树木生长的土地,包括现有林地和宜林荒地	年均温度>2℃,年降水量>400mm 或有灌溉水源的荒地,包括现有林地
不宜地	不适宜农林牧利用的土地	高寒和干旱沙漠、裸岩石砾地、冰川和河湖水域

基于 30m 分辨率 DEM、站点气候插值数据、土地利用现状数据和植被覆盖度数据,根据上述指标,采用 ArcGIS 的空间分析工具,分步划分土地适宜类型:首先,将植被覆盖度和海拔作为水热条件的主要指标,确定了不适宜农林牧利用的土地;其次,对其他地类,分别提取宜农地、宜牧地和宜林地的空间数据,保存为宜农地、宜林地、宜牧地图层文件;再次,按宜牧地、宜林地、宜牧地的次序,对三幅图层文件进行空间叠置,对适宜性有重叠的图斑,按先农后林的次序确定,即既宜牧又宜林的图斑划分为宜林地,将 3 种利用类型都适宜的图斑划分为宜农地;最后,通过制图综合,编制了青藏高原土地适宜性分布图(图 2-9)。

统计分析结果显示,全区适宜农林牧利用的土地面积占 71%,不宜地占 29%。其中宜农地(含现有耕地)面积约 528.2 万 hm²,占比 1.97%,宜林地 426.1 万 hm²,占比 15.91%;宜牧地 1422.6 万 hm²,占比 53.12%。

2.3.1   宜农地

宜农地包括已耕垦的土地和潜在适宜耕垦的土地,后者通常称为宜农荒地。已耕垦土地根据现状确定。对宜农荒地,主要根据温度和海拔、地形坡度、水分状况确定,分为宜饲草作物、宜粮食作物和宜果木作物 3 类。考虑土地耕垦种植粮食作物,土地退化潜在风险高,适宜作物种植的土地仅考虑位于河谷盆地、土层较厚的平缓地,即坡度上限为 6°(表 2-3)。对适宜种植饲草作物的土地,坡度上限为 15°,年均气温在 0~10℃。对适宜种植果木作物的土地,根据当地果木作物的分布情况,年均气温下限为 10℃,地形坡度上限为 15°,其中河谷平地既适宜种植果木作物又适宜种植粮食作物,归为宜粮食作物类。对植被覆盖度≥60%、热量条件好的密集草地,为优良牧场,应禁止耕垦,未列入宜农地的范畴。土壤属性包括土壤水分状况和土层厚度等,主要根据植被覆盖度确定,以植被覆盖

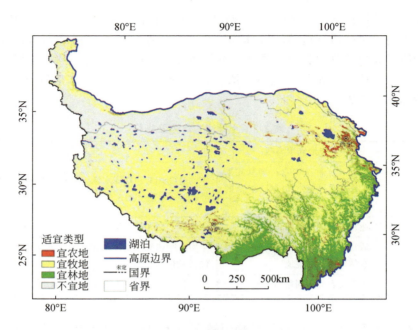

图 2-9　青藏高原土地适宜类型及其空间分布

度≥30%为指标，当植被覆盖度低于30%，因土壤质量差或缺水，耕垦风险高，易发生风蚀沙化，不适宜耕垦。

表 2-3　宜农土地分类及评价指标

适宜类型	适宜作物类型	指标
宜饲草作物	燕麦草、黑麦草、披碱草、紫花苜蓿、沙打旺、燕麦等	年均温度 0～2℃的平缓地，或 2～10℃且坡度在 6°～15°的缓坡地
宜粮食作物	青稞、小麦、薯类、油菜等	年均温度≥2℃且坡度≤6°的平地；年降水量>350mm 或有灌溉水源的干旱绿洲区
宜果木作物	核桃、苹果、花椒等	年均温度≥10℃且坡度≤15°的缓坡地；年降水量>500mm
已耕垦土地	青稞、小麦、薯类、油菜或玉米、水稻等	主要根据米级影像数据解译获取

宜农地的识别，采用的数据主要有温度、海拔和坡度、植被覆盖度。温度基于 1997～2017 年的气象站点平均数据，考虑海拔的影响，通过空间插值获取了 30m 分辨率的空间数据。海拔和坡度数据，根据 30m 分辨率 DEM 数据计算。采用 ArcGIS 的空间分析工具，通过空间叠置计算，首先获取了 30m 分辨率的潜在适宜类型；其次基于 250m 分辨率 MODIS 影像获取的植被覆盖度数据，剔除了植被覆盖度<30%的干旱缺水土地。通过重新分类，将宜农地分为三类，即宜饲草作物土地、宜粮食作物土地和宜果木作物土地（图 2-10），并计算了适宜面积。

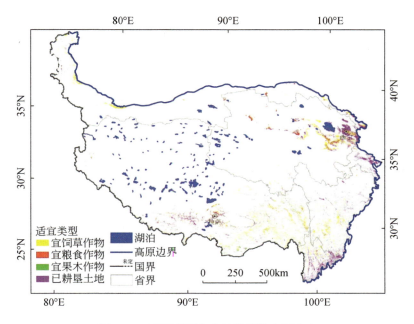

图 2-10　青藏高原宜农地类型的空间分布

基于矢量数据，图斑范围有所放大

　　空间统计结果显示，青藏高原共有宜农荒地面积 330 万 hm²，其中适宜耕垦种植粮食作物的宜农荒地面积为 102 万 hm²，主要分布在柴达木盆地、青海东北部和西藏一江两河地区，在横断山区，虽然水热条件较好，但因地形陡峻，平地面积非常有限，宜农土地仅约 6 万 hm²。适宜人工草地建设的面积为 207 万 hm²，主要分布在青海境内和横断山区的缓坡山地。适宜果园建设的面积为 20 万 hm²，主要分布在藏南和川滇河谷缓坡地（图 2-10）。

2.3.2　宜牧地

　　宜牧地是指生长季最大植被覆盖度 >10% 且海拔低于 5300m 的荒漠草原、草原、草甸和灌丛草地。根据中国科学院资源环境科学与数据中心（http://www.resdc.cn）提供的 2018 年 30m 土地利用数据，提取了青藏高原草地的空间分布，然后根据 2000～2019 年 20 年 MOD13Q1 第 6 版的产品数据（https://ladsweb.modaps.eosdis.nasa.gov/），基于像元二分模型，按 16d 间隔，分期计算草地植被覆盖度，以分期最高植被覆盖度 10% 为指标，对 30m 草地分布图进行了补充修订。按分期植被覆盖度变化曲线，估算了青草期的起始日期和长度，进而计算了青草期草地的平均植被覆盖度（Liu and Lu，2021）。进一步考虑草地植被覆盖度、分布海拔和坡度等因素，对宜牧草地的质量特征进行了分等。

　　青藏高原宜牧草地面积 14 226 万 hm²，占土地总面积的 53.12%，主要分布在高原中部地区。青藏高原东南部山地以林地为主，草地分布零散。青藏高原北缘包括柴达木盆地，因气候干旱，可利用草地面积不大，多为裸地和荒漠（图 2-11）。在西南部湿润地区和西北部柴达木干旱地区，草地分布面积较小。宜牧草地主要分布在海拔4000m以上的高海拔地区，小部分海拔在3500m以下，主要分布于横断山区、柴达木和共和盆地、若尔盖盆地、河湟谷地等区域。从草地的坡度构成看，大部分草地坡度较低，超过50%的草地坡度低于15°，坡度超过25°的陡坡草地主要分布在青藏高原中部的高山地区（图2-11）。

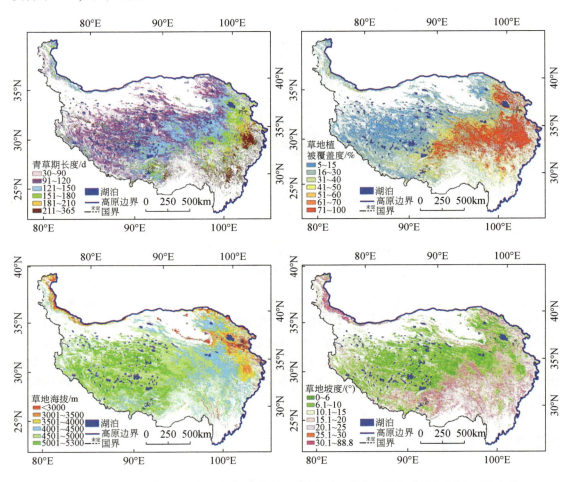

图2-11　青藏高原草地青草期长度、植被覆盖度、分布海拔和坡度空间分布图

受干冷气候的影响，青藏高原草地青草期长度和植被覆盖度总体较低。统计分析结果显示，青藏高原85.2%的草地青草期长度少于6个月，其中45%的草地主要分布在藏北地区，青草期长度不足4个月（图2-11）；只有14.8%的草地，青草期长度超过半年，主要分布在高原东南部山地。在年气温<0℃和年降水量<200mm的青藏高原西北部，大多数的青草期长度少于4个月。由于气候向东南方向逐渐变得暖湿，因此草地青草期长度和草地植被覆盖度明显增加（图2-11）。

从草地质量构成看，坡度平缓、青草期植被覆盖度超过70%的一等草地面积占宜牧地总面积的18.24%，主要分布在若尔盖草原（松潘高原）及其周边地区、青海高原南部和川西高原北部山地，以及那曲东中部宽谷盆地区（图2-12），以草甸为主，海拔多在

4500m以下，草质优良。二等草地面积占6.49%，以中盖度缓坡草地和中低盖度湖盆草地为主，主要分布在三江源中部河盆地和横断山中缓坡山地。三等草地面积占8.13%，主要为中低盖度缓坡草地和中高盖度陡坡草地，草地植被覆盖度一般在30%~50%。四等和五等草地分布在西部高原干寒区，草地植被覆盖度一般低于30%，为稀疏荒漠化草原植被，是面积分布最大的草地类型，超过宜牧草地总面积的50%，其中四等草地占宜牧草地面积的14.99%，为湖盆和高原平缓草地，五等草地面积占36.14%，主要为山丘缓坡草地。六等草地包括分布在海拔4800m以上的高寒草地，气候寒冷，多为高寒低矮草甸植被，产草量低，青草期长度短，一般不足4个月，其面积占宜牧草地的16.01%。

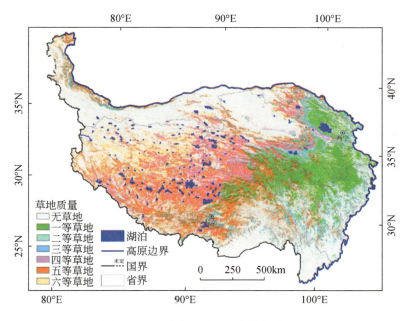

图2-12　青藏高原草地适宜等级分布图

2.3.3　宜林地

宜林地是指热量和土壤水分条件适宜乔本树木生长的土地。在青藏高原，现有林地主要分布在海拔4350m以下的半湿润和湿润区。在半旱区，水分条件较好的河谷地区也有少量分布。根据该分布特征，基于气温的空间插值数据（图2-3），以年均气温2℃为指标，对宜林地进行了识别，然后，根据植被覆盖度，剔除了干旱缺水的区域，编制了宜林地的空间分布图（图2-13）。由此看出，宜林地主要分布在青藏高原东南部山地区。统计结果显示，全区总适宜面积为4261万hm²，占15.91%，多为陡坡山地，集中分布在青藏高原南缘和东缘的高山峡谷区，在青海和西藏分布面积不大，以天然林、次生林和灌木林为主。因林木生长对热量和水分的要求高，因此，宜林地主要分布在海拔4100m以下、年降水量大于450mm的地区。在藏南地区，光照充足，虽然降水量偏低，但通过人工抚育和适度补充灌溉，部分土地也适宜发展人工植树，最高适宜海拔可达4400m左右。

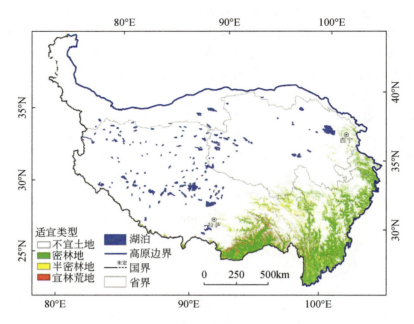

图 2-13　青藏高原宜林地空间分布图

2.4　小　　结

青藏高原以高寒缓坡丘原地为主，54.85% 的面积海拔在 4500m 以上，其中 64% 为 ≤ 15° 的高原丘盆地。全区有 10.69% 的土地海拔在 3000m 以下，主要分布在青藏高原南部和横断山区，以深切山地为主，地形起伏度多在 500m 以上，超过 40% 的面积地形坡度在 15° 以上。

青藏高原年均日照时数为 2500 ~ 3500h，年辐射总量为 4828 ~ 7983MJ/m²。年均气温在西北部高原区多低于 0℃，东南部地区多在 2℃ 以上。大部分地区无霜期不足 5 个月，尤其是在羌塘高原中北部高海拔地区，无霜期日数低于 60d。受太阳辐射的影响，大部分地区年均日最高气温都在 0℃ 以上，约 40% 的区域 ≥ 0℃ 的生长期超过半年，受夜间低温影响，大部分地区 ≥ 0℃ 的年积温低于 1500℃，日均温超过 10℃ 的持续日数绝大部分地区不足 90d。受气候变化的影响，近 40 年气温暖化明显，日均气温、日最高气温、日最低气温的每 10 年平均升幅分别多在 0.3 ~ 0.6℃、0.4 ~ 0.6℃、0.4 ~ 0.85℃。青藏高原年均降水量多在 100 ~ 800mm，集中在 5 ~ 9 月；以夜雨为主，降水强度低，降水日数平均日降水量在 1.3 ~ 7.9mm，其中 56% ~ 96% 和 28% ~ 70% 的降水日数，降水量分别不足 5mm 和 1mm。

青藏高原土地质量总体较差。植被以高寒草原、草甸和寒漠草原为主；超过 60% 的土壤，土层厚度低于 50cm。青藏高原水土空间匹配程度较差，处于中低水平，超过 50% 的土地对农牧业利用非常敏感，土地退化风险高。宜农地面积有限，占比仅为 1.97%；宜牧地面积大，占 53.12%，但总体质量较差，超过 2/3 的宜牧地为 4 ~ 6 等草地，质量好的 1

等、2 等草地仅占 24.73%。全区宜林地占 15.91%，其余 29% 的土地因干旱或低温限制，不适宜农林牧利用。

参 考 文 献

封志明，李文君，李鹏，等. 2020. 青藏高原地形起伏度及其地理意义. 地理学报，75（7）：1359-1372.

Doorenbos J，Pruitt W O. 1977. Guidelines for Predicting Crop Water Requirements. Rome：Food and Agriculture Organization of the United Nations.

Hutchinson M F. 2004. ANUSPLIN Version 4.3 User Guide. Canberra：Centre for Resource and Environmental Studies，The Australian National University.

Liu Y，Lu C. 2021. Quantifying grass coverage trends to identify the hot plots of grassland degradation in the Tibetan Plateau during 2000—2019. International Journal of Environmental Research and Public Health，18（2）：416.

Wei H，Lu C. 2021. A high-resolution dataset of farmland area in the Tibetan Plateau. https://doi. pangaea. de/10. 1594/PANGAEA. 937400［2022-01-20］.

Williams J R. 1997. The EPIC Model. Temple：USDA-ARS，Grassland，Soil and Water Research Laboratory.

第 3 章 | 耕地与种植业发展现状

本章根据影像解译数据，以及国家统计局（https://www.stats.gov.cn/）和各省区统计局发布的 2020 年省级和县级数据（青海县级数据为 2017 年数据），分析青藏高原耕地和种植业的发展现状与区域差异。

3.1 耕地面积与空间分布

本研究根据遥感影像解译结果获取了青藏高原耕地的空间分布，参考公开发布的各省区和部分县市 2019 年第三次全国国土调查（简称国土三调）数据、各省区统计局公布的县级统计数据，对影像解译数据进行了校正，获取了县级耕地面积，编制了空间分布图。

3.1.1 耕地面积

本研究根据 2018 年米级遥感影像的解译数据（Wei and Lu，2021）、2018 年中国科学院资源环境科学与数据中心 30m 影像分辨率土地利用数据，编制了青藏高原 2018 年耕地空间分布图（图 3-1）。由图 3-1 看出，耕地主要分布在高原南部、东部和东北部山地河谷

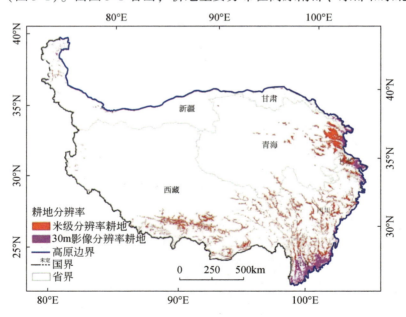

图 3-1 青藏高原 2018 年耕地空间分布图
基于矢量数据，图斑范围有所放大

区，其中河湟谷地、一江两河地区和滇北、川西横断山南部山地区，分布密度较高；西北部高原湖盆区，气候寒冷，基本无耕地分布。耕地总体分布呈零散又集中的特点。

利用 ArcGIS 对图 3-1 的图斑面积进行统计，耕地总面积为 215.587 万 hm²，其中基于米级遥感影像解译的耕地面积 135.920 万 hm²（详见 8.1 节），占 63.05%；其余部分，即分布在青藏高原东缘和南缘边界区的耕地，根据 30m 影像分辨率土地利用数据提取，面积为 79.666 万 hm²，占 36.95%。通过 2018~2021 年野外收集的 200 余个样点检验，米级分辨率耕地精度超过 95%，与截至 2019 年底的国土三调数据非常接近，如西藏，基于米级遥感影像解译耕地是 44.344 万 hm²，与国土三调数据 44.209 万 hm² 仅相差 0.31%。不过，30m 影像分辨率耕地数据误差较大，存在高估，主要是耕地多分布在谷坡，地块零散、面积小，30m 影像分辨率过粗，导致耕地的解译图斑范围有所扩大。

根据可获得的公开发布的省区、州市和县域国土三调数据，参考县级统计数据，对上述解译耕地进行了校验调整，获取了青藏高原各县域单元的耕地面积。其中，西藏和青海耕地总面积采用公开发布的国土三调数据，分别为 44.209 万 hm² 和 56.420 万 hm²；甘肃高原区多数县市国土三调耕地数据已发布，据此数据对耕地面积进行了调整；对于川西和滇北高原区，根据各州公布的州级和个别县市的国土三调数据，对耕地进行了适当调整；新疆高原区主要根据解译耕地面积。通过统计汇总，全区耕地面积为 191.964 万 hm²（表3-1），较基于图 3-1 获取的耕地面积低 10.96%。

表 3-1 青藏高原 2019 年耕地面积

地区	面积/万 hm²	占比/%	土地垦殖率/%	人均耕地面积/亩①
西藏	44.209	23.03	0.37	1.82
青海	56.420	29.39	0.81	1.43
甘肃高原区	35.567	18.53	3.01	3.72
四川高原区	22.982	11.97	0.86	1.39
云南高原区	31.180	16.24	5.11	2.14
新疆高原区	1.606	0.84	0.05	1.34
青藏高原	191.964	100.00	0.72	1.82

在县域尺度，耕地分布高度集中（表3-2）。在 25 个主要农业县，土地面积合计占比 6.08%，却集中了青藏高原超过 50% 的耕地，分布了青藏高原 32.51% 的人口，其中 6 个县包括甘肃岷县、天祝县，青海湟中区、互助土族自治县（简称互助县）、大通回族土族自治县（简称大通县），云南宁蒗县，耕地面积超过 5 万 hm²，耕地面积合计占比达 21.72%，但土地面积仅占 1.0%。有 25% 的区域，主要分布在藏北高原和青海高原，涵盖 22 个县域单元，无耕地分布。有 38 个县域耕地面积不足 500hm²、16 个县在 500~1000hm²，合计土地面积占比 26.63%，但耕地面积只有 1.713 万 hm²，占比不足 1%。有

---

① 1 亩≈666.67m²。

52 个县，主要分布在藏南、藏东地区，耕地面积在 1000 ~ 5000hm²。其余 77 个县主要分布在高原东北部和川滇横断山区，耕地面积在 0.5 万 ~ 2 万 hm²，合计耕地面积占比 38.35%，接近人口占比（34.43%）。

表 3-2 青藏高原县域耕地、土地面积和人口数量统计

县域耕地面积	县域数量/个	耕地面积占比/%	土地面积占比/%	人口占比/%
无耕地	22	0.00	24.87	3.48
<100hm²	20	0.04	3.54	2.93
100 ~ 500hm²	18	0.24	12.83	6.86
500 ~ 1000hm²	16	0.59	10.26	1.66
1000 ~ 5000hm²	52	8.39	15.53	18.13
0.5 万 ~ 1 万 hm²	49	18.35	18.20	19.47
1 万 ~ 2 万 hm²	28	19.99	8.69	14.96
2 万 ~ 5 万 hm²	19	30.68	5.08	19.80
>5 万 hm²	6	21.72	1.00	12.71

3.1.2 土地垦殖率和人均耕地面积

土地垦殖率是指耕地占土地面积的比例，又称土地耕垦指数。2019 年，青藏高原平均土地垦殖率为 0.72%，其中云南高原区和甘肃高原区较高，分别达 5.11% 和 3.01%，新疆高原区最低，仅为 0.05%（表 3-1）。按县域统计，土地垦殖率空间差异显著（图 3-2），青藏高原东北部包括青海河湟谷地和甘肃西部地区较高，多数县市超过 5%，其中湟中区、民和回族土族自治县（简称民和县）、临洮县、大通县、平安区、岷县、互助县等超过了 10%；滇北地区多在 5% 以上。一江两河地区是西藏的主要作物种植区，土地垦殖率多在 0.5% ~ 5.0%，其中桑珠孜区、江孜县、达孜区和曲水县较高，垦殖率超过 5%（图 3-2）。

按 2020 年第七次全国人口普查数据统计，全区人均耕地面积为 1.82 亩，甘肃高原区最高，人均耕地 3.72 亩，其次是云南高原区和西藏，人均耕地面积分别为 2.14 亩和 1.82 亩，青海和新疆高原区较低（表 3-1）。从区域分布看，西藏南部雅鲁藏布江、拉萨河、年楚河、尼洋河谷地区，包括林周县、曲水县、白朗县、江孜县、萨迦县、定日县、康马县、米林县、波密县、隆子县等地区，以及高原东北部部分县市如青海省都兰县、贵南县、共和县、门源回族自治县（简称门源县），甘肃省天祝县、肃南县、肃北县、迭部县、岷县、卓尼县、舟曲县等地区，人均耕地面积较高，在 3 亩以上，其中有 11 个县超过 5 亩；位于藏南地区的错那县和墨脱县，因大部分耕地分布在海拔较低的印控区，按人均计算，耕地面积很大，分别高达 34.2 亩和 18.6 亩，但按实控区耕地面积计，人均分别仅 1.17 亩和 2.03 亩。在横断山区，县域人均耕地面积多在 1 ~ 2 亩；在东中部地区，即高原与横断山过渡带，以及阿里地区南部和西部，人均耕地面积低于 1 亩（图 3-2）。

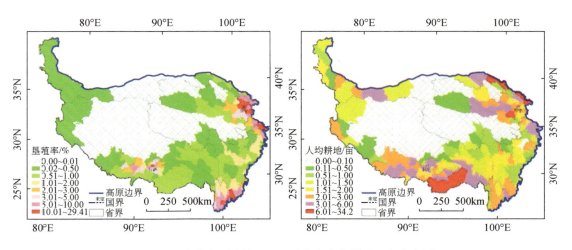

图 3-2 青藏高原县域土地垦殖率和人均耕地面积分布图

3.1.3 耕地分布海拔和坡度

根据 30m 分辨率 DEM 数据，采用 ArcGIS 软件，对耕地随海拔的分布统计发现，70.03% 和 47.55% 的耕地分别分布在 3500m 和 3000m 以下（表 3-3），超过 3500m 的高海拔耕地占 29.97%，主要分布在西藏、川西和青海高原区，其中有 9.59% 的耕地海拔超过 4000m，集中分布在喜马拉雅山北坡地区（图 3-3）。总体看，大部分耕地热量条件可满足青稞、小麦、马铃薯等喜凉作物的热量需求，其中超过一半的耕地可满足玉米等喜热作物的生长要求。有 13.73% 的耕地海拔低于 2500m，主要分布在滇北、川西地区和藏南地区（措美县和墨脱县），其热量条件可满足两季作物生长。但在西藏，耕地分布海拔高，热量条件较差，近 80% 的耕地分布在海拔 3500m 以上，仅适于种植青稞、油菜、马铃薯和春小麦等喜凉作物。

表 3-3 青藏高原耕地在不同高度带的分布 （单位：%）

地区	海拔区间					
	<2500m	2500～3000m	3000～3500m	3500～4000m	4000～4500m	>4500m
西藏	11.97	3.73	6.76	48.60	27.82	1.12
青海	9.38	59.51	28.18	2.86	0.07	0.00
甘肃高原区	16.40	55.78	27.77	0.05	0.00	0.00
四川高原区	19.08	22.08	38.29	20.44	0.11	0.00
云南高原区	53.74	24.80	20.45	1.01	0.00	0.00
新疆高原区	9.13	25.32	51.74	13.81	0.00	0.00
青藏高原	13.73	33.82	22.48	20.38	9.22	0.37

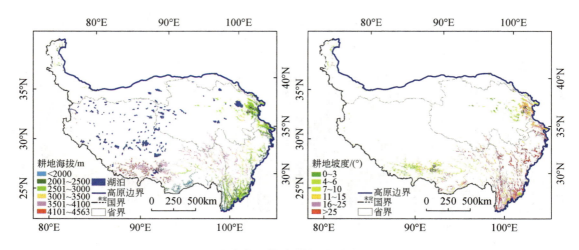

图 3-3　青藏高原耕地海拔和坡度的空间分布

基于矢量数据，图斑范围有所放大

基于 30m 分辨率 DEM 数据，对耕地分布区的地形坡度统计发现，青藏高原约 40% 的耕地坡度小于 6°，主要分布在河谷盆地和坡麓洪冲积扇上；有近 10% 的耕地分布在大于 25° 的山地陡坡（表 3-4），集中分布在藏东山地和川滇横断山区（图 3-3）。分省区看，在西藏和新疆高原区，耕地主要分布在河谷和坡麓平缓地带，超过 60% 的耕地坡度≤6°，而在云南高原区和四川高原区，耕地以山坡地为主，约 50% 的耕地坡度≥15°。

表 3-4　青藏高原耕地分布区的坡度构成　　　　　　　（单位：%）

地区	坡度					合计
	0°～2°	2°～6°	6°～15°	15°～25°	>25°	
西藏	26.04	34.02	28.14	9.48	2.32	100
青海	21.61	29.35	36.51	11.00	1.53	100
甘肃高原区	8.87	20.47	40.66	21.82	8.18	100
四川高原区	7.00	14.39	28.38	28.53	21.70	100
云南高原区	5.77	14.30	30.61	27.70	21.62	100
新疆高原区	38.03	37.72	18.12	4.68	1.45	100
青藏高原	15.75	24.13	32.97	17.89	9.26	100

3.1.4　耕地有效灌溉率

根据国土三调数据和 2019 年、2020 年各省区的统计数据，2019 年青藏高原耕地有效灌溉面积约 72.1 万 hm²，占耕地总面积的 37.56%，较全国平均水平（53.71%）低 16.15%。新疆高原区耕地灌溉保证率最高，有效灌溉率为 96.64%；其次是西藏，国土三调的水浇地面积为 31.767 万 hm² （高于 26.453 万 hm² 的统计面积），占国土三调耕地面积的 71.86%；青海稍低，国土三调的水浇地面积为 17.109 万 hm²（低于 21.404 万 hm² 的统计数据），占国土三调耕地面积的 30.32%。四川高原区水浇地面积为 8.621 万 hm²（2019 年统计数据），占国土三调耕地面积的 24.42%。滇北高原区，根据 2019 年怒江州和迪庆州统计数据估算，水浇地占比约 30%。根据 2020 年统计数据，甘肃高原区水浇地面积为 3.945 万 hm²，有效灌溉率为 11.09%。其中，肃南县、肃北县位于青藏高原地区的部分，因气候干旱，耕地的有效灌溉率超过 95%；其次是天祝县，水浇地面积为 1.026 万 hm²，占国土三调耕地面积 16.61%；其他地区以旱地为主，如甘南州水浇地面积只有 2854hm²（甘南州第三次全国国土调查主要数据公报），仅占国土三调耕地面积的 2.05%；2020 年岷县水浇地面积为 0.665 万 hm²，占国土三调耕地面积的 6.32%。

西部地区因气候干旱，农田灌溉程度较高，东部和东南部灌溉程度较低，灌溉保证率呈西北高、东南低的分布格局。新疆高原区、柴达木盆地和西藏一江两河地区、阿里地区和喜马拉雅山北坡，耕地基本都能保证灌溉，有效灌溉率在 90% 以上；川滇横断山地区，受地形影响，加上降水量较丰富的缘故，多为旱耕地，水浇地比例低于 30%。

3.2 作物播种面积与种植结构

青藏高原地区大部分耕地用于种植粮油作物，少部分耕地用于种植蔬菜、饲草、中草药和果树作物，一般一年一季。部分海拔低于 3000m 的耕地，在 7 月、8 月青稞、小麦收割后，会补种燕麦、圆根等青饲作物。部分山坡耕地有休耕撂荒，但面积不大。

3.2.1 作物种植类型

青藏高原主要种植作物有青稞、小麦、马铃薯、玉米、油菜、豆类（蚕豆和豌豆等），以及核桃、枸杞、苹果、梨、茶、花椒等木本作物。根据 2020 年各省区的县级统计数据（青海为 2017 年数据）和县域主要作物种植占比，可划分为青稞、青稞油麦、青麦薯类、油薯麦玉、小麦玉米、麦玉枸杞等 9 个种植类型（图 3-4）。

从空间分布看，作物种植具有明显的空间集聚特征：以青稞为主的作物种植类型，集中分布在西藏拉萨市、日喀则市和阿里地区，以及青海玉树藏族自治州（简称玉树州）等气候温凉的地区，青稞播种面积超过作物播种面积的 70%，其他作物，包括油菜、马铃薯、蔬菜、荞麦、豆类等，播种面积不大，占比低于 30%。青稞油麦种植类型，以青稞、油菜和春小麦为主，其中青稞占比超过 50%，油菜超过 30%，主要分布在祁连山南坡河谷盆地、青海湖周边地区和甘南地区。青麦薯类种植类型，主要分布在西藏山南市和林芝市，以及四川甘孜州北部和阿坝州西北部，作物以冬小麦、青稞和马铃薯为主，其中小麦、青稞合计占粮食播种面积的 60% 以上，马铃薯占比在 10%~40%；其他作物有油菜、豆类、中草药和牧草，以及核桃、苹果等，种植面积较小。油薯麦玉种植类型，以油菜或马铃薯为主，其次是春小麦和春玉米，分布在青藏高原东北部青甘地区，包括海东市、湟源县、天祝县、岷县一带，是青藏高原马铃薯、油菜集中产区，还是著名的油菜花旅游观

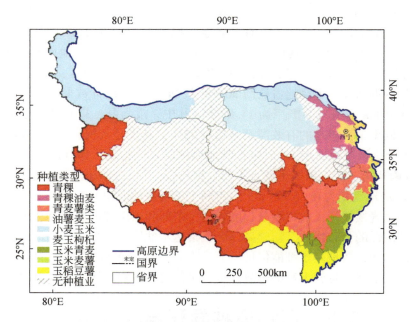

图 3-4　青藏高原县域作物种植类型分布图

数据来源：各省区 2020 年和青海 2017 年县级统计数据

光区。小麦玉米种植类型，分布在青藏高原西北缘新疆喀喇昆仑山河谷区、甘肃祁连山北坡，气候温暖干旱，主要种植玉米和小麦，其次还有少量棉花、油菜、核桃等作物。麦玉枸杞种植类型，分布在柴达木盆地绿洲区，以冬小麦、玉米、马铃薯和枸杞为主，是枸杞主产区。玉米青麦种植类型，分布在香格里拉市、九龙县、康定县、木里藏族自治县（简称木里县）等地区，气候温暖湿润，主要种植玉米、小麦、青稞、马铃薯等作物。玉米麦薯种植类型，主要分布在川西高原边缘带，海拔一般在 2500m 以下的河谷地区，暖湿气候，主要种植玉米、冬小麦和马铃薯等作物，其次是豆类和油菜、蔬菜、中草药等，苹果、花椒等果木种植面积也较大。玉稻豆薯种植类型，主要分布在藏南地区和滇川温暖湿润河谷区，以玉米和豆类、马铃薯为主，其次是水稻和冬小麦，苹果、柑橘、核桃、花椒等果木作物种植面积也较大。

3.2.2　作物播种面积与种植结构

根据各省区 2020 年和 2019 年县级统计数据，青藏高原作物总播种面积为 169.383 万 hm²（表 3-5），较耕地面积低 13.11%，其中西藏、甘肃高原区低 38.51% 和 46.05%，青海和四川高原区、云南高原区、新疆高原区都略高于耕地面积，作物复种指数（作物播种与耕地面积的比）在 1.0 左右。根据作者 2018～2021 年多次野外考察，西藏、甘肃高原区耕地休耕撂荒地很少，因此，对比实际耕地面积，作物播种面积应该存在严重低报，可能与其统计耕地数据仍沿用传统数据有关。由于历史原因，统计耕地面积显著低于实际面积，导致播种面积同步低报。在西藏，2019 年统计耕地面积仅 24.886 万 hm²，较国土三调数据低 43.71%。在甘肃甘南州，2017 年统计耕地面积为 6.68 万 hm^2，较国土三调数据（13.956 万 hm^2）低 52.14%。按当年耕地统计数据测算，耕地复种指数，西藏为 1.09，甘南州为 1.11。按该指数和实际耕地面积计算，2020 年，西藏（扣除分布在印控区的耕地面积 5.272 万 hm^2）的作物播种面积为 42.441 万 hm^2，甘肃高原区的作物播种面积为 39.411 万 hm^2，所以青藏高原的作物播种面积估计为 194.64 万 hm^2，略高于耕地面积，复种指数为 1.06，低于全国平均水平（1.24）。

表 3-5 青藏高原统计作物播种面积和种植结构

地区	年份	作物播种面积/万 hm^2	作物种植结构/%		
			粮食作物	油料作物	其他作物
西藏	2020	27.208	67.01	7.41	25.58
青海	2020	57.142	50.76	25.13	24.11
四川高原区	2019	29.387*	64.60	3.94	31.46
甘肃高原区	2020	19.157	49.95	8.72	41.33
云南高原区	2019	34.807	69.72	2.16	28.12
新疆高原区	2019	1.682	58.02	0.41	41.57
青藏高原	2019/2020	169.383	59.65	11.79	27.96

* 根据阿坝州和甘孜州统计数据估算。

从作物种植结构看（表 3-5），青藏高原 59.65% 的耕地种植谷类、薯类和豆类等粮食作物，11.79% 的耕地种植油料作物（油菜和少量花生、胡麻等），27.96% 的耕地种植蔬菜、青饲和中草药等作物。其中青海和甘肃高原区，粮食作物种植比例较低，约占 50%，油料和其他作物也约占 50%。青海是我国重要的油菜产区，其播种面积占比超过 25%，其余为蔬菜、中草药和青饲作物，2018 年占当年总播种面积的比例分别为 7.89%、7.91% 和 6.34%。甘肃中草药播种面积较大，2020 年占比高达 25.92%，蔬菜占 6.11%，青饲作物占比 15% 左右。在新疆高原区，其他作物占比超过 40%，主要为苜蓿（21.26%）、蔬菜（3.91%）、瓜果（4.71%）和棉花（6.17%）等。

分区域看，作物播种面积分布与耕地一致，西藏雅鲁藏布江及其支流拉萨河、年楚河和尼洋河谷地、青海河湟谷地、甘肃洮河谷地和横断山地区河谷，种植业分布较集中，各县的作物播种面积多在 1 万 hm^2 以上。其中甘肃岷县、天祝县，青海互助县、湟中区、大通县、民和县、化隆县，西藏的桑珠孜区和江孜县、拉孜县、白朗县、林周县、丁青县等地区，以及四川盐源县，云南的剑川县、云龙县、宁蒗县等地区，作物种植面积较大，是青藏高原的主要产粮地区。

3.2.3 粮油作物播种面积

青藏高原的粮食作物主要为青稞、小麦、玉米、马铃薯，其中青稞占比最高，根据统计数据（表 3-6），青稞占比在 50% 左右，其次是小麦（主要为春小麦）、玉米和马铃薯，分别约占18%、12%和13%，其余为豆类（蚕豆、豌豆、大豆等）、水稻、荞麦、燕麦等作物。分省区看，西藏青稞占比最高，达76.67%，其次是小麦，占16.38%。青海春小麦占比最高，其次是马铃薯、青稞和玉米。甘肃高原区以青稞为主，主要分布在甘南州和天祝县，其次是马铃薯和小麦。云南高原区以玉米、豆类和马铃薯为主，在低海拔河谷盆地有一定面积的水稻种植。四川高原区地区数据不全，根据甘孜州和阿坝州数据和作者的实地调研观察数据，粮食作物主要为青稞、玉米、马铃薯、小麦。新疆高原区，超过50%为冬小麦，其次是玉米，部分河谷地区还有棉花种植。

表3-6 青藏高原2019年粮食作物种植结构 （单位:%）

地区	青稞	小麦	玉米	稻谷	豆类	马铃薯	其他作物
西藏	76.67	16.38	2.43	0.52	2.86	0.94	0.20
青海	22.79	36.55	7.48	0.0	5.00	27.52	0.66
甘肃高原区	41.53	16.78	9.46	0.0	7.33	24.90	0.0
四川高原区*	32.47	12.46	23.14	0.14	6.94	24.85	0.0
云南高原区	13.20	9.01	35.06	9.66	17.92	15.14	0.01
新疆高原区		52.48	38.46	0.77	1.58	0.49	6.22

*根据阿坝州和甘孜州数据估算。

在县域尺度，青海湟中区、互助县，甘肃岷县、天祝县，云南剑川县、宁蒗县，川西盐源县等，粮食作物播种面积最大，超过3万hm²（图3-5）。西藏一江两河地区，粮食作物播种面积多在0.4万~1万hm²。横断山地区，粮食作物播种面积多低于5000hm²。

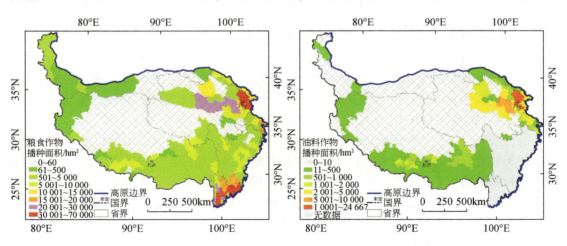

图3-5 青藏高原2020年县域粮食和油料作物播种面积分布图
青海为2017年数据

青藏高原油料作物播种面积在20万hm²左右，超过95%为油菜，其余为花生、胡麻等作物。根据2020年和2017年（青海）县级统计数据，油料作物集中分布在青海，播种面积占青藏高原的比例超过70%，以青海东北部包括互助县、大通县、化隆县、湟中区、门源县和共和县等地区分布最为集中；其余面积分布在西藏、甘肃和川滇横断山区，分布零散，种植面积相对不大（图 3-5）。

3.2.4 蔬菜和设施农业用地

根据最新统计数据，在西藏、青海、甘肃高原区、新疆高原区，2020 年蔬菜种植面积分别为 2.582 万 hm^2、4.355 万 hm^2、1.170 万 hm^2 和 0.391 万 hm^2。四川高原区、云南高原区无面积统计数据，根据统计产量，蔬菜种植面积分别在 4 万 hm^2、1.3 万 hm^2 左右。因此，青藏高原合计蔬菜种植面积约 14 万 hm^2，占耕地面积的 7%。蔬菜以大田种植为主，但在主要城市周边和人口较集中的地区，温室蔬菜种植占有一定比例。

基于米级（0.24～0.48m）分辨率高分影像解译数据（详见 8.4 节），2018 年温室蔬菜等设施农业用地 0.943 万 hm^2，主要分布在青海（0.618 万 hm^2）和西藏（0.283 万 hm^2），以西宁、拉萨、日喀则等主要城市及周边地区分布集中。在川西、甘肃西部和云南东北部等地区，设施农业面积较小。青藏高原设施大棚主要种植番茄、叶菜、菜豆、黄瓜、辣椒、大葱等蔬菜，小部分种植西瓜、葡萄、火龙果、蘑菇等。

3.2.5 其他作物种植用地

主要包括种植青饲、枸杞和中草药等其他作物的耕地。从统计数据看，西藏、青海和新疆青饲作物种植面积分别为 3.678 万 hm^2（2018 年）、4.620 万 hm^2（2020 年）、0.377 万 hm^2（2019 年）。中草药主要分布甘肃高原区和青海，其种植面积分别为 4.747 万 hm^2（2020 年）和 4.406 万 hm^2（2018 年），西藏也有少量种植，2018 年种植面积为 0.148 万 hm^2。枸杞主要分布在青海柴达木盆地，2020 年其种植面积为 3.421 万 hm^2；在新疆高原区，有少量棉花种植，2019 年其种植面积为 0.104 万 hm^2。

3.3 农产品产量与单产

青藏高原的主要农产品有粮食、油料、蔬菜，以及青饲料和中草药等。2020 年粮食生产量为 400.22 万 t，占我国粮食总产量的 0.61%。相较于内地，种植业的总体效率较低，作物单产处于中偏下水平。

3.3.1 粮油产量

（1）粮油作物总产量

根据 2019 年和 2020 年县级统计数据，青藏高原粮食（谷物、薯类和豆类）年总产量约 400.22 万 t，油料（主要为油菜）42.62 万 t（表 3-7），其中西藏和青海 2020 年粮食总产量均超过 100 万 t，合计约占青藏高原粮食总产量的 53%；其次是云南高原区和四川高原区，合计约占 38%；甘肃高原区和新疆高原区粮食总产量较低，合计约占 9%。油料集中产自青海，2020 年青海共生产油料 30.21 万 t，占青藏高原总产量的 71%。

表 3-7 青藏高原粮食、油料作物总产量与平均单产

地区	年份	粮食总产量 /万 t	粮食作物平均 单产/(t/hm²)	油料总产量 /万 t	油料作物平均 单产/(t/hm²)
西藏	2020	102.87	3.89	5.08	1.74
青海	2020	107.42	3.70	30.21	2.10
甘肃高原区	2020	31.85	3.33	3.44	2.06
四川高原区	2019	71.44	3.76	2.49	2.15
云南高原区	2019	82.63	3.40	1.39	1.85
新疆高原区	2019	4.01	4.11	0.01	2.00
青藏高原	2019/2020	400.22	3.66	42.62	2.04

青藏高原粮食产出主要分布在东部和南部河谷区（图 3-6），呈现分散又集中的特点。按县域统计，超过 200 个县有粮食生产，其中 105 个县粮食总产量超过 1 万 t，合计粮食总产量占青藏高原的 92%；有 24 个县，主要位于河湟谷地、一江两河地区和川滇横断山河谷，粮食总产量超过 5 万 t，合计超过了青藏高原粮食总产量的一半（52.2%），其中有 6 个县（区），即青海的民和县、互助县、湟中区，川西的盐源县及滇北的云龙县和玉龙县，粮食总产量都超过了 10 万 t，合计总产量达 97.20 万 t，占青藏高原粮食总产量的 24.29%。油料产量集中分布在河湟谷地，其中互助县、大通县、化隆县、湟中区、门源县、共和县、平安区较高，产量均超过 1 万 t（图 3-6），合计总产量约占青藏高原油料总产量的 50%。

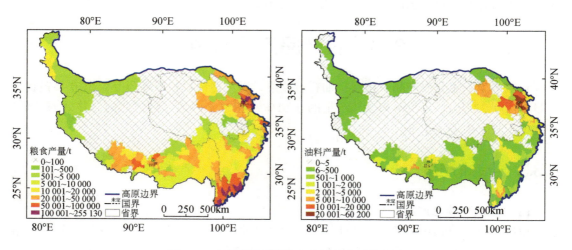

图 3-6 青藏高原县域粮食和油料产量分布图

（2）粮油作物平均单产

青藏高原粮食作物和油料作物的平均单产分别为 3.66t/hm² 和 2.04t/hm²（表 3-7），分别是全国平均水平的 65% 和 76%。分省区看，新疆高原区和西藏粮食作物平均单产较高，其次是四川高原区和青海，甘肃高原区和云南高原区粮食作物平均单产相近。从县域看，位于西藏一江两河地区和横断山地区的县市，平均单产多超过 3t/hm²，其中林周县、江孜县、桑珠孜区、白朗县、琼结县、桑日县和乃东区，以及云南、四川部分县市，粮食作物平均单产较高，多在 4t/hm² 以上，个别县市超过 6t/hm²；青藏高原东北部和西部多数县市区的粮食作物平均单产相对较低，多在 3t/hm² 以下（图 3-7）。油料作物平均单产较高的地区主要分布在青藏高原南部和东北部部分县市区，包括德令哈市、西宁市和海东市、乌兰县、尖扎县、江孜县、白朗县、萨迦县等县市（图 3-7）。

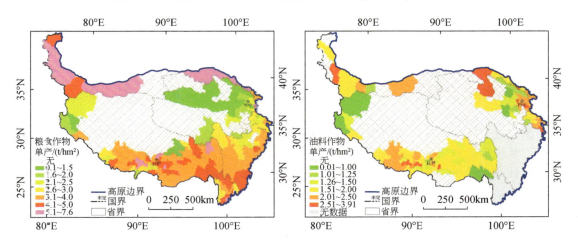

图 3-7　青藏高原县域粮食作物和油料作物平均单产空间分布图

3.3.2 蔬菜产量

受高寒气候的影响，青藏高原大部分地区，蔬菜生产受到不同程度的限制，尤其是叶菜生产，长期处于供不应求的状态，是西藏、青海和川西高原等高寒地区的一个短板产业。但自 21 世纪初以来，青藏高原设施农业发展迅速，极大提高了蔬菜的生产能力，缓解了蔬菜的供求矛盾。在西藏拉萨等主要城市，蔬菜产量已可满足 80% 以上的当地需求。但在农村地区，当地农民的蔬菜消费还以马铃薯为主，叶菜和球果类蔬菜供给和消费主要在城镇地区。从最近的统计数据看，青藏高原蔬菜总产量为 466.23 万 t，人均占有量为 294.23kg（表 3-8），不足 2020 年全国人均蔬菜供应量（531kg）的 60%；考虑马铃薯，人均蔬菜供应量约 500kg，接近全国的平均水平。总体看，除四川高原区外，青藏高原其他省区的蔬菜生产和供给还处于比较紧张的状态，尤其是新疆高原区和西藏，人均蔬菜（含马铃薯）的占有量仅 90.69kg 和 300.71kg，马铃薯仍是主要的蔬菜品种。在北部广大的高原牧区，牧民蔬菜供应更为紧缺，很少食用蔬菜或仅食用少量从农区购买的马铃薯作为蔬菜。

表 3-8 青藏高原蔬菜、马铃薯总产量和人均占有量

地区	年份	蔬菜产量（鲜重）		马铃薯产量（鲜重）	
		总产量/万 t	人均占有量/kg	总产量/万 t	人均占有量/kg
西藏	2020	84.30	231.08	25.40	69.63
青海	2020	151.86	256.35	159.1	268.57
四川高原区	2020	142.44	574.57		
甘肃高原区	2019	34.18	238.60	51.12	356.90
云南高原区	2019	51.96	238.02	53.78	246.35
新疆高原区	2019	1.49	83.24	0.134	7.45
青藏高原	2019/2020	466.23	294.23	289.54	216.61

3.3.3 果木产量

果木业主要分布在高原南部和东部山区，主要为苹果、梨、柑橘、核桃、车厘子和葡萄等。从统计数据看，水果产量集中分布在云南高原区、四川高原区（表 3-9），2019 年两地合计产量约 86.16 万 t，占青藏高原地区水果总产量的 94.24%。其他省区，受高山地形影响，适宜水果生产的土地有限，水果产量不大，主要限于藏东、青海东北部山地河谷区，以种植苹果、梨、杏、红枣、柿子、桃等温带水果为主。根据国家统计局数据，2019 年西藏地区共有果园面积 0.536 万 hm²，其中约一半为苹果园（0.27 万 hm²），其他有少量柑橘园（0.02 万 hm²）、梨园（0.03 万 hm²）、葡萄园（0.01 万 hm²），其余主要为核桃，以及少量香蕉（果蕉）、芭蕉等热带水果。2020 年西藏水果总产量近 2 万 t（表 3-9）；青海果园面积 0.723 万 hm²，水果总产量约 1.66 万 t，与甘肃高原区相近。

表 3-9 青藏高原水果、茶叶和水产品产量   （单位：t）

地区	年份	水果	茶叶	水产品
西藏	2020	19 658.0	116.0	900.0
青海	2020	16 557.0		18 526.0
四川高原区	2019	759 771.7	756.6	162.0
甘肃高原区	2020	16 427.6		213.1
云南高原区	2019	101 833.0	700.0	17 958.1
青藏高原	2019/2020	914 247.3	1 572.6	37 759.2

核桃耐旱，适宜性强，是青藏高原东南部山区广泛种植的果木树种，在藏东南特别是林芝地区的朗县、米林县、加查县等，核桃种植历史悠久，已超过千年，主要品种有野核桃、麻雀核桃、铁核桃等 10 多种，以其皮薄个大、肉嫩肉满、肉质香醇甜润而誉满高原，

近年由于政府和退耕还林政策的推动，得到快速发展。

云南和四川是我国重要的传统茶叶产区，在滇川横断山区低海拔山地，气候湿热，有一定面积的茶园分布。2019 年，四川高原区和云南高原区分别生产茶叶 756.6t 和 700t（表 3-9）。在西藏林芝市的波密县、察隅县、墨脱县等地区，茶叶种植也有悠久的历史，波密易贡茶叶在全国具有较高知名度。近年在政府的推动下，林芝地区茶园建设发展迅速，到 2020 年茶园面积已达 0.359 万 hm²，可采摘茶园面积 500hm²，生产茶叶 116t。

青海柴达木盆地是仅次于我国宁夏地区的主要枸杞产区，是海西蒙古族藏族自治州（简称海西州）的特产，中国国家地理标志产品，并于 2020 年 9 月 24 日正式入选欧盟保护地理标志名单。柴达木枸杞具有颗粒大、色红、肉厚、含糖量高、味甜的特点，含有丰富的胡萝卜素、硫胺素、核黄素、抗坏血酸、烟酸、钙、磷、铁等人体所必需的营养成分，性平、味甘，有滋补肝肾、益精明目之功，属补血药类。2020 年，青海枸杞种植面积 3.241 万 hm²；在海西州，2015 年枸杞总产 5.8 万 t（https://baike.so.com/doc/7545374-7819467.html）。

3.3.4 中药材和食用菌产量

青藏高原东北部、东南部地区中药药材和菌类资源丰富，盛产虫草、灵芝、天麻、丹参等名贵药材，以及松茸、羊肚菌、黄菇等珍稀菌类。西藏中东部、青海高原和川西高原草甸分布区，是虫草集中分布区，虫草已成为相关县市农牧民的主要收入来源。据作者的农户访问，每年通过虫草采集，每户农牧民可获得 1 万~3 万元的收入。每年的 7~8 月，青藏高原高寒草甸区，黄菇等食用菌类丰富，近年黄菇价格飙升，在拉萨等主要城市，单价已超过 200 元/kg。食用菌采集也已成为当地农民重要的收入来源。

藏中草药药材生产，尤其是甘肃高原区和青海，已成为一个重要产业，2020 年甘肃高原区中药材种植面积达 4.747 万 hm²，中药材总产量 20.29 万 t，其中当归、党参产量分别达 7.51 万 t 和 3.30 万 t，其他药材产量 9.48 万 t；2018 年，青海药材作物种植面积 4.406 万 hm²，总产量估计与甘肃高原区相近。其他省区，药材种植面积相对较低。根据统计数据，西藏 2018 年药材种植面积 0.148 万 hm²，川西地区 2019 年中草药产量 2.10 万 t；根据 2019 年迪庆州、怒江州和丽江市、大理市药材产量统计数据，云南高原区药材总产量在 7 万~10 万 t。高原地区光照强，人类活动影响小，基本无污染，可保证中草药药材的品质，具有良好的发展前景。

3.3.5 水产养殖

在青藏高原，水产养殖以淡水鱼类养殖为主，主要分布在青海和云南高原区。2020 年青海水产品产量 1.85 万 t，云南高原区 2019 年淡水养殖鱼类总产量 1.80 万 t（表 3-9）。西藏地区虽然湖泊众多，但受宗教传统的影响和湖泊海拔偏高、水温低，基本未进行渔业开发。2020 年西藏水产品产量仅 900t，主要分布在林芝地区，主要为人工鱼塘养殖。同样，甘肃高原区渔业发展也很落后，2020 年水产品产量仅 213.1t。

3.4 种植业投入水平

3.4.1 化肥、农药和农膜投入

2020 年,西藏和青海化肥(折纯量)投入总量分别为 4.82 万 t 和 6.19 万 t,农药 800t 和 1400t,农膜 1492t 和 7780t,单位耕地面积分别为 109kg/hm² 和 110kg/hm²、1.81kg/hm² 和 2.48kg/hm²、3.31kg/hm² 和 13.79kg/hm²。四川高原区、甘肃高原区和新疆高原区,化肥投入折纯总量分别为 2.33 万 t、1.93 万 t 和 0.29 万 t,平均单位耕地面积 101kg/hm²、54kg/hm² 和 180kg/hm²。滇北地区无县级数据,根据迪庆州和怒江州的数据,2019 年化肥总投入量 6.83 万 t(折纯量),平均单位耕地面积化肥投入量 219kg/hm²;平均农药和农膜投入量分别为 2.73kg/hm² 和 8.19kg/hm²。根据上述数据粗略估算,青藏高原区,2020 年化肥总投入量 22.39 万 t,平均单位耕地面积化肥用量 117kg/hm²。根据 2021 年中国统计年鉴数据(https://www.stats.gov.cn/),2020 年全国平均化肥、农药和农膜用量,按国土三调耕地面积统计,平均为 411kg/hm²、10.88kg/hm² 和 18.83kg/hm²。相较而言,青藏高原区及各省区,化肥、农药和农膜用量都处于低水平,其中西藏和青海,化肥、农药用量均不足全国平均值的 30%;农膜投入量青海最高,约为全国平均水平的 75%,其次是滇北地区;西藏总体仍处于较低水平,平均农膜用量不足全国均值的 20%。

3.4.2 机械投入

2020 年,西藏、青海和新疆高原区农业机械总动力分别为 576.78 万 kW、491.41 万 kW 和 21.21 万 kW,单位耕地面积分别为 13.4kW/hm²、8.0kW/hm² 和 8.6kW/hm²,同期全国平均水平为 8.26kW/hm²。甘肃高原区总机械动力 105.87 万 kW,平均单位耕地面积 3.4kW/hm²,不足全国均值的 50%。拖拉机拥有量,按单位耕地面积统计,西藏要显著高于全国的平均水平。2020 年,西藏分别拥有大中型和小型拖拉机 6.97 万台和 21.10 万台,平均每万公顷耕地 1624 台和 4912 台,超过同期每万公顷耕地 373.3 台和 1351.1 台全国平均水平 3.4 倍和 2.6 倍;机动脱粒机 5.6 万台,平均每万公顷耕地 1304 台,也显著高于每万公顷耕地 821.2 台(2019 年)的全国均值。青海 2020 年分别拥有大中型和小型拖拉机 1.25 万台和 25.35 万台,平均每万公顷耕地 204 台和 4142 台,总体高于全国均值;机动脱粒机 4.5 万台,合每万公顷耕地 735 台,稍低于全国的平均水平。青藏高原单位耕地面积农机拥有量总体较高,可能与高原地区耕地分布比较零散和国家大力支持有关。总体看,机械拥有量偏多,对使用效率会造成一定影响。

从区域分布看,西藏一江两河和青海河湟谷地等主要农区,农业投入和机械化水平较高,单位耕地面积机械总动力多在 20~40kW/hm²,已基本实现了机耕、机播和机收。但在藏东、川西和滇北山地区,耕地多分布在山坡,地块零散,土层薄,石砾含量高,机械化程度较低。

从县域尺度看，单位面积化肥、农药和农膜用量较高的地区主要分布于高原东南部，主要包括理县、茂县、汶川县、德钦县、云龙县、洱源县、剑川县、玉龙县等(图 3-8)。

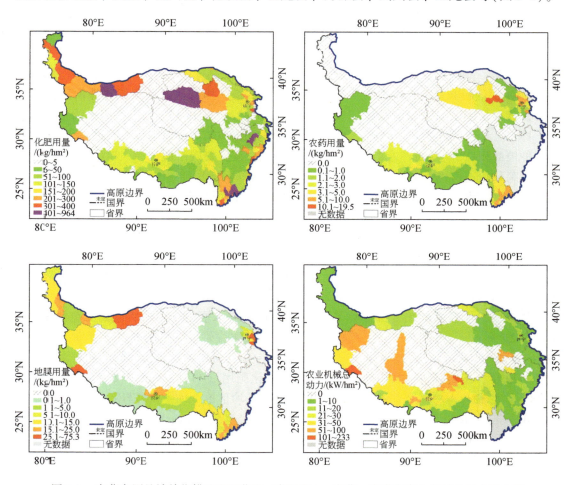

图 3-8 青藏高原县域单位耕地面积化肥（折纯量）、农药、农膜和农业机械总动力投入量

3.5 小 结

根据遥感影像解译数据和国土三调数据，青藏高原共有耕地面积 192.0 万 hm²，土地垦殖率为 0.72%，人均耕地 1.82 亩，其中 70% 的耕地分布在海拔 3500m 以下，9.59% 的耕地海拔超过 4000m。在全部耕地中，约 40% 耕地坡度小于 6°，其余 60% 为坡耕地，近 10% 的耕地分布在大于 25° 的山地陡坡。分省区看，西藏和新疆高原区，耕地以平缓地为主，而云南和四川高原区，则以山坡地为主，约 50% 的耕地坡度≥15°。2019 年高原耕地有效灌溉面积约 72.1 万 hm²，占耕地总面积的 37.56%，较全国平均水平低 16.15%。

青藏高原的主要种植作物有青稞、小麦、马铃薯、玉米、小油菜、蚕豆和豌豆等豆类作物，以及核桃、枸杞、苹果、梨、茶、花椒等木本作物，呈现显著的地域聚集特征，其中青稞集中分布在西藏一江两河、青海玉树州、川西阿坝州等气候温凉的地区，油菜在河湟谷地、环青海湖地区分布最集中；马铃薯在甘南、湟水河谷地和川西高原山地分布面积大；而果木作物主要分布在滇北和川西山地河谷区，枸杞集中在柴达木盆地绿洲区。

2020 年，青藏高原的作物播种面积 194.64 万 hm^2，平均复种指数 1.06，其中粮食作物（谷类、薯类和豆类）播种面积占 60%，油料作物（油菜和少量花生、胡麻等）占 12%，蔬菜、青饲和中草药等作物占 28%。青海和甘肃高原区，粮食作物种植比例较低，约占 50%，油料和其他作物占 50%。从粮食作物种植结构看，青藏高原青稞占比在 50% 左右，其次是小麦、玉米和马铃薯，分别约占 18%、12% 和 13%，其余 7% 为豆类、水稻、荞麦、燕麦等作物。青藏高原油料作物播种面积在 20 万 hm^2 左右，超过 95% 为油菜；蔬菜种植面积在 14 万 hm^2 左右，以大田种植为主；在主要城市周边和人口较集中的地区，温室蔬菜种植占有一定比例，2018 年解译设施种植面积 0.943 万 hm^2。其他作物数据不全，在西藏、青海和新疆高原区，青饲作物合计种植面积在 8.7 万 hm^2 左右。中草药主要分布在甘肃高原区和青海。枸杞主要分布在青海柴达木盆地，2020 年种植积 3.421 万 hm^2。

2020 年，青藏高原粮食年总产量 400.22 万 t，其中西藏和青海粮食总产均超过 100 万 t，合计占青藏高原粮食总产量的 52.5%；油料产量 43 万 t，其中 71% 产自青海。青藏高原粮食作物和油料作物的平均单产分别为 3.66t/hm^2 和 2.04t/hm^2，分别是全国平均水平的 65% 和 76%。全区人均粮食占有量 253kg，是全国平均水平的 60%。青藏高原蔬菜生产总量 466.23 万 t，人均 294.23kg，不足 2020 年全国人均蔬菜供应量的 60%；水果产量超过 90 万 t，其中 94% 产自云南高原区、四川高原区。中药材集中在甘肃高原区和青海。

2020 年，按实际耕地面积计，青藏高原平均化肥用量 117kg/hm^2，仅为全国平均水平的 28%；西藏和青海化肥、农药用量均不足全国平均值的 30%。农膜用量青海较高，约 13.79kg/hm^2，接近全国平均水平的 3/4；西藏较低，仅 3.31kg/hm^2，不足全国平均水平的 20%。农业机械总动力按单位耕地面积计，与全国平均水平持平或稍高，但拖拉机、脱粒机拥有量，则远高于全国平均水平，总体利用效率较低。

参 考 文 献

Wei H, Lu C. 2021. A high-resolution dataset of farmland area in the Tibetan Plateau. https://doi. pangaea. de/ 10. 1594/PANGAEA. 937400[2022-01-20].

第4章 | 畜牧业发展现状与农牧业活动强度

草地畜牧业是青藏高原的主要产业，2020 年西藏和青海畜牧业分别占农业总产值的51.25% 和 58.20%。畜牧业以天然草地放牧为主，主要牧畜有牦牛、绵羊和山羊，畜产品包括牛羊肉和奶类，以及牦牛毛、羊毛等。在汉族和彝族等人口聚集区，生猪养殖占有较高比重。

4.1 草地面积与畜牧类型

根据 2018 年 30m 土地利用数据 （www. resdc. cn），提取了包括草地、灌丛草地等类型；然后，根据 30m 分辨率的 ASTER GDEM 第 2 版 DEM 数据，2000～2019 年 MOD13Q1 C6 产品数据 （时间和空间分辨率分别为 16d 和 250m），剔除了年最大植被覆盖度<10% 或海拔超过 5300m 的高寒难利用草地。通过 ArcGIS 制图和统计，获取了青藏高原最大植被覆盖度≥10% 的可利用草地 （包括灌丛草地） 的分布和面积。利用青海 2017 年、其他省区 2020 年的县级统计数据，按牛、羊、猪存栏量和产肉量的组成编制了畜牧类型图。

4.1.1 草地面积

青藏高原共有可利用草地面积 14 520.37 万 hm² （包括划为保护区的草地），占青藏高原土地总面积的 54.22%。分省区看，西藏可利用草地面积为 7034.44 万 hm²，接近7055.33 万 hm² 的国土三调数据包括天然牧草地 （6866.93 万 hm²）、人工牧草地 （4.53 万 hm²）、沼泽草地 （183.87 万 hm²） （不包括盖度小于 10% 的其他草地）；青海草地面积为 4595.70 万 hm²，稍高于 4071.87 万 hm² 的国土三调数据包括天然牧草地 （3666.39 万 hm²）、人工牧草地 （8.91 万 hm²）、沼泽草地 （396.57 万 hm²） 面积。西藏、青海可利用草地面积分别占其土地总面积的 58.50%、65.97%。四川、甘肃、新疆和云南高原区，草地面积分别为 1402.48 万 hm²、651.04 万 hm²、775.37 万 hm² 和 61.35 万 hm²，分别占土地总面积的 52.56%、55.05%、23.29% 和 10.05%。

分县统计，西藏北部和青海西部各县的草地面积较大，其中班戈县、申扎县、双湖县、治多县、尼玛县和曲麻莱县的草地面积均超过 300 万 hm²，但高原东南部各县的草地面积较小，尤其是高原南部各县草地面积小于 50 万 hm²，少部分县市草地面积低于 10 万 hm²。西藏东南部各县、青海东部部分县和北部海西州的草地面积介于 30 万～100 万 hm² （图 4-1）。受低温和干旱影响，超过 80% 的草地青草期少于 6 个月，其中 45% 的草地，主要分布在藏北地区，青草期只有 3～4 个月。大部分县域青草期草地盖度低于 40%，其中藏北高原的有关县市低于 25%；但在青海、四川和甘肃交界处的县市，草地盖度较高，平均超过 60%（图 4-1）。藏东南和横断山南部高山峡谷区，虽然水热条件较好，但因地形陡峻，草地盖度不高，多在 30%~50%。

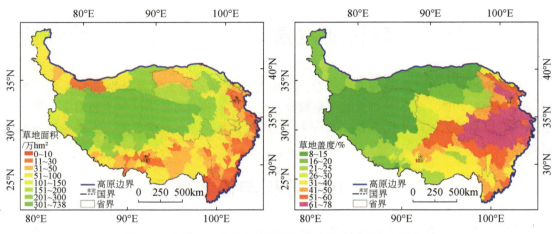

图 4-1　青藏高原各县草地面积与青草期草地盖度空间分布

4.1.2　草地畜牧类型

青藏高原的主要牲畜包括牦牛、绵山羊（藏羊、绒山羊）和藏猪或土猪，其他牲畜有马、驴、骡、犏牛、黄牛等。从县级统计数据看，牦牛主要分布在海拔 3000m 以上的湿润、半湿润草甸或草原草甸带，集中分布在高原中东部地区，包括那曲高原、藏东、青海高原南部和甘孜州、阿坝州地区（图 4-2），牦牛存栏数量占牲畜存栏总量（头/只）的

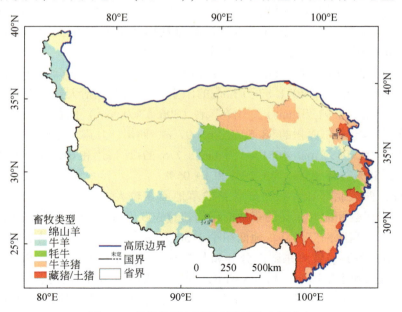

图 4-2　青藏高原主要牲畜类型的空间分布

50%~80%，牛肉产量超过肉类总量的 70%。绵山羊则主要分布在西北部高寒干旱和半干旱带，包括羌塘高原、柴达木盆地、昆仑山-阿尔金山-祁连山地区，属高寒干旱或中温干旱气候，多为荒漠草原植被，牦牛数量低于 20%。在云南高原区、西宁市和海东市、岷县、林芝市、米林县等农业县市，以及柴达木盆地绿洲区，藏猪或当地土猪（黑猪）数量较大，以放养和补饲为主，存栏数量超过畜群总量的 40%，最高的县超过 80%。在藏东南、新疆高原区、青海黄河谷地、滇北川西横断山区，畜牧类型比较复杂，为牛、羊和藏猪放牧养殖区。在一江两河地区和青海中部，牧畜主要为牦牛和藏羊。

4.2 畜产品产量和生产率

4.2.1 牲畜年末存栏量

根据 2020 年统计数据（表 4-1），青藏高原各类牲畜存栏总量 5687.15 万头（只），其中大牲畜存栏量 2083.36 万头，以牛为主，占比 96.7%，其余 3.3% 为马和少量驴、骡和骆驼等。牛主要为牦牛，其占比超过 90%，主要分布在西藏、青海、甘肃甘南州、川西阿坝州和甘孜州（图 4-3）；在川西、滇北和高原东北部海拔低于 3000m 的河谷区，以黄牛为主。青藏高原绵羊、山羊存栏总量 3191.82 万只，其中约 70% 为绵羊，主要分布在藏北和青海高原区（图 4-3），存栏量超过青藏高原存栏总量的 70%。生猪存栏总量 411.97 万头，主要分布在青藏高原东部，以汉族和白族、彝族等非藏族少数民族为主的农区。分省区看，云南高原区、四川高原区和青海猪养殖数量较大（表 4-1），以放养和圈养补饲养殖为主。

在县域尺度，根据 2020 年和青海 2017 年统计数据（图 4-3），各县市的牲畜总存栏量多在 30 万头（只）以下，但高原东北部县市数量较大，在 50 万头（只）以上，少数县市超过 100 万头（只）。按单位土地面积的载畜量计算（图 4-4），高原西北部地区较低，牛、羊数量低于 1.5 头/km² 和 5 只/km²，高原东北部、东南部较高。

表 4-1 青藏高原牲畜年末存栏量　　　　［单位：万头（只）］

地区	年份	总量	牛	马、驴、骡等	羊	猪
西藏	2020	1657.54	624.02	31.99	951.38	50.15
青海	2020	2082.83	652.33	14.88	1343.55	72.07
四川高原区	2019	876.22	485.70	9.59	301.66	79.27
甘肃高原区	2020	568.48	165.01	9.86	362.47	31.14
云南高原区	2019	412.63	74.707	0.00	158.97	178.95
新疆高原区	2019	89.45	12.60	2.67	73.79	0.39
青藏高原	2019/2020	5687.15	2014.37	68.99	3191.82	411.97

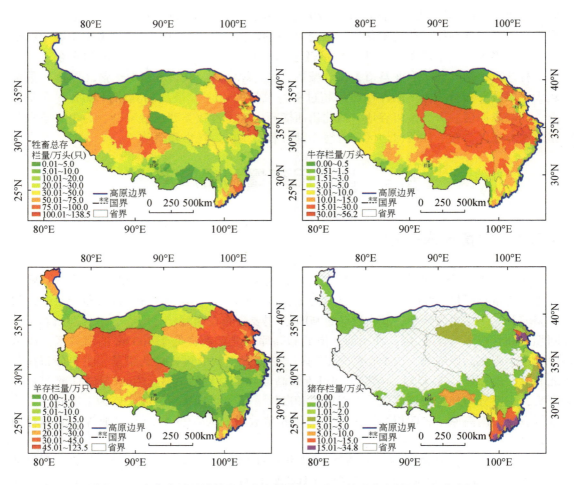

图4-3　青藏高原县域牲畜年末存栏总量和牛、羊和猪存栏量空间分布图

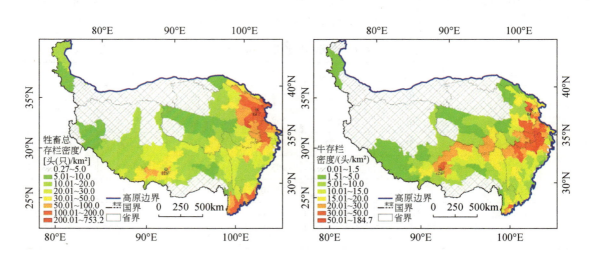

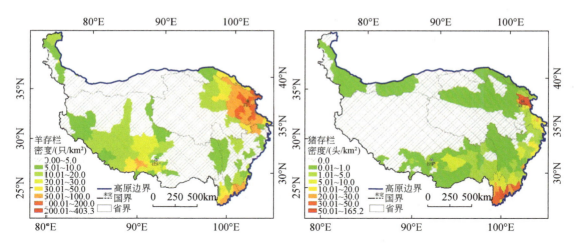

图 4-4　青藏高原县域单位土地面积牲畜年末存栏量分布图

4.2.2　牲畜出栏量和产肉量

根据 2018～2020 年国家和各省区统计局发布的数据，青藏高原地区（不含新疆高原区）年末牛出栏量 550.60 万头、羊出栏量 1659.31 万只、猪出栏量 387.56 万头（表 4-2）。分省区看，青海出栏牲畜最多，牛、羊出栏量占青藏高原的比例分别是 34.3% 和 46.6%，其次是西藏、四川高原区。猪出栏量主要分布在云南高原区和四川高原区，合计占青藏高原猪出栏总量的 74.7%。

表 4-2　青藏高原年末牲畜出栏量　　　　　　　　［单位：万头（只）］

地区	年份	牛	羊	猪
西藏	2018	145.47	342.44	17.94
青海	2020	188.97	773.66	44.94
四川高原区	2019	124.07	159.50	100.54
甘肃高原区	2020	72.36	268.63	35.15
云南高原区	2019	19.73	115.08	188.99
青藏高原	2019/2020	550.60	1659.31	387.56

根据 2020 年和 2019 年统计数据，青藏高原肉类总产量 126.95 万 t，其中牛肉 66.38 万 t，超过肉类总产量的一半，羊肉和猪肉产量相近，分别为 29.16 万 t 和 28.49 万 t（表 4-3）。其他肉类，主要为禽肉和少量兔肉、马肉、驴肉等，总产量 2.92 万 t。分省区看，牛肉产出集中分布在西藏、青海和四川高原区，主要为牦牛肉。羊肉产量以青海最高，其次是西藏和甘肃高原区，猪肉则集中分布在滇北和川西河谷农区。青藏高原奶类产量共计 130.46 万 t。西藏最高，其次是青海和四川高原区（表 4-3），三省区合计奶类产量占高原奶类总量的约 84%。

表 4-3   青藏高原 2020 年肉和奶类总产量   （单位：万 t）

地区	年份	肉类产量					奶类产量
		总量	牛肉	羊肉	猪肉	其他肉类	
西藏	2020	28.31	21.17	5.73	0.89	0.52	44.89
青海	2020	37.04	19.23	13.32	3.74	0.75	36.94
四川高原区	2019	25.95	15.99	2.60	7.10	0.26	27.97
甘肃高原区	2020	13.76	6.64	4.56	2.31	0.25	12.89
云南高原区	2019	19.91	2.54	2.00	14.40	0.97	7.77
新疆高原区	2019	1.98	0.81	0.95	0.05	0.17	
青藏高原	2019/2020	126.95	66.38	29.16	28.49	2.92	130.46

按 2020 年第七次全国人口普查数据统计，青藏高原人均肉类占有量 79.58kg，各省区在 62～102kg，其中四川高原区最高，青海最低（表 4-4）。牛羊肉人均占有量 59.89kg，新疆高原区、甘肃高原区、西藏和四川高原区较高，人均占有量在 72～81kg。云南高原区牛羊肉人均占有量最低，仅 20.96kg，但猪肉人均占有量最高，达 66.44kg，是青藏高原平均值的近 4 倍，其次是四川高原区、甘肃高原区，西藏和新疆高原区猪肉人均占有量较低（表 4-4）。奶类人均占有量，青藏高原平均 81.77kg，其中西藏和四川高原区较高，人均奶类占有量超过 100kg，其次是甘肃高原区，云南高原区最低。青海奶类人均占有量也较低，仅为西藏的一半。

表 4-4   青藏高原 2020 年人均肉类和奶类占有量   （单位：kg）

地区	肉类	牛羊肉	猪肉	奶类
西藏	77.60	73.74	2.44	123.1
青海	62.53	54.94	6.32	62.4
四川高原区	101.08	72.40	27.67	108.9
甘肃高原区	96.41	78.48	16.16	90.3
云南高原区	91.87	20.96	66.44	35.8
新疆高原区	90.50	80.71	2.12	
青藏高原	79.58	59.89	17.86	81.77

从空间分布看（图 4-5），青藏高原肉类总产量高的县市区集中在东北部和东南部，包括玉龙县、云龙县、洱源县、剑川县、互助县、大通县、湟中区、乐都区、共和县和玛曲县等。单位草地面积产肉量较高的县集中在东北部以及中部地区，主要包括城中区、民乐县、康乐县、临夏县、民和县、岷县、和政县、湟中区、那曲县、湟源县和临潭县等。

从县域尺度来看，奶类生产总量以及单位草地面积产奶量高的县均主要位于高原东北部，其次是中部个别地区，主要包括湟中区、大通县、玛曲县、民和县、碌曲县、临夏县、湟源县、贵德县、江孜县和日喀则市等（图 4-5）。

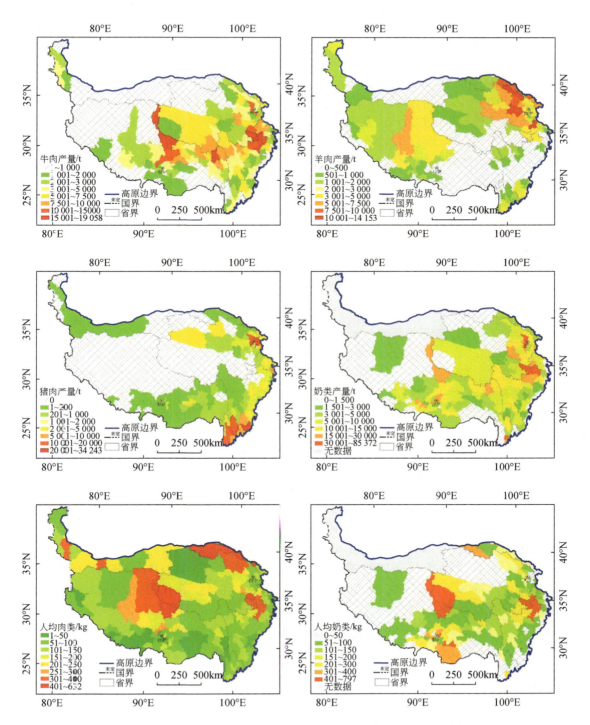

图 4-5 青藏高原县域猪牛羊肉、奶类产量及人均肉奶产量空间分布图

4.2.3 畜牧生产率

（1）牲畜出栏率

根据 2020 年国家和省级统计数据，青藏高原地区（不含新疆高原区）牛、羊、猪的平均出栏率，即当年出栏量占上年末存栏量的比例，分别为 27.51%、53.22%、94.17%，西藏牛、羊、猪的出栏率较低，其出栏率分别仅为 23.91%、32.70%、46.25%（表4-5）。甘肃高原区牲畜出栏率较高，牛、羊、猪的出栏率分别达到43.85%、74.11%、112.89%，其次是云南高原区和四川高原区。相较于全国的平均水平，青藏高原牲畜出栏率明显偏低。根据国家统计局数据，2020 年，全国平均牛出栏率为 47.75%，2018 年绵羊、山羊的平均出栏率为 104.36%。由此看出，青藏高原牛和羊的平均出栏率均为全国平均水平的 50% 左右。

表4-5　青藏高原牲畜出栏率　　　　　　　　（单位:%）

地区	年份	牛	羊	猪
西藏	2018	23.91	32.70	46.25
青海	2020	28.97	57.58	62.36
四川高原区	2019	25.54	52.87	126.84
甘肃高原区	2020	43.85	74.11	112.89
云南高原区	2019	26.41	72.39	105.61
青藏高原	2019/2020	27.51	53.22	94.17

（2）单位草地产肉和产奶量

由于饲草质量差，加上饲养周期过长，草地的生产率偏低。按可利用草地面积计算，青藏高原地区平均牧草地的产肉（牛羊肉）量仅为 6.62kg/hm²，产奶量为 9.0kg/hm²。其中西藏草地产肉量、产奶量分别为 3.82kg/hm² 和 6.38kg/hm²，青海分别为 7.08kg/hm² 和 8.04kg/hm²；甘肃高原区、四川高原区较高，分别为 17.43kg/hm² 和 20.15kg/hm²、13.26kg/hm² 和 20.07kg/hm²；新疆高原区气候干寒，草地产肉量最低，仅 2.61kg/hm²。云南高原区无县级数据，根据怒江州和迪庆州数据估算，产肉量较高，达 76.44kg/hm²，与牛羊养殖主要分布在河谷农区、圈养数量较大有关，因此，按单位草地面积计，生产率高。

在县域尺度，分布在中西部高原区的大部分县市，草地产肉量低于 5kg/hm²，东南部农牧县较高，多在 7.5kg/hm² 以上，在青东、甘南和川西北部，多超过 10kg/hm²（图4-6）。单位草地牛奶产量，在藏北高原和青海高原、柴达木盆地很低，低于 5kg/hm²，在东南部地区较高，多在 10~20kg/hm²，个别县市超过 50kg/hm²（图4-6）。

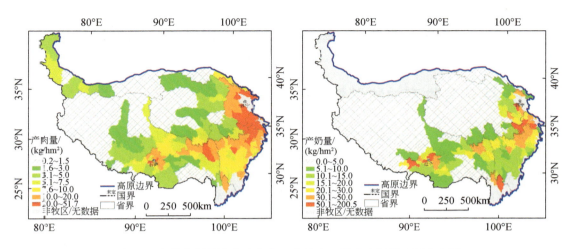

图 4-6 青藏高原县域草地产肉（牛羊肉）量和产奶量空间分布图

出栏牲畜的平均产肉量。青藏高原出栏肉牛的屠宰率，即宰后胴体重与活重（空腹12h）的比例，在 50% 左右，平均产肉量为 119.09kg/头，其中西藏地区最高，为145.53kg/头，甘肃最低，平均91.72kg/头（表4-6）。相较于全国 2020 年出栏肉牛的平均产肉量为 147.3kg/头，青藏高原地区出栏肉牛的产肉量低约 19%，相较于内蒙古163.8kg/头的均值，则低 27%，说明青藏高原地区肉牛的产肉水平还有较大的提高余地。绵羊和山羊的平均屠宰率在 40%~50%，青藏高原地区平均产肉量为 17.0kg/只，各省区差别不大，在16.3～17.4kg/只，高于全国 2019 年 15.3kg/只的平均水平，与内蒙古地区16.6kg/只的均值相近。出栏生猪产肉量，青藏高原地区平均 73.39kg/头，西藏地区较低，仅约49.61kg/头，与饲养生猪主要是体型较小的藏猪和当地土猪（黑猪）有关。青海和云南高原区出栏生猪产肉量较高，分别为 83.29kg/头和 76.20kg/头，甘肃高原区和四川高原区相对较低。

表 4-6 青藏高原出栏牲畜平均产肉量　　　　[单位：kg/头（只）]

地区	年份	牛	羊	猪
西藏	2020	145.53	16.73	49.61
青海	2020	101.75	17.21	83.29
四川高原区	2019	128.88	16.31	70.67
甘肃高原区	2020	91.72	16.99	65.61
云南高原区	2019	128.96	17.36	76.20
青藏高原	2019/2020	119.09	17.00	73.39

4.3 草地载畜量与农牧业活动强度

4.3.1 牛羊等牲畜放牧总量

青藏高原牛、马、驴、骡等大牲畜和绵羊、山羊等草食牲畜以放牧为主，舍饲圈养比例很低，只分布在西宁市、拉萨市等大城市地区和部分农区，因此，区域草地年放牧数量应大致等于年末存栏量与出栏量之和。根据农业部2015年颁发的《天然草地合理载畜量的计算》（NY/T 635—2015），考虑青藏高原成年牲畜活重、畜群年龄结构，估算了县域放牧牲畜总量，即标准羊单位量，估算步骤如下。

第一，将年末牛、羊存栏量，按幼畜比例转化成年牛、羊数量。根据2020年和2017年（青海）的统计数据和文献资料，牦牛和黄牛能繁母畜占比，一般在40%~55%，年均产仔率在50%左右，3岁成年后出栏，出栏率多在20%~35%。绵羊、山羊能繁母畜占比在50%~70%，年均产羔1只，多在2岁后出栏，出栏率多在30%~60%。牛、羊一般在4~5月产仔，分别在3~4个月、2个月后断奶，因此，当年新生幼畜的放牧时间在5~6个月；存栏牲畜中，未成年牛（小于2岁）、羊（小于1岁）比例分别在40%和30%左右。根据《天然草地合理载畜量的计算》（NY/T 635—2015），未成年牛折合0.5头成年牛，未成年羊折合0.6只成年羊。综合上述数据，考虑幼畜占比，本研究分别按0.75、0.80将年末牛羊存栏量折算为成年牛羊数量。因缺乏详细数据，该折算系数只是个粗略估算，未考虑区域差异。

第二，估算成年牛、羊的标准羊单位系数。根据《天然草地合理载畜量的计算》（NY/T 635—2015），体重45kg、日消耗1.8kg标准干草的成年绵羊为1标准羊单位，体重300~350kg的成年牦牛，取均值即按325kg，计4.5个标准羊单位。根据各地牛、羊的成年体重，单个成年牛按：$4.5+4.5\times$（成年牛体重-325）$\times0.002$，单个成年羊按：$1+$（成年羊体重-45）$\times0.015$，分别折算成标准羊单位，式中系数是指成年牛、羊较标准体重增加或减少1kg所增加或减少的羊单位数，是根据文献（常泽军，1997；李启唐，1996）中不同体重牲畜饲草消耗量数据估算的。牛、羊成年体重，根据2020年出栏量和产肉量统计数据，按50%屠宰率换算成成年体重。青藏高原牛、羊出栏年龄一般分别在3岁和2岁以上，基本是成年畜，因此，出栏牛、羊按成年畜计算羊单位。因牛、羊一般在秋末出栏，当年放牧时间应该在10个月左右，不足1年，因此，出栏牛、羊乘以系数10/12转换为年实际放牧羊单位。

第三，马、驴和骆驼，饲养周期长，一般都在10年以上，因此，主要为成年畜，按《天然草地合理载畜量的计算》（NY/T 635—2015）推荐的标准折算系数计算，即每匹马折5个羊单位、驴折合2.5个羊单位、骆驼折合8个羊单位。

根据2020年各省区的牧畜存栏量、出栏量统计数据，青藏高原牛、马等大牲畜和绵羊、山羊放牧总量合计1.16亿羊单位，草地平均载畜量0.80羊单位/hm²（表4-7）。其中，青海牛、羊等草畜数量最多，其次是西藏和四川高原区，云南高原区和新疆高原区数量较少,不足 500 万羊单位。按草地面积计,平均草地载畜量云南高原区最高,其次是甘肃高原区和四川高原区,新疆高原区、西藏和青海平均载畜量均低于 1 羊单位/hm²。

表 4-7 青藏高原 2020 年可利用草地面积、草畜总量和草地载畜量

地区	可利用草地/万 hm²	草畜总量/万羊单位			载畜量/(羊单位/hm²)
		大牲畜	绵羊、山羊	合计	
西藏	7 034.441	2 679.28	914.67	3 593.95	0.51
青海	4 595.698	2 278.43	1 601.70	3 880.13	0.84
四川高原区	1 402.477	2 046.23	265.14	2 311.37	1.65
甘肃高原区	651.039	642.59	453.95	1 096.54	1.68
云南高原区	61.350	274.68	214.18	488.86	7.97
新疆高原区	775.367	89.98	125.43	215.41	0.28
青藏高原	14 520.372	8 011.19	3 575.07	11 586.26	0.80

4.3.2 草地载畜量的空间差异

从县域尺度看,有 33 个县牛、羊等牧畜数量超过 100 万羊单位,合计占青藏高原牧畜总量的 42.5%,主要分布在青海海南藏族自治州(简称海南州)、玉树州和黄南藏族自治州(简称黄南州),西藏那曲市、甘肃甘南州,川西甘孜州和阿坝州等州市(图 4-7);有 56 个县草畜数量在 50 万~100 万羊单位,合计占草畜总量的 35.5%,其余 130 余个县区,草畜存栏量较低,多在 30 万羊单位以下。从县域草地平均载畜量看,大部分地区低于 1 羊单位/hm²,其中青藏高原北部地区和藏南地区不足 0.25 羊单位/hm²;西藏一江两河地区和横断山区中北部等农牧县平均载畜量多在 1~2 羊单位/hm²;云南高原区南部和青海东北部农业区,因牧畜有作物秸秆和农副产品补饲,按草地面积计算的草地平均载畜量较高,多在 3 羊单位/hm² 以上(图 4-7)。

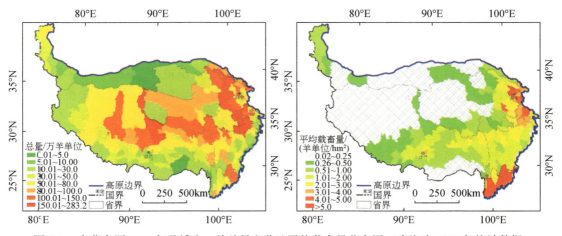

图 4-7 青藏高原 2020 年县域牛、羊总量和草地平均载畜量分布图(青海为 2017 年统计数据)

野外观察发现，草地放牧强度与草地长势和盖度关系密切，对青藏高原 80 个典型牧业县的数据进行回归统计发现，各县草地平均载畜量与草地青草期盖度显著相关，相关系数（R^2）为 0.53。因此，基于 250m 分辨率的草地青草期盖度空间分布图，通过线性外推，将县级草地载畜强度进行了空间插值，编制了草地载畜量的空间分布图（图 4-8）。由图 4-8 看出，青藏高原单位草地面积载畜量大致呈东高西低、南高北低的分布格局。其中在中南部地带，大致沿一江两河、藏东、玉树州和果洛藏族自治州（简称果洛州）南部、四川阿坝州和甘孜州北部，到甘肃甘南州、青海西宁市和海东市，草地载畜量较高，多在 2 羊单位/hm² 以上，在若尔盖草地和河湟谷地区较高，超过 3 羊单位/hm²。

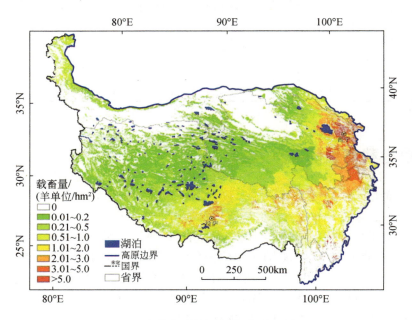

图 4-8　青藏高原草地载畜量空间分布图

4.3.3　农牧业活动强度

根据上述的草地载畜量（图 4-8）和耕地空间分布图（图 3-1），按 1km 栅格计算了青藏高原牧业、种植业和农牧业活动的相对强度。按土地总面积统计，2020 年青藏高原单位土地面积牛羊等牧畜载畜量为 0.43 羊单位/hm²，以此为参考指标，按 1km 栅格计算了青藏高原放牧活动的相对强度（栅格载畜量与青藏高原平均载畜量的比）；同样，以青藏高原平均土地垦殖率为参考指标，按 1km 栅格单元计算了青藏高原种植业即农业活动相对强度；综合种植和牧业活动强度，编制了农牧业活动强度的空间分布图，分为低度、中低度、中度、中强度、强度和重度 6 个强度类别（图 4-9）。由图 4-9 看出，青藏高原西北部地区，人口稀少，无种植业，放牧强度相对较低，低于高原均值的 25%，农牧业活动属于低度；东南部林地覆盖区，以天然林为主，农牧业活动很微弱，也属于低度。中南部地区，以牧业为主，有少量土地耕垦，农牧业活动处于中度和中强度水平；青藏高原东北黄河谷地、西藏一江两河谷地、滇北谷地区，土地耕垦率一般在 5% 以上，草地放牧强度多超过 2 羊单位/hm²，是青藏高原人口分布最密集和农牧业活动最强的地区，农牧业活动划分为强度和重度。

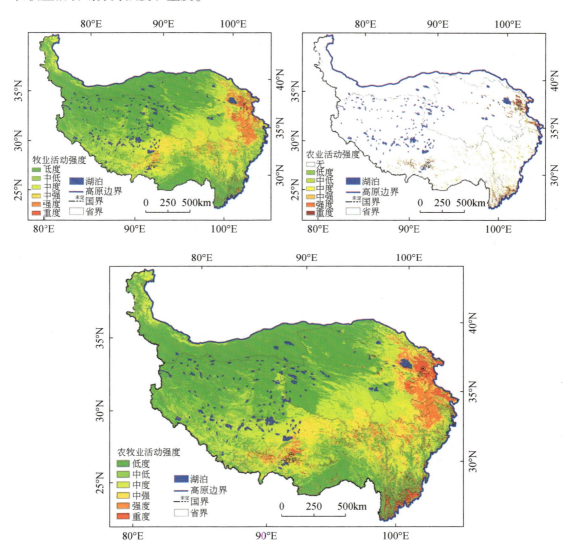

图 4-9　青藏高原 2020 年牧业、农业和农牧业活动相对强度空间分布图

4.4　小　　结

　　青藏高原可利用草地面积共计 14 520.37 万 hm²，占土地总面积的 54.22%，主要分布在高原中西部地区。受低温和干旱影响，超过 80% 的草地青草期长度少于 6 个月，其中 45% 的草地，青草期长度只有 3~4 个月。大部分县域草地稀疏，青草期草地盖度低于

40%，其中分布在藏北高原的县市草地盖度低于 25%。在青海、四川和甘肃交界处的县市，草地质量好，年均气温多在 0℃以上，气候湿润，以亚高山草甸为主，青草期长度多在 6 个月以上，平均盖度超过 60%。

根据 2020 年各省区的统计数据，青藏高原畜牧类型空间差异显著，牦牛集中分布在高原中东部半湿润、湿润草甸和草原草甸带，包括那曲高原、藏东、青海高原南部和甘孜州、阿坝州地区，而绵羊、山羊则主要分布在西北部高寒干旱和半干旱带，多为荒漠草原植被。在滇北、西宁市和海东市、岷县、林芝市、米林县等农业县市，以及柴达木盆地绿洲区，藏猪或土猪数量较大。其他地区畜牧类型比较复杂，为牛、羊和藏猪放牧养殖区。

2020 年，青藏高原各类牲畜存栏总量合计 5687.15 万头（只），其中大牲畜存栏量 2083.36 万头，以牛为主，占比 96.7%；绵羊、山羊存栏总量 3191.82 万只，其中约 70% 为绵羊；生猪存栏总量 411.97 万头，主要分布在青藏高原东部以种植业为主的农业区。青藏高原区（不含新疆高原区）当年牛出栏量 550.60 万头、羊出栏量 1659.31 万只、猪出栏量 387.56 万头，牛、羊、猪的平均出栏率分别为 27.51%、53.22% 和 94.17%。当年青藏高原肉类总产量 126.95 万 t，其中牛肉 66.38 万 t，超过肉类总产量的一半，羊肉和猪肉产量分别为 29.16 万 t 和 28.49 万 t，奶类产量共计 130.46 万 t。对于平均出栏牲畜产肉量，牛为 119.09kg、羊 17.00kg、猪 73.39kg。按 2020 年人口计算，青藏高原人均肉类占有量 79.58kg，各省区在 62~102kg，其中四川高原区最高，青海最低。

根据牧畜的年末存栏量和出栏量，考虑畜群的年龄结构、放牧时间长度，测算了青藏高原牛、马等大牲畜和绵羊、山羊的年放牧总量。2020 年，青藏高原草畜放牧总量合计 11 586.26 万羊单位，草地平均载畜量 0.80 羊单位/hm²，其中青藏高原北部地区和藏南地区不足 0.25 羊单位/hm²，西藏一江两河地区和横断山区中北部等农牧县，载畜量较高，多在 1~2 羊单位/hm²。按全部土地面积统计，2020 年青藏高原牧畜平均放牧强度为 0.43 羊单位/hm²。

根据草畜放牧强度和耕地垦殖率，按 1km 栅格计算了青藏高原农牧业活动的相对强度。青藏高原西北部地区、东南部山地森林区农牧业活动强度低，中南部地区农牧业活动处于中强度水平。青藏高原东北黄河谷地、西藏一江两河谷地和滇北谷地区，是青藏高原人口分布最密集和农牧业活动最强的地区。

参 考 文 献

常泽军. 1997. 肉牛育肥综合实用技术. 石家庄：河北科学技术出版社.

李启唐. 1996. 肉羊生产技术. 北京：中国农业出版社.

第 5 章 农业发展变化过程

中华人民共和国成立初期，青藏高原种植业发展基础薄弱。经过 70 多年的开发建设，青藏高原的种植业得到了快速发展，粮食作物种植面积扩大，投入增加，作物单产和粮食总产都显著提高。本章根据遥感影像数据、各省区的统计数据，分析青藏高原 1980 年以来耕地和农业的发展变化情况。总体看，近 40 年青藏高原种植业、畜牧业都得到了显著改善，西藏粮食产量增加 1 倍，青海增加约 25%。

5.1 农地利用变化

5.1.1 耕地变化

（1）基于统计数据的变化特征

根据西藏和青海的统计数据，在 20 世纪 50 年代，青藏高原人口压力较小，耕地资源的开发程度较低，土地耕垦率低于 0.5%。20 世纪 60~70 年代，土地耕垦增加，耕地面积扩大约 30%。随着改革开放政策的逐步实施，耕地面积总体保持了扩大的趋势，但随着 1999 年全国生态退耕政策的实施，2000~2004 年，耕地面积出现快速下降。之后，由于退耕政策调整，耕地出现缓慢恢复。

根据统计数据，西藏耕地面积在 1980~2019 年基本保持波动上升的态势，尤其是 2009 年后，耕地面积上升明显（图 5-1），到 2019 年，耕地面积较 1980 年增长了 8.83%。

图 5-1　西藏、青海 1980~2019 年耕地面积指数的年际变化

1980 年耕地面积指数 = 100%

青海耕地面积在 1980～1986 年缓慢下降，1987～1997 年缓慢增长，1998～2000 年出现快速增长，3 年扩张超过 10%；之后到 2004 年，受生态退耕政策的影响，耕地面积出现快速下降，2004～2010 年耕地面积基本保持稳定；2011 年耕地面积扩大，恢复到 1980 年的水平；2012～2018 年耕地面积保持稳定，但 2019 年耕地面积又出现较大幅度下降（图 5-1）。对比 1980 年和 2018 年的耕地数据，青海的耕地面积总体变化很小，两年的耕地面积基本持平，2018 年仅增加 0.4%。

（2）基于影像数据的变化特征

上述统计数据反映的变化与作者根据中国科学院资源环境科学与数据中心 30m 土地利用数据（www.resdc.cn）显示的结果偏差较大。根据 1980～2020 年每 5 年的解译数据，1980～2020 年，耕地面积总体呈现先增后降的特征（图 5-2）。2000 年前，耕地面积缓慢增长，2000 年耕地面积较 1980 年增加 2.62%；之后受生态退耕政策的影响，耕地面积出现下降，到 2020 年，耕地面积较 2000 年下降 2.24%，但仍稍高于 1980 年耕地面积的 0.32%。

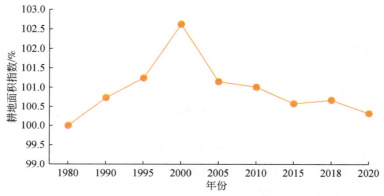

图 5-2 青藏高原 1980～2020 年耕地面积指数的年际变化

1980 年耕地面积指数=100%

从空间分布看，基于影像数据获取的耕地数据显示，大部分县市的耕地面积保持基本稳定，但部分县市变化较大。1980～2000 年，在青海东北地区和甘肃高原区，耕地增加明显，部分县市主要散布在横断山区，耕地面积出现显著下降（图 5-3），其他大部分县市小幅增加，增幅低于 1%。2000 年后，青藏高原耕地面积总体呈下降趋势，尤其是在横断山区，降幅较显著；但在青海东北部地区，部分县市耕地面积增加（图 5-4）。在西藏一江两河和湟水河流域两个主要农区，基于米级高分影像的解译结果（Wei et al., 2021；Wei and Lu，2022）显示，这两个主要农区 2000～2018 年耕地面积下降明显，分别下降了 8.9% 和 23.4%。

5.1.2　草地变化

根据中国科学院资源环境科学与数据中心 1980～2020 年 30m 土地利用图统计分析，青藏高原草地面积基本稳定，2020 年草地面积较 1980 年仅增加 0.37%，总体变化不大。

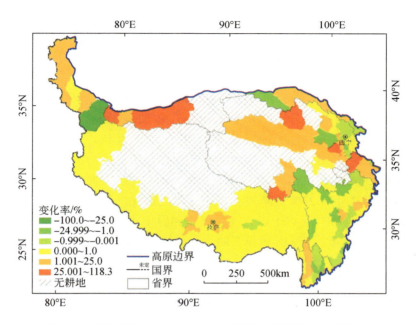

图 5-3 青藏高原 1980~2000 年县域耕地面积变化的空间分布
基于 30m 土地利用数据

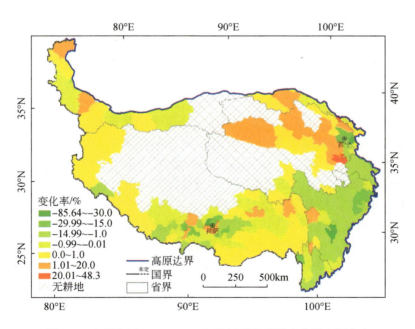

图 5-4 青藏高原 2000~2018 年县域耕地面积变化的空间分布
基于 30m 土地利用数据和米级影像解译数据

根据文献资料，20 世纪中后期，草地退化严重，但 21 世纪初以来，随着各项生态保护政策的实施，草地的退化趋势基本得到遏制，草地质量特别是草地盖度显著提高。

（1）20 世纪中后期草地变化

文献数据显示，20 世纪 70 年代至 21 世纪初，因草场过牧，草地呈现严重退化趋势。在青海，20 世纪 70 年代初，中度以上退化草地面积 270 万 hm^2，到 2003 年扩大到 833 万 hm^2，增加了 2.1 倍；严重退化的"黑土滩"草地的比例由 20 世纪 80 年代的 12.7% 增加到 90 年代的 16.5%（贺有龙等，2008）。在玛多县，1997 年中度和重度退化草场面积较 20 世纪 80 年代末分别增加 50.6 万 hm^2 和 62.4 万 hm^2；在达日县，"黑土滩"草地由 1985 年的 16.8 万 hm^2 快速扩大到 1994 年的 57.5 万 hm^2；在四川石渠县，"黑土滩"草地由 1982 年的 20 万 hm^2 增加到 1992 年的 151 万 hm^2，10 年扩大 6.55 倍（兰玉蓉，2004）。根据 2000 年和 2001 年抽样调查数据，西藏 43.2% 的草场存在退化（杨汝荣，2003）；在青海，2003 年有 23% 的草地存在中度以上退化（贺有龙等，2008）；在三江源区，高达 58% 的草地存在中度以上退化（赵新全和周华坤，2005），其中有 22.9% 的草地退化严重，形成"黑土滩"（逯庆章和王鸿运，2007）。在若尔盖县退化和沙化草地超过可利用草地面积的 50%（李开章，2008）。

由于草地退化，植被覆盖度和优良牧草比例下降，植被结构简化、毒杂草滋生蔓延。与 20 世纪 50 年代相比，1997 年三江源区草地植被覆盖度下降了 15%~25%，优势牧草高度下降了 30%~80%，单位面积产草量下降了 30%~50%，优质牧草比例下降了 20%~30%，但有毒有害类杂草增加了 70%~80%（赵新全和周华坤，2005）。在玛曲县，由于草场沙化，草场可食牧草产量在 1981~1998 年下降了 28.3%（王红梅，2005）；在甘南州，2000 年牧草产量较 20 世纪 80 年代下降 26.2%，优良牧草比例下降 36%，植被覆盖度由 95% 下降到 2000 年的 75%，降低 21%（穆锋海和武高林，2005）。在青海湖盆地及周边地区，优质牧草比例由 20 世纪 60 年代末的 80% 下降到 1999 年的 60% 左右（伏洋等，2007）。

（2）近 20 年草地变化

在 21 世纪初，青藏高原先后实施一系列的草地保护政策和生态建设工程，草地退化趋势基本得到遏制，草地质量尤其是植被覆盖度明显恢复（卓嘎等，2018；孟梦等，2018），植被长势和生态系统服务功能变好和逐渐恢复（王小舟等，2017）。根据作者利用 MODSI 250m 分辨率数据，对草地青草期平均覆盖度变化的分析结果（Liu and Lu，2021），青藏高原 2000~2019 年大部分草地青草期盖度总体上升明显，平均增加 17%；只有近 10% 的草地盖度下降显著（图 5-5），主要分布于西藏南部和中部、三江源邻近道路、居民点和河湖盆地地区。按县统计，大部分县的草地青草期平均盖度均呈增加趋势（图 5-5），但少数县，主要位于西藏中部如申扎县、班戈县、当雄县和定结县，草地青草期的平均盖度呈不显著下降。

5.1.3 农地建设

（1）农田灌溉

1978 年以来，青藏高原的农田灌溉设施建设得到较快发展，有效灌溉面积增长。尤其是西藏，2020 年农田有效灌溉面积较 1978 年增加了 12 万 hm^2（西藏统计数据），增幅近

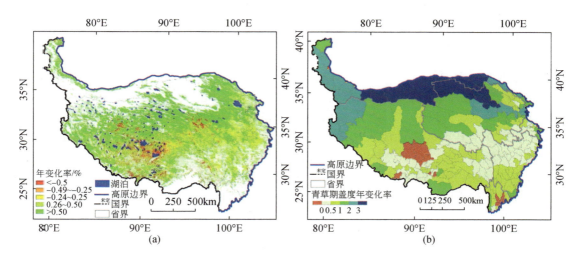

图 5-5 青藏高原 2000～2019 年栅格（a）和县域（b）尺度草地盖度趋势变化率的空间分布

80%。从统计数据展示的年际变化看（图 5-6），西藏有效灌溉面积的变化可分为 3 个阶段：1978～1992 年，总体呈波动下降的态势；1994 年快速回升，一直到 2007 年，有效灌溉面积基本保持稳定；之后到 2020 年，有效灌溉面积又呈现显著增加的态势。相对而言，青海有效灌溉面积在 2000 年前平稳增长，但之后到 2007 年出现较快下降；2008 年出现大幅增长，有效灌溉面积达到 16 万 hm² 以上，之后到 2012 年，有效灌溉面积保持稳定，但 2013 年又快速下降到接近 2007 年的水平；2014～2020 年，有效灌溉面积保持稳定增长的态势。总体来看，1978～2000 年青海有效灌溉面积稳定缓慢增长，2008～2013 年有效灌溉面积出现异常波动，可能是统计方式变化造成的，扣除该时段，1978 年以来青海的有效灌溉面积增长明显，到 2020 年，有效灌溉面积扩大近 40%。

图 5-6 西藏、青海 1978～2020 年有效灌溉面积指数的年际变化

1978 年有效灌溉面积指数＝100%

（2）基本农田建设

2000 年以来青藏高原基本农田建设取得显著进展。根据新闻报道数据，"十三五"以来，西藏共建成高标准农田 227.26 万亩，仅 2021 年就新增和改造基本农田超过 20 万亩，建设高标准农田 75 万亩。在青海，"十二五"期间，整理完成 120 万亩高标准基本农田，形成 80 处万亩连片的基本农田集中区，互助县、湟中区和民和县等建设成为国家高标准农田建设示范县，互助县、门源县、大通县、湟中区、湟源县、乐都县、民和县、同仁市、平安区 9 个县市区建设成为全国农用地整治重点县，对粮食主产区内农田进行田、水、路、林综合整治，全面提升农田基础设施条件，提高全省农业抗灾能力，实现了田成方、林成网、路相通、渠相连、土肥沃、水畅流、旱能灌的标准化格局。2021 年，青海先期在大通县、湟中区、民和县等建设万亩以上连片高标准基本农田 13 片，整治规模 30 万亩，投资超过 6 亿元。

5.1.4 草场建设

草场建设包括草场围栏、人工草地和草地鼠害防治等。根据西藏自治区农业农村厅数据（https://nynct.xizang.gov.cn/），2015～2018 年，西藏 98% 的可利用草地面积已承包到户。2004～2018 年，在 52 个县（区）实施了草地退牧还草工程，建设围栏 14 457 万亩（禁牧围栏 3611 万亩、休牧围栏 10 846 万亩），超过可利用草地面积的 10%。在青海，草场围栏建设成果更为突出，到 2020 年全省近 30% 的可利用草地已围栏，总面积达 1362.4 万 hm^2，其中 2015～2020 年新增围栏草场面积 231.8 万 hm^2（表 5-1）。

表 5-1 青海草原建设情况　　　　　　　　　　　（单位：万 hm^2）

指标	2015 年	2016 年	2017 年	2018 年	2019 年	2020 年
当年实际机耕面积	39.7	39.7	39.7	40.4	42.2	44.0
当年机械播种面积	29.5	30.0	29.7	32.5	33.3	34.1
当年机械收割面积	23.2	24.2	25.1	26.6	29.4	32.1
围栏草场面积	1130.6	1167.9	1227.2	1332.2	1338.9	1362.4
当年新围面积	52.9	37.3	59.3	105.0	6.7	23.5
人工草地保留面积	51.9	51.6	51.7	80.2	21.3	24.0
当年新种面积	22.7	23.0	23.1	47.8	4.4	4.1
年内鼠害危害面积	592.9	569.4	593.3	576.1	677.7	625.4
年内鼠害防治面积	229.1	90.6	159.7	254.4	147.3	71.4
年内虫害危害面积	102.9	102.9	87.9	88.0	73.6	72.4
年内虫害防治面积	55.2	63.7	24.1	60.8	22.0	23.3

数据来源：青海 2021 年统计年鉴。

相对而言，人工草地建设相对迟缓。根据青海的统计数据（表 5-1），2020 年青海累计人工草地保留面积仅 24 万 hm^2，不足 2015 年的一半。在西藏，2017 年人工草地面积仅 21.62 万 hm^2（表 5-2）。从各年的统计数据看，人工草地面积波动很大，尤其是西藏地区，累计草地面积最高在 2010 年，达到 117.61 万 hm²，但次年仅保存 11.32 万 hm²，说明大部分人工草地保留不足一年，人工草地建设成效很低。作者野外考察发现，西藏大部分人工草地种植区域海拔偏高，热量不足，加上缺乏有效管理，长势很差，且容易发生鼠害，种植一年后就退化撂荒现象普遍。在青海，也存在人工草地退化废弃的问题，如 2020 年人工草地保留面积仅约为 2018 年的 30%。

表 5-2　西藏草原建设情况

（单位：万 hm²）

项目	2010 年	2011 年	2012 年	2013 年	2014 年	2015 年	2016 年	2017 年	2020 年
累计人工草地	117.61	11.32	17.51	15.44	6.27	102.50	32.99	21.62	
鼠害治理	36.07	96.00	22.80	15.73	25.33	15.33	121.07	200.60	66.67
虫害治理	5.20	1.33	14.0	0.53	0.13	6.02	4.90	6.67	1.27

数据来源：西藏 2021 年统计年鉴。

青藏高原草地鼠害、虫害，尤其是在河湖盆地的草甸草地危害严重。据青海 2015～2020 年的统计数据（表 5-1），超过 10% 的草地存在鼠害。虽然每年都进行治理，但实际效果似乎不显著，鼠害草地面积并未出现明显减少。西藏草地鼠害相对较轻（表 5-2），鼠害草地面积估计低于草地面积的 5%，治理压力较小。从野外观察看，草地鼠害主要发生在过牧草地，同样草地实施围栏轮牧，鼠害明显要轻。因此，加强围栏轮牧，应该是防治鼠虫危害的重要途径。

5.2　作物播种面积和种植结构变化

20 世纪 50 年代，耕地利用主要用于粮食生产，粮食作物播种面积占比超过 90%。随着经济发展和社会需求结构变化，耕地利用和作物种植结构日趋多样化。突出特点是，粮食作物种植比例下降，而油料、蔬菜、果木、藏中药材等经济作物及青饲作物种植比例增加。

5.2.1　作物播种面积变化

（1）作物总播种面积

西藏和青海统计数据显示，1978 年以来，作物播种面积总体呈扩大趋势，但呈现显著的阶段性变化特征（图 5-7）。相较于 1978 年，西藏的作物播种面积总体呈持续扩张的态势，但 1985～1994 年，播种面积稍有下降，降幅在 1.5%～4.5%；1995 年播种面积恢复到 1978 年的水平，1995～2009 年，呈缓慢波动增长；之后增速有所加快，播种面积指数由 2009 年的 106.9% 分别扩大到 2019 年和 2020 年的 122.9% 和 121.4%。总体来看，改革开放以来的 40 多年，西藏作物播种面积增幅不大，2018～2020 年作物播种面积较 1978 年增加 21.4%～22.9%。相较而言，青海作物播种面积波动较大（图 5-7）：1978～1999 年，作物播种面积总体呈波动上升趋势，到 1999 年，播种面积较 1978 年增加 11.0%；之后，受生态退耕政策实施的影响，呈现较快速萎缩，到 2003 年作物播种面积降到最低，较

1978 年下降 9.3%，之后快速回升，到 2006~2009 年恢复到 1978 年的水平且基本保持稳定。2010~2012 年，作物播种面积出现第二次较快增长，其间作物播种面积增加 7.3%；之后到 2019 年，作物播种面积指数基本稳定在 108%。2020 年作物播种面积出现较大增加，较 1978 年扩大 11.0%。

图 5-7　西藏、青海 1978~2020 年作物总播种面积指数的年际变化

1978 年播种面积指数＝100%

（2）粮食作物播种面积

1978 年西藏和青海粮食作物总播种面积分别为 20.50 万 hm^2 和 43.476 万 hm^2，之后到 2020 年，粮食作物的播种面积总体呈下降趋势（图 5-8）。就下降幅度看，青海较西藏更为显著，尤其是 1998~2003 年，继 1990~1997 年缓慢减少后，粮食播种面积出现严重萎缩，播种指数由 1998 年的 88.5% 下降到 2003 年的 57.0%，降幅达 35.6%；而西藏，在 2000 年前，总体呈波动增长趋势，之后到 2006 年，播种面积出现持续下降，粮食作物播种面积指数降幅为 14.4%，不足青海 1998~2003 年降幅的一半。2006 年青海作物面积快速恢复到 1978 年的 64.1%，之后基本保持稳定；而西藏在 2006~2012 年在低点保持稳

图 5-8　西藏、青海 1978~2020 年粮食作物总播种面积指数的年际变化

1978 年播种面积指数＝100%

定，之后缓慢上升，到 2016 年粮食作物播种面积恢复到 1978 年的 92.7% 后，出现了缓慢下降，到 2020 年粮食作物播种面积下降到 1978 年的 88.9%。总体来看，1978～2020 年，青海粮食作物播种面积下降显著，减幅达 33.3%，是西藏减幅（11.1%）的 3 倍。

5.2.2 作物种植结构变化

（1）粮经作物播种面积占比

1978～2020 年，青藏两省区粮食作物（谷物、豆类、薯类、杂粮）的播种面积占比多在 50%～90%，总体呈持续降低的态势（图 5-9），尤其是 1999～2004 年（青海）和 2001～2006 年（西藏），下降最为明显，降幅分别为 14.4% 和 15.5%，应该与生态退耕政策实施早期，耕地过度退耕，导致粮食作物播种面积大幅下降有关。之后到 2020 年，两省区粮食作物播种面积占比都呈现了缓慢下降的态势，但总体降幅不大。在 2007～2020年，西藏的粮食作物播种面积占比在 68.3%～73.7%，青海在 50.6%～53.1%。减少的粮食作物播种面积，主要调整为种植油菜、蔬菜等经济作物，以及青饲等其他作物。从统计结果看，西藏经济作物的播种面积 2005 年前呈波动增长趋势，之后到 2020 年，占比基本稳定在 19%（图 5-10）。青海在 2011 年前，经济作物的比例总体呈波动上升趋势，占比在 2011 年达到 41.87%，之后到 2020 年，波动下降。其他作物，主要为青饲作物和藏中药材作物，总播种面积占比总体呈上升趋势，在西藏，2002 年后稳定快速增长，在青海，呈阶段性变化，但总体增长显著（图 5-11）。

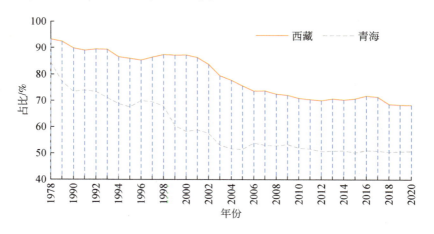

图 5-9 西藏、青海 1978～2020 年粮食作物播种面积占比的年际变化

（2）作物种植结构

从作物种植结构看，1978 年以来青藏两省区都呈现了较显著的变化。在西藏，作物以青稞为主，播种面积占比在 48.5%～58.3%，总体变化不大，多数年份维持在 50% 左右，但小麦（约 70% 为冬小麦，30% 为春小麦）播种面积年际波动较大，占比在 11.0%～29.9%，总体呈下降趋势（图 5-12）：2001 年以前，小麦播种面积占比在 20% 以上，之后逐渐下降到 2018～2020 年的 11.0%～11.8%。燕麦和荞麦等其他粮食作物，播种面积占比

图 5-10 西藏、青海 1978~2020 年经济作物播种面积占比的年际变化

图 5-11 西藏、青海 1978~2020 年其他作物播种面积占比的年际变化

在 3% 左右，变化不大。豆类作物主要为箭舌豌豆和少量大豆，其播种面积下降明显，占比由 20 世纪 80 年代的 10% 左右下降到 21 世纪第 2 个 10 年的约 3%；油料作物（主要为油菜）在 2005 年之前占比较低，多在 5%~7%，在 2005~2010 年出现较快增长，上升到 10% 左右；2010 年之后，油料作物播种面积占比基本稳定，多在 8%~10%。蔬菜和其他作物（主要为青饲作物）的播种面积占比 1978 年以来呈现显著增长趋势，尤其是 2003 年后增长加快，到 21 世纪第 2 个 10 年，其播种面积占比分别维持 8.7%~9.7% 和 10.1%~16.7%。

在青海，粮食作物以春小麦、青稞和玉米为主，其总播种面积占比总体呈显著下降趋势（图 5-13），其中春小麦的播种面积占比，20 世纪 80 年代和 90 年代呈缓慢下降趋势，由 1978 年的 40.2% 下降到 1998 年的 37.4%；1999~2005 年，受生态退耕的影响，春小麦播种面积出现快速萎缩，播种面积占比下降到 20.3%，减少近一半；之后到 2018 年，占比基本稳定在 19.8%~22.0%；2019~2020 年春小麦播种面积下降，其播种面积占比

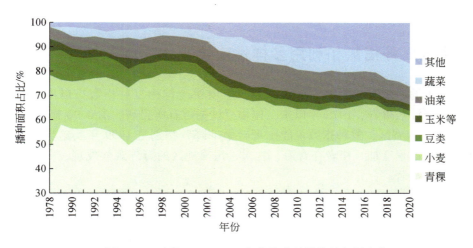

图 5-12 西藏 1978～2020 年作物种植结构的年际变化

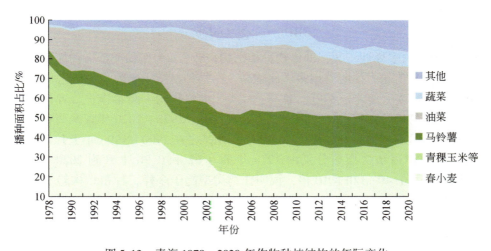

图 5-13 青海 1978～2020 年作物种植结构的年际变化

2019 年下降到 18.5%，2020 年进一步下降到 16.6%。杂粮主要为青稞和玉米，其播种面积占比同样呈现了阶段性变化的特点：1978～2001 年，其播种面积占比由 37% 逐渐下降到 19.2%；2002～2018 年，播种面积基本稳定，多数年份的播种面积占比维持在 15% 左右；2019 年和 2020 年出现较大扩张，杂粮作物的播种面积占比恢复到 18.2% 和 21.3%。油菜是青海仅次于春小麦的主要种植作物，20 世纪 80 年代播种面积占比低于 20%，1990～1998 年上升到 21%～26%，1999～2012 年，播种面积最大，播种面积占比在 31%～35%；之后，其播种面积占比出现缓慢萎缩，到 2020 年下降到 25.1%。马铃薯的播种面积占比在 1978～2000 年多数年份维持在 7% 左右，之后播种面积扩大，2001～2020 年多数年份马铃薯的播种面积占比维持在 14.0%～16.6%。蔬菜和其他作物（主要为青饲作物、枸杞和中草药等）在 2002 年前播种面积占比较低，呈现小幅波动的年际变化特征，之后持续扩张，蔬菜播种面积占比由 2002 年的 5.2% 上升到 2020 年的 7.6%，其他作物则由 7.3% 上升到 16.5% 。

5.2.3　耕地复种指数和利用多样性变化

因缺乏准确的耕地统计数据，青藏高原各年度耕地作物复种指数难以准确估算。不过，从西藏的统计数据看，1978 年以来，作物复种指数有所提高，由 0.90 提高到 2020 年的 1.09。但在其他省区，复种指数可能出现轻微下降，特别是 1999 年实施生态退耕政策以后，耕地休耕摆荒增加。作者在青海、甘肃、川滇地区的野外观察发现，分布在山地的耕地，摆荒比较显著。

由于作物种植结构的变化，耕地利用的多样性提高，主要是油料、蔬菜、马铃薯、中草药等经济作物和青饲作物种植面积扩大，过去单一的粮食作物种植模式得到显著改变。借用香农多样性指数（Shannon's diversity index，SHDI），根据西藏和青海历年各作物类型的播种面积占比，计算了作物种植结构指数，用以反映作物种植类型的多样性特征，其计算公式（Shannon，1948）如下：

$$SHDI = -\sum_{i=1}^{m}(p_i \ln p_i)$$

式中，SHDI 为香农多样性指数，即作物种植结构指数；p_i 为作物类型播种面积占比；m 为作物类型数量。其值越大说明类型多样性越高，作物种植结构更趋于均衡化和可持续性。

根据青稞、小麦、玉米、稻谷、薯类、豆类、油料作物、蔬菜作物、青饲作物、药材作物等作物类型的播种面积占比，采用上述公式计算，1978～2020 年青藏两省区的作物种植结构指数总体呈现波动上升趋势（图 5-14），尤其是在 1990～1996 年上升最显著。在西藏和青海，作物种植结构指数分别由 1978 年的 0.62 和 0.96 上升到 2020 年的 1.49 和2.02，分别提高了 1.40 倍和 1.10 倍，说明作物类型趋于多样，种植结构趋于合理，有利于耕地的可持续利用。

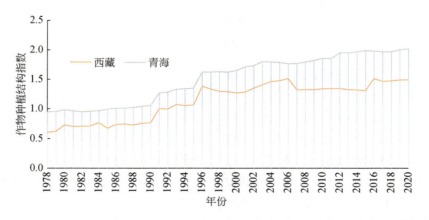

图 5-14　西藏、青海 1978～2020 年作物种植结构指数的年际变化

5.3 农产品产量、生产率与投入变化

　　青藏高原县级统计数据不全，因此，本节主要根据西藏和青海1978年以来的统计数据，分析了两省区粮食、油料、蔬菜、果木等产品产量及单产的变化特征，揭示了种植业包括化肥、农药、农业机械投入的变化过程。

5.3.1 农产品产量

(1) 粮食产量

　　粮食产量包括谷物、薯类和豆类的生产总量。1978年西藏、青海的粮食总产量分别为50.5万t、90.5万t，分别较1951年（15.32万t）和1950年（32.0万t）提高了2.30倍和1.83倍；之后，西藏粮食总产量基本保持缓慢增长态势（图5-15），到2015年，粮食总产量提高了近一倍，首次突破百万吨；2016～2020年，基本稳定在104万t。青海则表现为显著的阶段性变化特征（图5-16），1978～1998年，粮食总产量总体呈增长态势，达

图 5-15　西藏1978～2020年粮食和主要作物总产量的年际变化

图 5-16　青海1978～2020年粮食和主要作物总产量的年际变化

到历史高值 128.2 万 t；之后出现快速下降，到 2000 年下降到 82.7 万 t；2001 年回升到 103.2 万 t，之后又下降到 2003 年的 86.8 万 t；2004～2020 年总体呈现恢复增长，到 2008 年再次超过 100 万 t，到 2020 年达到 107.4 万 t。

西藏的粮食构成以青稞为主。1978～2020 年，青稞总产量总体稳定增长（图 5-15），由 24.5 万 t 提高到 79.5 万 t，占粮食总产量的比例由 48.5% 提高至 76.4%。同期，小麦产量则呈现了先增后降的特征：1978～1999 年小麦产量由 19.30 万 t 增长到 31.21 万 t，之后缓慢下降到 2020 年的 17.65 万 t，已较 1978 年的小麦产量低 8.5%。豆类产量 1985 年最高，为 5.73 万 t，之后波动下降，到 2020 年总产量下降到 1.76 万 t，只有最高产量的 31%。马铃薯产量无明显变化趋势，年际波动大，年产量多数年份在 0.1 万～0.5 万 t。

青海粮食产量以春小麦为主，尤其是 1978～1998 年，产量占比超过了 60%，其年产量由 58.30 万 t 增长到 79.94 万 t，之后到 2003 年快速下降到 36.80 万 t（图 5-16）；2004～2020 年，产量经过 5 年的缓慢回升后，基本稳定在 43 万 t，占青海粮食总产量的比例约 40%。杂粮（青稞、玉米等）产量年际变化相对较低，可分为 3 个阶段：1978～1999 年，年产量在 28.77 万～35.24 万 t；2000～2009 年，年产量下降到 20.23 万～22.32 万 t；之后到 2020 年，年产量回升到 24.98 万～38.03 万 t。薯类和油料作物产量表现了相似的总体增长趋势，年产量分别由 1978 年的 8.24 万 t 和 4.53 万 t，增长到 37.65 万 t（2009 年）和 37.54 万 t（2010 年），之后略有下降。2010～2019 年，薯类产量在 31.82 万～35.84 万 t。

（2）油料产量

油菜是青藏高原的主要油料作物，也是当地主要的食用植物油来源，其产量占比超过 95%，有悠久的种植传统。在 20 世纪 50～70 年代，生产量不高，西藏年产量在 0.41 万～0.99 万 t，青海多在 1 万～4 万 t。1978 年以来，油料产量快速增加，在西藏，油料产量由 0.79 万 t 提高到 2005 年的 6.12 万 t，之后到 2020 年维持在 5.07 万～6.37 万 t。青海油料产量 1978 年 4.19 万 t，到 2010 年提高了 37.14 万 t，提高了近 9 倍；之后有所下降，2016～2020 年，维持在 28.13 万～31.06 万。从两省区油料作物的总产量看，1978～2010 年总体呈持续增长的态势，2010 年达到 45 万 t，之后下降，2018 年后又缓慢回升（图 5-17）。

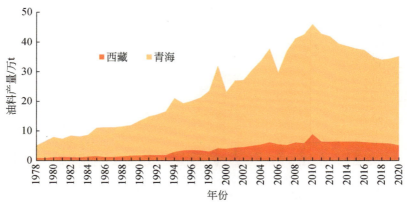

图 5-17　西藏、青海 1978～2020 年油料产量年际变化

（3）蔬菜产量

青藏高原大部分地区不适合露天蔬菜生产，因此，蔬菜生产量不足，长期处于供不应求的状态。从统计数据看，20世纪90年代中期以来，青藏两省区蔬菜产量稳定增长（图5-18）。在青海，1995年以来蔬菜产量由38.31万t，逐步增加到2012年的144.08万t，提高2.76倍，人均蔬菜量超过200kg，基本满足了当地蔬菜的需求；之后增速减缓，呈小幅波动的态势，年产量在143.64万~151.86万t。西藏蔬菜产量在1995年仅9.31万t，到2006年迅速提高到44.93万t，增幅高达3.83倍；2016~2020年，蔬菜产量仍保持增长趋势，从2016年的70.69万t提高到2020年的84.30万t，较2006年提高近1倍。蔬菜产量的快速增长，与温室大棚的快速发展有关。基于米级高分影像提取设施农业数据，对拉萨市和西宁市2008~2018年设施农业用地的分析发现（魏慧等，2019），西宁市设施农业用地面积由2008年的294hm² 增至2018年的2111hm²，增加6.18倍；拉萨市设施农业用地面积由2008年的429hm² 扩大到2018年的1422hm²，增加2.31倍，呈由市区向外围蔓延的发展态势。

图5-18　西藏、青海1995~2020年蔬菜产量年际变化

5.3.2　投入–产出变化

1978年以来，青藏两省区化肥、农药、农膜，以及机械投入等都呈现了快速增长的态势，同时带动了作物生产力的大幅提高。

（1）化肥、农药和农膜用量

化肥、农药和农膜主要用于种植业，因此，按作物总播种面积计算了青藏两省区的单位面积投入强度。总体来看，1979~2020年，青藏两省区化肥、农药和农膜的投入水平呈增长趋势，但存在显著的阶段性差异。

在西藏，1979~1998年化肥投入强度呈快速增长态势（图5-19），化肥用量由9.3kg/hm² 提高到118.7kg/hm²，增长11.8倍；1999年和2000年出现快速下降，化肥用量减少到74.6kg/hm²；之后持续增加，到2015年达到181.1kg/hm² 的历史高点，之后快速下降。到 2020 年，化肥用量下降为 111.5kg/hm²。农药用量年际波动较大，1991～2019 年农药用量在 1.3～3.8kg/hm²，按 10 年统计，1991～2000 年农药用量为 2.01kg/hm²，2011～2019 年农药用量上升到 2.87kg/hm²。农膜用量总体呈增加趋势，在 1994～2000 年在 0.2～0.4kg/hm²；2004～2009 年上升到 0.9～2.1kg/hm²；2010～2019 年进一步上升到 2.7～5.6kg/hm²。

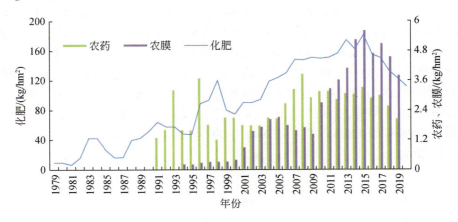

图 5-19 西藏 1979～2020 年化肥、农药和农膜用量变化

在青海，1979～2015 年化肥用量波动上升（图 5-20），由 63.0kg/hm² 增长到 184.1kg/hm²，增长近 2 倍；之后快速下降，到 2020 年降为 95.4kg/hm²，下降了 48.2%。农药用量变化不大，1991～2019 年在 2.0～4.0kg/hm²，1991～2007 年总体呈小幅增长趋势，之后阶段总体缓慢下降。农膜用量在 1991～2008 年较低，在 0.6～2.1kg/hm²，缓慢增加，之后增长加速，到 2017 年达到 15.2kg/hm²；2018 年和 2019 年有所下降，分别为 13.6kg/hm² 和 14.1kg/hm²。

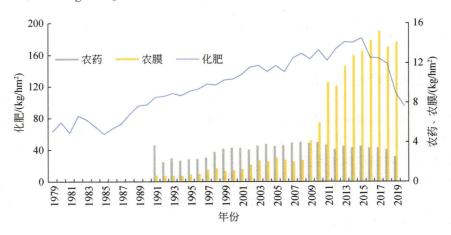

图 5-20 青海 1979～2020 年化肥、农药和农膜用量变化

（2）农机拥有量

统计数据显示，西藏农用拖拉机和配套农机具、联合收割机和脱粒机拥有量在 20 世

纪八九十年代较低，且增速缓慢；之后快速增加，在 2015 年左右达到高点（图 5-21）。按作物播种面积计，西藏各式拖拉机（主要为小型拖拉机）和配套农机具拥有量分别由 1978 年的 1.67 台/km² 和 0.64 台/km² 提高到 2015 年的 75.57 台/km² 和 57.83 台/km²；联合收割机由 1.6 台/万 hm² 提高到 165.1 台/万 hm²；脱粒机由 0.96 台/km² 提高到 18.41 台/km²；农机总动力由 0.56kW/hm² 提高到 18.61kW/hm²。其间农机拥有量和农机总动力提高了 20～100 倍。与此同时，农用柴油消耗量同步增长，由 1994 年的 16.0kg/hm²，提高到 2016 年的 163.8kg/hm²。2015 年之后，西藏农机拥有量和农用柴油消耗量都出现了较快下降，可能与前期增长过快、使用成本高，超出实际需求有关。

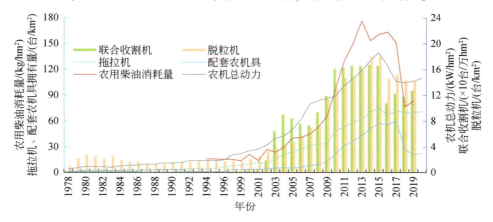

图 5-21　西藏 1978～2020 年农用柴油消耗量、农机拥有量和农机总动力变化

在青海，农机拥有量总体呈相对温和的增加趋势（图 5-22）。在 1978 年，青海拖拉机拥有量为 2.91 台/km²，到 2011 年增加到 52.76 台/km²；之后到 2020 年，基本保持稳定。配套农机具、联合收割机和脱粒机拥有量及农机总动力，基本保持持续增长态势，2020 年较 1978 年分别增加了 19.8 倍、10.1 倍、4.2 倍和 8.5 倍。同时，农用柴油消耗量同步增长，由 1993 年的 56.6kg/hm² 提高到 2019 年的 119.2kg/hm²，增幅超过 100%。

图 5-22　青海 1978～2020 年农用柴油消耗量、农机拥有量和农机总动力变化

（3）作物单产

作物单产增长趋势明显。1950~1978年，青藏两省区粮食作物单产都保持快速增长的态势，平均单产提高了超过一倍。1978~2008年，西藏作物单产仍保持较快增长趋势（图5-23），粮食平均单产由 1.73t/hm² 提高到 3.84t/hm²，增长 121.97%，年增长2.69%；之后单产基本稳定在3.61~3.91t/hm²，总体呈小幅增长趋势（0.18%/a）。在青海省，1978~2005年除1999年和2000年出现较大跌幅外，粮食作物单产总体呈增长趋势（图5-24），由 2.08t/hm² 提高到 3.80t/hm²，增长 82.69%，年增长2.26%；之后到2020年，单产变化不大，维持在3.41~3.77t/hm²，总体呈小幅下降趋势（−0.11%/a）。总体来看，1978~2020年，青藏两省区的粮食作物平均单产都呈现了显著增长趋势，2020年的平均单产较1978年，西藏增长 125.29%，青海增长 78.32%。

图5-23　西藏1978~2020年主要作物单产年际变化

根据实际耕地面积进行了调整

图5-24　青海1978~2020年主要作物单产年际变化

主要作物的平均单产呈现了大致相似的年际变化特征。在西藏，1978～2003 年青稞单产持续增长，但 2004 年后增速变缓（图 5-23）；1978～2020 年青稞单产提高 1.5 倍，年均增长 3.08%。小麦单产在 2008 年前增长迅速，较 1978 年提高 1.35 倍，之后出现下降，由 2008 年的 4.76t/hm² 下降到 2020 年的 4.08t/hm²，降幅 14.29%。豆类作物和油菜单产也呈现了相似的变化特征，但增幅相对较低。在青海，小麦、油菜和马铃薯都表现出显著的波动增长特征，但大致在 2008 年之后，作物单产各年间小幅波动，总体变化趋势不显著（图 5-24）。相较于 1978 年，小麦、油菜和薯类单产，在 2020 年分别提高 53.95%、184.18% 和 94.45%。

5.3.3 种植业的总体变化特征

综上数据，1978 年改革开放以来，青藏高原的种植业得到了快速发展，种植业产出水平明显改善，平均粮食作物单产西藏提高了 125.29%，青海提高了 78.32%，同时，化肥、农药和农膜用量保持了更高的增幅，尤其是西藏，单位面积用量提高了数倍甚至数十倍，使农产品的化学物质消耗量大幅增加，绿色生产程度下降。在西藏，按粮食和蔬菜（按 5：1 折粮）总产量测算，1980 年或 20 世纪 90 年代初到 2015 年，农产品产量的化肥用量由 5.94kg/t 提高到 59.92kg/t，农膜用量由 0.10kg/t（1994 年）提高到 1.85kg/t，农药用量由 0.69kg/t（1991 年）增加到 1.09kg/t，农用柴油消耗量由 7.69kg/t 提高到 60.13kg/t（2013 年）；之后都出现快速下降的态势（图 5-25）。在青海，化肥、农药和农膜用量呈现了类似的变化趋势，但总体投入水平明显高于西藏，尤其是农药和农膜，多数年份分别高出西藏 0.4～1.7 倍和 0.5～3.5 倍（图 5-26）；农用柴油消耗量在 1993～2007 年快速增长，之后到 2020 年，年际变化不大，在 44.0～49.24kg/t。

图 5-25 西藏单位粮食产量的化肥、农药、农膜用量和农用柴油消耗量年际变化

总体来看，1980～2020 年，青藏两省区种植业生产率提高，主要是投入增加推动的缘故，但同时也导致单位农产品的化肥、农药用量增加，绿色生产水平下降。不过一个好的

图 5-26　青海单位粮食产量化肥、农药、农膜用量和农药柴油消耗量年际变化

现象是，近几年化肥、农药等用量下降，效率提高，单位农产品产量的化学物质消耗量显著下降，绿色生产水平改善。

5.4　畜群规模与畜产品产量变化

　　1978 年以来，青藏高原的畜牧业得到快速发展。根据青藏两省区的统计数据，牛、羊等地草畜存栏规模总体增加。2000 年之后，年末存栏牲畜总量逐步下降，其中西藏地区下降更明显。自然保护区的建立、生态恢复措施的实施和保护性放牧措施的执行，都要求压缩放牧强度，降低牲畜饲养数量。

5.4.1　畜群规模

　　1978～2020 年，青藏两省区牲畜存栏量的总体趋势是，绵羊、山羊以及马驴骡、骆驼等牲畜存栏量下降，但牦牛、生猪存栏量小幅上升。

　　在西藏，1978～2010 年，绵羊、山羊年存栏量分别多在 1100 万～1200 万只、550 万～640 万只，呈小幅波动下降（图 5-27）。之后到 2020 年，存栏量分别快速下降到 659.24 万只、292.14 万只，降幅超过 40%。马存栏量 1978～2010 年总体呈小幅增长趋势，由 20 世纪 80 年代的 30 万～33 万匹，提高到 21 世纪前 10 年的 41 万～43 万匹，增长了约 30%；之后快速下降，到 2018～2020 年，存栏量已不足 28 万匹。驴骡数量 1978 年以来保持上升，在 1994 年达到 15.37 万头的历史高点后，缓慢下降，到 2020 年仅剩 4.41 万头。牛存栏量波动上升，到 2009 年达到 645.1 万头的历史高点后有所下降，但降幅不大，2010～2020 年，存栏量保持在 600.7 万～624.0 万头。生猪存栏量在 1978～1984 年缓慢下降，之后保持上升，到 2017 年达到 42.3 万头；之后两年下降，2020 年出现大幅增长，达到 50.2 万头，较 1978 年增加了超过 1 倍。

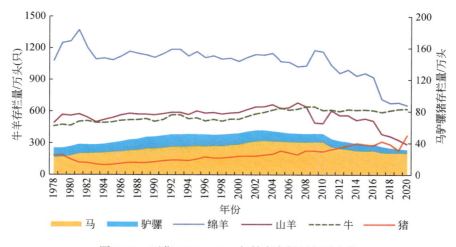

图 5-27　西藏 1978～2020 年牲畜存栏量年际变化

在青海，1978～2006 年绵羊存栏量多维持在 1400 万只以上，呈波动变化（图 5-28）；2007 年存栏量减少约 10%，下降到 1266.4 万只后，到 2018 年存栏量缓慢下降到 1156.1 万只；之后出现回升，到 2020 年，绵羊存栏量 1280.0 万只，相当于 1978 年 86.8%。山羊在 2006 年前缓慢上升，之后快速下降。2019 年山羊存栏量 162.7 万只，2020 年大幅减少近 100 万只，年末仅存 63.5 万只，不足 1978 年的 40%。牛存栏量年际变化相对较小，年存栏量多在 380 万～550 万头。从年际变化看，1978～1992 年存栏量增加，1993～1999 年下降，2000～2016 年由 391.0 万头逐步恢复到 483.7 万头，接近 1978 年的存栏量；1997～2020 年存栏量波动较大，前 3 年在 494.6 万～546.6 万头，2020 年大幅增加，较 2019 年增长 31.9%，存栏量达到 652.3 万头。猪存栏量自 1978 年缓慢增长，到 2016 年达到 123.6 万头的历史高点后，次年大幅下降 33.1%，到 82.7 万头；2020 年存栏量进一步

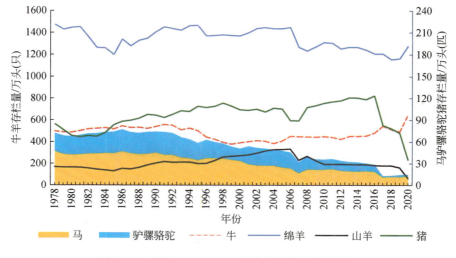

图 5-28　青海 1978～2020 年牲畜存栏量年际变化

下降到 72.1 万头，已低于 1978 年的 84.5 万头。其他大牲畜总体持续下降，到 2020 年，马存栏量 12.6 万匹，驴、骡和骆驼仅 2.3 万头，较 1978 年分别下降 73.0% 和 90.7%。

5.4.2 牲畜出栏量和畜产品产量

1980~2020 年，青藏两省区合计牛羊出栏量分别为 58.5 万~328.0 万头和 473.1 万~1143.1 万只，牛肉、羊肉、奶类产量分别为 4.58 万~40.40 万 t、6.39 万~20.21 万 t、18.58 万~81.47 万 t，基本都保持了快速增长的态势（图 5-29）。按前 5 年和后 5 年的均值计算，青藏两省区牛、羊年出栏量分别增长 3.56 倍、1.14 倍，年均增速分别为 4.63%、2.24%；牛、羊肉产量分别增长 5.64 倍、1.74 倍，年均增速分别为 5.78%、2.88%；牛奶产量增长 2.43 倍，年均增速为 4.44%，增长极为显著。分省区看，西藏和青海两省区肉牛出栏量、产肉量和产奶量都保持同步快速增长的趋势（图 5-30 和图 5-31），但羊出栏量、产肉量的年际变化出现较大差异：在西藏，羊出栏量 2012 年后出现快速下降，产肉量也出现同步下降（图 5-30），但在青海，1980~2020 年羊出栏量和羊肉产量总体保持了持续上升的趋势（图 5-31）。

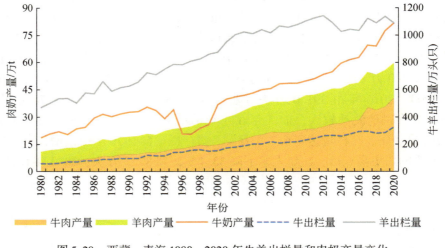

图 5-29 西藏、青海 1980~2020 年牛羊出栏量和肉奶产量变化

青藏两省区 1980~2014 年猪出栏量在 39.4 万~143.8 万头，猪肉产量在 2.35 万~12.07 万 t，总体表现为持续增长态势，但之后出现波动下降，尤其是 2020 年出现大幅下滑，猪出栏量和产肉量较 2019 年分别降低 46.8% 和 45.7%。对比前后 5 年的均值，后 5 年增幅仍非常显著，2016~2020 年平均猪出栏量和产肉量较 1980~1984 年分别增加 1.73 倍和 2.83 倍，年均增长 1.56% 和 2.59%。

5.4.3 出栏率和产肉率

根据当年出栏量与上年年末存栏量的比、当年产肉量统计数据，本研究计算了牛、

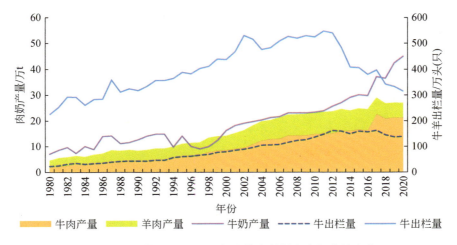

图 5-30 西藏 1980～2020 年牛羊出栏量和肉奶产量变化

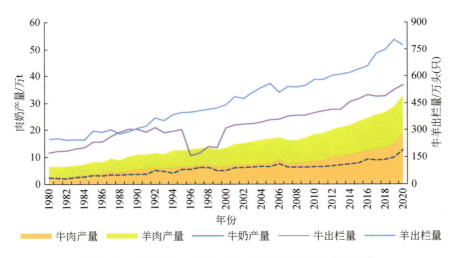

图 5-31 青海 1980～2020 年牛羊出栏量和肉奶产量变化

羊、猪的出栏率（出栏量/上年存栏量）和产肉率（总产肉量/出栏头数）。1980～2020年，青藏两省区牛、羊、猪的出栏率和产肉率年际波动较大，但总体增加趋势显著，畜牧生产效率改善。

从西藏的统计数据看（图 5-32），1980～2013 年，牛出栏率由 5.47% 逐步提高到2013 年的 26.65%，增长超过 3 倍，羊出栏率由 15.55% 增长到 2011 年 33.08%，增长1.13 倍；之后，牛羊出栏率都呈现小幅下降态势，到 2020 年，分别降为 22.36% 和30.94%，但分别仍较 1980 年高出近 3 倍和 1 倍。猪出栏率在 1979～1987 年快速增长，1988～2011 年波动增加，2012～2020 年则呈现显著下降趋势，从 21 世纪前 10 年的 60%左右下降到不足 50%。出栏牛的产肉率 1980～2007 年缓慢上升，2008～2012 年下降，之后特别是2017～2020 年，产肉率大幅提高到 138.0～153.8kg/头，较 1980 年增加 50% 左右（图 5-33）。羊产肉率总体呈上升趋势，由 1980 年的 10.8kg/只，提高到 2016 年的

21.6kg/只；之后有所下降，到 2020 年降为 18.2kg/只。生猪产肉率由 1980 年的 36.9kg/头，上升到 2013~2016 年的 84.0~89.2kg/头，之后快速下降到 2017~2020 年的 58.5~65.8kg/头。

图 5-32　西藏 1980~2020 年牛羊猪出栏率变化

图 5-33　西藏 1980~2020 年出栏牛羊猪产肉率变化

在青海，1980~2020 年牛、羊出栏率总体呈持续增长趋势（图 5-34），最后 5 年的平均出栏率较前 5 年分别提高 2.22 倍和 1.38 倍，年均增长分别为 4.95% 和 3.57%。牛、羊产肉率分别在 69.9~101.8kg/头和 15.5~18.3kg/只，总体上升，但阶段性或周期性变化显著（图 5-35）。对比前后 5 年的产肉率，牛增加 32.38%，年均增长 1.24%，但羊仅增加 6.93%，年均增长 0.27%。猪出栏率 1980 年以来持续增长，到 2008 年达到 130.47%，之后快速下降到 2017 年的 89.51%，后又回升到 2018~2020 年的 126.34%~140.87%；生猪产肉率总体上升，到 2016 年达到 99.9kg/头，2017~2020 年下降，在 78.4~83.2kg/头。

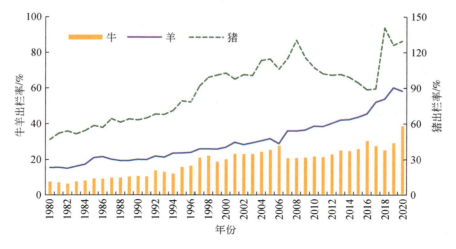

图 5-34　青海 1980～2020 年牛羊猪出栏率变化

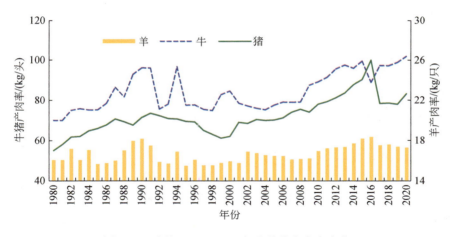

图 5-35　青海 1980～2020 年牛羊猪产肉率变化

总体看，青藏两省区牛羊猪的生产效率明显提高，应该主要得益于草原和畜牧管理水平的改善，但可能受气候条件、饲草供给或市场变化的影响，年际波动很大，表现出明显的周期性变化特征。

5.5　农业发展变化的影响因素

青藏高原农业发展变化主要是政策和人口增长拉动的，尤其 20 世纪 90 年代中期之后，一系列生态保护政策对农业发展变化影响深刻。

5.5.1 政策因素

（1）主要政策

1978 年以来，青藏两省区相继实施了一系列的体制改革和生态保护政策。根据政策实施情况，大致可分为 3 个阶段。

联产承包阶段：在青海，1983 年开始推行草原家庭承包责任制；1993 年省政府颁布实施《青海省草原承包办法》，率先在全国提出"草原的承包期限一般不得少于五十年"，并落实实施。在西藏，1984 年落实土地承包责任制，耕地承包到户；1994 年 10 月出台落实《中华人民共和国草原法》细则，并于 1995 年 1 月实施。

中期退耕、退牧和草地保护阶段：2002 年西藏、青海全面实施退耕还林还草工程，到 2021 年西藏共退耕 25 万亩。2003 年青海、2004 年西藏实施退牧还草工程，即通过围栏建设、补播改良以及禁牧、休牧、划区轮牧等措施，对严重退化草原进行整治。2005 年在青海三江源自然保护区实施生态保护和建设工程；2006 年 1 月西藏通过《西藏自治区实施〈中华人民共和国草原法〉办法》，并于 2007 年 3 月实施；2007 年青海省农业农村厅发布《青海省天然草原退牧还草工程减畜禁牧管理办法》；2009 年初，国务院批准了《西藏生态安全屏障保护与建设规划》，投资 155 亿元，通过实施了 10 项生态环境保护与建设工程，涵盖天然草地保护、森林防火及有害生物防治、野生动植物保护及保护区建设、重要湿地保护和生态安全屏障监测等方面，计划到 2030 年基本建成西藏生态安全屏障。

近期草畜平衡补助奖励阶段：2011 年，国家在西部包括西藏、青海、四川、甘肃、云南在内的 8 个主要草原牧业省区，全面建立和实施草原生态保护补助奖励政策，目标是"保护草原生态，保障牛羊肉等特色畜产品供给，促进牧民增收"。2013 年，国家在三江源实施水源和生态保护二期工程，计划 2013~2020 年投资约 160.6 亿元，通过生态保护和建设、支撑配套两大类共 24 项工程，使林草植被得到有效保护和治理，土地沙化趋势有效遏制。与此同时，青海和西藏也相继出台了《青海三江源自然保护区生态保护和建设总体规划》《青海湖流域生态环境保护与综合治理规划》《西藏生态安全屏障保护与建设规划》《青藏高原区域生态建设与环境保护规划》等。

（2）政策影响

按照上述政策的实施脉络，青藏耕地面积和牲畜存栏量的变化都表现出了显著的政策影响烙印。例如，在青海，牛、羊等草畜存栏总量在 1993 年前基本保持了波动上升的态势，1993 年之后，随着《青海省草原承包办法》的实施，牛羊存栏总量出现下降，但 1999~2006 年，牲畜存栏量有所反弹。2007 年青海省农业农村厅颁布实施《青海省天然草原退牧还草工程减畜禁牧管理办法》，当年出现显著下降，之后到 2019 年牲畜存栏总量基本稳定（图 5-36）。在西藏，1978~1993 年草畜存栏量总体波动上升，1994 年西藏出台落实《中华人民共和国草原法》细则后，草畜存栏量下降，但 2000~2004 年回升；2005 年实施退牧还草工程后，草畜存栏量出现较稳定的下降趋势（图 5-36）。

青藏高原的耕地面积，在 2000 年全国生态退耕政策实施后出现下降（图 5-2），尤其是 2000~2003 年生态退耕政策实施早期，耕地面积和粮食作物播种面积下降显著（图 5-1）。对

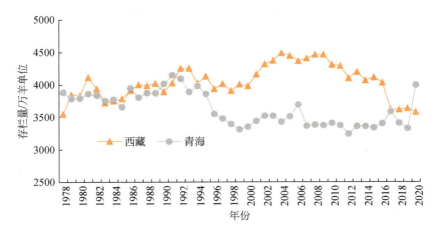

图 5-36　西藏、青海 1978～2020 年牧畜存栏总量年际变化

西藏一江两河地区和青海湟水河地区 2000 年和 2018 年解译数据分析发现，一江两河地区共减少耕地 5.02 万 hm² （8.97%），其中 83% 转为林草地或城市绿地；在湟水河流域减少 7.12 万 hm² （23.5%），其中 75.09% 在生态退耕政策的推动下转为林地或草地 （Wei et al.，2021）。

　　牲畜数量的下降，减轻了放牧强度，进而促进了草地植被恢复。对 2000～2019 年青藏高原草地盖度变化与草地放牧强度变化的相关分析发现，西藏和青海草地的平均盖度与放牧强度呈显著负相关关系，相关系数分别为 -0.56 和 -0.41 （Liu and Lu，2021），即放牧强度降低对青藏高原 2000～2019 年的植被恢复具有显著的正面影响。生态退耕也在一定程度上促进了生态恢复 （Wei and Lu，2022）。

5.5.2　人口增长和城市化

（1）人口增长及其影响

　　1950 年以来，西藏、青海地区的人口呈现了持续快速增长的态势，到 1980 年，西藏人口由 1951 年的 114.09 万人增加到 185 万人，青海由 156.32 万人增加到 376.90 万人，分别增加 62.15% 和 141.11%；之后到 2020 年，西藏和青海人口分别增加 96.98% 和 57.07%。农业人口保持类似的增长态势，但受城市化的影响，其增幅较小，尤其是 2000 年以后，西藏总人口增加了 41.40%，但农业人口仅增加 8.58%；在青海，农业人口则出现了大幅下降，降幅达 37.68% （表 5-3）。

　　人口增长带动了食物需求，进而驱动了土地耕垦和畜群规模的提高。作者分析了 1960～2016 年的年度数据，发现西藏的耕地面积与农牧业人口呈较显著的线性正相关，相关系数 （R^2）为 0.48，不过青海关系不明显，相关系数仅 0.07，但选择政策相对稳定的时段分析，发现耕地面积与农牧业人口相关性明显增强。例如在西藏，1960 年至耕地落实承包前的 1984 年，耕地面积和农牧业人口的相关系数达 0.73；1985 年到生态退耕政策实施前的 1999 年，耕地面积与农牧业人口也呈显著相关，相关系数为 0.63。在青海，1984

～1999 年，耕地面积与农牧业人口相关度很高，相关系数达 0.89，其他时段相关性都很差，无明显相关性。

表 5-3　西藏、青海 1951～2020 年人口变化情况

地区	项目	总人口/万人 *				人口变化/%		
		1951 年	1980 年	2000 年	2020 年	1951～1980 年	1980～2000 年	2000～2020 年
西藏	总人口	114.09	185.00	258.00	364.81	62.15	39.46	41.40
	农业人口	108.00	156.53	215.94	234.46	44.94	37.95	8.58
青海	总人口	156.32	376.90	517.00	592.40	141.11	37.17	14.58
	农业人口	140.41	280.38	379.47	236.49	99.69	35.34	-37.68

* 数据来自中国经济社会大数据研究平台（https://data.cnki.net/）。

　　对 1978～2016 年牧畜存栏量与农牧业人口年度数据进行相关统计，在西藏，未发现两者有相关关系；在青海，两者呈弱正相关，相关系数为 0.28。但分阶段统计，部分时段牧畜存栏量与农牧人口数量关系密切。在青海，1978～1993 年落实实施《青海省草原承包办法》，政策相对稳定，牲畜存栏量呈波动增长趋势，与农牧业人口呈显著正相关，R^2等于 0.5834（图 5-37）。在西藏，1978～2004 年实施退牧还草政策前，草畜存栏量呈现小幅波动增长的趋势，与农牧业人口呈现较显著的正相关关系，相关系数为 0.4782（图 5-38）。

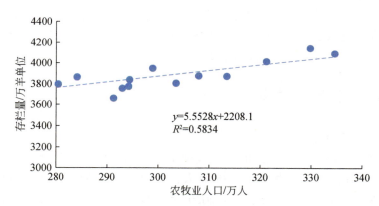

图 5-37　青海 1978～1993 年牲畜存栏量与农牧业人口的相关关系

（2）城市化的影响

　　2000 年以后，青藏两省区经济和城市化都保持快速增长的态势，因此，驱动了住房和公共基础设施用地需求的增加，进而造成对耕地的占用。对一江两河地区和湟水河地区 2000～2018 年耕地流失数据的分析发现，在一江两河地区，17.25% 的流失耕地是因为非农建设占用，而在湟水河流域，则为 24.91% 是因城市建设转为建成区、交通等非农建设用地；在西宁城区，即城北区、城东区、城西区和城中区，非农建设占用导致的耕地流失比例分别高达 77.46%、87.55%、71.95% 和 85.24%（Wei et al.，2021），说明城市扩张

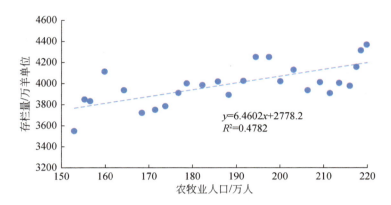

图 5-38　西藏 1978～2004 年草畜存栏量与农牧业人口的相关关系

对农业用地的占用非常明显。

5.5.3　气候变化和放牧强度

气候和放牧强度变化对高原草地影响显著。2000 年以来青藏高原草地盖度的增加，主要是降水增加和放牧强度下降的原因（Liu and Lu，2021；张镱锂等，2017）。不过，在缺乏生态保护工程支持的草地退化区域，特别是在定居点周围、道路两侧、冬春草场等区域，草地退化趋势依然存在并有所加剧（邵全琴等，2017）。放牧对青藏高原草地群落结构、物种多样性、生物量、生态系统均有显著影响。放牧压力增加，莎草科和禾本科物种的优势地位降低，杂草类比例增多（仁青吉等，2009；泽让东科等，2016；郭应杰等，2018）。连续过度放牧使草地优良牧草高度和盖度下降、土壤养分流失，从而导致土壤肥力降低；而围栏封育等生态保护措施，有利于草地植被、土壤理化特性的恢复，还能维持土壤微生物多样性，促进高寒草地生态系统的可持续发展（高风等，2017）。相比自由放牧草地，围封显著提高了退化高寒草甸植物物种丰富度、多样性指数、盖度和地上生物量；降低了退化高寒草甸土壤容重，提高了土壤机质和全氮、全磷含量（旦增塔庆等，2018）。因此，近 20 年高原草地植被的显著恢复，除气候暖湿化的影响外，与草地放牧强度降低和大规模的网围栏草地建设也有很大的关系。

5.6　小　结

青藏高原 1980 年以来耕地面积总体变化不大，根据遥感影像解译数据，2000 年前耕地面积有所增加，之后受生态退耕的影响出现下降，但 1978～2020 年，耕地面积总体变化不大，到 2020 年较 1980 年仅增加 0.32%。草地面积保持稳定，但草地质量在 2000 年后总体提高。耕地利用以种植青稞、小麦等粮食作物为主，但占比下降，1978～2020 年，西藏粮食作物播种面积占比由 93% 下降到 68%，青海由 85% 左右下降到 51%，而蔬菜、青饲作物等播种面积增加，作物种植多样性提高，西藏和青海分别提高了 1.40 倍和 1.10

倍。粮食产量西藏在 2000 年前、青海在 1998 年前呈增长趋势，之后到 2003 年呈下降趋势；2004~2020 年基本保持稳定。蔬菜产量呈稳步增加趋势。

青藏两省区化肥用量 1978 年以来都呈增加趋势，到 2015 年达到峰值，之后快速下降；农药用量年际波动较大，总体增幅不大，略有增长；农膜用量在 2010 年前较低，之后出现快速增长，近 10 年增长 1~2 倍；1978 年以来农机拥有量增加超过 20 倍。投入增加，使种植业产出水平明显改善，粮食作物平均单产西藏提高了 125.29%，青海提高了 78.32%。按粮食和蔬菜总产量测算，每吨农产品产量，化肥、农药、农膜投入量在 2015 年前呈增加趋势，绿色生产水平下降，但之后投入量降低，化肥、农药的利用效率提高。

1978~2020 年，青藏两省区绵羊、山羊以及马驴骡、骆驼等牲畜存栏量下降，但牦牛、生猪存栏量小幅上升；青藏两省区牛、羊年出栏量分别增长 3.56 倍和 1.14 倍，牛、羊肉产量分别增长 5.64 倍和 1.74 倍，牛奶产量增长 2.43 倍，增长显著。政策和人口增长是青藏高原农业变化的主要驱动因素。

参 考 文 献

旦增塔庆, 白玛嘎翁, 多吉顿珠, 等. 2018. 围封年限对西藏高寒草甸植被特征与土壤养分的影响. 草业科学, (1): 10-17.

伏洋, 李凤霞, 张国胜, 等. 2007. 青海省天然草地退化及其环境影响分析. 冰川冻土, 29 (4): 525-535.

高凤, 王斌, 石玉祥, 等. 2017. 藏北古露高寒草地生态系统对短期围封的响应. 生态学报, (13): 4366-4374.

郭应杰, 拉多, 罗黎明, 等. 2018. 放牧对青藏高原草地植被群落影响研究进展. 西藏科技, (1): 62-64.

贺有龙, 周华坤, 赵新全, 等. 2008. 青藏高原高寒草地的退化及其恢复. 草业与畜牧, (11): 1-9.

兰玉蓉. 2004. 青藏高原高寒草甸草地退化现状及治理对策. 青海草业, 13 (1): 27-30.

李开章. 2008. 若尔盖高寒草地沙化治理初探. 草业与畜牧, (1): 33-34.

逯庆章, 王鸿运. 2007. 人工种草治理"黑土滩"模式的构思与探讨. 青海草业, 16 (3): 18-22.

孟梦, 牛铮, 马超, 等. 2018. 青藏高原 NDVI 变化趋势及其对气候的响应. 水土保持研究, (3): 360-365.

穆锋海, 武高林. 2005. 甘南高寒草地畜牧业的可持续发展. 草业科学, 22 (3): 59-64.

仁青吉, 武高林, 任国华. 2009. 放牧强度对青藏高原东部高寒草甸植物群落特征的影响, 草业学报, 18 (5): 256-261.

邵全琴, 樊江文, 刘纪远, 等. 2017. 基于目标的三江源生态保护和建设一期工程生态成效评估及政策建议. 中国科学院院刊, (1): 35-44.

魏慧, 吕昌河, 刘亚群, 等. 2019. 青藏高原设施农业分布格局及变化. 资源科学, 41 (6): 1093-1101.

王红梅. 2005. 玛曲县草原荒漠化现状、成因及整治措施. 草业科学, (11): 24-28.

王小丹, 程根伟, 赵涛, 等. 2017. 西藏生态安全屏障保护与建设成效评估. 中国科学院院刊, (1): 29-34.

杨汝荣. 2003. 西藏自治区草地生态环境安全与可持续发展问题研究, 草业学报, 12 (6): 24-29.

张镱锂, 李兰晖, 丁明军, 等. 2017. 新世纪以来青藏高原绿度变化及动因. 自然杂志, (3): 173-178.

赵新全, 周华坤. 2005. 三江源区生态环境退化、恢复治理及其可持续发展. 中国科学院院刊, 20 (6):

471-476.

张艳博, 罗鹏, 孙庚, 等. 2012. 放牧对青藏高原东部两种典型高寒草地类型凋落物分解的影响. 生态学报, 32 (15): 4605-4617.

泽让东科, 文勇立, 艾鷖, 等. 2016. 放牧对青藏高原高寒草地土壤和生物量的影响. 草业科学, 33 (10): 1975-1980.

卓嘎, 陈思蓉, 周兵. 2018. 青藏高原植被覆盖时空变化及其对气候因子的响应. 生态学报, (9): 3208-3218.

Liu Y, Lu C. 2021. Quantifying grass coverage trends to identify the hot plots of grassland degradation in the Tibetan Plateau during 2000 ~ 2019. International Journal of Environmental Research and Public Health, 18 (2): 416.

Shannon C E. 1948. A mathematical theroy of communication. The Bell system technical journal, 27 (3): 379-423.

Wei H, Lu C. 2022. Farmland change and its implications in the Three River Region of Tibet during recent 20 years. PLoS One, 17 (4): e0265939.

Wei H, Lu C, Liu Y. 2021. Farmland changes and their ecological impact in the Huangshui River Basin. Land, 10 (10): 1082.

第6章　　草地承载力与超载程度

　　青藏高原主要的土地覆盖和植被类型为高寒草地，在水资源保护、碳汇、生物多样性、野生动物栖息和畜牧业发展等方面扮演重要角色（Chen et al.，2013）。青藏高原草地面积约 $1.37×10^8 hm^2$，约占中国草地总面积的 1/3。青藏高原草地类型主要包括低地草甸类、高寒草甸类、高寒草原类、高寒灌丛类、山地草甸类、温带草原类、温带荒漠草地类、沼泽草甸类、高寒荒漠草地类等。多数类型的牧草品质优良，具有高蛋白、高脂肪、高无氮浸出物、高产热值和低纤维素"四高一低"的特点，尤其是高寒草甸区的产草量和营养价值在国内同类草地中都较高，是我国发展草地畜牧业的主要基地之一。石岳等（2013）在青藏高原高寒草地区 52 个采样点取样，发现高寒草地区产草量平均为 $115.0g/m^2$，高于内蒙古温带草地的 $79.8g/m^2$，高寒草地的粗蛋白和无氮浸出物含量较高，其均值分别为 12.87% 和 63.53%。草地畜牧业是青藏高原的主要经济载体，农牧民生活高度依赖于畜牧业。

　　由于全球变暖和人为活动的影响，全球草地生态系统都面临着草地退化、荒漠化、水土流失等诸多问题（Zhang et al.，2018）。青藏高原气候环境恶劣，大部分地区土层薄，粗砂石多，土壤肥力和水分条件较差。高寒草甸生态系统属于脆弱生态系统，对气候变化和人类活动的影响极为敏感（Zhang et al.，2016）。虽然该地区物种具有强大的抗逆基因和特殊种性，但由于海拔高、气候恶劣，生态系统一经破坏就难以恢复。青藏高原高寒草地生产力有限，而农牧民对草地畜牧业的依赖程度较高，过去一段时间以来形成了"人口增加—牲畜数量增加—草地超载—草地退化—生态失衡"的链式反应，青藏高原草地荒漠化、沙化等问题严重，草地生产力的变化对当地社会-生态功能的影响不可忽略（Sheng et al.，2019），已经引起了社会的广泛关注，催生了三江源地区乃至整个青藏高原草地保护的实践。

　　本章根据中国科学院植物研究所 1:100 万植被图与张镱锂等（2002）确定的青藏高原边界图，分析了青藏高原草地类型的空间分布特征，基于长序列遥感归一化植被指数（NDVI）产品和实测气象资料，分析了青藏高原草地绿度变化特征。基于多年实测气象观测资料和遥感 NDVI、LAI 产品，采用 VIP 生态水文模型，模拟了青藏高原草地生产力的变化。分析了不同区域和不同草地类型 GPP 地时空分异特征及其与气象因素变化之间的关系。结合县域统计资料和模型模拟的草地生产力数据，编制了青藏高原草地的理论载畜量空间分布图和青藏高原放牧强度时空演变图，探讨了青藏高原草地退化的原因和防治策略。

6.1 草地生产力及其时空变化

基于草地生产力 VIP 模型（Mo et al.，2013；Mo and Liu，2001），采用 2000~2018 年 MODIS 8d 合成的 1km 分辨率 LAI 产品 MOD15A2（https：//modis. gsfc. nasa. gov/）和 1982~2018 年 5km 分辨率 GLASS LAI 产品（https：//glass- product. bnu. Edu. cn/）等影像数据，以及站点气候数据，模拟测算了青藏高原 1982~2018 年草地的初级生产力。

6.1.1 青藏高原草地资源的空间分布

根据中国科学院植物研究所 1：100 万植被图，青藏高原草地以高寒嵩草草甸和高寒草原为主（图6-1）。三江源区是青藏高原的寒湿中心，是高寒草甸的集中分布区。羌塘高原海拔在 4400~5000m，气候寒冷干旱，草地以高寒草原为主。羌塘高原北部和西北部是高寒草原向高寒荒漠的过渡地带，分布着高寒荒漠草原。喀喇昆仑山与昆仑山之间的藏西北高原和羌塘高原北部平均海拔最高，气候极度干旱，地带性植被是高寒荒漠草原，通常植被稀疏。

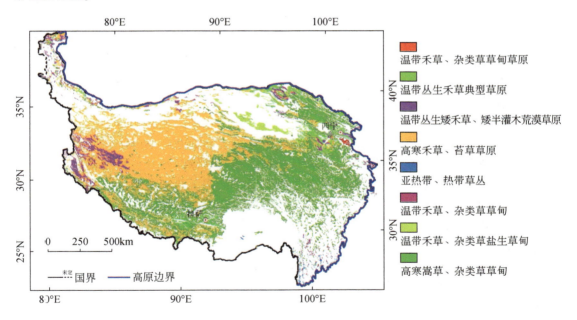

图 6-1 青藏高原主要草地类型分布图

草地类型来源于中国科学院植物研究所 1：100 万植被图；疏林地和灌木地来源于中国科学院地理科学与资源研究所

按照张镱锂等（2002）确定的青藏高原国内边界，青藏高原草地面积约为 $1.37 \times 10^8 hm^2$（表6-1），高于谢高地等（2003）报道的 $1.28 \times 10^8 hm^2$，但低于孙鸿烈等（2012）报道的 $1.525 \times 10^8 hm^2$。其中，高寒草甸面积为 $6.28 \times 10^7 hm^2$，占草地面积的 45.84%，高寒草原面积为 $6.21 \times 10^7 hm^2$，占整个草地面积的 45.33%，两者合计占 91.17%。

表 6-1   青藏高原各草地类型面积统计表

草地类别	代码	面积/km²	面积占比/%
高寒蒿草、杂类草草甸	AM	628 492	45.86
高寒禾草、苔草草原	AS	621 056	45.32
温带禾草、杂类草盐生草甸	TSM	21 734	1.59
温带禾草、杂类草草甸	TM	1 385	0.10
亚热带、热带草丛	TS	959	0.07
温带丛生矮禾草、矮半灌木荒漠草原	TDS	52 797	3.85
温带禾草、杂类草草甸草原	TMS	2 255	0.16
温带丛生禾草典型草原	TTG	41 849	3.05
总计		1 370 527	

　　青藏高原的气候表现出明显的地理分异，草地类型空间分布也呈现出明显的水平地带性分布规律。除喜马拉雅山脉南侧和藏东南高山峡谷区分别表征着热带和亚热带气候与草地类型外，随着地势从东南（南）向西北（北）的抬升，气候也从温暖湿润—寒冷半湿润—寒冷半干旱—寒冷干旱转变，草地类型也相应地发生着变化和分异。在藏东南高山峡谷区，地形切割强烈，地势起伏巨大，导致气候和草地类型的多变。在深切峡谷区，气候温暖湿润，在高山区则寒冷干燥，植被的垂直地带性分布特征明显。在高原面上，虽然绝对高度多数地区大于 4500m，因为地势开阔，气候干冷，垂直地带性分布草地类型相对单一。喜马拉雅山脉南侧海拔 1100m 以下的河谷、山麓和坡地的地带性植被主要是热带雨林，草地是次生演替类型，在火灾或砍伐破坏严重的区域，草地类型主要是热带和亚热带草丛和灌草丛。

　　在青藏高原东南亚热带山地区域，河流谷地海拔多在 2000～3000m，西南季风可沿河谷进入山地深处，气候温暖湿润，地带性植被主要是常绿阔叶林。草地仍属于次生演替类型，河谷坡地的草地主要是暖性草丛和灌草丛。而在干热河谷地区，草地类型主要是干暖河谷暖性草丛和暖性灌草丛。在山坡的林间空地和疏林地带，分布着山地草甸。

　　藏东南森林区以西、喜马拉雅山脉以北的高原草地，则以念青唐古拉-冈底斯山脉的山脊线为界，分为南北两个纬向特征明显的两个区域。在本区域内，随着降水沿着东-西-西北方向的逐渐减少和干旱加剧，草地植被有着经向地带性的规律性更替。在喜马拉雅山脉与冈底斯山脉之间的雅鲁藏布江上中游地区、藏南湖盆地区和阿里中南部地区，地势相对较低，气候相对温和，地带性植被为温性草原。雅江中游的宽谷区多为耐寒灌木的温带山地草原。而在雅江上游，干旱程度加重，在宽谷、盆地和山坡下部，草地类型转换为以沙生针茅为优势的温带荒漠草原。在阿里中西部地区，喜马拉雅山、喀喇昆仑山和冈底斯山脉之间多有宽谷盆地，海拔多在 3800～4300m，因山脉阻隔，西南季风和大西洋暖湿气流均很难到达，年降水量小于 50mm，是典型的荒漠高原地带，草地类型主要为温性荒漠草地和草原化荒漠草地。

6.1.2 草地生产力的测算方法与验证

遥感植被指数和叶面积指数（LAI），真实反映了植被的覆盖度和生长状况，因此将其与生态系统机理模型融合，能够可靠地模拟生态系统水碳通量的时空变化。但在应用 MODIS 8d 合成 LAI 产品和应用 GLASS LAI 估算草地生产力时，需要消除云等因素引起的异常低值。为此，本研究采用 Savitzky-Golay（S-G）滤波方法对 LAI 数据进行除云处理，并由 NDVI-LAI 经验关系插补缺失值。采用 GIDS 对研究区及周边 315 个气象站的逐日数据进行空间插值，采用拉格朗日插值法将 8d 一期的遥感 LAI 序列插值到日尺度。以逐日气象数据和 LAI 驱动 VIP 模型，分别以 1km 和 5km 网格，按 1h 时间步长模拟计算 1982 ~ 2018 年青藏高原草地的总初级生产力（GPP）和净初级生产力（NPP）。

利用海北藏族自治州（简称海北州）（37°36′N，101°20′E，海拔 3160m）、当雄县（30°51′N，91°05′E，海拔 4333m）的通量观测数据（http://www.cern.org.cn/data），2018 ~ 2020 年实地观测值（共 96 个数据，采集时间为当年 8 月或 9 月）和从文献中收集的草地地上生物量数据，对 GPP 模拟值进行验证。从站点数据看，当雄站和海北站下垫面类型皆为高寒草甸。当雄和海北两个观测站点 GPP 模拟与观测序列的均方根误差（RMSE）分别为 0.384g C/(m² · d) 和 1.14g C/(m² · d)，相对均方根误差（RRMSE）分别为 32.4% 和 39.6%。海北站的模拟结果能解释日尺度 GPP 变异性的 91%；当雄站的确定性系数稍低，仅能解释 GPP 变异性的 71%。尽管这两个站点的 GPP 平均值有明显差别，但其 RRMSE 相似（图 6-2）。总体而言，VIP 模型能够较好地模拟高寒草地生产力的季节性变化过程。

利用实地采样观测值和从文献中收集的草地地上生物量对模拟值进行验证（图 6-3）。由于收集的文献数据年份差异较大，因此这里采用模拟值的多年平均与之对比。高原地区草地地上生物量观测值低于 300g DM/m²，尽管数据点比较散，但模拟值与观测值的相关性显著（$R^2=0.66$）。从平均值看，两者基本一致，平均相对偏差为 20%。因研究区草地盖度低，且存在高度的空间分异性，导致采样点的代表性不足，也与 1km 格网模拟值存在

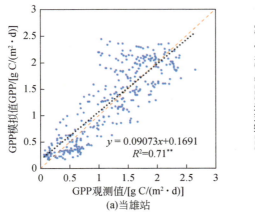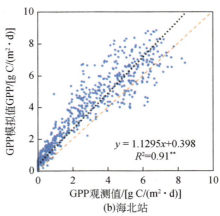

图 6-2　VIP 模型模拟的逐日 GPP 与涡度相关观测值对比

** 表示在 0.01 水平上显著。下同

尺度不一致，这是两者偏差的主要来源（图6-3）。

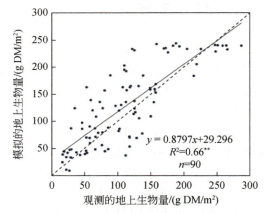

图 6-3　模拟和实测的草地地上生物量比对

6.1.3　草地生产力的空间分布

青藏高原草地多年（2000～2018 年）平均 GPP 为（255.85±20.97）g C/（m² · a）[241.24～335.22g C/（m² · a）]，大致呈从西北向东南逐渐增加的趋势（图6-4），其中东部地区最高，为 674～956g C/（m² · a），高值与若尔盖高寒湿地系统研究站测得的 1164.3g C/（m² · a）接近（Wang et al., 2016）。各草地类型多年平均 GPP 大小顺序为亚热带、热带灌丛［TS, 1089g C/（m² · a）］最高，其次是温带草甸［TM, 831g C/（m² · a）］，高寒草甸［AM, 366g C/（m² · a）］和温带草甸草原［TMS, 360g C/（m² · a）］GPP 相近，温带典型草原［TTG, 240g C/（m² · a）］>高寒草原［AS, 152g C/（m² · a）］>温带荒漠草原［TDS, 148g C/（m² · a）］>温带盐生草甸［TSM, 135g C/（m² · a）］。

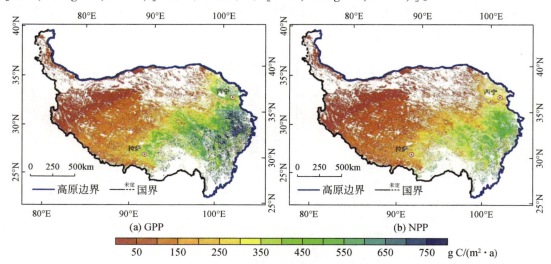

图 6-4　草地多年平均 GPP 和 NPP 的空间分布

整体而言，草地年 GPP 呈显著上升趋势，速率为 2.42g C/(m² · a)。GPP 在西北部（昆仑山以北）和北部（阿尔金山以南和柴达木盆地北部）的年际变化最小，变异系数低于0.03。在高原中部地区、祁连山西北部，以及东南缘部分地区，GPP 变异系数为 0.27 ~2.60，明显高于其他地区。在高原的西南缘，GPP 的年际变化相对较大，变异系数为0.18 ~ 0.27。

青藏高原地区草地多年平均 NPP 为（158.4±11.9）g C/(m² · a)，年际变异为7.5%，其中96.6%的格点 NPP 小于500g C/(m² · a)。高寒草甸和高寒草原平均 NPP 分别为220.8g C/(m² · a) 和72.8g C/(m² · a)，由东南向西北逐渐递减，空间分异性（标准偏差/平均值）为0.97（图6-5）。VIP 模型预测的草地年总 NPP 略低于 Piao 等（2012）的模拟结果 [178g C/(m² · a)]，高于 Zhang 等（2014）采用 CASA 遥感模型的模拟结果 [120.8g C/(m² · a)]。偏差主要来源于草地面积及其分布的差异，以及模型结构和参数的不同。统计相关分析表明，年 NPP 与降水量呈显著正相关（$r=0.84$），而与日照时数（$r=-0.82$）、海拔（$r=-0.40$）呈显著负相关，与年平均气温的相关性不显著，这是因为青藏高原降水量呈现明显的梯度分布，水分是大部分地区草地生产力的主要控制因子。高原地区太阳光照充足，并未限制草地光合生产力，辐射增强将加快土壤水分散失，加重干旱胁迫。在高海拔地区，草地生长期主要在夏季，持续时间短，气温的空间分异性低，气温不是草地生产力空间格局分异的关键因子。

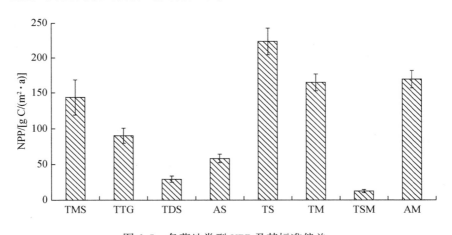

图6-5　各草地类型 NPP 及其标准偏差

GPP 变异系数在0.03 ~ 2.6，存在显著区域差异。在西北部（昆仑山以北）和北部（阿尔金山以南和柴达木盆地北部）GPP 年际变化相对最小，变异系数低于0.03。在西北地区变异系数相对较高，在0.27 ~ 2.6，并与降雨的梯度分布相似，说明草地对降水量年际变化敏感。另外，在中部地区，祁连山西北部及东南缘部分地区 GPP 变异系数也在0.27 ~ 2.6，明显高于其他地区。在西南缘 GPP 的年际变化也相对较高，变异系数在0.18 ~ 0.27。

2000 年以来，21.62%的草地 GPP 存在显著下降趋势，平均下降率为3.34g C/(m² · a)，主要分布在西北部、中部和东部的部分地区。在中东部地区，降水量充沛且呈增加趋势，

GPP 的减少与土地利用方式改变和过度放牧导致的草甸退化有关。其中，78.38% 的草地面积 GPP 存在显著上升趋势，上升速率为 4.01g C/(m² · a)。整体上看，GPP 上升速率从西北向东南逐步增大。在西北地区以及柴达木盆地，GPP 上升速率最低，为 1 ~2g C/(m² · a)；在西南地区，GPP 的上升速率为 1 ~4g C/(m² · a)；在中部地区，GPP 上升速率为 3 ~4g C/(m² · a)。东北缘和东南缘的 GPP 变化率最大。在东北缘，GPP 变化率为 5 ~90g C/(m² · a)，且越靠近青海湖，GPP 增加的趋势越明显。在东南大部分地区，GPP 变化率为 5 ~8g C/(m² · a)。对整个研究区而言，43.42% 的草地 GPP 显著上升，平均每年上升 4.87g C/(m² · a)，4.83% 栅格 GPP 显著下降，平均每年下降 8.12g C/(m² · a)。

不同草地类型的 GPP 变化趋势不同，TMS 上升速率最高，约 6g C/(m² · a)。主要的草地类型 TTG、AM 变化率相似，约 2g C/(m² · a)，TTG 稍高。只有 TS 呈下降趋势，主要是降水下降所致（图 6-6）。

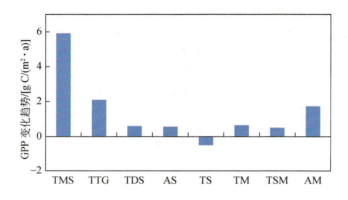

图 6-6　2001 ~2017 年青藏高原不同草地生态系统 GPP 变化趋势

区域平均 NPP 的上升速率为 0.51g C/(m² · a)，呈显著上升趋势的区域（95% 信度）占总面积的比例为 44.7%，呈显著下降趋势（95% 信度）的区域比例仅为 4.1%，说明草地 NPP 总体以上升趋势为主（图 6-7）。青藏高原东北部青海湖周边地区的 NPP 上升速率最大，青藏高原北部和西北部地区 NPP 呈现微弱的上升趋势，而下降趋势明显的格点主要错落分布于三江源和西藏东部地区。

草地生产力在不同海拔梯度范围的变化率不同，尽管所有海拔分段内的变化率都为正值，但峰值主要出现在 3000 ~4500m 海拔范围，降水增加率在此海拔范围也最明显，由此推理降水量变化率的空间梯度是草地变化率的主要影响因素，草地植被对降水变化的动态响应加大了草地生产力在不同海拔的响应幅度。

NPP 的年际变异性主要受气候因子的影响。95% 信度下 NPP 年距平与年降水量距平显著相关的面积占 9%，而与年平均温度距平显著相关的面积为 15%，与大气湿度显著相关的面积为 10%，而与日照时数相关的面积仅为 2%。区域尺度上，植被绿度对气候变异的动态响应可导致年 NPP 在 ±3% 范围以内的变化。由气候因子引起的 NPP 变化率约为 0.32%/a，呈上升趋势，且 2000 年后升幅明显加大，年际波动变小。

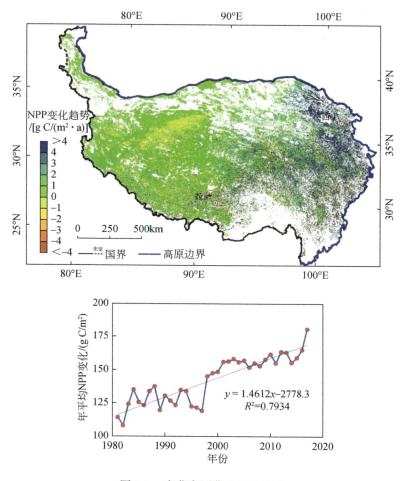

图 6-7　青藏高原草地 NPP 变化

6.2　草地理论载畜量

　　根据《天然草地合理载畜量的计算》(NY/T 635—2015)，将 VIP 模型计算的 GPP 数据乘以 0.5 的估算系数（方精云等，2001）换算为 NPP，再将 NPP 除以 0.45 的换算系数（方精云，2007）计算出草地生物量（kg/km²）。利用根冠比估算地上生物量（表 6-2），并假设地上生物量全部可食。本研究将统计年鉴记录的县级年末牲畜存栏数统一换算为标准羊单位（表 6-3）。标准羊单位定义为 1 只体重为 45kg、日消耗 1.8kg 标准干草的成年绵羊，或与此相当的其他家畜。因此以标准羊单位的载畜量的计算需要将可食牧草量换算为标准干草量。根据《天然草地合理载畜量的计算》(NY/T 635—2015)，并结合草地类型的划分结果，选择各草地类型的标准干草折算系数。另外，不同草地类型的草地合理利用率是不同的，根据计算标准和草地类型确定。依此，计算得到研究区可利用标准干草产量（以 kg/hm² 计），将其除以羊单位的日消耗量和放牧天数，得到全年天然草地合理载畜量。放牧天数按全年即 365d 计算。理论载畜量的计算公式如下：

$$C = \frac{\dfrac{NPP}{(1+根冠比)\times(1-含水率)} \times 草的可食用比例 \times 草地利用率}{家畜日食用量 \times 365}$$

式中，草的可食用比例为 0.6；草地利用率为 0.8。

表 6-2　草地地上/地下生物量估算比例

草地类型	地下/地上生物量比	参考文献
温带禾草、杂类草草甸草原	5.2	Yang et al.，2010
温带丛生禾草典型草原	5.6	Yang et al.，2010
	4.325	方精云和魏民，1996
温带丛生矮禾草、矮半灌木荒漠草原	6.4	Yang et al.，2010
	7.893	李文华等，1998
高寒禾草、苔草草原	5.2	Yang et al.，2010
	4.325	
亚热带、热带草丛	4.42	
温带禾草、杂类草草甸	7.917	方精云和魏民，1996
温带禾草、苔草及草沼泽化草甸	7.917	
温带禾草、杂类草盐生草甸	7.917	
高寒嵩草、杂类草草甸	7.917	
	6.80	Yang et al.，2010

表 6-3　羊单位换算系数

种类	牦牛、奶牛	绵羊	山羊	马、驴
换算系数	4.5	1	0.7	3.75

数据来源：《中华人民共和国农业行业标准》（NY/T 635—2015）。下同。

6.2.1　可食草量

首先将利用 VIP 模型的 NPP 数据除以 0.45 的换算系数（方精云，2007）计算出草地生物量（kg/km²）。利用根冠比估算地上生物量（表 6-2）。不同类型草地的合理利用率根据计算标准和草地类型确定（表 6-4）。

表 6-4　草地合理利用率和干草折算系数

草地类型	草地合理利用率	干草折算系数
温带禾草、杂类草草甸草原	0.50	0.8
温带丛生禾草典型草原	0.40	0.95
温带丛生矮禾草、矮半灌木荒漠草原	0.55	1.0

草地类型	草地合理利用率	干草折算系数
高寒禾草、苔草草原	0.55	0.8
亚热带、热带草丛	0.55	0.8
温带禾草、杂类草草甸	0.55	0.8
温带禾草、苔草及杂类草沼泽化草甸	0.40	0.9
温带禾草、杂类草盐生草甸	0.50	1.0
高寒嵩草、杂类草草甸	0.45	1.0

以 2015 年为例，可食干草的空间格局与 NPP 一样遵循年降水量在青藏高原地区的分布格局，即在东部地区较高，最高可达 2700kg DM/hm²；西部地区较低，尤其是西北的阿里地区，低于 100kg DM/hm²。区域平均可食用干草产量为 321kg DM/hm²（图 6-8）。根据不同模型和统计方法估算的青藏高原草地地上生物量（Xia et al.，2018），计算出该区可食草产量在 300~700kg DM/hm²。气候变暖导致的土壤温度上升和冻土活动层下延，促进土壤有机质矿化和无机氮的释放，提高土壤养分水平；同时气候变暖和大气 CO_2 浓度升高的肥料效应加强植物的光合作用率，提高草地的生产力，增加地上生物量的累积。

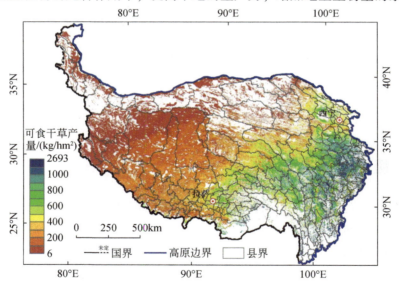

图 6-8 青藏高原可食干草产量的分布（2015 年）

6.2.2 理论载畜量

青藏高原草地理论载畜量呈现东南部高西部低的格局，东南部最高可达 3.9SU/hm²，西北部最低，仅仅 0.2SU/hm²（图 6-9）。2000~2018 年青藏高原草地平均理论载畜量为（1.17±0.13）SU/hm²，年际变异为 12.8%。中国科学院海北站实测数据的估算值为 0.6~

1.5SU/hm^2（Cao et al. 2019）。根据 Landsat 卫星遥感影像解译的草地面积和理论载畜强度，累计得到西藏近十年平均理论载畜量为 5178 万 SU，青海为 4180 万 SU，整个高原地区为 1.442 亿 SU。平均理论载畜量的增长率为 0.01SU/hm^2，相当于整个高原地区畜牧承载力每年增加约 1.6 万 SU。

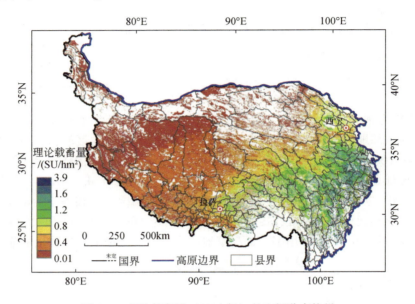

图 6-9 理论载畜量（2015 年）的空间分布格局

6.3 草地超载情况

6.3.1 县级放牧强度

根据县级统计资料分析，青藏高原草地放牧强度整体上呈东南高西北低的格局（图 6-10）。青藏高原的东部地区（青海、甘肃、四川辖区）和西藏一江两河地区的放牧强度较高，可达 2SU/hm^2 以上，而藏北地区因海拔高、气候干旱、放牧强度较低，可低至 0.2SU/hm^2 以下。2001 年青藏高原东北地区放牧强度相对于 1980 年有所减轻（如兴海县和玛沁县），但相应县理论载畜量有所增加（图 6-11），这主要是由于牲畜出栏率增加，导致年末存栏量减少。青藏高原新疆地区放牧强度增加，主要是由于农作物秸秆产量增加，秸秆补饲能力得到加强。2010 年青藏高原东北和西南地区放牧强度相对于 2001 年有所增加，这与理论载畜量增加有关；2015 年和 2017 年青藏高原东北地区理论载畜量明显增加，因此放牧强度仍然维持在较高水平（>1.8SU/hm^2），而西南地区（如高原四川西北部和藏东南）理论载畜量增加，但放牧强度有所减轻，这主要与生态保护措施有关。

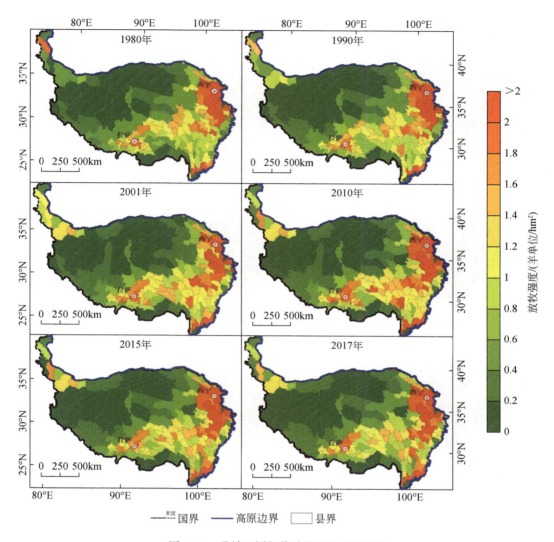

图 6-10　县域不同年代放牧强度时空分布

1980~2020 年青藏高原放牧强度为 0.73SU/hm²，总体呈显著（$p<0.05$）上升趋势（图 6-12），每年增加 0.003SU/hm²，这主要与草地生产力持续增加有关。20 世纪 80 年代放牧强度的增加速率最快（0.007SU/hm²），然而 90 年代放牧强度呈显著下降趋势（−0.004SU/hm²），这主要与干旱引起的草地生产力下降有关。2000 年以后草地生产力显著增加，导致 2000~2003 年放牧强度也明显增加。但自 2000 年西部大开发战略启动以来，青海相继实施了一系列生态环境保护项目，包括设立三江源国家级自然保护区（Sheng et al.，2019），此外，2003 年政府启动了"退牧还草"工程，因此 2004~2009 年放牧强度上升速率明显得到遏制，仅呈弱上升趋势。随着生态保护措施力度的加大，2010 年以后放牧强度呈显著下降趋势（−0.003SU/hm²）。

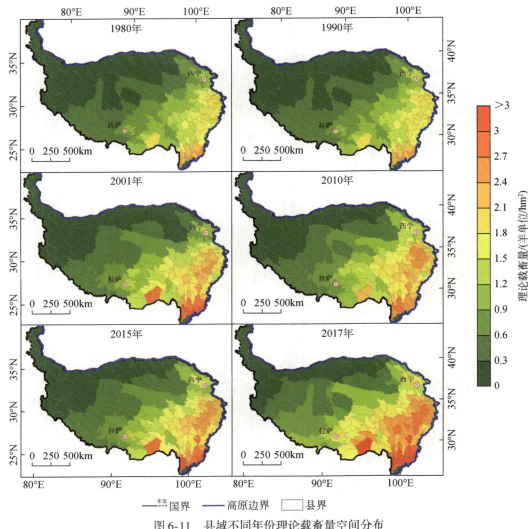

图 6-11　县域不同年份理论载畜量空间分布

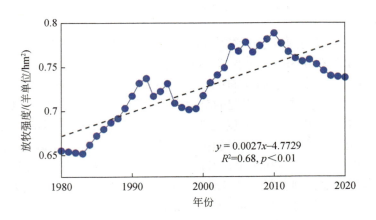

$$y = 0.0027x - 4.7729$$
$$R^2 = 0.68,\ p < 0.01$$

图 6-12　1980~2020 年青藏高原放牧强度变化

以研究区典型县为例，进一步分析县级放牧强度历年变化。2010 年，位于青藏高原东北部的海北州的放牧强度过高，海北州的祁连县、刚察县、门源县和海晏县的放牧强度分别达到了 6. 15SU/hm²、9. 67SU/hm²、7. 63SU/hm² 和 7. 66SU/hm²。2000 年前后海北州各县的放牧强度处于先减小后增加的趋势，减小的趋势不明显，而增加的趋势显著。1980 ~ 2000 年海北州的祁连县放牧强度每年减少 0. 03SU/hm²，刚察县每年减少 0. 05SU/hm²，门源县每年减少 0. 04SU/hm²，海晏县每年减少 0. 06SU/hm²。2000 ~ 2010 年祁连县每年增加 0. 54SU/hm²，刚察县每年增加 0. 63SU/hm²，门源县每年增加 0. 51SU/hm²，海晏县每年增加 0. 55SU/hm²。班戈县放牧强度 1980 ~ 2017 年平均为 0. 16SU/hm²，2010 年后呈下降趋势，若尔盖县的放牧强度高，平均为 4. 2SU/hm²，也于 2010 年之后开始下降（图 6-13）。

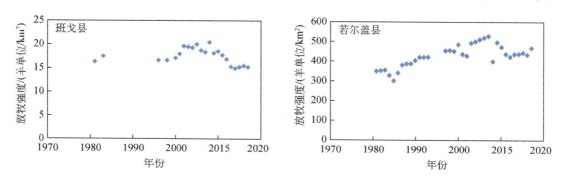

图 6-13　县域尺度 1980 年以来放牧强度变化

2009 年和 2010 年西藏昌都地区江达县的放牧强度较高，分别达到了 6. 15SU/hm² 和 6. 13SU/hm²。1980 ~ 2016 年江达县的放牧强度每年增加 0. 05SU/hm²，呈微弱上升趋势。2010 年以后，放牧强度每年减少 0. 1SU/hm²，趋势显著。

6. 3. 2　超载情况

根据理论载畜量与放牧强度数据，计算了青藏高原县域尺度的草地超载率（图 6-14）。相比 1980 年，2000 年青藏高原东北部超载率有所增加，如德令哈市和天峻县，这主要与草地生产力下降导致的理论载畜量减少有关；但雅鲁藏布江中游和三江源地区超载率有所下降，一方面是由于草地生产力增加缓解了放牧压力，另一方面是生态保护措施（如三江源国家级自然保护区的设立）有效减缓了放牧强度。从 2010 年开始，青藏高原东北部和西南地区超载率逐渐降低，这是因为草地生产力持续增加提升了草地载畜能力，且生态保护措施的加强有助于降低放牧强度。至 2017 年，青藏高原单位面积草地超载率为 -30%，说明草地处于欠载状态，仍具有开发潜力，尤其在青藏高原中西部和东南部。需要说明的是，青藏高原新疆所属县区超载率始终较高是由于未考虑农田秸秆补饲的辅助作用，计算结果有些偏高。

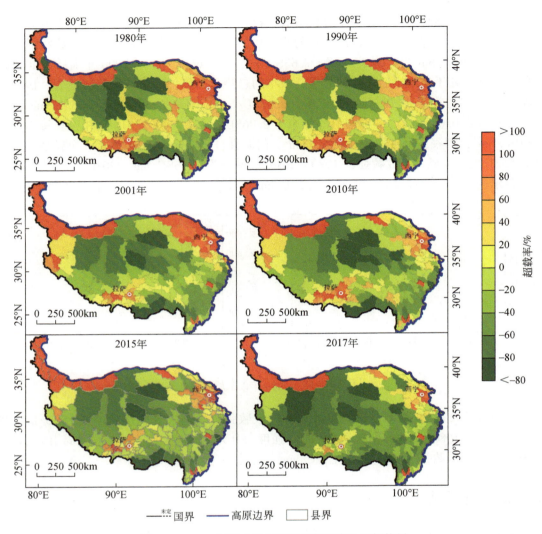

图 6-14　1980 年以来县级畜牧超载程度的空间格局

因为各县面积大小不一，故计算了超载率>50%和超载率>100%的县市面积占青藏高原面积的比例，如图 6-15 所示。由图 6-15 可见，在 20 世纪 90 年代末之前放牧强度呈上升趋势，在 2000 年前后放牧强度下降，超载程度也呈下降趋势，其中超载率>50%的面积比例下降趋势比超载率>100%更明显。2000 年以后国家大力推行生态保护措施，如三江源生态保护等，各地区的畜牧数量有所下降。同时，草地生产力的提高也在缓解放牧强度方面发挥了正面作用。在草地严重超载的地区，畜牧的发展主要依赖农业副产品的补饲能力。

从青藏高原所涵盖的省区看，在考虑了草地和疏林灌木面积的情况下，各省区的超载情况如图 6-16 所示。新疆、青海、甘肃三省区超载，西藏基本持平，而四川和云南两省未超载。超载主要位于甘肃的祁连山区牧场，该地区开发利用强度大，过牧严重。因此，为了维持生态系统服务功能的稳定，遏制草地退化，需要对各区县的畜牧规模做出适当调

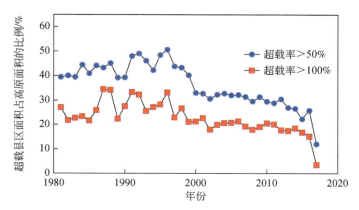

图 6-15　1980～2017 年严重超载县市面积的比例变化

整；而位于四川、云南两省的横断山区，因水热条件好、草场产草量高，以及地势险峻、交通不便等，实际载畜量明显低于理论载畜量，草场仍有较大的开发利用空间。

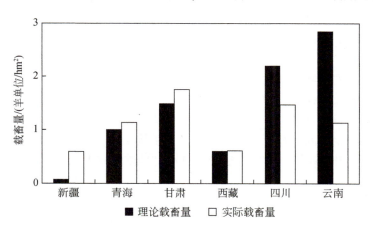

图 6-16　2010～2017 年青藏高原所属各省区单位面积草地理论和实际载畜量

　　对比理论草畜承载力，21 世纪前 10 年区域平均超载率为 9.48%。21 世纪第 2 个 10 年青藏高原西北部超载率有所下降，但东北部河谷农区（未考虑秸秆）有所上升。相比 20 世纪 80 年代，90 年代开始青藏高原东部超载率日渐增强，雅鲁藏布江中游地区在 21 世纪前 10 年连片发生且程度较重。需要说明的是，雅鲁藏布江中游地区超载率是在不考虑农田秸秆的前提下计算的，如果考虑农田秸秆产量远高于天然草地产草量，其超载情况应该不如图 6-16 所显示的那么严重。

　　按县域单元计，有 60%～70% 的县存在轻度超载现象，20 世纪 80～90 年代超载的县比例稍高，2009 年之后有所下降，超载县比例在 50%～60%。按省区计，新疆、青海、甘肃三省区超载，西藏基本持平，而四川和云南因水热资源较好、载畜能力较强，实际载畜量未达到超载的程度。

6.4 考虑秸秆载畜量的超载状况

6.4.1 秸秆载畜量的计算

主要考虑了粮食秸秆（小麦、青稞和玉米等谷类和豆类秸秆）和油菜秸秆载畜量。粮食和油菜秸秆产量分别采用经济系数法和草谷比法计算。粮食作物的经济系数采用 0.4（杨正礼和杨改河，2000），所以粮食作物的生物产量＝粮食总产/0.4，粮食秸秆产量＝粮食作物的生物产量×（1－0.4）。油菜秸秆产量与油菜籽产量之比设为 1.5（毕于运等，2009），所以油菜秸秆产量＝油菜籽产量×1.5。

在农作物生长过程中，有一部分枝叶会凋落在田中；在农产品收获过程中，许多农作物秸秆需要留茬收割，在运输过程中也会有损失，因此并不能收集所有的作物秸秆。通常设定可收集利用系数来计算农作物秸秆可收集利用量，即秸秆可收集利用量＝秸秆产量×可收集利用系数，小麦、稻谷和玉米的可收集利用系数分别为 0.76、0.78 和 0.95（崔明等，2008）。这里取其平均值为 0.83，油菜秸秆的可收集利用系数取 0.9（毕于运等，2009）。

在青藏高原，农作物秸秆的主要用途为能源化利用和牲畜饲养。其中，农作物秸秆的能源化利用占有较大的比例，用于农户家中的加热和取暖。秸秆的饲用比例设为 34.24%（李刚等，2014），所以可用于饲料的秸秆产量＝秸秆可收集利用量×0.3424。

秸秆作为一种粗饲料，每标准羊单位的日食量按 1.5kg 计，放牧天数设定为 365d，所以秸秆载畜量＝可用于饲料的秸秆产量/羊单位日食量/放牧天数。

6.4.2 秸秆载畜量

青藏高原地区秸秆载畜量潜力呈明显的空间分异性，西北缘、东北地区和东南地区的秸秆载畜潜力较高，而中部地区的秸秆载畜潜力较低（图 6-17）。对于整个研究区，油菜秸秆载畜潜力多年平均为 2701SU，呈微弱的增加趋势（257SU/a）；粮食秸秆载畜潜力多年平均为 25 632SU，增加速率为 2464SU/a（$p<0.01$）。总秸秆载畜潜力多年平均为 27 664SU，每年增加 2921SU（$p<0.01$）。秸秆载畜潜力增加的县主要分布于西北地区新疆所属县、西藏东南地区，共计 58 个县，增加速率为（1124±1815）SU/a（$p<0.05$）。秸秆载畜潜力减少的县主要分布于青海东北部和四川藏区的 9 个县，每年减少（334±226）SU（$p<0.05$）。

6.4.3 县级超载程度

考虑秸秆载畜量以后，超载程度总体显著减轻。超载率>50% 和超载率>100% 的县区面积比例呈显著下降趋势，至 2017 年，仅分别为 6% 和 2%。与未考虑秸秆载畜量的结果

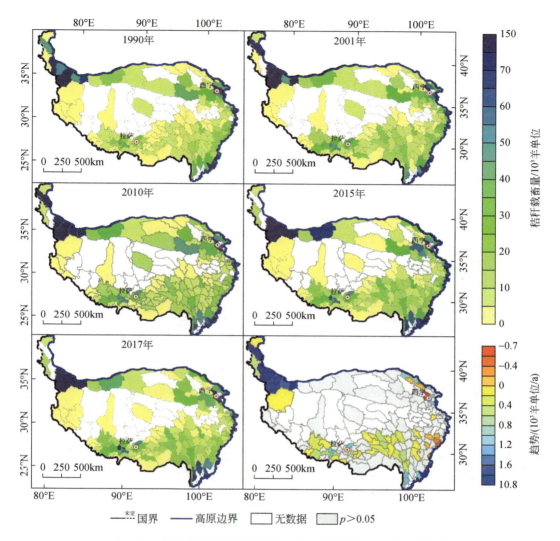

图 6-17　青藏高原县秸秆载畜潜力的分布格局和年代际变化趋势

相比，此两种面积比例分别平均下降7%和8%（多年平均值）。2001年超载率>50%的地区比例稍高于1990年，是由于青藏高原东北地区部分地区秸秆产量下降，如德令哈市、平安区、大通县和民和县等。草地处于超载状态的县区主要分布在人口密集的东北地区和西南地区，但近三十年来超载率明显下降。这主要是由于草地生产力的增加导致理论载畜量增加；同时生态保护措施促使放牧强度显著减少；此外，20世纪90年代以来大部分地区秸秆载畜量呈增加趋势，也有助于缓解放牧压力。未考虑其他饲料来源，如棉秆、苜蓿、青储玉米和树叶等，可能导致部分县的超载率始终较高，如新疆的乌恰县和民丰县（图6-18和图6-19）。

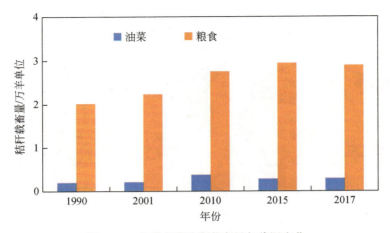

图 6-18　青藏高原秸秆载畜量年代际变化

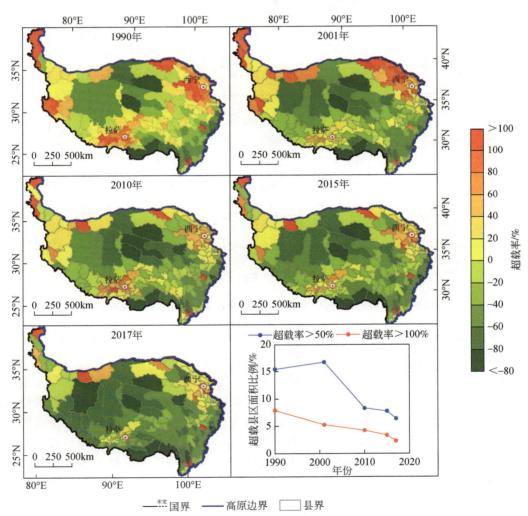

图 6-19　考虑秸秆载畜量的青藏高原县级超载率的分布格局和年代际变化

6.5 草地生产力和超载变化的影响因素

青藏高原传统放牧方式经历了数千年，当地牧民、牲畜和高寒草地生态系统达到微妙的平衡，并构成社会–环境有机整体。青藏高原地区草地生产力受年平均降水量和气温等气候因子、土壤有机碳（SOC）和黏土比例、海拔与纬度等影响（Sun et al.，2013），呈现出明显的空间分异性和年际波动。青藏高原由于土层薄、气候条件恶劣、生境脆弱，草地生态系统对气候变化和放牧等人类活动敏感。放牧影响草地生态系统的群落组成，在有些不合理放牧的草地，虽然草地生物量没有下降，甚至增加，但牛羊可食种类和生物量却减少了。放牧可对草地土壤有机质含量产生影响。据研究，放牧能增加 C_4 主导或 C_3 和 C_4 混合草地土壤有机碳的 6%~7%，但减少 C_3 植物主导草地 18% 的 SOC（Mcsherry and Ritchie，2013）。因此，青藏高原高寒草地退化的主要原因可归结为三方面。第一，气候变化导致土壤干化和冻土层融化。第二，持续增强的人类活动，包括畜牧量和放牧强度的增加。例如，那曲市人口比 20 世纪 50 年代增加了 5 倍，畜牧量增加了 1 倍（Gao et al.，2009）。第三，青藏高原鼠兔、害虫和有毒杂草等繁殖也是草地退化的驱动因素。通过禁牧计划的实施，有些地区能有效地扭转放牧导致的草地退化趋势（Xu et al.，2016）。然而，由于土壤和生态恢复过程极为缓慢，生态恢复措施在一些地区效果不明显，难以遏制生态系统的退化和荒漠化。

6.5.1 气候变化影响

在全球气候变化的背景下，青藏高原气候相应地发生了明显变化（Wang et al.，2013；Kuang and Jiao，2016）。根据青藏高原及周边地区 300 多个气象站逐日观测资料，采用梯度反距离平方法（GIDS）法空间插值，获取了 1km 网格的青藏高原区气象要素场。依此分析，发现 1970~2017 年青藏高原地区日平均温度、最高温度、最低温度呈上升趋势，倾向率分别为 0.50℃/10a、0.51℃/10a、0.59℃/10a。相对 1970~1994 年，1995~2017 年平均气温增加了 0.88℃，增温明显加速。年降水量呈弱上升趋势，倾向率为 7.5mm/10a；地表近地层风速在 20 世纪 90 年代中期之前显著下降，之后发生突变，由下降转为逐步上升（图6-20）。风速的减弱或增强是区域大气环流强度变化的标志，90 年代中期之后风速的变化趋势转变说明东亚季风环流开始逐渐加强，这些变化主要是区域气候的年代际变异所主导。青藏高原空气湿度的变化趋势在 90 年代中期前后由上升转为下降趋势，与风速变化位相相反，且与降水的变化趋势不同；相应地，空气饱和水汽压差（VPD）则呈弱上升趋势。空气湿度的变化很可能由区域环流型的变化引起，而受区域降水量变化的影响较小。青藏高原地区平均日照时数呈下降趋势，但 90 年代中期之后下降趋缓，该变化与青藏高原上空高云量减少而低云量增多有关（Kuang and Jiao，2016）。上风方向平流输入和下垫面人类活动增强，引起的气溶胶浓度变化也可能是其缘由之一。90 年代中期以后，由于风速、日照时数、空气湿度和 VPD 的变化趋势显著改变，潜在蒸散变化趋势也由下降转为上升，呈现突变特征（Wang et al.，2013）。总体而言，在全球变化背景下，青藏高原气候在 90 年代中期发生了转折，大气增温加速，呈现干燥化趋势，削弱青藏高原草地生态系统的稳定性和服务功能的正常发挥，进而影响畜牧业和社会经济发展。

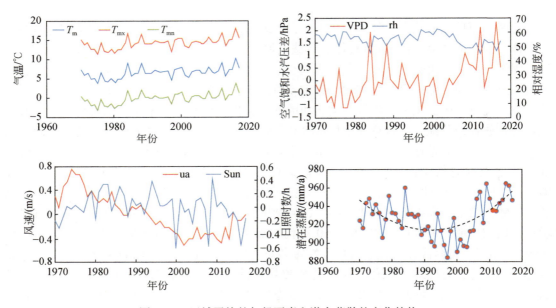

图 6-20　区域平均的气候要素和潜在蒸散的变化趋势

T_m、T_{mx} 和 T_{mn} 分别为日平均温度、最高温度和最低温度；VPD 和 rh 分别为空气饱和水汽压差和相对湿度；

ua 和 Sun 分别为风速和日照时数

气候要素的年际波动和变化趋势影响草地生产力的形成，但是各要素的变化趋势所产生的效应并不相同，厘清这些要素对草地生产力变化的相对贡献，有助于深入理解草地生态系统变化的机理和调控机制。以拉萨气候站为例，采用逐日气象观测数据驱动 VIP 模型，分析不同气候要素变化对草地生产力的影响。首先对 1970～2018 年逐日气候要素进行平均，作为参考基准；然后分别模拟每个要素变化对草地生产力的影响。拉萨站气候要素变化明显，年平均温度和降水量呈上升趋势，而风速和空气湿度呈下降趋势，NPP 总量上升的斜率为 3.36g C/（$m^2 \cdot a$）。气候变化对草地 NPP 的作用为正，其中降水量变化的贡献率为 36.3%，气候变暖的贡献率为 7.4%，eCO_2 的贡献率为 45.8%，其他气候因子及因子间相互作用的贡献率仅为 10.0%，可见降水量的增加和 eCO_2 是草地生产力提高的主要驱动因子。

进一步在像元尺度上分析整片草地 GPP 变化的主要影响因子。使用 VIP 模型的 2001～2017 年 1km 分辨率的 GPP 作为因变量，相同时段和相同分辨率下的年尺度气候变量（年降水量、年平均气温、年平均水汽压、年平均风速、年平均日照时数）、年平均叶面积指数（LAI）和年平均大气 CO_2 浓度作为自变量，在每个像元上基于岭回归分析了各气候变量、LAI 和大气 CO_2 浓度对 GPP 年际变化趋势的贡献。我们发现在 GPP 显著上升的草地（草地面积比例为 81.13%）中，大气 CO_2 浓度和气温上升是主导因子，区域平均贡献分别为 58% 和 36%。极少数草地（0.04%）中 GPP 呈显著下降趋势，主要受水汽压、风速和降水量减小以及气温升高的控制，各因子贡献分别为 25%、23%、9% 和 25%。人类活动的贡献与气候变化相比较低。在 GPP 显著变化的草地，人类活动促进 48% 的草地 GPP 增加，主要分布在高原西部，主要是由于放牧强度减轻和生态保护措施；在剩余 52% 的草地中人类活动产生负面影响，主要与放牧强度增加有关。

人类活动和气候变化存在互馈作用，即过度放牧引起的草地退化增加大气蒸发能力，降低土壤水分，加剧气候变暖和草地退化（Du et al.，2004）。Wang 等（2016）根据 NDVI 计算青藏高原草地 NPP，认为退化草地面积约 39%，其中气候变化起主导作用的面积为 57%，1980 年以来到 2020 年之前青藏高原地区降水量的增加有利于草地植被恢复，而温度和辐射的变化加剧草地退化（Gao et al.，2010）。但 Pan 等（2017）通过分析遥感植被指数 NDVI 时间序列的长期变化，认为气候变化对草地退化的贡献仅为 34%，而人类活动影响的贡献则高达 66%。一些研究探讨草地退化的驱动机制，如 Yi 等（2014）通过机理模型模拟，认为气候变暖导致青藏高原永久冻土层融化，土壤水分减少，蒸散增加，从而引起草地生物量下降；然而，Fan 等（2010）报道气候变暖和放牧压力减轻（尤其在冬季）是三江源地区草地生产力上升的主要原因。总体而言，过去几十年的气候变化和大气 CO_2 浓度上升导致青藏高原地区草地生产力的上升，青藏高原地区由碳源逐步转变为碳汇。根据预测，在未来增温 2℃ 和大气 CO_2 浓度升高的情景下，青藏高原地区草地生产力将升高 9%（Piao et al.，2012）。

Chen 等（2014）认为暖湿气候是 1980~2000 青藏高原草地生产力上升的主要原因，2000 年后虽然气候转为暖干型，但大范围草地围栏和牲畜数量的减少有利于草地生产力的恢复，抵消了气候变化的不利影响。Ding 等（2018）报道，1980 年以来青藏高原 VPD 呈上升趋势，表征大气的干旱胁迫在加剧。从广度和烈度而言，VPD 对高山草地的不利影响都呈扩大趋势，而 CO_2 浓度增加的肥效作用仅能部分抵消大气干燥度对草地生产力的不利影响。Klein 等（2004）发现，增温实验的高原草地物种丰度快速且大幅下降，而通过放牧能减弱这一趋势。增温导致 ANPP 减少 $40g/(m^2 \cdot a)$，相应的可食草量减少 $10g/(m^2 \cdot a)$，放牧可维持或提高草地的质量（Klein et al.，2007）。

根据 MODIS 1km NDVI 数据分析结果，2000~2018 年显著上升的草地区域占 11.2%（$p<0.01$）和 21.3%（$p<0.05$），显著下降区域占 3.5%（$p<0.01$）和 7.0%（$p<0.05$）。绿度显著上升的草地主要分布在以青海湖为中心的高原东北部和北部地区，绿度显著下降的草地主要分布于西藏中南部和三江源地区（图 6-21）。植被绿度的年际变异主要受气候因子的影响，年际变化率小于 10% 的面积占 50%，而变化率小于 25% 的面积占 91%，说明高原草地生长状况是相对稳定的，但局部地区年际波动比较明显。植被绿度与年降水量、海拔呈现显著的关联性，植被绿度的年际变化与降水量及其季节分配有关，也与温度的年型有关，并存在明显的空间分异性。

NDVI 年际变化与年降水量呈负相关的面积为 33%，与太阳辐射呈正相关的面积为 40%，说明约有 1/3 的区域年降水量不是草地生长的主要限制因子，很可能受限于光照不足；与大气温度呈正相关的地区约占 3/4，说明大部分地区草类植物的生长受热量限制。

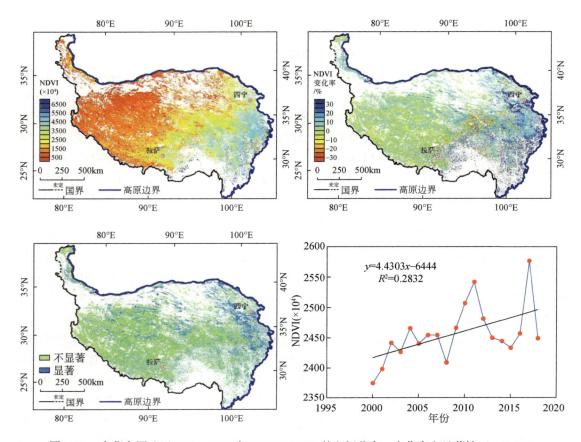

图 6-21　青藏高原地区 2000～2018 年 MODIS NDVI 的空间分布、变化率和显著性（$p<0.05$）

6.5.2　草地退化

　　近几十年社会结构和生活方式快速变化，主要包括人口的快速增加、社会文化变化、牲畜数量增加、季节性放牧方式改变和实行土地承包制等，导致放牧方式有一定的改变。例如，1978 年以来青藏两省区牲畜数量增加 1～3 倍。西藏牲畜数量从 1951 年的 955 万头（只）增加到 2010 年的 2349 万头（只）（相当于 5109 万羊单位）。一旦人类活动（如过度放牧或其他扰动）和/或气候变化导致生态系统退化（生产力下降、土地荒漠化、杂草滋生），其往往难以恢复。草场退化的主要判别指标通常包括：植物高度和覆盖度降低，生产力下降；草地群落结构改变，牧草种类减少，不可食杂草和有毒植物种类增加；平均牲畜个体体重、体积下降，草场承载力下降；鼠兔种群数量上升；黑土裸露面积增加。

　　青藏高原草地退化特别严重的地区包括青海南部、西藏北部和柴达木盆地等地区，其中西藏退化草地面积约 17.2%（其中 16% 为严重退化）。3500～4500m 高度南坡草地退化更明显。靠近居民点、水源和主要公路的草地退化更严重。20 世纪初期，三江源地区草地退化和沙化加剧，草地覆盖度减少了 15%～25%，单位面积产草量下降了 30%～50%，优质牧草比例下降，有毒有害杂草增加；水土流失严重，中度以上水土流失面积占 26.5%（赵新全和周华坤，2005）。Liu 等（2018）通过文献总结和实地调查，认为青藏高原退化草地损失了 42% 土壤有机碳（SOC），地上和地下生物量减少了 40%。

草地退化会增强潜在蒸散，加剧干旱，促使气候变暖和草地退化。观测数据显示，三江源头产水量逐年减少，其中鄂陵湖水面下降明显。草地退化的另一个特征是生物多样性下降，受威胁的生物物种高达 15%~20%。在有些地方表层土壤流失严重，对当地牲畜、居民生活和水环境都产生了明显的不利影响。

青藏高原草地生态系统退化是否普遍，仍存在争议。Harris（2010）对高原草地退化的范围和程度仍存在疑问，认为相关监测项目具有主观性，并且没有详细的说明报道。另外，退化的原因仍不确定，没有明确的因素被证明是退化的主要驱动力。

6.5.3　草地生态修复效应

青藏高原草地生态退化是中国当今生态科学和生态保护的重要议题。虽然很多研究解释了一些局部区域的草地退化过程，但对退化的主要原因、机理以及恢复策略仍未取得共识。通过对人口增长、过牧，以及社会文化转型和气候变化的文献梳理与总结，作者认为，对整个区域而言，虽然土地利用方式的改变是草地退化的主要原因，但退化绝不是某个单一因子造成的，不同时空尺度上不同起因和因子间相互作用导致草地生态系统的结构和功能发生变化，是草地退化的根本原因。因此，在制定草地恢复或改良政策措施时，需要分析当地的自然、社会经济和历史文化，以便因地制宜，针对不同的退化机制，制定科学合理的恢复措施和途径，才能取得理想恢复效果。

Wu 等（2009）认为围栏禁牧能显著提高草地生产力，但减少植物密度和种类多样性。长期禁牧有利于可食草类生长，抑制有毒杂草。同时增加土壤有机质含量和养分水分。放牧引起的退化可通过降低放牧强度、人工种植合适草类品种、控制鼠类种群数量等方式有效逆转（Li et al.，2013）。轻度放牧能提高高山草甸生产力及其气候变化的能力。Lu 等（2017）认为放牧增加草地生态系统的生物多样性和物种丰富度，但减少植被地上生物量、覆盖度、土壤有机碳、微生物碳和土壤 N 等。Cai 等（2015）利用 NDVI 残差趋势分析 2005 年实施的生态恢复工程的效应，认为人工干预恢复措施缓解青藏高原中部地区的草地退化，部分地区甚至逆转了退化趋势。

6.6　气候变化情景下草地生产力的响应

6.6.1　未来情景下气候要素变化

采用了五个 CMIP5 GCM 模式（GFDL-ESM2M、HadGEM2-ES、IPSL-CM5A-LR、MIROC-ESM-CHEM、NorESM1-M）的三个情景模拟数据（RCP2.6、RCP4.5、RCP8.5），时段为 2021~2070 年，网格分辨率为 0.5°。模式模拟的历史基准时段为 1976~2005 年。

相对于历史时期，未来情景下青藏高原平均气温、降水量都呈上升趋势，其中 RCP4.5 情景下 21 世纪 60 年代平均气温增幅为 2℃，降水量增幅为 12%，RCP8.5 情景下量平均气温和降水量增幅更大（图 6-22）。气候变暖将使高原寒带、亚寒带东界西移、南界北移，温带区扩大，从而导致生态系统总体趋向变好，但可能局部变差。相应地，高寒草原分布面积增加，而高寒草甸和沼泽草甸出现萎缩。

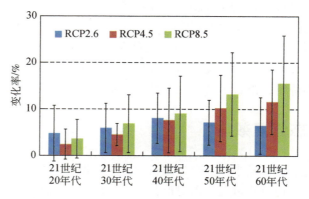

图 6-22　气候变化情景下五个 GCM 模式年平均降水量的代际变化

6.6.2　草地生产力的时空响应特征

与基准期相比（1976～2005 年），青藏高原草地 NPP 增加 10% 以上。不同情景下，草地 NPP 的变化幅度不同，其中 RCP2.6 情景下草地 NPP 在 21 世纪 40 年代基本稳定，而 RCP4.5 和 RCP8.5 情景下草地 NPP 一直在上升，且 RCP8.5 下草地 NPP 的升幅更大，21 世纪 60 年代草地 NPP 升幅可达 35%，降水量、气温和大气 CO_2 浓度的变化是草地 NPP 增加的主要驱动力，但降水量增加是主导性因素（图 6-23）。文献报道，21 世纪中期 RCP4.5 情景下青藏高原植被生产力增加 50% 以上（陈德亮等，2015）

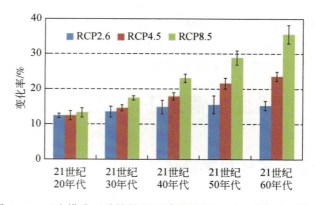

图 6-23　五个模式三种情景下区域平均草地 NPP 的年代际变化

如图 6-24 所示，从空间分布上看，草地 NPP 的增加量主要发生在高原东部和南部水热条件较适宜的地区，增加量最高达 120g C/(m² · a)。藏北阿里的荒漠草原对气候变化敏感，降水量的偏多或偏少能够引起草地 NPP 的大幅度波动。21 世纪 20 ~ 60 年代，阿里地区都存在一片植被 NPP 减少的区域，变化幅度大部分在 -20% 以内。NPP 的减少主要是降水量减少所致，但该区域周边 NPP 增加幅度也较大，对降水量变化响应明显。高原西北高寒荒漠草地生态环境脆弱，降水量相对变化幅度大，对植被 NPP 的影响也明显。

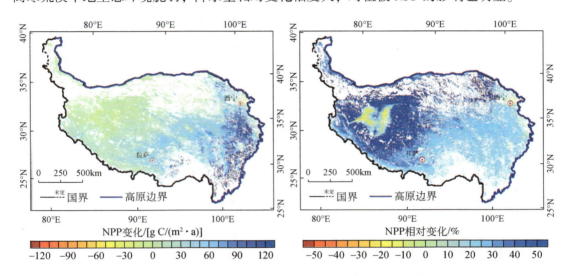

图 6-24　RCP4.5 情景 21 世纪 60 年代草地 NPP 变化

6.6.3　草地理论载畜量变化

相对于 1986 ~ 2005 年，两种情景下各年代理论载畜量的相对变化为负值的区域主要分布在藏北地区，局部地区的相对变化能够达到 -50% 以下，但均在 -75% 以内。除了藏北的负值区域，其他地区理论载畜量的相对变化呈自西北向东南的递减趋势。两种情景都表明，21 世纪 20 年代大部分地区理论载畜量的相对变化在 0 ~ 10%，而 20 年代以后大部分地区的理论载畜量的相对变化明显增加，达到 10% 以上。区域平均统计结果表明，RCP4.5 和 RCP8.5 情景下 20 ~ 60 年代各年代理论载畜量的相对变化都呈增加趋势，增加速率分别为 2.77%/10a 和 4.48%/10a。尤其是 20 ~ 30 年代，理论载畜量相对变化的增加幅度最大，RCP4.5 和 RCP8.5 情景下分别增加了 4.25% 和 13.00%。相对于基准期，60 年代此两种情景下理论载畜量增加幅度分别为 21% 和 29%（图 6-25 ~ 图 6-28）。未来情景下草地 NPP 增加，但严重干旱和暴雪等寒灾风险增加，应当加强对极端天气气候风险的防范，此外气候变暖的牲畜健康问题应加以重视。

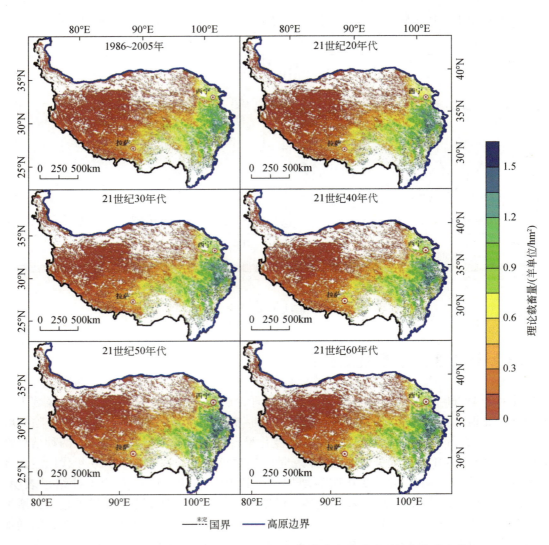

图 6-25　RCP4.5 情景下 21 世纪 20～60 年代各年代草地平均理论载畜量

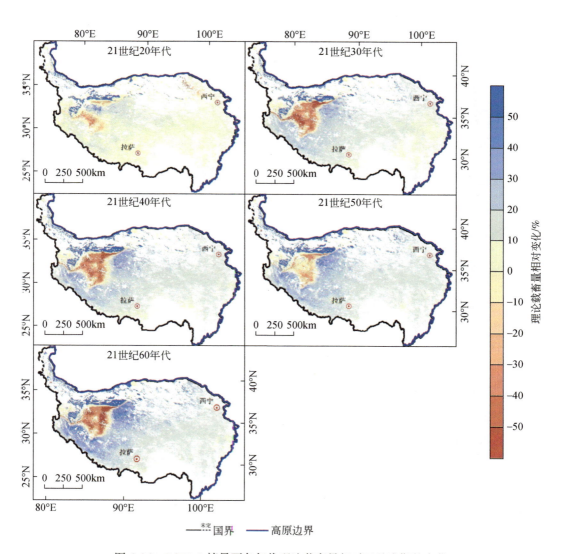

图 6-26 RCP4.5 情景下各年代理论载畜量相对于基准期的变化

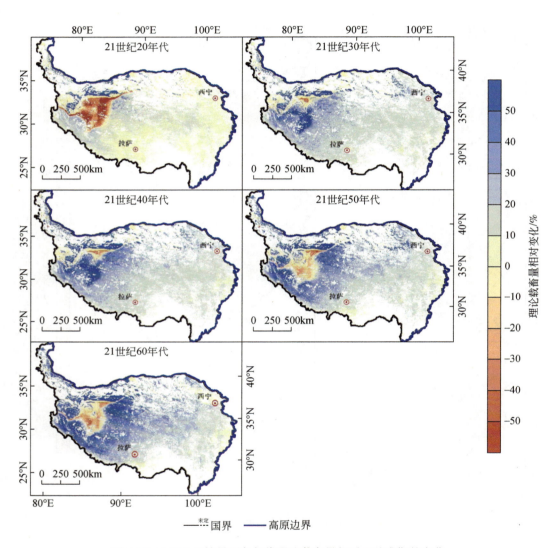

图 6-27　RCP8.5 情景下各年代理论载畜量相对于基准期的变化

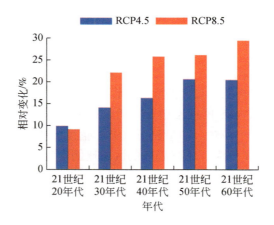

图 6-28　区域平均理论载畜量相对于基准期的年代际变化

6.7　小　　结

青藏高原草地类型主要包括高寒草甸类、高寒草原类、高寒灌丛类、高寒荒漠草地类等。该区牧草品质优良，具有高蛋白、高脂肪、高无氮浸出物及高产热值和低纤维素"四高一低"的特点，是我国发展草地畜牧业的主要基地之一。

在全球气候变化背景下，青藏高原气候相应地发生了明显变化。根据高原地区 300 多个气象站逐日观测值的 GIDS 法空间插值，获取 1km 网格上草地上气象要素分布。依此分析，发现 1970～2017 年青藏高原地区日平均温度、最高温度、最低温度呈上升趋势，倾向率分别为 0.50℃/10a、0.51℃/10a、0.59℃/10a；相对 1970～1994 年，1995～2017 年平均气温增加了 0.88℃，增温明显加速。年降水量多年平均 354.7mm，年际变异为12.6%，呈弱上升趋势，倾向率为 7.5mm/10a；但 2000 年以后，区域平均年降水量呈下降趋势，降水量减少主要发生在高原西部，东部地区降水量呈上升趋势。地表近地层风速在 20 世纪 90 年代中期之前显著下降，而后发生突变，由下降转为逐步上升。潜在蒸散（ET_p）由 20 世纪 70 年代到 2000 年呈下降趋势，而后开始逆转为上升趋势。

根据 MODIS 和 AVHRR 数据分析，1982 年以来高原地区草地绿度（以 NDVI 表示）呈弱上升趋势，但年际波动明显。根据 MODIS 1km NDVI 数据分析，结果显示 2000～2018年显著上升区域占 11.2%（$p<0.01$）和 21.3%（$p<0.05$），显著下降区域占 3.5%（$p<0.01$）和 7.0%（$p<0.05$）。植被绿度显著上升的草地主要分布在以青海湖为中心的高原东北部和北部，而植被绿度显著下降的草地主要分布于西藏中南部和三江源地区。植被绿度的年际变异主要受气候因子的影响，年际变率小于 10% 的面积占 50%，而变率小于25% 的面积占 91%，说明高原草地生长状况是相对稳定的，但局部地区年际波动比较明显。NDVI 年际变化与年降水量呈负相关的面积为 33%，与太阳辐射呈正相关的面积为40%，说明约有 1/3 的地方年降水量不是主要限制因子，很可能受限于光照不足；与气温呈正相关的地区约占 3/4，说明大部分地区草类植物的生长受热量限制。

基于 VIP 模型，采用 1982～2017 年 GLASS LAI 和 2000～2018 年 MODIS LAI 数据，估算了青藏高原草地初级生产力时空变化过程。研究时段内青藏高原草地多年平均 GPP 为 (255.85±20.97) g C/(m² · a) [(241.24～335.22) g C/(m² · a)]。NPP 为 (158.4±11.9) g C/(m² · a)，呈东南高，并向西北逐渐递减的格局，空间分异性为 0.97。本研究的 NPP 模拟结果略低于 Piao 等 (2012) 根据生态系统模型的模拟结果 [178g C/(m² · a)]，高于 Zhang 等 (2014) 采用 CASA 遥感模型计算的 120.8g C/(m² · a)。区域平均 NPP 的上升速率为 0.51g C/(m² · a)(>95%)，呈显著 (95%信度) 上升趋势的区域占总面积的比例为 44.7%，呈显著 (95%信度) 下降趋势的区域比例则为 4.1%，说明草地 NPP 总体以上升趋势为主。青藏高原东北部 NPP 上升速率最大，北部和西北部 NPP 呈弱上升趋势，而下降趋势明显的格点主要错落分布于三江源地区和西藏东部。草地 NPP 在不同海拔梯度范围内的变化率不同，尽管所有海拔分段内的变化率都为正值，但峰值主要出现在 3000～4500m 高度范围，相应的降水量增加率也最明显。

从青藏高原所涵盖的省区看，在考虑了草地和疏林灌木面积的情况下，各省区的超载情况各异，其中新疆、青海、甘肃三省区 (仅指各省区位于高原区部分) 超载，西藏基本持平，而四川和云南两省未超载。超载地区主要位于甘肃的祁连山区牧场，开发利用强度大。因此，为了维持生态系统服务功能的稳定，遏制草地退化，需要对各区县的畜牧规模做出适当调整。位于四川、云南两省的横断山区，因水热条件好，牧场产草量高，但因地势险峻、交通不便等，实际载畜量明显低于理论载畜量，牧场仍有较大的开发利用空间。

以县为单位，统计了高原地区 196 个县市 1980 年以来畜牧量，依此计算出各县的超载率。在 20 世纪 90 年代末之前放牧强度呈上升趋势，在 2000 年前后放牧强度下降，超载率呈下降趋势。2000 年以后国家大力推行生态保护措施，如三江源生态保护等，畜牧量有所下降。同时，全球变化影响下草地 NPP 的提高也在缓解放牧强度方面发挥了正面作用。在草地严重超载的县市，畜牧的发展主要依赖农业副产品的补饲能力以维持畜牧业的可持续发展。

根据青藏高原各县粮食和油菜产量计算了秸秆产量和秸秆载畜量，进一步结合草地理论载畜量计算了各县超载率。20 世纪 90 年代以来青藏高原秸秆载畜量整体呈显著增加趋势，多年平均补饲能力为 8%。秸秆载畜量增加的县主要分布在农业发达的高原新疆所属县区和西藏东南地区。考虑秸秆载畜量以后，超载率总体上显著下降。超载率>50%和超载率>100%的县区面积比例呈显著下降趋势，至 2017 年，仅分别为 6%和 2%。与未考虑秸秆载畜量的结果相比，此两种面积比例平均下降 7%和 8% (多年平均值)。青藏高原内新疆大部分县区超载率明显下降，并在 2010 年以后处于未饱和状态。秸秆载畜量有效缓解了草地放牧压力，其增加趋势促进草地载畜能力逐年提高。

采用了五个 CMIP5 GCM 模式的三种情景下的气候数据，基于 VIP 模型模拟分析未来 (2021～2070 年) 草地 NPP 和理论载畜量变化。相对于基准期 (1976～2005 年)，未来情景下青藏高原平均气温、降水量均呈上升趋势，其中 RCP4.5 情景下 21 世纪 60 年代气温增幅为 2℃，降水量增幅为 12%，RCP8.5 情景的气温和降水量增幅更大。不同情景下，草地 NPP 的变化幅度不同，其中 RCP2.6 下 NPP 在 21 世纪 40 年代基本稳定，而 RCP4.5 和 RCP8.5 情景下草地 NPP 持续上升，且 RCP8.5 情景下草地 NPP 升幅更大，21 世纪 60

年代草地 NPP 升幅可达 35%。NPP 上升区域主要分布在水热条件较好的东南部，而下降区域主要分布在相对干旱的西部阿里地区，降幅在 20% 以内。降水量、平均气温和大气 CO_2 浓度的变化是草地生产力增加的主要驱动力，但降水量增加是主导性因素。草地 NPP 的增加提升了草地载畜能力。RCP4.5 和 RCP8.5 情景下理论载畜量相对于基准期分别以 2.77%/10a 和 4.48%/10a 的速率增加。至 21 世纪 60 年代，RCP4.5 和 RCP8.5 情景下草地理论载畜量增幅分别为 21% 和 29%。

参 考 文 献

毕于运，高春雨，王亚静，等. 2009. 中国秸秆资源数量估算. 农业工程学报，25（12）：211-217.

曹广民，林丽，张法伟，等. 2018. 长期生态学研究和试验示范为高寒草地的适应性管理提供理论与技术支撑. 中国科学院院刊，33（10）：1115-1126.

陈德亮，徐柏青，姚檀栋，等. 2015. 青藏高原环境变化科学评估：过去、现在与未来. 科学通报，60（32）：1-2，3025-3035.

崔明，赵立欣，田宜水，等. 2008. 中国主要农作物秸秆资源能源化利用分析评价. 农业工程学报，24（12）：291-296.

方精云，郭兆迪，朴世龙，等. 2007. 1981～2000 年中国陆地植被碳汇的估算. 中国科学（D 辑：地球科学），（6）：804-812.

方精云，柯金虎，唐志尧，等. 2001. 生物生产力的 "4P" 概念、估算及其相互关系. 植物生态学报，（4）：414-419.

方精云，魏民. 1996. 陆地生态系统碳循环研究//王庚辰，温玉璞. 温室气体浓度和排放监测及相关过程. 北京：中国环境科学出版社：81-148.

李刚，孙炜琳，张华，等. 2014. 基于秸秆补饲的青藏高原草地载畜量平衡遥感监测. 农业工程学报，30（17）：200-211.

李文华，王启基，罗天祥，等. 1998. 青藏高原生态系统生物生产量//李文华，周兴民. 青藏高原生态系统及优化利用模式. 广州：广东科技出版社：183-270.

石岳，马殷雷，马文红，等. 2013. 中国草地的产草量和牧草品质：格局及其与环境因子之间的关系. 科学通报，58（3）：226-239.

孙鸿烈，郑度，姚檀栋，等. 2012. 青藏高原国家生态安全屏障保护与建设. 地理学报，67（1）：3-12.

谢高地，鲁春霞，肖玉，等. 2003. 青藏高原高寒草地生态系统服务价值评估. 山地学报，（1）：50-55.

杨王礼，杨改河. 2000. 中国高寒草地生产潜力与载畜量研究. 资源科学，（4）：72-77.

张镱锂，李炳元，郑度. 2002. 论青藏高原范围与面积. 地理研究，（1）：1-8.

赵新全，周华坤. 2005. 三江源区生态环境退化、恢复治理及其可持续发展. 中国科学院院刊，（6）：37-42.

Cai H, Yang X, Xu X. 2015. Human-induced grassland degradation/restoration in the central Tibetan Plateau：The effects of ecological protection and restoration projects. Ecological Engineering, 83：112-119.

Cao Y, Wu J, Zhang X, et al. 2019. Dynamic forage-livestock balance analysis in alpine grasslands on the Northern Tibetan Plateau, Journal of Environmental Management, 238：352-359.

Chen B X, Zhang X Z, Tao J, et al. 2014. The impact of climate change and anthropogenic activities on alpine grassland over the Qinghai-Tibet Plateau. Agricultural and Forest Meteorology, 189：11-18.

Chen H, Zhu Q, Peng C, et al. 2013. The impacts of climate change and human activities on biogeochemical cycles on the Qinghai-Tibetan Plateau. Global Change Biology, 19（10）：2940-2955.

Ding J, Yang T, Zhao Y, et al. 2018. Increasingly important role of atmospheric aridity on Tibetan alpine grasslands. Geophysical Research Letters, 45 (6): 2852-2859.

Du M, Kawashima S, Yonemura S, et al. 2004. Mutual influence between human activities and climate change in the Tibetan Plateau during recent years. Global and Planetary Change, 41 (3): 241-249.

Fan J W, Shao Q Q, Liu J Y, et al. 2010. Assessment of effects of climate change and grazing activity on grassland yield in the Three Rivers Headwaters Region of Qinghai-Tibet Plateau, China. Environmental Monitoring & Assessment, 170 (1): 571-584.

Gao Q, Li Y, Wan Y, et al. 2009a. Dynamics of alpine grassland NPP and its response to climate change in Northern Tibet. Climatic Change, 97 (3): 515.

Gao Q Z, Li Y, Wan Y F, et al. 2009b. Significant achievements in protection and restoration of alpine grassland ecosystem in northern Tibet, China. Restoration Ecology, 17 (3): 320-323.

Gao Q Z, Wan Y F, Xu H M, et al. 2010. Alpine grassland degradation index and its response to recent climate variability in Northern Tibet, China. Quaternary International, 226: 143-150.

Harris R B. 2010. Rangeland degradation on the Qinghai-Tibetan plateau: A review of the evidence of its magnitude and causes. Journal of arid environments, 74 (1): 1-12.

Klein J A, Harte J, Zhao X Q. 2004. Experimental warming causes large and rapid species loss, dampened by simulated grazing, on the Tibetan Plateau. Blackwell Science Ltd, 7 (12): 1170-1179.

Klein J A, Harte J, Zhao X Q. 2007. Experimental warming, not grazing, decreases rangeland quality on the Tibetan Plateau. Ecological Applications, 17 (2): 541-557.

Kuang X, Jiao J J. 2016. Review on climate change on the Tibetan Plateau during the last half century. Journal of Geophysical Research, D. Atmospheres: JGR, 121 (8): 3979-4007.

Li X L, Gao J, Brierley G, et al. 2013. Rangeland degradation on the Qinghai-Tibet Plateau: Implications for re-habilitation. Land Degradation & Development, 24 (1): 72-80.

Liu S, Zamanian K, Schleuss P M, et al. 2018. Degradation of Tibetan grasslands: Consequences for carbon and nutrient cycles. Agriculture Ecosystems & Environment, 252: 93-104.

Lu X, Kelsey K C, Yan Y, et al. 2017. Effects of grazing on ecosystem structure and function of alpine grasslands in Qinghai-Tibetan Plateau: A synthesis. Ecosphere, 8 (1): e01656.

McSherry M E, Ritchie M E. 2013. Effects of grazing on grassland soil carbon: A global review. Global Change Biology, 19 (5): 1347-1357.

Mo X, Guo R, Liu S, et al. 2013. Impacts of climate change on crop evapotranspiration with ensemble GCM projections in the North China Plain. Climate Change, 120 (1-2): 299-312.

Mo X, Liu S. 2001. Simulating evapotranspiration and photosynthesis of winter wheat over the growing season. Agricultural & Forest Meteorology, 109 (3): 203-222.

Pan T, Zou X, Liu Y, et al. 2017. Contributions of climatic and non-climatic drivers to grassland variations on the Tibetan Plateau. Ecological Engineering, 108: 307-317.

Piao S L, Tan K, Nan H J, et al. 2012. Impacts of climate and CO_2 changes on the vegetation growth and carbon balance of Qinghai-Tibetan grasslands over the past five decades. Global and Planetary Change, 98-99: 73-80.

Piao S, Tan K, Nan H, et al. 2012. Impacts of climate and CO_2 changes on the vegetation growth and carbon balance of Qinghai-Tibetan grasslands over the past five decades. Global and Planetary Change, 98-99: 73-80.

Sheng W, Zhen L, Xiao Y, et al. 2019. Ecological and socioeconomic effects of ecological restoration in Chins's Three Rivers Source Region. Science of the Total Environment, 650: 2307-2313.

Sun J, Cheng G W, Li W P. 2013. Meta-analysis of relationships between environmental factors and aboveground biomass in the alpine grassland on the Tibetan Plateau. Biogeosciences, 10 (3): 1707-1715.

Tan K, Ciais P, Piao S, et al. 2010. Application of the ORCHIDEE global vegetation model to evaluate biomass and soil carbon stocks of Qinghai-Tibetan grasslands. Global Biogeochemical Cycles, 24 (1): GB1013.

Wang S, Zhang Y, Lü S, et al. 2016. Biophysical regulation of carbon fluxes over an alpine meadow ecosystem in the eastern Tibetan Plateau. International Journal of Biometeorology, 60 (6): 801-812.

Wang W, Xing W, Shao Q, et al. 2013. Changes in reference evapotranspiration across the Tibetan Plateau: Observations and future projections based on statistical downscaling. Journal of Geophysical Research: Atmospheres, 118 (10): 4049-4068.

Wu G L, Du G Z, Liu Z H, et al. 2009. Effect of fencing and grazing on a Kobresia-dominated meadow in the Qinghai-Tibetan Plateau. Plant Soil, 319 (1-2): 115-126.

Xia J, Ma M, Liang T, et al. 2018. Estimates of grassland biomass and turnover time on the Tibetan Plateau. Environmental Research Letters, 13 (1): 014020.

Xu H J, Wang X P, Zhang X X. 2016. Alpine grasslands response to climatic factors and anthropogenic activities on the Tibetan Plateau from 2000 to 2012. Ecological Engineering, 92: 251-259.

Yang Y, Fang J, Ma W, et al. 2010. Large-scale pattern of biomass partitioning across China's grasslands. Global ecology and biogeography, 19 (2): 268-277.

Yi S, Wang X, Qin Y, et al. 2014. Responses of alpine grassland on Qinghai-Tibetan plateau to climate warming and permafrost degradation: A modeling perspective. Environmental Research Letters, 9 (7): 074014.

Zhang H, Fan J, Wang J, et al. 2018. Spatial and temporal variability of grassland yield and its response to climate change and anthropogenic activities on the Tibetan Plateau from 1988 to 2013. Ecological Indicators, 95: 141-151.

Zhang Y L, Qi W, Zhou C P, et al. 2014. Spatial and temporal variability in the net primary production of alpine grassland on the Tibetan Plateau since 1982. Journal of Geographical Sciences, 24: 269-287.

Zhang Y, Zhang C, Wang Z, et al. 2016. Vegetation dynamics and its driving forces from climate change and human activities in the Three-River Source Region, China from 1982 to 2012. Science of the Total Environment, 563-564: 210-220.

| 第7章 | 作物生产潜力及开发程度

青稞和小麦是青藏高原最主要的粮食作物，种植面积分别占粮食作物总播种面积的 50% 和 18% 左右。本章基于公开发表的文献数据，在对 WOFOST 模型的作物参数进行本地化校验的基础上，利用 1978～2017 年主要气象台站的气候数据，逐年模拟计算春小麦和青稞的生产潜力，估算其趋势变率，量化气候变化的影响和空间差异。根据县级产量统计数据，测算两种作物的产量差和开发程度。

7.1 数据与方法

根据野外考察和文献数据，春小麦和青稞主要种植在海拔 1000～4460m 和 2000～4600m，其中在 3000～4300m 分布最广（金善宝，1991；李军等，2004）。根据该分布特征，分别选择 113 个和 72 个气象站点进行模拟分析。这些站点基本覆盖了两种作物在青藏高原的种植区域。

7.1.1 数据和预处理

气候数据来源于中国科学院资源环境科学与数据中心（http://www.resdc.cn/）的地面站点日值观测数据集，包括位于高原地区的 150 个气象站点 1978～2017 年的最高气温、最低气温、平均气温、日照时数、降水量、平均风速、水汽压和相对湿度等。这些站点的数据总体质量良好，但部分站点数据不完整。第一，根据数据的完整性，对一年或多年缺测日数大于或等于 10d 的站点进行了剔除，共筛选出 131 个气象站点作为基础数据。第二，对原始记录数据采用 PyCharm 平台的 Python3.6.7 软件进行格式处理，对缺测日数少于 10d 时，用前后相邻四年的平均值，对缺测数据进行插补。第三，对于无实测数据的逐日太阳辐射量和相对湿度，分别根据日照时数利用埃斯屈朗辐射经验方程 ［式 （7.1）］（Williams，1997；Doorenbos and Pruitt，1977）和气温计算 ［式 （7.2）］。第四，由于气象站点风速的测定高度为 10m，因此利用式 （7.3）将其转换为符合模型要求的 2m 高度风速 （李军等，2004）。基于 PyCharm 平台，利用 Python 3.6.7 程序语言对 1978～2017 年所有气象站点的原始气候数据进行处理，得到 5238 个适用于 WOFOST 模型运行的逐日气候数据文件。

$$R_a = R_{amax} \cdot [a + b(n/N)] \tag{7.1}$$

式中，R_a 为逐日太阳辐射量，kJ/m^2；R_{amax} 为逐日晴天最大可能太阳辐射量，kJ/m^2，由 Penman （1948）公式计算得到；n 和 N 分别为实际日照时数和可照时数；a、b 的值与不同地区的大气状况相关，参考前人研究将青藏高原的 a、b 的值分别设定为 0.27、0.55

（李为虎等，2009；钟强，1986）。

$$e_a = \frac{RH_{mean}}{100} \cdot \frac{e^0(T_x) + e^0(T_n)}{2} \tag{7.2}$$

$$\iota = v_H \cdot (Z/Z_H)^{\alpha} \tag{7.3}$$

式中，e_a 为估算的水汽压值，kPa；RH_{mean} 为平均相对湿度，%；T_x、T_n 分别为最高和最低温度；$e^0(T)$ 为饱和水汽压，kPa；v 为需要求的 Z 高度处的风速；v_H 为已知高度处的风速；Z 为需要修订的高度，m；Z_H 为已知的测风高度；α 为风随高度变化指数，研究区取值 0.16。

7.1.2 作物模型参数和模拟精度校验

WOFOST 是一种作物机理模型，以日为步长模拟作物的光合和呼吸作用、叶片蒸腾、土壤水分平衡、养分循环、干物质积累和分配等过程（van Diepen et al.，1988；Boogaard et al.，2013）。在世界上被广泛应用于作物生产潜力评估等相关研究（Wolf et al.，2015；Wolf and Vandiepen，1995；Bao et al.，2016）。模型模拟除需要输入最高气温（℃）、最低气温（℃）、太阳辐射［kJ/（m²·d）］、水汽压（kPa）、平均风速（m/s）等气候数据外，很重要的是要对作物生长的基本参数如基点温度（℃）、有效积温（℃）、最大 CO_2 同化速率、干物质转化率等（Kalra et al.，2007；Pohlert，2004）进行本地化校验，并对模拟精度验证。

（1）WOFOST 模型参数校验

为了对青藏高原春小麦和青稞作物参数进行校验，收集了已发表的农田实验数据，得到两种作物在不同地区的播种期、出苗期、生育期长度和实验产量等，作为参数校验基础数据（表 7-1 和表 7-2）。从表 7-1 和表 7-2 可以看出，青藏高原春小麦的出苗期一般为 4 月中下旬，平均生育期在 125～150d，青稞的出苗期一般为 4 月底到 5 月上旬，平均生育期在 115～130d。用于模拟作物潜力的气候数据来源于中国科学院资源环境科学与数据中心的地面站点逐日观测数据集。

表 7-1　春小麦播期和实验产量数据

站点	海拔/m	播种期	出苗期	生育期/d	产量/（kg/hm²）	年份
西宁	3205	3.16～4.3	4.10～4.16	114～125	6944～8750	1998
平安	2125	3 月上旬～4 月上旬			6798～7946	2004～2006
互助	2480	3.26～4.10	4.14	149～158	5670～8025	1999，2003～2007，2012～2014
大通	2450	3 月下旬	4.10	127～139	5565～7471	2003～2007
格尔木	2780	3.10～4.5	4.17～5.7	127		2000～2005
诺木洪	2790	3.8～3.28	4.18～4.23	151		1978

站点	海拔/m	播种期	出苗期	生育期/d	产量/（kg/hm²）	年份
白朗	3836	4.15	4.26～4.27	127～139	5330～8416	2005
昌都	3400	4.13～4.15	4.25～5.1	128		1978
拉萨	3658	3月底～4月初	4.17～4.27	128～138	5878～7465	2017～2018

数据来源：路季梅和俞炳杲，1978；曹永华，1982；胡冬梅，1999；王发忠，2000；尹中江等，2008；常磊，2008；陈志国等，2017；王力，2018。

表7-2　青稞播期和实验产量数据

站点	海拔/m	播种期	出苗期	生育期/d	产量/（kg/hm²）	年份
都兰	3180	4.29	5.18	133	7460，6045	2006
乌兰	2950	4.29	5.23	133	6249，7061	2006
大通	2450	4.5			5700～6750	2009
共和	2930	3.20～4.10		112～126	7923，5250～6000	2012
格尔木	2780	3.27	4.26	102，117	6795，7125	2013
贵南	3120	3.30～4.24.	4.20～5.12	110～125	6027，4384	2016～2017
德令哈	2980				4500	2011～2012
门源	2860	3.20～4.15	4.10～5.7	125～140	5014，4320	2006～2015
甘南	2936		5.3	133	6230	2012
拉萨	3658		4.13～5.9	108～134	5172～7266	2011，2014
日喀则	3838	4.20	5.3	119～130	4800	2008～2015
昌都	3315		4.10	110～116	4673	2014
普兰	3900		5.7	125～135	3414	2018
拉孜	4000	4.20			5250～7420	2015～2016
甘孜	3393		4.10	108～130	6000	2013～2014
林芝	2991		4.30	112～115	5899	2000～2007
香格里拉	3342	4.24	4.24	140	4064	2018

数据来源：齐征宇和翟西君，2010；刘春兰，2014；刘梅金等，2014；刘国一等，2015；李成祖，2014；仁青志玛，2016；严泽等，2017；严应存等，2018；韦泽秀等，2018；张全秀，2018；弓开元等，2020；关卫星等，2020；周素婷，2020。

　　根据春小麦和青稞的出苗期、开花期和成熟期及其相应气象站点和年份的逐日温度数据，计算得到春小麦和青稞不同生育阶段所需要的有效积温，作为作物参数输入模型进行模拟。利用试错法对作物参数进行反复校验修订，得到不同作物品种在播种—出苗、出苗—开花和开花—成熟期所需的温度总和，即 TSUM 参数。通过对模拟结果拟合、逐步调整，确定得到两种春小麦品种播种—出苗、出苗—开花和开花—成熟各个阶段所需的有效积温和主要参数。采用决定系数（R^2）、归一化均方根误差（NRMSE）和百分比偏差系数（PBIAS）3 个指标，对模拟精度进行评价［式（7.4）～式（7.8）］。

$$r = \frac{\sum\limits_{i=1}^{n}\left(Y_i^{sim} - \overline{Y}_i^{sim}\right)\left(Y_i^{obs} - \overline{Y}_i^{obs}\right)}{\sqrt{\sum\limits_{i=1}^{n}\left(Y_i^{sim} - \overline{Y}_i^{sim}\right)^2 \sum\limits_{i=1}^{n}\left(Y_i^{obs} - \overline{Y}_i^{obs}\right)^2}} \tag{7.4}$$

$$R^2 = r^2 \tag{7.5}$$

$$RMSE = \sqrt{\frac{\sum\limits_{i=1}^{n}\left(Y_i^{sim} - Y_i^{obs}\right)^2}{n}} \tag{7.6}$$

$$NRMSE = \frac{RMSE}{\overline{Y}_i^{obs}} \cdot 100\% \tag{7.7}$$

$$PBIAS = \frac{\sum\limits_{i=1}^{n}\left(Y_i^{sim} - Y_i^{obs}\right)}{\sum\limits_{i=1}^{n} Y_i^{obs}} \cdot 100\% \tag{7.8}$$

式中，Y_i^{obs} 为第 i 个站点的实验产量；Y_i^{sim} 为第 i 个站点模拟的生产潜力；n 为数值个数。

（2）模型参数和模拟精度

通过对模拟结果拟合、逐步调整，分别得到两种春小麦品种和三种青稞品种播种—出苗、出苗—开花和开花—成熟各个阶段所需的有效积温（表7-3），其他主要作物参数见表7-4。对比模拟结果和实验数据，春小麦生产潜力和生育期的模拟值与实测值之间拟合较好，R^2 分别为 0.754 和 0.812，NRMSE 分别为 −4.03% 和 −5.43%，PBIAS 分别为 −3.28% 和 4.22%；青稞作物的生产潜力和生育期的模拟值与实测值之间的 R^2 分别为 0.67 和 0.82，NRMSE 分别为 10.85% 和 7.61%，PBIAS 分别为 9.17% 和 1.62%。总的来看，模拟值略高于实测值，误差在 10% 以内（图7-1），满足研究精度要求。

表 7-3 青藏高原春小麦和青稞各生育期所需积温

作物品种		不同生育期的 TSUM 参数/($^\circ$C · d)			
		播种—出苗	出苗—开花	开花—成熟	播种—成熟
春小麦	'辽麦 6 号'	95	810	970	1875
	'山春 1 号'	95	880	1010	1985
青稞	'柴青 1 号'	100	650	850	1600
	'藏青 2000'	100	700	950	1750
	'迪青 1 号'	100	800	1050	1950

注：TSUM 为作物从出苗到成熟期间的总积温。

表 7-4 WOFOST 模型模拟青藏高原春小麦和青稞的主要作物参数

参数	含义(单位)	春小麦	青稞
TBASEM	出苗时的最低下限温度($^\circ$C)	0	0
AMAXTB	最大 CO_2 同化速率[kg CO_2/(hm^2 · h)]	35.83	35.0
SPAN	叶片在 35°C 时的生命期(d)	31.3	25.0

参数	含义(单位)		春小麦	青稞
RGRLAI	叶面积指数最大相对增长率[hm²/(hm²·d)]		0.008 17	0.007 5
PERDL	水分胁迫下的叶片最大死亡速率[kg/(kg·d)]		0.03	0.02
RML	各部位维持呼吸对同化物的消耗速率 [kg CH₂O/(kg·d)]	叶	0.03	0.03
RMO		籽粒	0.01	0.01
RMR		根	0.01	0.01
RMS		茎	0.015	0.015
Q10	温度每变化10℃呼吸速率的相对变化		2.0	2.0

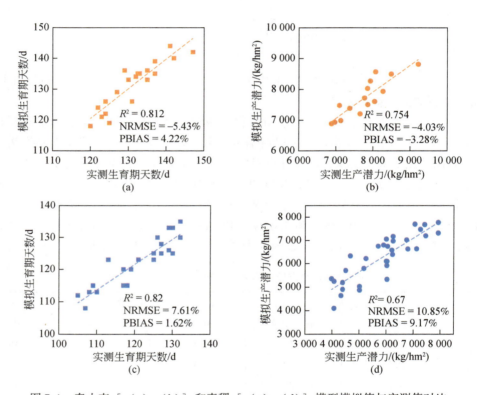

图 7-1　春小麦［（a）、（b）］和青稞［（c）、（d）］模型模拟值与实测值对比

7.1.3　作物生产潜力模拟

春小麦和青稞属于喜凉作物，春播时一般需要地表温度达到3℃，并且需要5~8d的春化阶段（金善宝，1991）。根据实地调研和文献资料，青藏高原腹地高海拔低积温地区主要种植的小麦品种为'辽麦6号'，其他地区则主要种植'山春1号'品种（王兰等，2016）。对于青稞，青海和甘肃普遍种植的作物品种为'柴青1号'，西藏和四川种植'藏青-2000'品种，云南主要种植'迪青1号'（马伟东和王静爱，2021）。因此，根据

不同站点所在区域选择相应的作物品种，分别模拟各个站点春小麦和青稞作物的生产潜力。

根据各气象站点的多年平均积温，参考表 7-1 中春小麦的出苗日期，在积温小于 3500℃的站点，设定'辽麦 6 号'和'山春 1 号'的播种日期分别为 4 月 1 日和 10 日。而在积温较高的站点，晚播可能会导致春小麦生育期较短和模拟产量下降，因此采用当地农业部门推荐的播种日期（3 月 10~20 日）进行模拟，品种仍保持当地的常用品种不变。青稞播种期的确定与春小麦相似，在积温较低的高原腹地气象站点，'柴青 1 号'、'藏青-2000'和'迪青 1 号'作物品种的播种日期分别设定为 4 月 10 日、20 日和 30 日，而在积温较高的站点，将播种日期设定为 3 月 20 日~4 月 1 日。为便于计算，在模拟过程中假设作物品种和播种日期在研究期间均保持不变，即从播种到成熟所需的有效积温均未进行调整。模型运行时，根据校验得到的春小麦和青稞各个品种不同生育阶段的 TSUM 参数确定不同作物品种各生理模块运行的时间和作物生育期，在累计达到作物不同生长阶段所需的有效积温时模拟结束。

7.1.4　趋势变化分析

趋势变化采用 Mann-Kendall（M-K）检验与 Sen's 坡度相结合的方法，对春小麦、青稞生产潜力及不同气候要素的变化趋势进行分析，识别其时间序列数据是否存在显著的变化趋势。M-K 方法是一种非参数秩次检验方法，被检验数据序列可以不具有正态分布特征，因而广泛应用于水文和气候学的时间序列分析（Kendall，1975；Mann，1945），其核心是基于 S 和 Z 两个变量检验序列数据，其中 Z 是中间变量 S 的标准化测试检验值。双边趋势检验过程中，在给定的置信水平 α，如果 $|Z| \geq Z_{1-\alpha/2}$，表示时间序列数据具有显著增加或减少的趋势；当 $|Z| \leq Z_{1-\alpha/2}$，表示不存在显著趋势。

$$S = \sum_{i=1}^{n-1} \sum_{j=i+1}^{n} \text{sgn}(X_j - X_i) \tag{7.9}$$

$$Z = \begin{cases} (S-1)/\sigma & S>0 \\ 0 & S=0 \\ (S+1)/\sigma & S<0 \end{cases} \tag{7.10}$$

$$\sigma = \sqrt{n(n-1)(2n+5)/18} \tag{7.11}$$

式中，X_i、X_j 分别为第 i 年、第 j 年玉米产量变量；n 为序列数据的长度；S 为 sgn（$X_j - X_i$）的和，在（$X_j - X_i$）小于、等于或大于 0 时，sgn（$X_j - X_i$）取值分别为 -1、0 或 1；σ 为标准差（SD）。

Sen's SLOPE 分析方法是一种对时间序列数据进行线性回归所得系数的一致性非参数估计，能够较为准确地反映变量的趋势和幅度（Sen，1968），其计算公式可以表示为

$$Y(t) = \text{SLOPE} \cdot t + b \tag{7.12}$$

$$\text{SLOPE}_i = \frac{Y_j - Y_k}{j-k} \tag{7.13}$$

式中，b 为一次方程常数项；i 为县的序号；j、k 表示时间（$j>k$）；SLOPE$_i$ 为第 i 个县的

Sen's 坡度估计值；Y_j 和 Y_k 分别为第 j 年和第 k 年的玉米单产。将时间（年限）序列长度用 N 表示，SLOPE 可表示为

$$SLOPE = \begin{cases} SLOPE_{\frac{(N+1)}{2}} & N \text{ 为奇数} \\ \left(SLOPE_{\frac{N}{2}} + SLOPE_{\frac{(N+2)}{2}} \right) / 2 & N \text{ 为偶数} \end{cases} \tag{7.14}$$

7.1.5　作物生产潜力对气候变化的响应分析

采用皮尔逊（Pearson）相关系数和逐步多元线性回归（SMLR）方法，定量分析春小麦和青稞生产潜力与气候要素变化的相关关系。其中多元线性回归方法可以通过剔除共线性因子，识别出不同积温区间影响作物生产潜力变化的关键因素。本研究只针对影响作物生产潜力变化的温度相关因子和辐射强度进行分析，而未考虑风速和水汽压的影响，意在揭示不同热量梯度下农作物生产潜力对不同的温度相关指标和辐射强度变化响应的差异。响应分析的主要步骤如下。

首先选取作物生长季的日平均温度、最高温度、最低温度、日较差、有效积温和太阳辐射等气候因子数据，并使用一阶差分时间序列（FDTS）方法，对春小麦和青稞的生产潜力和各个气候因子进行预处理，通过剔除各气候要素的线性趋势因素，得到因变量（ΔYp）和自变量（ΔT_{ave}、ΔT_{max}、ΔT_{min}、ΔTDR 和 ΔTRA）在 1978~2017 年的年际变化数据序列；然后，使用 Pearson 相关性方法，分析春小麦和青稞的生产潜力变化与各气候因子变化的相关关系；最后，基于不同积温区间各气象站点的春小麦生产潜力-气候因子变化的面板数据，利用 IBM SPSS statistics 26 软件平台的逐步多元线性回归方法分别计算得到春小麦和青稞生产潜力对关键气候要素变化的响应方程。

在青藏高原，海拔和热量条件是决定春小麦和青稞种植区分布的关键因子（郑度，2008；陈洁等，2019）。为进一步分析不同积温条件下气候变化对春小麦和青稞生产潜力的影响，采用站点 ≥0℃积温的多年平均值指标，将所有 131 个气象站点划分为 5 个积温带，即 <2000℃、2000~2500℃、2500~3000℃、3000~3500℃和>3500℃（表 7-5）。

表 7-5　青藏高原不同积温带的气象站名称

积温带	多年平均积温/℃	气象站名称
TZ-1	<2000	托勒、祁连、天峻、刚察、门源、乌鞘岭、海晏、兴海、同德、狮泉河、改则、班戈、那曲、申扎、当雄、聂拉木、定日、浪卡子、错那、治多、杂多、玉树、石渠、玛沁、达日、河南、久治、碌曲、玛曲、若尔盖、合作、索县、比如、丁青、类乌齐、班玛、色达、红原、嘉黎、理塘、芒康
TZ-2	2000~2500	茫崖、冷湖、肃南、大柴旦、都兰、茶卡、湟源、共和、大通、互助、湟中、化隆、贵南、夏河、普兰、南木林、江孜、隆子、临潭、囊谦、壤塘、阿坝、洛隆、左贡、稻城、德钦
TZ-3	2500~3000	塔什库尔干、小灶火、德令哈、格尔木、诺木洪、西宁、同仁、拉孜、日喀则、尼木、墨竹工卡、卓尼、迭部、岷县、德格、甘孜、炉霍、松潘、新龙、康定、香格里拉

积温带	多年平均 积温/℃	气象站名称
TZ-4	3000~3500	乌恰、贵德、乐都、尖扎、贡嘎、拉萨、泽当、昌都、白玉、道孚、马尔康、黑水、波密、林芝、米林、九龙
TZ-5	>3500	民和、循化、舟曲、九寨沟、金川、小金、茂县、汶川、理县、八宿、巴塘、丹巴、雅江、加查、泸定、察隅、得荣、乡城、木里、贡山、维西、盐源、宁蒗、兰坪、剑川、丽江、云龙

注：维西全称是维西傈僳族自治县。

7.2 作物生产潜力及趋势变化

7.2.1 春小麦生产潜力的时空变化

1978~2017年，青藏高原113个气象站点春小麦多年平均生产潜力在3.3~8.7t/hm²，其中有64个站点超过7.0t/hm²，主要分布在西藏一江两河、青海河湟谷地、新疆西南部、甘南州和甘孜州北部等地区。部分热量条件较差的地区，受温度制约，春小麦生产潜力较低，低于5t/hm²，如玛曲、红原、刚察、色达等地（图7-2）。总体来看，这些地区因热量不足，不太适宜春小麦种植，目前种植面积也很少。

超过一半的站点，春小麦的生产潜力未检出显著变化趋势。在≥95%置信水平上，有17个站点生产潜力显著下降，主要分布在热量条件较好的低海拔河谷区；22个站点生产潜力显著上升，主要分布在西藏和高原东北部热量较差的地区。从年均变化率即平均生产潜力年变化量与年均生产潜力的比来看，有34个站点年均增幅在0.25%以上，其中12个站点包括理塘、索县、芒康、类乌齐、门源等，增幅超过1.0%；有25个站点年均下降超过0.25%，其中8个站点降幅超过0.5%。其余54个站点年均变化率不大，低于0.25%，其中41个站点年均变化率低于0.15%，趋势不明显（图7-2）。

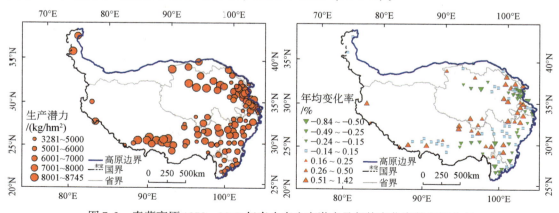

图7-2 青藏高原1978~2017年春小麦生产潜力及年均变化率的空间分布

对不同积温区间站点的生产潜力及变化率统计分析发现，积温带 TZ-1～TZ-5 各站点年均生产潜力范围分别为 3.3～6.2t/hm²、5.5～8.6t/hm²、5.0～8.7t/hm²、4.4～7.9t/hm² 和 3.6～5.9t/hm²，年变化率分别为 0.76～108.7kg/hm²、−17.8～80.5kg/hm²、−42.5～30.2kg/hm²、−41.3～5.7kg/hm² 和 −39.7～−13.5kg/hm²，年均变化率分别为 54.4kg/hm²、18.9kg/hm²、−9.0kg/hm²、−21.3kg/hm² 和 −23.4kg/hm²（图 7-3）。随着积温的增加，春小麦生产潜力的多年平均值呈现先升高后降低的趋势，并且 TZ-3 积温带的生产潜力最高。而春小麦生产潜力年均变化率则随着积温的增加由正转变为负，即在 TZ-1 和 TZ-2 积温带，主要呈上升趋势，其他积温带则主要表现为下降趋势（图 7-3）。

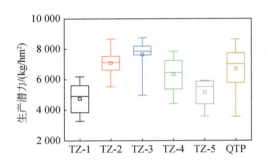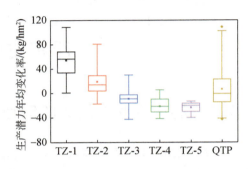

图 7-3　青藏高原 1978～2017 年春小麦生产潜力及其变化率的统计分析

QTP 表示青藏高原

7.2.2　青稞生产潜力的时空变化

青藏高原 72 个站点的青稞多年平均生产潜力在 3.5～8.1t/hm²。西藏一江两河地区、青海河湟谷地和柴达木盆地绿洲区，气候温凉，光照充足，青稞生育期长，生产潜力较高，多年均值在 7.0t/hm² 以上。在喜马拉雅山北坡高海拔地区如定日，横断山北部河谷区包括比如、玉树、丁青、类乌齐，以及祁连山地区，因温度较低，≥0℃ 积温低于 2000℃，热量稍显不足，青稞生产潜力较低，在 4.0～5.0t/hm²。其他地区青稞生产潜力多在 6.0～7.0t/hm²（图 7-4）。

1978～2017 年，青稞的生产潜力总体保持基本稳定，近一半的站点青稞的潜在产量未检测出明显变化趋势，但有 30 个站点在 95% 置信水平上变化趋势显著，其中 22 个站点下降、8 个站点上升。从年均变化率来看，有 14 个站点在 −0.15%～0.15%，变幅微小；有 29 个站点年均下降 0.25%～0.87%，减幅明显；有 16 个站点年均增幅在 0.25%～1.29%，表现出较显著的增加趋势。其余站点年均变幅在 −0.25%～0.25%，变化不明显（图 7-4）。

随着积温的增加，青稞生产潜力的多年平均值呈现先升高后降低的趋势。TZ-3 积温带各站点的生产潜力在 4.2～8.1t/hm²，平均为 6.2t/hm²，高于其他所有积温带（图 7-5）。积温带 TZ-1～TZ-5，生产潜力的年均变化率分别为 15.4kg/hm²、3.2kg/hm²、−17.5kg/hm²、−26.3kg/hm² 和 −19.5kg/hm²（图 7-5）。随着积温的增加，青稞生产潜力的多年平均值呈现先升高后降低的趋势，并且 TZ-3 积温带的生产潜力最高。而青稞生产潜力变化率则随

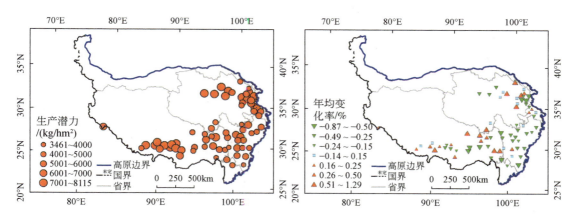

图 7-4　青藏高原 1978～2017 年青稞生产潜力及年均变化率的空间分布

着积温的增加由正转变为负，即在 TZ-1 积温带，主要呈上升趋势，其他积温带则主要表现为下降趋势（图 7-5）。

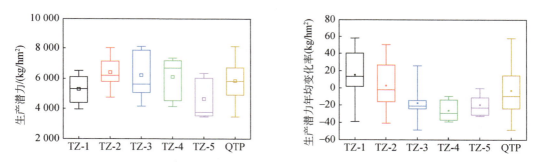

图 7-5　青藏高原及不同积温区间 1978～2017 年青稞生产潜力及其变化率的统计分析

7.3　气候变化对作物生产潜力的影响

7.3.1　作物生长季气候要素的时空变化特征

　　青藏高原 131 个气象站点作物生长季的平均温度（T_{ave}）、最高温度（T_{max}）和最低温度（T_{min}）的多年平均值范围分别为 6.5～21.3℃、11.4～27.8℃和 1.1～17.3℃，并且均大致表现为从高原的周边向腹地逐渐下降的态势 [图 7-6（a）～（c）]。温度日较差（TDR）在 7.6～16.3℃，空间分布与平均温度相反，即温度较高的区域日较差较低 [图 7-6（d）]。有效积温（EAT）和太阳辐射（RA）分别在 1002～3263℃和 2328～2993MJ/m²，其中南部区域的太阳辐射远低于其他地区 [图 7-6（e）～（f）]。

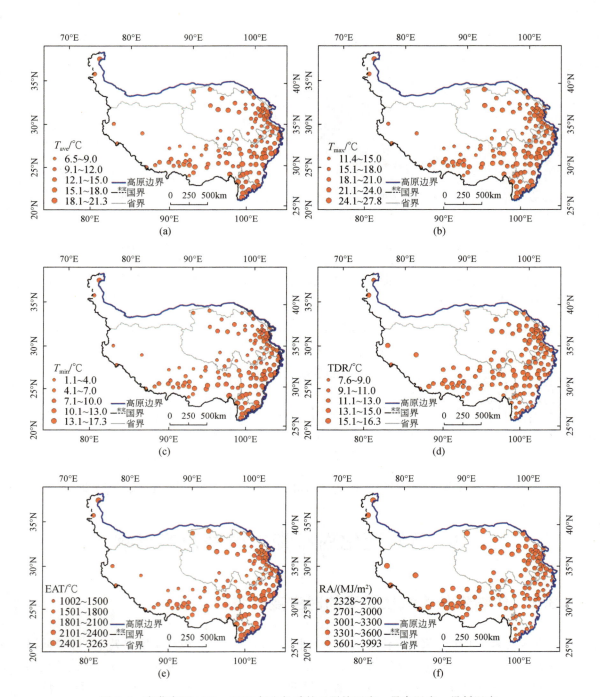

图 7-6 青藏高原 1978~2017 年生长季的日平均温度、最高温度、最低温度、
温度日较差、有效积温和太阳辐射多年平均值分布图

1978~2017 年各站点 T_{ave}、T_{max} 和 T_{min} 均呈上升趋势，上升速率的区间分别为 0.01~1.01℃/10a、0.01~1.16℃/10a 和 0.10~1.26℃/10a，所有站点平均速率分别为 0.34℃/

10a、0.37℃/10a 和0.44℃/10a。T_{ave} 和 T_{max} 的上升速率超过 0.40℃/10a 的站点分别有 46 个和 51 个，均集中在青海东部和西藏东南部地区；T_{min} 变化速率在 0.40℃/10a 以上的站点有 78 个，主要分布在青海东部、四川南部和西藏地区，且远高于其他地区站点 [图 7-7 (a)～(c)]。生长季 TDR 每十年的变化率在 -0.64～0.47℃，平均值为 -0.07℃/10a，其中呈下降和上升趋势的站点分别为 90 个和 41 个，下降速率超过 0.10℃/10a 的 59 个站点主要分布在青海和西藏东部，上升速率超过 0.10℃/10a 的站点有 22 个，并且有 40 个站点的变化趋势不明显；此外，17 个站点和 30 个站点的下降和上升趋势较为显著（$p<$ 0.05）。131 个站点 EAT 均呈增加趋势，增加速率在 5.4～135.4℃·d/10a，平均值为 53.6℃/10a，有 98 个站点的变化速率在 40℃/10a 以上，空间分布与 T_{ave} 基本一致。对于作物生长季太阳辐射，所有站点的变化率在 -149.7～86.9MJ/(m²·10a)，平均值为 -21.1MJ/(m²·10a)，其中 93 个站点呈现下降趋势，并且 48 个站点下降趋势显著（$p<$ 0.05），下降速率多超过 20MJ/(m²·10a)，主要位于西藏南部、四川西部和青海地区，其中 9 个站点下降速率超过 60.0MJ/(m²·10a) [图 7-7 (d)～(f)]。

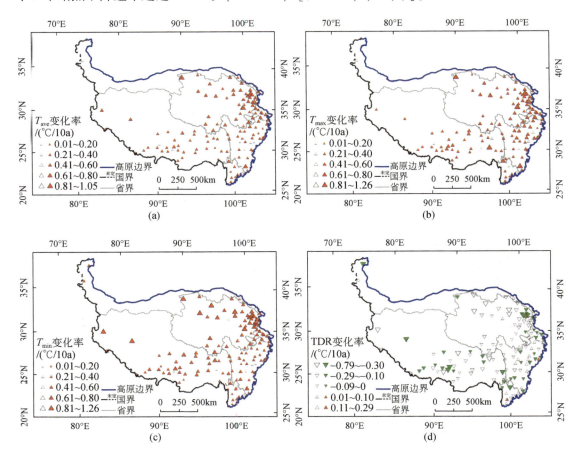

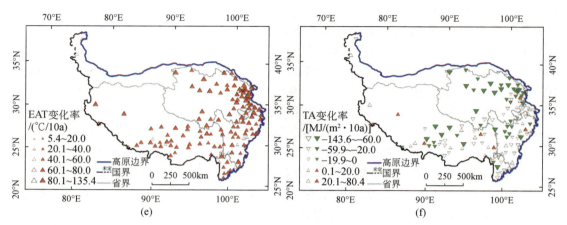

图 7-7　青藏高原 1978～2017 年各站点作物生长季的日平均温度、最高温度、
最低温度、温度日较差、有效积温和太阳辐射的变化趋势

红色和绿色三角形表示显著的上升和下降趋势（$p<0.05$），空心三角形表示变化趋势不显著。
三角形的大小与变化速率成正比

进一步分析不同积温带各气候要素的变化趋势发现，T_{ave}、T_{max}、T_{min} 和 EAT 均呈显著上升趋势（$p<0.01$），其升高速率随积温的升高而降低（图 7-8）。TZ-1～TZ-5 积温带，T_{min} 的升高速率分别为 0.53℃/10a、0.45℃/10a、0.44℃/10a、0.40℃/10a 和 0.69℃/10a，均高于 T_{ave} 和 T_{max}。各积温带的 TDR 和 RA 均呈下降趋势，并且随着积温的增加，TDR 的下降速率先减小后增大，RA 的下降速率先增大后减小。

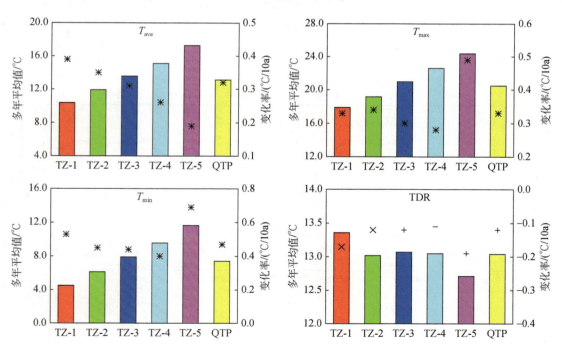

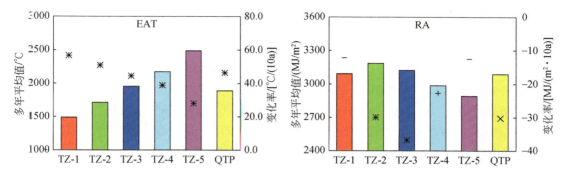

图7-8　青藏高原不同积温带1978～2017年作物生长季的日平均温度、最高温度、最低温度、温度日较差、有效积温和太阳辐射多年平均值及变化趋势

+、×、*分别表示在0.1、0.05、0.01水平上显著，−表示变化不显著

7.3.2　春小麦生产潜力对气候变化的响应

对于青藏高原，春小麦生产潜力年际变化 ΔY_p 与除 ΔT_{min} 外的其他所有气候因子均显著正相关（$p<0.05$），其中 ΔY_p 与 ΔRA、ΔTDR 和 ΔT_{max} 的相关系数较大，并且在0.05水平上显著（表7-6）。在积温带 TZ-1，ΔY_p 与 ΔT_{ave}、ΔT_{max}、ΔT_{min} 和 ΔEAT 均呈显著的正相关关系（$p<0.05$），而在积温带 TZ-2，则 ΔY_p 与 ΔT_{min} 外的所有站点均呈显著的正相关关系（$p<0.05$）。在积温带 TZ-3～TZ-5，ΔY_p 与 ΔTDR 和 ΔRA 均呈显著的正相关关系，并且 ΔTDR 和 ΔRA 的影响明显较高，而与 ΔT_{ave}、ΔT_{max} 和 ΔEAT 的相关性不显著。总的来说，在青藏高原除 TZ-1 以外的其他积温带，ΔY_p 与 ΔRA 和 ΔTDR 均呈显著的正相关关系，且正相关效应随积温带积温的增加大致呈下降态势，而与其他因子的相关关系存在差异，即随着积温带积温的增加，ΔY_p 与 ΔT_{ave}、ΔT_{max}、ΔT_{min} 的相关关系由正转变为负，且影响程度呈先下降后升高的态势（表7-6）。

表7-6　**青藏高原及不同积温带春小麦生产潜力与气候因子的 Pearson 相关系数**

积温带	ΔT_{ave}	ΔT_{max}	ΔT_{min}	ΔEAT	ΔTDR	ΔRA
TZ-1	0.862**	0.868**	0.617**	0.852**	0.235	0.174
TZ-2	0.495**	0.683**	0.132	0.481**	0.618**	0.601**
TZ-3	0.004	0.246	−0.378*	0.003	0.660**	0.611**
TZ-4	−0.030	0.131	−0.278*	−0.030	0.320*	0.420**
TZ-5	−0.215	−0.033	−0.518**	−0.215	0.379*	0.454**
QTP	0.361*	0.578**	−0.043	0.356*	0.638**	0.651**

*　在0.1水平显著。

**　在0.05水平显著。

春小麦生产潜力和各个气候因子年际变化量之间的逐步多元线性回归方程通过统计性检验，均在0.01水平以上显著，TZ-1～TZ-5 积温带和青藏高原（QTP）决定系数 R^2 分别为 0.75、0.59、0.44、0.28、0.40、0.42（$p<0.05$）（表7-7）。对于青藏高原地区，太阳辐射是春小麦生产潜力变化的关键因素（$p<0.05$），在数量上，ΔRA 每增加 $1MJ/m^2$，ΔYp 将增加 $2.31kg/hm^2$。在积温带 TZ-1，影响春小麦生产潜力的关键因子为 ΔT_{max}，ΔT_{max} 每增加 1℃，ΔYp 将增加 $935.65kg/hm^2$；在积温带 TZ-2，除 ΔT_{max} 外，关键因素增加了 ΔRA；在积温带 TZ-3 和 TZ-4，ΔTDR 和 ΔRA 分别是春小麦生产潜力的关键因素，弹性系数分别为 563.86 和 1.28，表明 ΔTDR 和 ΔRA 分别每增加 1℃ 和 $1MJ/m^2$ 可以促进 $563.86kg/hm^2$ 和 $1.28kg/hm^2$ 的春小麦生产潜力增加。对于积温带 TZ-5，影响春小麦生产潜力变化的关键因素为 ΔRA 和 ΔT_{min}，弹性系数分别为 1.26 和 -394.09（表7-7）。

表 7-7　青藏高原及不同积温带春小麦生产潜力与气候因子的逐步多元线性回归分析

积温带	回归方程	F	Sig.	R^2	RMSE
TZ-1	$\Delta Yp=935.65 \cdot \Delta T_{max}+15.26$	113.09	0.00	0.75	292.58
TZ-2	$\Delta Yp=564.20 \cdot \Delta T_{max}+2.26 \cdot \Delta RA-16.07$	25.64	0.00	0.59	382.74
TZ-3	$\Delta Yp=563.86 \cdot \Delta TDR+1.586$	28.50	0.00	0.44	282.49
TZ-4	$\Delta Yp=1.28 \cdot \Delta RA-12.29$	7.94	0.03	0.28	251.13
TZ-5	$\Delta Yp=1.26 \cdot \Delta RA-394.09 \cdot \Delta T_{min}-4.23$	11.99	0.00	0.40	275.67
QTP	$\Delta Yp=2.31 \cdot \Delta RA-0.178$	27.16	0.00	0.42	223.29

7.3.3　青稞生产潜力对气候变化的响应

青藏高原 ΔYp 与除 ΔT_{min} 外的其他所有气候因子均显著正相关（$p<0.05$），并且与 ΔRA 和 ΔTDR 的相关性相对较大（表7-8）。在积温带 TZ-1 和 TZ-2，ΔYp 与所有因素均呈正相关关系，并且与 ΔT_{ave}、ΔT_{max}、ΔEAT 和 ΔRA 的相关性较为显著（$p<0.1$）。在积温带 TZ-3 ~ TZ-5，ΔYp 与 ΔT_{ave}、ΔT_{min}、ΔEAT 的变化呈负相关，而与 ΔTDR、ΔRA 呈显著正相关（$p<0.05$），其中 ΔRA 的影响略大于 ΔTDR。从整体上看，ΔYp 与 ΔRA、ΔTDR 呈正相关关系，且正相关效应随积温带积温的增加而增加。但与温度相关的因子对青稞生产潜力的影响存在差异，即随着积温的增加，温度对青稞生产潜力的影响由正变化为负，且影响程度呈先增大后减小的态势。

表 7-8　青藏高原及不同积温带青稞生产潜力与气候因子的 Pearson 相关系数

积温带	ΔT_{ave}	ΔT_{max}	ΔT_{min}	ΔEAT	ΔTDR	ΔRA
TZ-1	0.268 *	0.311 *	0.131	0.269 *	0.176	0.245 *
TZ-2	0.234 *	0.367 **	0.001	0.238 *	0.299 **	0.373 ***
TZ-3	−0.229 *	−0.034	−0.396 **	−0.230 *	0.320 **	0.459 ***
TZ-4	−0.328 **	−0.027	−0.532 ***	−0.332 **	0.388 **	0.495 ***
TZ-5	−0.075	−0.127	−0.562 ***	−0.076	0.531 ***	0.443 ***

积温带	ΔT_{ave}	ΔT_{max}	ΔT_{min}	ΔEAT	ΔTDR	ΔRA
QTP	0.013	0.183	−0.203 *	0.011	0.379 **	0.477 ***

* 在 0.1 水平显著。

** 在 0.05 水平显著。

*** 在 0.01 水平显著。

青藏高原及各个积温带的逐步多元线性回归方程通过统计性检验，决定系数 R^2 分别为 0.38、0.46、0.58、0.61、0.69、0.48（$p<0.05$）（表 7-9）。对于青藏高原，太阳辐射变化是青稞潜在产量变化的关键因素（$p<0.01$），在数量上 ΔRA 每增加 $1MJ/m^2$，ΔYp 将增加 $2.34kg/hm^2$。在积温带 TZ-1，ΔT_{max} 是关键因子，ΔT_{max} 每增加 1℃，ΔYp 将增加 $420.30kg/hm^2$。积温带 TZ-2～TZ-5，ΔRA 仍然是关键因素之一，但其弹性系数从 4.08 下降到 0.99。此外，不同积温区还存在其他关键因子，如 TZ-3 为 ΔT_{max}，弹性系数为 −368.79，TZ-4 和 TZ-5 为 ΔT_{min}，弹性系数分别为 −354.03 和 −316.40（表 7-9）。

表 7-9 青藏高原及不同积温带青稞生产潜力与气候因子的逐步多元线性回归分析

积温带	回归方程	F	Sig.	R^2	RMSE
TZ-1	$\Delta Yp=420.30 \cdot \Delta T_{max}-0.98$	6.12	0.02	0.38	463.79
TZ-2	$\Delta Yp=4.08 \cdot \Delta RA+9.12$	10.69	0.00	0.46	685.50
TZ-3	$\Delta Yp=3.55 \cdot \Delta RA-368.79 \cdot \Delta T_{max}-3.23$	9.02	0.00	0.58	414.03
TZ-4	$\Delta Yp=1.36 \cdot \Delta RA-354.03 \cdot \Delta T_{min}-10.52$	10.49	0.00	0.61	354.83
TZ-5	$\Delta Yp=0.99 \cdot \Delta RA-316.40 \cdot \Delta T_{min}-1.55$	16.76	0.00	0.69	232.42
QTP	$\Delta Yp=2.34 \cdot \Delta RA-4.78$	10.87	0.00	0.48	380.68

7.4 作物生产潜力的开发程度

根据青藏高原春小麦和青稞作物的空间分布，考虑到作物产量数据的完整性，主要选择了西藏的拉萨市、日喀则市、昌都市、林芝市、山南市、那曲市、阿里地区，青海的西宁市、海东市、黄南州、海南州、海北州、海西州、果洛州、玉树州，甘肃的甘南州，四川的甘孜州、阿坝州，以及云南的迪庆州，对春小麦和青稞的产量差进行了分析，以揭示生产潜力的开发程度。在县级尺度上，由于甘南州、阿坝州、迪庆州缺乏春小麦和青稞的作物生产数据，因而未对这 3 个州的县进行分析。因此，主要估算了 19 个州及 136 个县的春小麦和青稞作物的产量差。

作物产量差是作物生产潜力与实际产量的差，反映作物生产潜力的开发程度，产量差越高，则生产潜力开发程度越低。作物生产潜力数据采用 WOFOST 模型估算得到的站点作物生产潜力的多年平均值。实际单产和播种面积数据主要源于 2017～2020 年统计年鉴数据。产量差以州市和县域单元计算，其中潜在产量是各州市或区县范围内，所有站点的平均生产潜力。对于行政区范围内无气象站点的个别县市，作物产量潜力采用相邻或最近站点的作物生产潜力。

7.4.1 作物种植面积和实际单产

根据 1997~2020 年统计年鉴和政府网站公布的数据，青藏高原主要作物种植区春小麦和青稞的种植面积分别为 15.934 万 hm² 和 32.429 万 hm²，总产量分别为 55.54 万 t 和 117.76 万 t，平均单产分别为 3.49t/hm² 和 3.63t/hm²。在州（市）级尺度上，青海海东地区春小麦种植面积最大，达 3.105 万 hm²，其次是西宁市、迪庆州、林芝市和山南市，种植面积分别为 2.739 万 hm²、1.385 万 hm²、1.305 万 hm² 和 1.274 万 hm²。在阿里地区、那曲市和果洛州也有少量种植，种植面积均不足 0.01 万 hm²。青稞主要分布在日喀则市、昌都市和山南市，以及甘孜州和迪庆州，分别为 7.545 万 hm²、3.688 万 hm²、3.538 万 hm²、3.013 万 hm² 和 2.879 万 hm²。

按州市统计，日喀则市、山南市、昌都市、拉萨市和那曲市春小麦的平均单产分别为 6.09t/hm²、4.56t/hm²、4.51t/hm²、4.26t/hm² 和 3.58t/hm²，在阿里地区和果洛州，受温度制约，单产水平低，分别仅为 1.71t/hm² 和 1.80t/hm²。青稞单产在日喀则市、拉萨市、迪庆州、昌都市和阿里地区较高，单产依次为 5.10t/hm²、4.88t/hm²、4.05t/hm²、4.04t/hm² 和 3.37t/hm²；果洛州、海东市和甘南州，单产水平较低，分别为 1.73t/hm²、1.92t/hm² 和 1.97t/hm²。在海东市、西宁市、山南市和拉萨市以及迪庆州，春小麦总产量较高，依次为 10.15 万 t、8.68 万 t、5.81 万 t、4.89 万 t，阿里地区和果洛州的春小麦产量不高，均不足 100t。青稞总产量较高的市州有日喀则市、昌都市、拉萨市、迪庆州和山南市，依次为 38.48 万 t、14.92 万 t、11.70 万 t、11.65 万 t 和 10.11 万 t；果洛州的青稞总产量则较低，仅约 600t。

在县级尺度，青藏高原春小麦种植面积相差较大，其中湟中区种植面积最大，达 1.26 万 hm²，墨脱县最小，不足 4hm²。此外，共有 19 个县的春小麦种植面积超过 0.2 万 hm²，均位于青海和西藏；45 个县种植面积低于 250hm²，主要分布在四川甘孜州和阿坝州。青稞种植面积介于 0.67 万~11.8 万 hm²，其中有 23 个县，青稞种植面积大于 0.4 万 hm²，集中在日喀则地区，以及山南市、昌都市、拉萨市、海西州和海南等州市，34 个县，播种面积小于 0.05 万 hm²，主要分布在甘孜州、阿里地区、西宁市等州市。

青藏高原县级春小麦作物单产在 1.0~6.2t/hm²，其中分布在山南市及其周边地区的 11 个县的春小麦单产在 5.0t/hm² 以上；有 14 个县单产低于 2.0t/hm²，分散在西藏和青海东部。青稞作物单产水平略低于春小麦，在 0.7~6.1t/hm²，其中集中在日喀则市及周边区域的 6 个县，青稞单产大于 5.0t/hm²；分散在阿里地区、玉树州、那曲市等高海拔地区的 14 个县，青稞单产则低于 2.0t/hm²。

各个县的春小麦总产量在 0.8 万~4.1 万 t，其中有 14 个县区大于 1.0 万 t，主要分布在海东市及其周边地区，个别县位于西宁市、拉萨市、山南市和林芝市；48 个县小于 0.1 万 t，主要位于甘孜州、日喀则市、昌都市、拉萨市、那曲市、海北州和西宁市等州市。青稞总产量在 0.84 万~6.9 万 t，其中 14 个县大于 2.0 万 t，主要分布在日喀则市、拉萨市等西藏南部地区，以及青海门源县和海南的贵南县；此外，还有 45 个县青稞产量不足 0.25 万 t，主要分布于甘孜州、林芝市、那曲市、阿里地区、西宁市、海东市、海西州等州市。

7.4.2 作物生产潜力的开发程度

作物产量差是潜在产量与现实产量的差距，表示为 t/hm²，反映了作物生产潜力的开发程度。根据模拟的青稞和小麦的生产潜力和现实产量水平，分别在州级和县级尺度，测算了青藏高原春小麦和青稞的产量差。

根据主要种植区作物产量统计数据，青藏高原小麦、青稞的产量差分别为 3.5t/hm² 和 2.3t/hm²，分别占生产潜力的 50.2% 和 39.1%，即两种作物生产潜力的开发程度分别为 49.8% 和 60.9%。在州市尺度上，春小麦作物产量差在 1.5～5.0t/hm²，占生产潜力的 20.1%～69.0%，其中黄南州、甘孜州、阿坝州、海西州、西宁市和海北州，产量差较高，分别为 5.03t/hm²、4.78t/hm²、4.57t/hm²、4.49t/hm²、4.43t/hm² 和 3.65t/hm²，分别占生产潜力的 67.5%、60.4%、68.0%、57.4%、58.7% 和 63.2%，即作物生产潜力的开发程度仅 32%～43%。西藏日喀则市、那曲市、昌都市和山南市作物生产潜力开发程度较高，产量差分别仅为 1.54t/hm²、2.23t/hm²、2.45t/hm²、3.42t/hm²，分别占生产潜力的 20.2%、38.4%、35.2%、42.9%，即超过 60% 的生产潜力已经开发。

青稞作物的产量差在整体上低于春小麦，各州市在 1.1～4.5t/hm²，占生产潜力的 23.7%～67.0%，其中海西州、山南市、阿坝州、西宁市和甘孜州产量差较高，依次为 4.49t/hm²、4.24t/hm²、4.17t/hm²、3.95t/hm² 和 3.86t/hm²，分别占生产潜力的 67.0%、59.8%、65.5%、61.6% 和 57.2%；海北州、昌都市、日喀则市、那曲市和果洛州的产量差较低，依次为 1.1t/hm²、1.4t/hm²、1.6t/hm²、2.0t/hm² 和 2.3t/hm²，分别占生产潜力的 26.0%、25.2%、23.7%、45.4% 和 56.9%。

在县域尺度，青藏高原春小麦作物产量差在 1.0～7.0t/hm²（图 7-9），占生产潜力的 19.9%～89.8%，其中有 6 个县的产量差在 2.0t/hm² 以下，不足生产潜力的 35.0%，主要

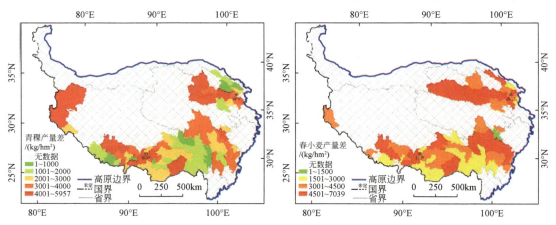

图 7-9 青藏高原县域青稞和春小麦产量差

分布在西藏南部，如曲松县、洛扎县等；产量差超过 5.0t/hm² 的县有 25 个，占生产潜力的 58.2%~85.8%，分散在青藏高原范围内。这些地区生产潜力相对较高，如尼木县、曲水县、拉孜县等县的生产潜力超过 8.0t/hm²。青稞作物产量差在 0.3~5.9t/hm²（图 7-9），占生产潜力的 10.7~86.7%，其中有 10 个县区的产量差在 1.0t/hm² 以下，占生产潜力的 24.5% 以下，主要位于西藏南部、青海东部，如江孜县、海晏县等县，超过 75% 的生产潜力已开发，增产空间已经不大；产量差超过 4.0t/hm² 的县有 23 个，占生产潜力的 60% 以上，主要为西藏西部和南部、青海西部等生产潜力较高的县区，如曲水县、墨竹工卡县、仁布县、都兰县等。

7.5 小　结

春小麦和青稞生产潜力是指在水分、养分充分供应，并且无病虫害和杂草危害的情况下，仅考虑太阳辐射、温度和土壤等自然要素的影响，特定品种作物生长所能达到的最高产量，相当于光温潜力。因此，考虑到实际农业生产过程中灌溉和降水对作物生产潜力水平的限制，模拟得到的生产潜力应略高于农田可获得的最高产量。

本章基于 WOFOST 模型、Mann-Kendall、Sen's SLOPE 趋势分析、GIS 统计和逐步回归分析等方法，在校验模型的基础上，模拟 1978~2017 年青藏高原春小麦和青稞的主要种植区在站点尺度上的生产潜力及其变化趋势，并定量分析不同积温带作物生产潜力及其对温度和辐射强度变化的响应。结果表明，青藏高原不同站点的春小麦生产潜力在 3.2~8.7t/hm²，其中西藏一江两河、青海河湟谷地、四川甘孜州北部地区多在 7.0t/hm² 以上；各站点青稞的多年平均生产潜力在 3.5~8.1t/hm²，产量较高的站点主要分布在藏南和青海北部。研究期间春小麦和青稞生产潜力分别呈轻微的上升和下降趋势；在不同的积温带，即 TZ-1~TZ-5，春小麦生产潜力年均变化率分别为 54.4kg/hm²、18.9kg/hm²、-9.0kg/hm²、-21.3kg/hm² 和 -23.4kg/hm²，青稞生产潜力年均变化率分别为 15.4kg/hm²、3.2kg/hm²、-17.5kg/hm²、-26.3kg/hm² 和 -19.5kg/hm²（$p < 0.05$）。

研究结果表明，青藏高原作物生产潜力与太阳辐射呈正线性相关关系，这与华北、东北等其他地区太阳辐射对农作物的影响相似（Chen et al.，2017；Tao et al.，2006；Liu et al.，2016）。青藏高原积温较低的区域作物生长季积温不能满足作物生长需要，同时温度偏低还可能给作物带来低温霜冻影响，导致叶片光合作用效率较低，因此温度的升高不仅不会缩短作物生育期，反而会显著改善光合作用效率，促进生产潜力增加；而在积温较高的区域，作物生长季积温基本可以满足春小麦生长的需要，升温对生产潜力的影响程度相对较弱，这与其他地区的相关研究存在较大差异（Chen et al.，2017；弓开元等，2020）。此外，日最高温度和日最低温度分别主要在白天和夜晚，日最高温度的增加有利于作物进行光合作用积累干物质增加，而日最低温度的增加则会导致呼吸消耗的干物质增加，因此作物生产潜力对两者的响应表现出明显差异，这些结果与其他相关研究的结论基本一致，也可以解释作物生产潜力与气温日较差之间呈显著正相关关系的原因（Braganza et al.，2004；姜丽霞等，2013）。

过去 40 年间，青藏高原气候暖化速率较其他地区更为明显，各积温区间生长季平均气温均显著升高，太阳辐射却出现下降，与其他研究得到的结果一致（吴绍洪等，2005；姚檀栋等，2000）。在气候变化的背景下，青藏高原作物生长季呈显著的增温趋势，T_{ave}、T_{max} 和 T_{min} 分别以 0.34℃/10a、0.37℃/10a 和 0.44℃/10a 的速率增加，并且增加速率随积温的增加而减小；太阳辐射和温度日较差的上升速率则主要呈下降趋势，其中太阳辐射的下降速率随积温的增加先升高后下降。在青藏高原及各积温带，春小麦和青稞作物的生产潜力变化与太阳辐射和日较差均呈显著的正相关关系，并且随积温带积温的增加，春小麦的正相关效应大致呈下降态势，而青稞的正相关效应则呈上升态势。同时，随着积温带积温的增加，春小麦生产潜力变化与 ΔT_{ave}、ΔT_{max}、ΔT_{min} 的相关关系由正转变为负，且影响速率呈先下降后升高的态势；对于青稞生产潜力，随着积温的增加，增温趋势的影响同样由正转变为负，但影响速率呈先上升后下降的态势。

据政府间气候变化专门委员会（IPCC）预测，到 2035 年全球温度将比 2016 年升高 0.3~0.7℃，并且青藏高原的气候变化速率明显高于全球平均水平（IPCC，2014；You et al.，2013）。因此，未来气温升高不仅有利于提高积温较低区域的作物生产力，即高海拔地区春小麦产量，而且还扩大春小麦适宜种植范围。

根据 2018~2020 年的统计年鉴数据，青藏高原春小麦和青稞的产量分别为 3.49t/hm² 和 3.63t/hm²，产量差分别为 3.5t/hm² 和 2.3t/hm²，分别占生产潜力的 50.2% 和 39.1%。在州市尺度上，春小麦的产量差在 1.5~5.0t/hm²，占生产潜力的 20.1%~69.0%，青稞的产量差在 1.1~4.5t/hm²，占生产潜力的 23.7%~67.0%。在县级尺度上，春小麦作物产量差在 1.0~7.0t/hm²，占生产潜力的 19.9%~89.8%，青稞作物产量差在 0.3~5.9t/hm²，占生产潜力的 10.7%~86.7%。总体来看，除少数县市外，青藏高原春小麦和青稞的生产潜力还有较大的开发空间，单产至少还可提高 50%。

参 考 文 献

曹永华. 1982. 青藏高原小麦高产生态气候特征的分析. 农业气象，（2）：23-27.

常磊. 2008. 西北旱地春小麦农艺指标变异及稳定性分析. 兰州：甘肃农业大学.

陈洁，刘玉洁，潘韬，等. 2019. 1961~2010 年中国降水时空变化特征及对地表干湿状况影响. 自然资源学报，34（11）：2440-2453.

陈志国，杨倩，袁飞敏，等. 2017. 抗旱高产旱地春小麦新品种——青麦 5 号. 麦类作物学报，37（8）：1139.

封志明，李文君，李鹏等. 2020. 青藏高原地形起伏度及其地理意义. 地理学报，75（7）：1359-1372.

弓开元，何亮，邬定荣，等. 2020. 青藏高原高寒区青稞光温生产潜力和产量差时空分布特征及其对气候变化的响应. 中国农业科学，53（4）：720-733.

关卫星，罗黎鸣，桑布. 2020. 青稞新品种（系）在西藏阿里地区普兰县丰产栽培试验研究初报. 西藏农业科技，42（3）：18-21.

胡冬梅. 1999. 北方春小麦品种在西宁生态地区产量比较. 青海科技，6（3）：9-10.

姜丽霞，吕佳佳，王晾晾，等. 2013. 黑龙江省气温日较差的变化趋势及其与作物产量的关系. 中国农业气象，34（2）：179-185.

金善宝. 1991. 中国小麦生态. 北京：科学出版社.

李成祖. 2014. 青藏高原区域河谷盆地灌区春青稞品种区域试验初报. 农业科技通讯，（3）：100-104.

李军，邵明安，张兴昌. 2004. 黄土高原地区 EPIC 模型数据库组建. 西北农林科技大学学报，32（8）：

21-26.

李为虎，杨永红，达瓦．2009．西藏拉萨 Angstrom-Prescott 系数选取研究．安徽农业科学，37（12）：5335-5339.

刘春兰．2014．大通县青稞丰产栽培技术．现代农业科技，（8）：54-61.

刘国一，唐亚伟，孙全平，等．2015．提早播种对高原青稞增产的成因研究．西藏科技，（8）：9-13.

刘梅金，王化俊，孟亚雄，等．2014．不同青稞品种不同播种方式对产量的影响．大麦与谷类科学，（2）：6-7.

路季梅，俞炳杲．1978．西藏高原麦类作物产量形成的特点．中国农业科学，（4）：25-34.

马伟东，王静爱．2021．青藏高原青稞品种的演变及其空间格局．青海农林科技，（2）：50-55.

齐征宇，翟西君．2010．青稞新品种柴青 1 号的选育及应用研究．安徽农业科学，38（15）：7801-7803.

仁青志玛．2016．甘孜州青稞品种资源及生产现状调查．现代农业科技，（16）：37-38.

王发忠．2000．杂交春小麦区域试验初报．青海农技推广，（4）：46-47.

王兰，魏迎春，王菊花，等．2016．西藏春小麦育种材料主要农艺性状与产量的相关、通径分析．西藏农业科技，38（3）：18-21.

王力．2018．青藏高原东北部农作物与牧草物候特征及其对气候变化的响应．兰州：兰州大学．

韦泽秀，卓玛，曲航，等．2018．海拔与积温梯度对春青稞生长的影响．西藏农业科技，40（S1）：11-15.

吴绍洪，尹云鹤，郑度，等．2005．青藏高原近 30 年气候变化趋势．地理学报，（1）：3-11.

严应存，赵全宁，王喆，等．2018．青海省门源县 1980—2015 年青稞物候期变化趋势及其驱动因素．生态学报，38（4）：1264-1271.

严泽，王建平，叶正荣，等．2017．2013 年至 2014 年度青藏高原地区青稞区域试验昌都试验站结果分析．西藏科技，（1）：7-9.

姚檀栋，刘晓东，王宁练．2000．青藏高原地区的气候变化幅度问题．科学通报，（1）：98-106.

尹中江，刘启勇，魏迎春，等．2008．白朗县白雪试验站春小麦品比试验——西藏种植业成果转化子项目．西藏农业科技，30（2）：11-15.

张全秀．2018．青稞品种北青 9 号的种植表现及栽培技术要点．中国种业，（4）：75-76.

郑度．2008．中国生态地理区域系统研究．北京：商务印书馆：6-31.

钟强．1986．青藏高原太阳总辐射的计算方法的讨论．高原气象，（3）：197-210.

周素婷．2020．迪庆高原藏区青稞新品系适应性鉴定试验．云南农业科技，（4）：52-54.

Bao S，Cao C，Huang J，et al. 2016. Research on Yields Estimation and Yields Increasing Potential by Irrigation of Spring Maize in Northeast China：IEEE International Symposium on Geoscience and Remote Sensing IGARSS. New York：IEEE.

Boogaard H，Wolf J，Supit I，et al. 2013. A regional implementation of WOFOST for calculating yield gaps of autumn-sown wheat across the European Union. Field Crops Research，143（SI）：130-142.

Braganza K，Karoly D J，Arblaster J M. 2004. Diurnal temperature range as an index of global climate change during the twentieth century. Geophysical Research Letters，31（13）：1-4.

Chen Y，Zhang Z，Tao F，et al. 2017. Spatio-temporal patterns of winter wheat yield potential and yield gap during the past three decades in North China. Field Crops Research，206：11-20.

Doorenbos J，Pruitt W O. 1977. Guidelines for predicting crop water requirements. Rome：Food and Agriculture Organization of the United Nations.

IPCC. 2014. Climate Change：Impacts，Adaptation and Vulnerability；Contribution of Working Group Ⅱ to the Fourth Assessment Report of the Intergovernmental Panel on Climate Change. Cambridge：Cambridge University

Press.

Kalra N, Chakraborty D, Kumar P R, et al. 2007. An approach to bridging yield gaps, combining response to water and other resource inputs for wheat in northern India, using research trials and farmers' fields data. Agricultural Water Management, 93 (1-2): 54-64.

Kendall M G. 1975. Rank Correlation Methods. London: Griffin.

Li P, Hu Z, Liu Y. 2020. Shift in the trend of browning in Southwestern Tibetan Plateau in the past two decades. Agricultural and Forest Meteorology, 287: 107950.

Liu Z, Yang X, Lin X, et al. 2016. Maize yield gaps caused by non-controllable, agronomic, and socioeconomic factors in a changing climate of Northeast China. Science of the Total Environment, 541: 756-764.

Mann H B. 1945. Nonparametric tests against trend. Econometrica, 13 (3): 245-259.

Penman H L. 1948. Natural evaporation from open water, bare soil and grass. Proceedings of the Royal Society of London, 193 (1032): 120-145.

Pohlert T. 2004. Use of empirical global radiation models for maize growth simulation. Agricultural and Forest Meteorology, 126 (1-2): 47-58.

Sen P K. 1968. Estimates of the regression coefficient based on Kendall's tau. Journal of the American Statistical Association, 324 (63): 1379-1389.

Tao F, Yokozawa M, Xu Y, et al. 2006. Climate changes and trends in phenology and yields of field crops in China, 1981~2000. Agricultural and Forest Meteorology, 138 (1-4): 82-92.

van Diepen, Rappoldt C, Wolf J, et al. 1988. Crop growth simulation model WOFOST. Wageningen: Centre for World Food Studies.

Williams J R. 1997. The EPIC Model. Temple: USDA-ARS, Grassland, Soil and Water Research Laboratory.

Wolf J, Ouattara K. Supit I. 2015. Sowing rules for estimating rainfed yield potential of sorghum and maize in Burkina Faso. Agricultural and Forest Meteorology, 214: 208-218.

Wolf J, Vandiepen C A. 1995. Effects of climate-change on grain maize yield potential in the european-community. Climatic Change, 29 (3): 299-331.

You Q, Fraedrich K, Ren G, et al. 2013. Variability of temperature in the Tibetan Plateau based on homogenized surface stations and reanalysis data. International Journal of Climatology, 33 (6): 1337-1347.

第8章 | 耕地格局和变化的形成机制

受地形和高寒气候的限制，青藏高原地区耕地资源有限，但对保障当地粮食安全起着举足轻重的作用。随着地区经济的发展和人口的增加，近 20 年间，青藏高原城镇等非农建设用地扩张迅速，加上生态退耕的影响，青藏高原呈现较为严重的耕地流失现象（Wei et al.，2021；杨春艳等，2015），势必影响青藏高原粮食安全。明晰青藏高原耕地资源现状格局、空间分异特征及其形成机制，有利于摸清青藏高原耕地利用情况，可为当地农业生产布局提供科学依据和参考。本章基于 0.51～1.02m 的 Google Earth 高分影像，按照张镱锂等（2002）确定的青藏高原界线范围，通过目视解译获取 2018 年米级耕地数据，以及 2000 年一江两河和湟水河流域两个重点农区的耕地面积和分布。在此基础上，采用 GIS 软件和地理探测器模型，分析青藏高原耕地的数量和空间分异特征，以及两个重点农区耕地的变化特征及其影响因素。

8.1 耕地分布格局的形成机制

根据张镱锂等（2002）确定的界线范围，2018 年青藏高原共有耕地 133.727 万 hm^2，占作者确定的青藏高原范围（图 1-1）耕地总面积的 62.03%。

8.1.1 数据和方法

（1）耕地数据获取

青藏高原的区域界线矢量图来自全球变化科学研究数据出版系统（http://geodoi.ac.cn/）。耕地数据基于 0.51～1.02m 的 Google Earth 高清卫星影像，通过目视解译获取。解译所用影像的拍摄时间集中于 2017 年 1 月～2019 年 12 月，基于该时段影像解译所得耕地占比为 84.55%。其中，基于 2017～2019 年影像解译所得耕地占比分别为 26.17%、43.31% 和 15.07%；其余 15.45% 的耕地由该地区所能获取的最新影像解译所得。影像分辨率高，耕地清晰，易于识别（图 8-1）。作者对 2018～2021 年青藏高原野外实地调研随机收集到的 230 个地块进行了验证（图 8-2），结果表明解译数据精度为 95.22%。

（2）地形和气候数据处理

在识别青藏高原耕地空间分异影响因子和关键农区耕地时空变化驱动因子的过程中，需要获取海拔、坡度、气温、降水、日照时数和辐射量等气候因子，以及河流、路网等空间数据。为此，本研究收集了 30m 分辨率的 DEM 数据（ASTER GDEM Version 2），从 OpenStreetMap 下载了河流和路网数据，从中国科学院资源环境科学与数据中心（http://www.resdc.cn/）获取了 1988～2017 年 308 个气象站点的日值数据。

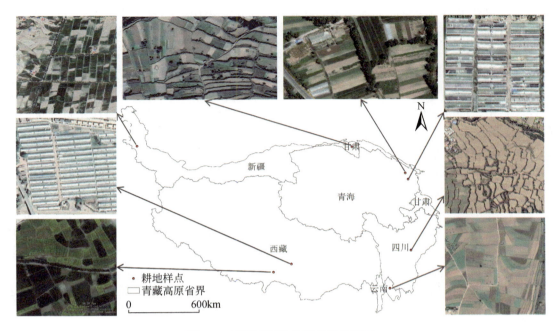

图 8-1　青藏高原耕地高分影像图示

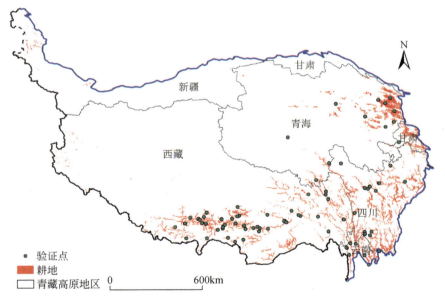

图 8-2　青藏高原 230 个耕地验证点的空间分布
青藏高原系根据张镱锂等（2002）确定的范围

　　坡度数据、距道路河流的距离采用 ArcGIS 计算。由于气象站点是有限的，因此，研究多采用空间插值法，获得非气象站点所在区域的气候要素空间分布（Dhamodaran and Lakshmi，2021）。鉴于青藏高原地区气象站点稀少且其空间分布不均，而高海拔和复杂的地形条件也严重影响着空间插值结果的准确性，本研究运用考虑高程和距海岸线距离等作为协变量的 Anusplin 气象插值软件，对青藏高原各气象站点的气温、降水量等气候因子进行空间插值分析。已有研究证实，相较于其他空间插值方法，Anusplin 更适用于青藏高原地区气候要素的空间插值（Dong et al.，2018；谭剑波等，2016）。

Anusplin 是采用局部薄板光滑样条（partial thin plate smoothing splines）空间插值法的软件。其中，局部薄板光滑样条法是对薄板光滑样条法的扩展，即在普通样条自变量的基础上，它允许将温度、海拔和距海岸线的距离等作为协变量引入插值中。薄板光滑样条函数实质上是利用一个平面去拟合已有的气象站点，使得该曲面能通过已有气象站点构成"样条"，得到逼近所有控制点弯曲最小的光滑曲面（Guo et al.，2020；Ma et al.，2017），理论模型如下：

$$Z_i = f(x_i) + b^T y_i + e_i \quad (i = 1, 2, \cdots, N) \tag{8.1}$$

式中，Z_i 为位于待插值点 i 处的气候要素值；x_i 为 d 维样条独立变量，即点 i 处周边已知控制点的气候要素值；f 为关于 x_i 的未知光滑函数；y_i 为独立协变量，本研究中是指高程；b 为 y_i 的系数；e_i 为随机误差。

此外，光滑函数 f 和系数 b 均可利用控制点求得，即将 Z_i 设置在控制点上，根据周边其他已知控制点插值得到该点的气候要素值，通过最小二乘估计来确定：

$$\text{MIN}: \sum_{i=0}^{N} \left[\frac{Z_i - f(x_i) - b^T y_i}{w_i} \right] 2 + \rho J_m(f) \tag{8.2}$$

式中，Z_i 为点 i 处控制点的观测值；$J_m(f)$ 为函数 f 的粗糙度测度函数，即为函数 f 的 m 阶偏导；ρ 为正的光顺参数，起到平衡数据保真度与曲面粗糙度的作用。当 ρ 接近零时，曲面经过所有气象站点，拟合函数有很好的保真度；当 ρ 接近无穷大时，函数 f 接近最小二乘多项式。

（3）耕地空间分异特征识别

首先，利用 ArcGIS 10.6 将解译所得耕地 kml 文件转为 shp 文件，利用 GIS 空间分析功能，识别 2018 年青藏高原耕地的空间分布及区域差异。结合研究区海拔、坡度、年均降水量和年均气温，识别耕地在不同地形和气候区间的空间分异特征。其中，将 DEM 数据以 500m 间隔为单位进行栅格重分类后转为 shp 文件，利用 GIS 相交分析，统计不同海拔梯度内的耕地面积及其占比。按照耕地坡度分级标准，将全区坡度分为 0～2°、2°～6°、6°～15°、15°～25°和大于 25°五个等级，经栅格数据转矢量化后，利用相交分析，统计不同坡度区间的耕地面积。以 1988～2017 年青藏高原及其周边 308 个气象站点数据为基础，利用 Anusplin 气象插值软件获取青藏高原多年平均气象要素空间数据，分别统计 0～200mm、200～400mm、400～600mm、600～800mm 和大于 800mm 年均降水量区间，以及小于 0℃、0～5℃、5～10℃、10～15℃、15～20℃和大于 20℃年均温度区间内的耕地面积，分析耕地在不同热量和干湿状况下的分布情况。

其次，采用耕地指数识别青藏高原县域耕地的空间分布格局。耕地指数是各县耕地面积与该县行政区面积的比值（李丹等，2019），可以有效地反映耕地分布的密集程度，计算公式如下：

$$R_i = \frac{K_i}{S_i} \times 100\% \tag{8.3}$$

式口，R_i 为第 i 个县的耕地指数；K_i 为第 i 个县的耕地面积；S_i 为第 i 个县的行政区面积。

最后，对耕地的分布进行空间函数拟合。为识别青藏高原耕地沿道路、河流的空间分异特征，基于所设置的缓冲区能基本覆盖大部分耕地的原则，先后对青藏高原内道路、河流设置 5000m 的缓冲区，每隔 200m 设置一个缓冲带，统计各缓冲带内的耕地面积。利用 Originpro8.5 拟合耕地分布与距道路、河流距离 d 的关系函数，函数表达式（陈丹等，2014）为

$$F[d, p(d)] = 0 \tag{8.4}$$

式中，d 为缓冲带边缘离道路、河流的距离；$p(d)$ 为当距离为 d 时，缓冲带内的耕地面积与缓冲带面积的比值；F 为 d 和 $p(d)$ 之间的关系表达式。

（4）耕地空间分异的影响因素识别

耕地空间格局的形成受地形（聂斌斌等，2017）、土壤（许彩彩等，2020）、气候（吴莉等，2014）等自然因子和经济发展（周丁扬等，2021）、人口（秦鹏和董玉祥，2013）、区位条件（陈丹等，2014）等人文因子的共同影响。考虑数据的可获取性和因子代表性，共选择海拔、坡度、生长季降水量、生长季日照时数、土壤质地、年末常住人口、地区生产总值、距道路的距离等 15 个因素作为影响因子，采用地理探测器模型识别耕地空间分异的影响因素。其中，海拔和坡度的空间分辨率为 30m，生长季降水量等气候因子、土壤质地、距道路的距离等因子的空间分辨率为 1km。年末常住人口和地区生产总值等经济数据基于 2018 年青藏高原县域社会经济统计数据，来源于各省统计年鉴、《中国县域统计年鉴》、各县国民经济和社会发展统计公报，以县域为单元进行空间赋值。

空间分析单元与影响因子赋值。关联耕地与各影响因子属性，是有效识别耕地空间分异影响因素的前提。本研究以 1km×1km 网格作为因子空间化的基本单位，将各影响因子进行空间化处理。具体步骤为：首先，以青藏高原矢量边界为基础，利用 ArcGIS 10.6 建立 1km×1km 的网格；其次，提取出有耕地分布的 75 118 个网格；最后，将各影响因子与网格进行空间赋值，以平均值代表各网格的因子属性。

地理探测器模型。地理探测器是探测地理事物空间分异性，并揭示其影响因子的一种新的统计学方法（王劲峰和徐成东，2017）。与传统统计学方法相比，地理探测器几乎无假设条件，且有效克服了传统方法处理变量的局限性，被广泛应用于自然因子和社会经济因子的影响机理研究中（Wang et al.，2021；Zhang et al.，2021；Zhao et al.，2020）。此外，地理探测器不仅可以探测数值型数据，还可以探测定性数据；不仅可以识别影响因子，还可以揭示不同影响因子对因变量的交互作用，已成为复杂地理事物影响因素及驱动机制研究的得力工具（Zhou et al.，2020；Zhu et al.，2020）。地理探测器包括分异及因子探测、交互作用探测、风险区探测和生态探测 4 个探测器（王劲峰和徐成东，2017），本研究涉及分异及因子探测和交互作用探测。

分异及因子探测用于探测青藏高原地区耕地的空间分异性 Y，以及比较影响因子 X_i 与耕地空间分异性 Y 是否具有显著的空间一致性，若有，则说明 X_i 影响着 Y 的形成，其解释度用 q 值度量，表达式为

$$q = 1 - \frac{\sum_{h=1}^{L} N_h \sigma_h^2}{N\sigma^2} = 1 - \frac{SSW}{SST} \tag{8.5}$$

$$SSW = \sum_{h=1}^{L} N_h \sigma_h^2 \tag{8.6}$$

$$SST = N\sigma^2 \tag{8.7}$$

式中，$h = 1, \cdots, L$ 为变量 Y 或因子 X 分层，即分类或分区；N_h 和 N 分别为层 h 和全区的单元数；σ_h^2 和 σ^2 分别为层 h 和全区 Y 值的方差；SSW 和 SST 分别为层内方差之和和全区总方差；$q \in [0, 1]$，值越大，Y 的空间分异性越强。如果分层是由自变量 X 生成的，则 q 值越大表示自变量 X 对 Y 的解释力越强，反之越弱。$q = 0$，表示因子 X 和 Y 无关；$q = 1$，则表示因子 X 完全控制了 Y 的空间分布。

交互作用探测用于表征两两影响因子对于因变量的作用关系。例如，影响青藏高原耕地空间分异的因素 A 和 B，通过空间叠加 A 和 B 形成新图层 C，C 的属性由 A 和 B 共同决定。通过比较图层 A、B 的因子影响力与图层 C 的因子影响力，对比两个因子交互作用对青藏高原耕地空间分异的影响与单个因子的影响，是更强化、更弱化还是相互独立的（Su et al.，2020；吕晨等，2017）。

交互作用探测的表达式为：若 $P(A \cap B) < \min(P(A), P(B))$，说明因子 A 和 B 交互后非线性减弱；若 $\min(P(A), P(B)) < P(A \cap B) < \max(P(A), P(B))$，说明 A 和 B 交互后单因子非线性减弱；若 $P(A \cap B) > \max(P(A), P(B))$ 且 $P(A \cap B) < P(A) + P(B)$，说明 A 和 B 交互后双因子增强；若 $P(A \cap B) > P(A) + P(B)$，说明 A 和 B 交互后非线性增强；若 $P(A \cap B) = P(A) + P(B)$，说明 A 和 B 相互独立。

8.1.2 耕地的空间分布

(1) 区域分布

2018 年青藏高原地区共有耕地面积 133.727 万 hm^2，含设施农业用地面积 0.943 万 hm^2（魏慧等，2019a，2019b），主要分布于青藏高原东部、南部的山地河谷区，其中以西藏一江两河地区和青海河湟谷地最为集中（图 8-3），两地区耕地面积合计占青藏高原耕地总面积的 33.27%。

青藏高原耕地分布零散，共有耕地图斑 119 613 个，其中 80.46% 的地块小于 10hm^2，34.32% 的地块不足 1hm^2，而面积超过 100hm^2 的连片耕地仅 2004 块，总面积为 52.550 万 hm^2，其中超过 1000hm^2 的地块仅有 48 块，总面积为 10.140 万 hm^2。从省际关系上看，青海耕地面积最多，为 55.769 万 hm^2，占青藏高原耕地总面积的 41.70%；西藏次之，为 32.01%，耕地面积为 42.800 万 hm^2；川西地区耕地面积占比位居第三，为 15.12%，面积约为 20.224 万 hm^2；甘肃西南部、滇北和新疆南部耕地面积相对较少，面积分别为 8.988 万 hm^2、4.927 万 hm^2 和 1.020 万 hm^2，合计占比为 11.17%。

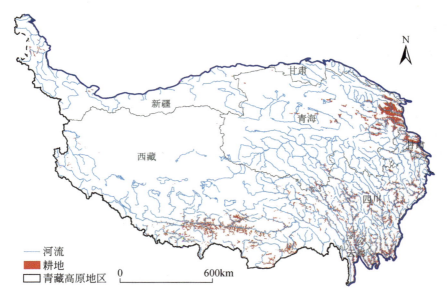

图 8-3　2018 年青藏高原耕地空间分布特征

　　青藏高原耕地密度大致呈南高北低、东高西低的空间分异特征。其中，湟水河流域及其周边的湟中区（27.30%）、平安区（19.78%）、互助县（18.96%）、大通县（18.16%）、湟源县（14.92%）、化隆县（14.53%）和城北区（12.47%），甘肃的临潭县（20.55%）和康乐县（12.29%）耕地分布最为密集，耕地指数均大于10%。青海的民和县（8.37%）、乐都区（7.80%）、门源县（6.67%）、循化县（6.41%），西藏的桑珠孜区（7.37%）、达孜区（6.14%）、白朗县（5.46%）、曲水县（5.28%），以及甘肃的古浪县（6.41%），耕地密度次之，耕地指数在5%~10%。青藏高原北部和西部地区各县耕地指数均低于0.50%，耕地零散分布在4300m以下的河流谷地。青藏高原耕地密集程度与其由西北向东南倾斜的地势形态、由东南向西北递减的人口、城镇密度，以及西北严寒干燥、东南温暖湿润的气候特征呈较强的空间一致性，即青藏高原耕地的空间分布受地形、气候、人口及城镇化等的综合影响。

（2）耕地分布的海拔上限

　　受地形和气候条件的影响，按县域统计，青藏高原各县耕地的海拔上限在 2000 ~ 4700m，大致呈西高东低、南高北低的空间分异特征（图 8-4）。在青藏高原北部和东部河谷地区，包括新疆、青东、甘南、川西东部、藏东南以及滇西北山地，耕地多呈条带状分布，耕地海拔上限较低，多在3500m以下；川滇横断山东部地区，耕地海拔上限在3500 ~ 4000m；西藏南部半干旱、西部干旱河谷区，耕地海拔最高，上限超过4500m。其中，藏南地区的聂拉木县、岗巴县、错那县、尼玛县、拉孜县、萨嘎县和亚东县耕地海拔上限可达4700m，为青藏高原耕地分布最高的地区，这些县区平均海拔高，但坡度低、地形较为平坦、日照时数长（年日照时数均高于3000h）、太阳辐射强度高（年太阳辐射强度均高于7000MJ/m^2）、光温条件较好且昼夜温差大，使得4600m以上的高海拔地区，其热量条件依然可满足早熟青稞、油菜等作物生长需求。而藏东南地区的墨脱县，川西的石棉县、平武县，云南的泸水市，甘肃的文县，青海西宁的城中区为青藏高原耕地海拔上限最低的地区，耕地分布均未超过海拔2500m，这些县区虽多位于平均海拔3000m左右的地区（墨脱县平均海拔仅约为2200m），但其平均坡度多高于30°，且日照时数少（年日照时数均低于2000h），太阳辐射强度相对较低（年太阳辐射强度均低于6000MJ/m²），加上人口稀少，山地、林地密度高，可达性差，限制了农业耕作，因此，耕地海拔上限较低。此外，作者及所在研究团队于2018~2021年在青藏高原开展的野外考察和农户访问发现，在超过4500m的高海拔地区，耕地主要种植矮秆早熟青稞、油菜和牧草。

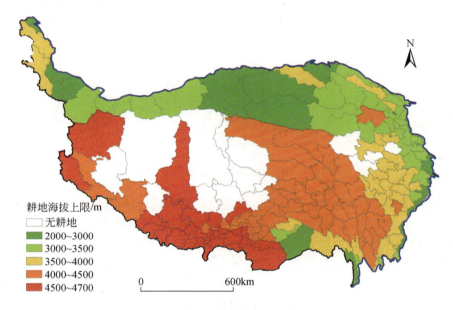

图8-4 青藏高原县域耕地的分布海拔上限

8.1.3 耕地的空间分异特征

（1）随地形条件的变化特征

受海拔、坡度等地形条件的影响，青藏高原耕地在不同海拔和坡度区间内的面积及其占比不同，呈显著的空间分异特征（图8-5、图8-6）。青藏高原耕地沿海拔梯度呈明显的垂直分异特征，且集中分布在2500~4000m高程区间内（图8-5）。其中，2500~3000m高程区间内分布的耕地面积最多，为44.951万hm²，占青藏高原耕地总面积的33.61%；3000~3500m高程区间内的耕地面积占比次之，为23.05%；3500~4000m高程区间内的耕地占20.38%，面积为27.256万hm²；4000~4500m和2000~2500m高程区间内的耕地面积占比相当，分别为9.33%和8.42%；1500~2000m和0~500m高程区间内的面积占比也均超过1%，耕地面积分别为3.025万hm²和2.313万hm²；除此以外，其他高程区间内的耕地面积较少，均不足青藏高原耕地总面积的1%。结合研究区DEM数据可知，海拔2500~3000m高程区间内分布有湟中区、互助县、化隆县以及平安区等县区；在海拔

3000～4000m 高程区间内，则有大通县、门源县、共和县、湟源县以及都兰县等县区分布，这些县区地处河流宽谷地区，土层厚，土质好，均是青藏高原耕地集中分布的农业大县。

青藏高原耕地空间分布受坡度影响显著，且以 6°～15° 坡度区间分布最为集中（图 8-6）。

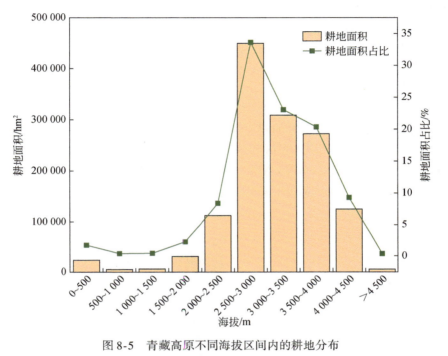

图 8-5　青藏高原不同海拔区间内的耕地分布

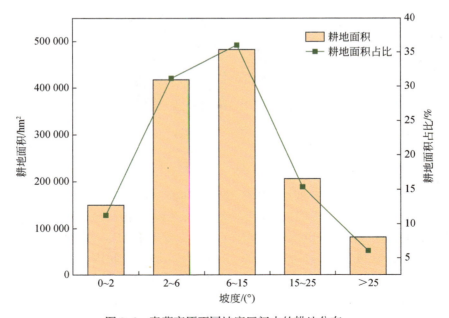

图 8-6　青藏高原不同坡度区间内的耕地分布

其中，6°～15°坡度区间内的耕地面积最多，约为48.231万hm²，占比高达36.07%；2°～6°坡度区间内的耕地面积占比次之，约为31.21%，面积为41.734万hm²；15°～25°坡度区间内的耕地面积约为20.575万hm²，占比为15.39%；0°～2°坡度区间内的耕地面积占比也超过了10%，约为15.065万hm²；除此以外，坡度>25°的地区耕地面积相对较少，仅有8.121万hm²，约占6.07%，且主要分布在四川（占比高达55.87%）。

（2）随气候条件的变化特征

青藏高原地区耕地以400～600mm年均降水量区间分布最为集中（图8-7），该区间内的耕地面积占青藏高原耕地总面积的54.45%；600～800mm和200～400mm降水区间内的耕地面积占比相当，分别为17.02%和16.83%；>800mm降水区间内的耕地面积为8.545万hm²，占比约为6.39%；仅有5.31%的耕地分布在年均降水量不足200mm的干旱区。进一步分析各年均降水量区间内的耕地面积占土地总面积的比例可知，400～600mm、600～800mm和>800mm年均降水量区间内的耕地面积占区间内土地总面积的比例位居前三，分别为87.37%、57.48%和46.67%。据此可知，年均降水量影响着青藏高原耕地的空间分布，且为满足农业生产需要，耕地多分布在降水较充沛的地区。

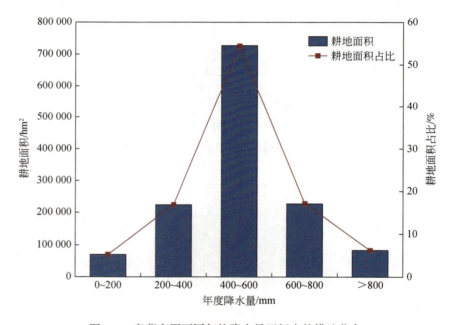

图8-7　青藏高原不同年均降水量区间内的耕地分布

青藏高原耕地多分布在0～5℃的年均温度区间内，耕地面积占比高达56.47%；5～10℃年均温度区间内的耕地面积占比次之，约为34.53%；10～15℃年均温度区间内的耕地面积占比也超过了5%，面积约为7.783万hm²；>20℃和15～20℃年均温度区间内的耕地面积占比相当，分别为1.84%和1.07%，<0℃年均温度区间内的耕地面积最少，仅占青藏高原耕地总面积的0.27%（图8-8）。考虑到各区间的土地总面积不同，本研究识别了各区间内耕地面积占土地总面积的比例，结果表明，>20℃年均温度区间内耕地面积占土地总面积的比例最高，约为3.61%；5～10℃和10～15℃年均温度区间内的耕地面积占比分别位居第二位和第三位，所占比例均超过了2%；结合青藏高原地区坡度图发现，年均温度15～20℃的地区主要位于藏南和滇西北，尽管热量条件好、降水充沛，但因坡度陡，多不适宜耕作，故耕地分布相对较少。

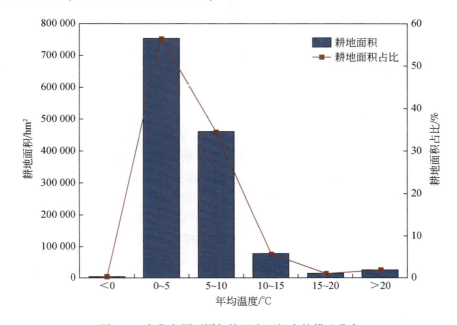

图 8-8　青藏高原不同年均温度区间内的耕地分布

（3）随区位条件的变化

青藏高原累积耕地面积 A 及耕地用地比例 P 与距道路、河流距离 d 之间均呈显著的指数函数关系（图 8-9），R^2 依次为 99.20% 和 99.30%、99.50% 和 97.70%。随距道路距离的增加，缓冲带内的耕地面积和耕地用地比例均呈递减趋势（图 8-9）。在距道路 1600m 的区域内，耕地面积占比高达 76.02%；此外，耕地面积增加趋势明显放缓，每扩张 200m 平均增加耕地面积 1.436 万 hm^2。耕地面积占比在 0～200m 范围内出现短暂递增，在

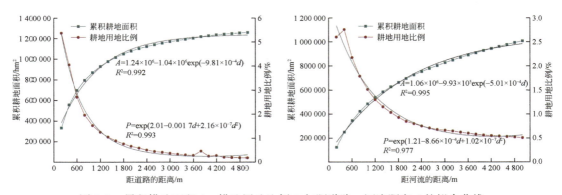

图 8-9　累积耕地面积 A、耕地用地比例 P 与距道路、河流距离 d 的拟合曲线
耕地用地比例是指缓冲带内的耕地面积占缓冲带面积的比值

200m 处达到最大值，为 5.38%，远大于青藏高原耕地面积比例均值（1.24%）。与道路的作用相似，耕地面积和用地比例随距离河流的增加也呈递减趋势，但减速相对较弱。青藏高原 75.41% 的耕地聚集在距河流 5000m 的空间范围内，其中，1600m 缓冲区内的耕地面积占比高达 46.92%。耕地用地比例拟合曲线在距河流 400m 处出现拐点，距河流过近，主要为河道，宜农土地有限，且农业种植易受洪涝灾害影响是拐点出现的主要原因。

8.1.4 耕地空间分异的影响因素

（1）主要影响因子的贡献率

表 8-1 显示影响耕地分布的主要因子，所有因子均在 0.01 水平上与耕地的空间分布显著相关。其中，生长季日照时数是最为重要的影响因素，对青藏高原耕地格局的解释度高达 18.95%，其次是生长季降水量和坡度，解释度分别为 15.20% 和 13.22%；生长季最低气温、距河流的距离、海拔、地区生产总值、土壤质地、年末常住人口、农村人口、生长季均温、农村居民人均可支配收入和生长季最高气温的解释度也均大于 5%；而城镇化率和距道路的距离对青藏高原耕地空间分异的解释度相对较弱，仅分别为 3.64% 和 1.78%（表 8-1）。

表 8-1　青藏高原耕地空间格局影响因子的探测结果

影响因子			q 值	p 值
自然因子	地形因子	海拔 X_1	7.29	0.000***
		坡度 X_2	13.22	0.000***
	气候因子	生长季均温 X_3	6.19	0.000***
		生长季降水量 X_4	15.20	0.000***
		生长季日照时数 X_5	18.95	0.000***
		生长季最低气温 X_6	9.15	0.000***
		生长季最高气温 X_7	5.71	0.000***
	土壤因子	土壤质地 X_8	7.19	0.000***
人文因子	经济因子	地区生产总值 X_9	7.21	0.000***
		城镇化率 X_{10}	3.64	0.000***
		农村居民人均可支配收入 X_{11}	6.05	0.000***
	人口因子	年末常住人口 X_{12}	6.53	0.000***
		农村人口 X_{13}	6.52	0.000***
	区位因子	距河流的距离 X_{14}	7.49	0.000***
		距道路的距离 X_{15}	1.78	0.000***

注：q 值代表驱动因子 X_i 在 q% 程度上解释青藏高原耕地空间格局 Y；所对应的 p 值代表显著性。
*** 在 1% 的水平上显著。

交互探测结果显示，所选因子在影响青藏高原耕地空间格局形成过程中存在交互作用，且以非线性加强为主（图 8-10），说明各因子之间具有协调性，因子交互作用对耕地空间格局的形成具有增强效应。因此，青藏高原耕地空间格局的形成是地形、气候、土壤等自然因子与经济、人口、区位等人文因子相互协调、共同作用的结果。其中，生长季日照时数与城镇化率、海拔、年末常住人口的交互作用最强，交互后解释度均超26%。由此可见，在热量和降水对青藏高原耕地空间格局塑造的基础上，气候、地形、人口和经济发展交互影响，基本决定了青藏高原耕地空间格局的形成。

	X_1	X_2	X_3	X_4	X_5	X_6	X_7	X_8	X_9	X_{10}	X_{11}	X_{12}	X_{13}	X_{14}	X_{15}
X_1	0.07	0.22	0.18	0.23	0.27	0.21	0.18	0.21	0.20	0.16	0.18	0.18	0.20	0.16	0.11
X_2	0.22	0.13	0.19	0.21	0.25	0.21	0.19	0.20	0.22	0.19	0.19	0.24	0.23	0.21	0.17
X_3	0.18	0.19	0.06	0.22	0.25	0.12	0.08	0.18	0.18	0.17	0.15	0.19	0.18	0.14	0.10
X_4	0.23	0.21	0.22	0.15	0.23	0.22	0.22	0.22	0.23	0.23	0.24	0.24	0.25	0.21	0.19
X_5	0.27	0.25	0.25	0.23	0.19	0.24	0.25	0.26	0.25	0.27	0.26	0.25	0.25	0.25	0.22
X_6	0.21	0.21	0.12	0.22	0.24	0.09	0.13	0.18	0.20	0.18	0.15	0.19	0.19	0.17	0.13
X_7	0.18	0.19	0.08	0.22	0.25	0.13	0.06	0.17	0.17	0.17	0.16	0.18	0.18	0.14	0.10
X_8	0.21	0.20	0.18	0.22	0.26	0.18	0.17	0.07	0.19	0.15	0.16	0.18	0.18	0.16	0.11
X_9	0.20	0.22	0.18	0.22	0.25	0.20	0.17	0.19	0.07	0.17	0.17	0.15	0.19	0.14	0.12
X_{10}	0.16	0.19	0.17	0.23	0.27	0.18	0.17	0.15	0.17	0.04	0.19	0.21	0.21	0.13	0.08
X_{11}	0.18	0.19	0.15	0.24	0.25	0.15	0.16	0.16	0.22	0.19	0.06	0.22	0.22	0.15	0.09
X_{12}	0.18	0.24	0.19	0.24	0.26	0.19	0.18	0.15	0.21	0.22	0.22	0.07	0.12	0.14	0.11
X_{13}	0.20	0.23	0.18	0.25	0.25	0.19	0.18	0.18	0.19	0.21	0.22	0.12	0.07	0.14	0.11
X_{14}	0.16	0.21	0.14	0.21	0.25	0.17	0.14	0.16	0.14	0.13	0.15	0.14	0.14	0.07	0.14
X_{15}	0.11	0.17	0.10	0.19	0.22	0.13	0.10	0.11	0.12	0.08	0.09	0.11	0.11	0.14	0.02

图 8-10 青藏高原耕地空间格局影响因子交互探测

绿色图斑表示双因子加强，$q(x \cap y) > \max(q(x), q(y))$，橘红色图斑为非线性加强，$q(x \cap y) > q(x) + q(y)$

【2】影响因子的驱动机制

地理探测器分析表明，生长季日照时数是影响青藏高原耕地空间格局的首要因子，原因在于日照时数的长短直接影响着地表热量状况和作物光合作用能量来源（Song et al.，2020）。青藏高原主要粮食作物青稞是典型的长日照作物，光照充足有利于促进青稞生长（杨福林，2017）。此外，就温度指标而言，生长季最低气温比生长季最高气温、生长季均温对耕地空间格局的影响更大，符合青藏高原作物生长受低温胁迫影响严重的实际（杨飞等，2012）。青稞在平均温度0~1℃开始萌动，2~3℃出苗，苗期可抵抗-9~-5℃的低温（杨福林，2017；胡江洁等，2014），虽然青藏高原部分地区生长季均温较低，但其昼夜温差大，白天气温高，光合作用强，有利于作物生长；夜间温度低，呼吸消耗少，有利于作物的物质积累。

地形条件通过影响区域水、热、养分等的再分配和土层厚度、质地组成等土壤物理性质（韦乐章等，2008；邱扬等，2008），进而驱动着耕地空间格局的形成。青藏高原耕地以3500~4500m高程区间分布最为集中，主要原因在于青藏高原平均海拔高，虽然低海拔地区更适宜农业生产，但海拔3500m以下的土地面积较少，且多为陡坡地，导致低海拔地区耕地远远少于3500~4000m高程区间的耕地；虽然海拔4500m以上的土地面积占青藏高原土地总面积的80.32%，但其中87.65%的地区年均温度在0℃以下，热量条件和生长季长度难以满足作物生长，加上土层薄、质地粗、土壤肥力差，致使该高程区间内的耕地十分稀少。

　　土壤作为作物生长的物质基础,其质地组成显著影响着土壤肥力的固定和淋失(史蕙兰等,2017)、土壤的通气性、保水性(王圣等,2021)以及可耕性,使得农业生产和耕地分布显著受制于土壤质地的空间分异。

　　人口对青藏高原耕地空间格局的影响主要体现在两方面。第一,人口数量多、密度大的地区必然需要更多的耕地以满足粮食需求;第二,这些地区也势必需要占用更多的耕地用于农村居民点、公共基础设施等的建设,进而影响耕地的数量和空间分布。

　　地区生产总值、农村居民人均可支配收入和城镇化率等经济因子也显著影响着青藏高原耕地空间格局的形成。其驱动机制表现为:一方面,经济发达、城镇化水平高的地区,建设用地需求量大,不可避免地占用耕地,导致耕地空间格局发生改变;另一方面,随着农民生活水平的提高,对住房、公共基础设施等居住环境的要求也相继提高,也必然占用部分耕地,导致耕地数量和空间格局的改变。

　　距河流的远近决定了耕地的灌溉水源和耕地质量,显著影响着青藏高原耕地空间格局的形成,其解释度为7.66%。距道路的距离决定了耕地的便捷程度,因此,耕地应更易沿道路周边分布(图8-9),但地理探测器并未探测出明显的影响,其解释度仅为1.92%。究其原因,可能与空间分析单元不够细致有关。受计算机处理能力和地理探测器数据分析上限的影响,本研究仅以1km×1km网格为基本空间分析单元,而青藏高原耕地集中分布在距道路1600m范围(占比超过75%),较粗的空间分辨率弱化了耕地沿道路的空间分异性,是造成这一探测结果的主要原因。

　　需要说明的是,各影响因子的计算及空间赋值仍存在不足之处。其中,气候因子空间数据是基于研究区及其周边308个气象站点数据插值得到的,青藏高原特别是其西部地区气象站点稀少,插值所得空间数据会存在偏差,在一定程度上限制了研究结果的精确度。而不同于自然因子的高空间分辨率,人文因子受限于统计口径,只能按照县域行政单元进行空间赋值,数据精度较低。而各影响因素对土地利用空间分布的解释度存在粒度效应,即随影响因素粒度发生变化,其对土地利用空间分布的解释度也发生改变(秦鹏和董玉祥,2013)。

　　总体来看,青藏高原耕地空间分布不均,主要受地形、气候、土壤等自然因子和经济、人口、区位等人文因子的共同影响,其中生长季日照时数、生长季降水量和坡度的影响较大,基本决定了青藏高原耕地的空间分布格局。

8.1.5　小结

　　本节基于Google Earth高清卫星影像,目视解译获取米级分辨率的2018年青藏高原耕地数据;在此基础上,利用GIS和地理探测器模型,探究青藏高原耕地的空间分布及其分异特征,识别其影响因素。结果表明:2018年青藏高原共有耕地133.727万hm^2,34.32%的地块面积不足$1hm^2$,分布零散。从空间上看,耕地呈点状且相对集中的分布特征;耕地密度呈南高北低、东高西低的分异特征。受地形和气候影响,青藏高原耕地以2500~3000m高程区间、6°~15°坡度区间、400~600mm年均降水量区间和0~5℃年均温度区间分布最为集中。耕地集中在距道路、河流1600m和5000m的空间范围内,占比分别为 76.02% 和 75.41%。

青藏高原耕地空间格局的形成是地形、气候、土壤等自然因子与经济、人口、区位等人文因子共同作用的结果。其中，生长季日照时数是影响青藏高原耕地格局的首要因子。在此基础上，气候、地形、人口与经济发展交互作用，基本决定了青藏高原耕地的空间分布格局。

8.2 典型区耕地变化及其驱动因素

本节以青藏高原两个最重要的农业区，即西藏一江两河地区和青海湟水河流域为案例，基于 2000 年和 2018 年耕地解译数据，分析两区 2000 ~ 2018 年耕地的变化特征，并采用主成分分析法（principal component analysis），识别耕地变化的主要影响因素。

8.2.1 数据与方法

耕地数据主要基于 2000 年和 2018 年 0.51 ~ 1.02m Google Earth 高清卫星影像，通过目视解译获取。在目视解译获取一江两河地区和湟水河流域 2000 年和 2018 年耕地数据的基础上，利用 ArcGIS 10.6 的空间分析工具，通过相交、擦除等分析功能，结合耕地重心模型和耕地动态度测量，从区域耕地动态度的数量变化分析以及耕地重心迁移的空间变化分析两方面，识别一江两河地区和湟水河流域 2000 ~ 2018 年耕地的时空格局变化特征。此外，从经济发展、人口增长、城市化和农业进步四方面入手，共选择 9 个影响因子，运用主成分分析法，识别影响青藏高原耕地时空变化的主要驱动因子，并探讨其驱动机制。

（1）目视解译

青藏高原耕地分布以一江两河地区和湟水河流域最为集中，故以两区为关键农区，识别青藏高原 2000 ~ 2018 年耕地时空格局变化特征。首先，分别以一江两河地区和湟水河流域区域范围矢量图为边界，基于 0.51 ~ 1.02m 的 Google Earth 高清卫星影像，目视解译获取两个关键农区 2000 年和 2018 年耕地数据。其中，2018 年耕地解译所用卫星影像的拍摄时间集中于 2018 年 7 ~ 12 月（基于该时段影像解译所得耕地面积占比为 89.79%），其余 10.21% 的耕地由 2010 年 5 月 ~ 2016 年 12 月的高清影像解译所得。2000 年耕地解译所用卫星影像的拍摄时间集中于 2000 年 1 ~ 12 月（基于该时段影像解译所得耕地面积占比为 74.81%），其余 25.19% 的耕地由 2001 年 1 月 ~ 2005 年 12 月的高清影像解译所得。

（2）耕地的时空变化测度

耕地的时空变化采用耕地重心模型和土地利用动态度测算。耕地重心模型能够可视化地表达出地理要素的空间集聚或偏移程度。耕地重心迁移分析可从空间上较好地描述青藏高原耕地的时空格局变化过程（Xiao et al.，2019），耕地重心模型的表达式为

$$X_i = \frac{\sum_{j=1}^{n} X_j W_j}{\sum_{j=1}^{n} W_j} \tag{8.8}$$

$$Y_i = \frac{\sum_{j=1}^{n} Y_j W_j}{\sum_{j=1}^{n} W_j} \tag{8.9}$$

式中，X_i 和 Y_i 分别为青藏高原第 i 年耕地重心的经度和纬度坐标；X_j 和 Y_j 分别为第 j 个耕地斑块的经度和纬度坐标；W_j 为第 j 个耕地斑块的面积。

土地利用动态度测量参照经济学中的复利公式（Sydsaeter et al.，2008），用耕地面积年变化率反映研究时段内耕地数量的动态变化情况。

$$k = \left[\left(\frac{U_b}{U_a} \right)^{\frac{1}{T}} - 1 \right] \times 100\% \tag{8.10}$$

式中，k 为研究时段内耕地面积的年变化率；U_a 和 U_b 分别为研究期初（2000 年）和研究期末（2018 年）的耕地数量；T 为研究时段长度。

（3）驱动因子识别

驱动因子识别采用主成分分析法。主成分分析法是在保证数据信息损失最小的前提下，通过降维处理，以少数相互独立的主成分代表原始多维因子的数据分析方法（Zhou et al.，2021）。其中，每个独立的主成分均为所选原始因子的线性组合，基本能够反映原始因子的绝大多数信息（Fan and Zhao，2019）。

鉴于短时间尺度内，耕地变化多以社会经济因子的影响为主，地形、土壤等自然环境因子在短时间内不会发生较大变化，故选择地区生产总值、全社会固定资产投资额、地方财政支出、农村居民人均可支配收入、城镇化率、年末总人口、粮食总产量、农业机械化总动力和第一产业产值占比 9 个因子作为驱动因子。运用 SPSS 19.0 进行主成分分析，得到驱动因子相关系数矩阵、特征值和主成分贡献率。按照特征值（EV）>1，且累积方差贡献率（PCR）>85% 的原则提取主成分（Li et al.，2020），并计算各主成分的载荷矩阵，识别影响青藏高原耕地变化的主要驱动因子。主成分分析法的数学模型（Fan and Zhao，2019）如下：

$$F_i = a_{i1}ZX_1 + a_{i2}ZX_2 + \cdots + a_{ij}ZX_j \tag{8.11}$$

$$a_{ij} = \frac{L_{ij}}{\sqrt{EV_i}} \tag{8.12}$$

$$F = c_1 F_1 + c_2 F_2 + \cdots + c_n F_n \tag{8.13}$$

$$c_i = \frac{PCR_i}{\sum_{i=1}^{n} PCR_i} \tag{8.14}$$

$$CR_i = \frac{c_i}{\sum_{i=1}^{j} |c_i|} \tag{8.15}$$

式中，F_i 和 F 分别为第 i 个主成分的得分和耕地变化驱动因子的综合得分；ZX_j 为第 j 个因子的标准化值；a_{ij} 为第 i 个主成分和第 j 个驱动因子的相关系数，$i \leq j$；L_{ij} 为第 i 个主成分在第 j 个因子上的载荷值；EV_i 和 PCR_i 分别为第 i 个主成分的特征值和贡献率；n 为主成分的个数；CR_i 为第 i 个因子对耕地变化的贡献率。

8.2.2　耕地变化特征

（1）一江两河地区

西藏一江两河地区的耕地主要分布在雅江、拉萨河和年楚河谷地，呈显著的条带状分布（图 8-11）。统计分析显示，2000 年耕地面积为 21.929 万 hm²，到 2018 年下降到 19.989 万 hm²，净减 1.940 万 hm²，减幅 8.85%，年均减少 0.51%（表 8-2）。

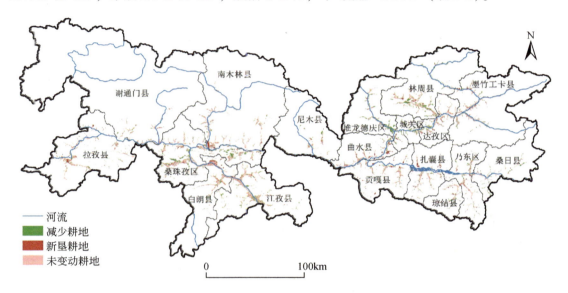

图 8-11　西藏一江两河地区 2000～2018 年耕地分布与变化

表 8-2　西藏一江两河地区各县区 2000 年、2018 年耕地面积及其数量变化

县域	耕地面积/hm²		变幅/%	年变化率/%
	2000 年	2018 年		
拉萨城关区	2 794.80	1 335.22	−52.22	−4.02
堆龙德庆区	9 997.05	6 561.94	−34.36	−2.31
桑日县	4 497.13	3 334.05	−25.86	−1.65
林周县	21 576.06	17 289.52	−19.87	−1.22
桑珠孜区	33 462.94	27 637.52	−17.41	−1.06
江孜县	22 871.76	19 010.44	−16.88	−1.02
琼结县	4 170.18	3 536.60	−15.19	−0.91
尼木县	5 031.99	4 410.14	−12.36	−0.73
乃东区	9 069.98	8 558.81	−5.64	−0.32
墨竹工卡县	13 416.21	12 926.15	−3.65	−0.21
拉孜县	17 912.98	17 436.33	−2.66	−0.15

县域	耕地面积/hm²		变幅/%	年变化率/%
	2000 年	2018 年		
谢通门县	7 576.17	7 523.05	−0.70	−0.04
达孜区	8 383.27	8 483.33	1.19	0.07
贡嘎县	11 086.76	11 347.47	2.35	0.13
扎囊县	7 964.55	8 293.01	4.12	0.22
白朗县	14 970.21	15 649.32	4.54	0.25
南木林县	16 676.85	17 851.40	7.04	0.38
曲水县	7 832.39	8 706.69	11.16	0.59
总计	219 291.28	199 890.99	−8.85	−0.51

分县统计，拉萨城关区耕地减幅最大，超过 50%。桑珠孜区、江孜县、林周县和堆龙德庆区 4 个农业产粮大县，以及桑日县、琼结县和尼木县 3 个农业县，耕地也都出现了显著萎缩，2000～2018 年耕地减幅均超过 10%，7 县区合计减少耕地 1.983 万 hm²，减幅 19.51%。不过，达孜区、曲水县、白朗县、南木林县、扎囊县和贡嘎县，耕地有所增加（表 8-2），6 县合计净增耕地 0.342 万 hm²，增幅 5.11%。从年变化率看，城关区耕地面积的年变化率最大，年均为 −4.02%；堆龙德庆区次之，为 −2.31%；桑日县、林周县、桑珠孜区和江孜县年变化率的绝对值也均超 1%，依次为 −1.65%、−1.22%、−1.06% 和 −1.02%；除此以外，其余各县耕地面积年变化率的绝对值均不足 1%，耕地变化相对较小。

2000～2018 年，一江两河地区耕地重心变化不大，由点（90.08°E、29.40°N）向西南方向迁移至点（90.04°E、29.39°N），迁移距离为 3073.44m。其中，从经度上看，耕地重心向西迁移了 0.04°；从纬度上看，耕地重心向南迁移了 0.01°。此外，一江两河地区 2000 年和 2018 年耕地重心均在尼木县。

（2）湟水河流域

在青海湟水河流域，耕地呈现较显著的斑块状分布（图 8-12），与较大面积的耕地分布在山坡地有关。从统计结果看，耕地面积在 2000 年为 32.015 万 hm²，到 2018 年减少到 24.501 万 hm²，净减少 7.514 万 hm²，减幅 23.47%，年均减少 1.48%。从县域看，全部县区耕地都显著萎缩。其中西宁市的城西、城北、城东和城中 4 区，合计总耕地减少 62.71%，海东乐都区减少 45.59%。互助县、湟中区、湟源县和大通县 4 个农业产粮大县，耕地面积减幅也高达 15.86%～23.90%（表 8-3）。

2000～2018 年，湟水河流域耕地重心由点（101.77°E、36.72°N）向西北方向迁移至点（101.74°E、36.73°N），迁移距离为 3045m，变化不大。从经度上看，耕地重心向西迁移了 0.03°；从纬度上看，耕地重心向北迁移了 0.01°。此外，研究时段内，湟水河流域耕地重心所在县区则由大通县迁移至城北区。

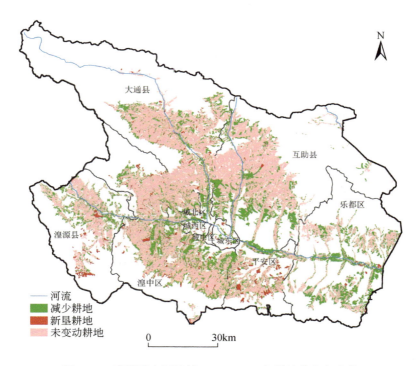

图 8-12 青海湟水河流域 2000～2018 年耕地分布与变化

表 8-3 青海湟水河地区各县区 2000 年、2018 年耕地面积及其数量变化

县域	耕地面积/hm²		变幅/%	年变化率 /%
	2000 年	2018 年		
西宁城西区	697.16	104.35	-85.03	-10.01
西宁城北区	4 188.05	1 640.91	-60.82	-5.07
西宁城东区	618.40	298.00	-51.81	-3.97
西宁城中区	44.46	25.44	-42.78	-3.05
乐都区	31 670.27	17 233.11	-45.59	-3.32
互助县	80 861.69	61 536.72	-23.90	-1.51
湟中区	90 777.41	69 848.82	-23.05	-1.45
湟源县	27 080.72	22 345.10	-17.49	-1.06
大通县	68 181.50	57 370.38	-15.86	-0.95
平安区	16 035.12	14 606.74	-8.91	-0.52
总计	320 154.78	245 009.57	-23.47	-1.48

8.2.3 耕地用途转移

（1）一江两河地区

2000～2018 年，一江两河地区耕地未发生变动部分面积为 16.912 万 hm²，占 2000 年

耕地总面积的 77.12%，其余 5.017 万 hm² 发生用途转移。相较于 2000 年耕地的空间分布，2000～2018 年约有 3.077 万 hm² 的其他用地转为耕地，新增耕地面积约占 2018 年耕地总面积的 15.39%（图 8-13）。

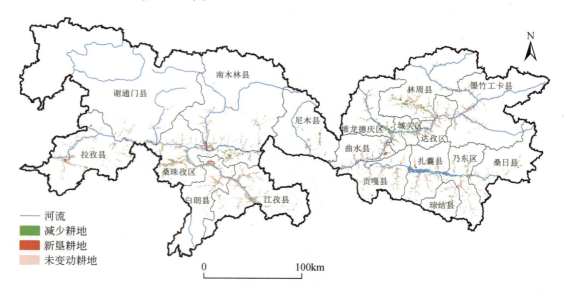

图 8-13　一江两河地区 2000～2018 年耕地空间变化

研究时段内，一江两河地区耕地转出主要发生在桑珠孜区和林周县，其中，桑珠孜区耕地转出面积为 0.880 万 hm²，约占全区耕地转出总面积的 17.55%；林周县耕地转出面积占比约为 12.77%，共转出耕地 0.640 万 hm²；江孜县和堆龙德庆区耕地转出面积相差不大，占比分别为 10.11% 和 9.54%。而从耕地转出率（即耕地转出面积占各县区 2000 年耕地总面积的比例）的相对关系看，城关区、堆龙德庆区和桑日县耕地转出率位列前三，分别为 63.33%、47.88% 和 39.87%。由此可知，2000～2018 年，一江两河地区耕地转出情况主要发生在拉萨市和日喀则市城区及其周边各县，且以城关区耕地转出率最大（图 8-13）。

从县域耕地转入情况看，2000～2018 年南木林县耕地转入面积最多（图 8-13），占比最大，约占全区耕地转入总面积的 10.90%；桑珠孜区、白朗县和拉孜县耕地转入面积次之，分别为 0.298 万 hm²、0.267 万 hm² 和 0.261 万 hm²，占比依次为 9.68%、8.68% 和 8.47%。而从耕地转入面积对各县区 2018 年耕地总面积的贡献度上看，曲水县耕地转入面积的贡献度最大，新转入耕地面积约占 2018 年全县耕地总面积的 26.76%。

2000～2018 年，全区共转出耕地 5.017 万 hm²，其中，82.76% 因生态退耕转为林地或草地，面积为 4.152 万 hm²；其余 17.24%（0.865 万 hm²）随地区经济发展和城市化水平的提高转为非农建设用地（图 8-14）。通过分析各县区不同耕地转出类型面积占比发现，城关区和堆龙德庆区耕地转出以非农建设占用为主，分别占其耕地转出总面积的 72.04% 和 51.94%；其余各县区耕地转出均以生态退耕为主，生态退耕面积占耕地转出总面积的比例均高于 70%，其中，桑日县、林周县、琼结县、白朗县、谢通门县、南木林县、尼木县、扎囊县和拉孜县生态退耕面积占比均高于90%。由此可知，经济发展导致的非农建设占用是拉萨市区及近郊耕地转出的主要原因；生态退耕则是导致其他县区耕地转出的主要驱动力。

图 8-14　西藏一江两河地区 2000～2018 年减少耕地流向

（2）湟水河流域

2000～2018 年，湟水河流域未发生变动耕地面积为 22.539 万 hm²，约占 2000 年耕地总面积的 70.40%；剩余 29.60% 的耕地在经济发展过程中被非农建设占用或因生态退耕转为林地或草地，面积约为 9.477 万 hm²。此外，约有 1.962 万 hm² 的其他用地转为耕地，占 2018 年湟水河流域耕地总面积的 8.01%，主要分布在距离市区较远的农村地区（图 3-15）。

从各县区耕地转出面积的相对关系看，湟中区耕地转出面积最多，为 2.801 万 hm²，约占全流域耕地转出总面积的 29.56%；互助县耕地转出面积占比为 21.95%，共转出耕地 2.080 万 hm²；乐都区和大通县耕地转出面积占比分别为 16.48% 和 14.76%，转出面积依次为 1.562 万 hm² 和 1.399 万 hm²。而从耕地面积转出率（即耕地转出面积占各县区 2000 年耕地总面积的比例）的相对关系看，城西区、城北区、城东区、乐都区和城中区耕地面积转出率位列前五，分别为 85.03%、60.82%、51.81%、45.59% 和 42.77%。

从耕地转入情况上看，2000～2018 年，湟中区新转入耕地最多（0.709 万 hm²），占比最大，约占全流域耕地转入总面积的 36.11%；平安区转入面积占比次之，约为 19.34%，面积为 0.379 万 hm²；大通县新转入耕地面积位居第三，占比为 16.20%；湟源县耕地转入面积占比也超过了 10%，约为 12.58%。从新转入耕地面积对各县区 2018 年耕地总面积的贡献度上看，城东区、城中区和城西区新转入耕地的贡献度位列前三，分别占 2018 年各区耕地总面积的 65.87%、62.15% 和 44.48%。

2000～2018 年共有 7.117 万 hm² 的耕地在生态退耕政策的推动下转为林地或草地，约

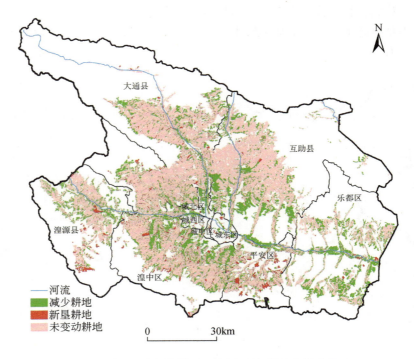

图 8-15　湟水河流域 2000～2018 年耕地空间变化

占全流域耕地转出总面积的 75.09%；其余 24.91% 的耕地因城市建设转为建成区、交通等非农建设用地，面积约为 2.361 万 hm²。此外，城北区、城东区、城西区和城中区耕地转出以非农建设占用为主（图 8-16），分别占各县区耕地转出总面积的 77.46%、87.55%、71.95% 和 85.24%；而大通县、互助县、湟源县、湟中区、乐都区和平安区耕地转出则以生态退耕为主，占比也均高于 70%。

8.2.4　耕地变化的驱动因子

2000～2018 年一江两河和湟水河流域，耕地变化的直接因素是生态退耕和非农建设用地占用，驱动这些变化的因素除政策因素外，其他社会经济因素也起到重要的推动作用。

（1）一江两河地区

一江两河地区耕地时空变化驱动因子的相关系数矩阵（表 8-4）显示，大多数驱动因子两两之间相关系数的绝对值大于 0.50，表明原始驱动因子间存在显著的信息冗余。而 KMO（Kaiser-Meyer-Olkin）值为 0.74，大于 0.50；Bartlett 检验的 Sig 值为 0，小于 0.05 的显著性水平，说明主成分分析法适用于一江两河地区耕地时空变化主要驱动因子的识别。

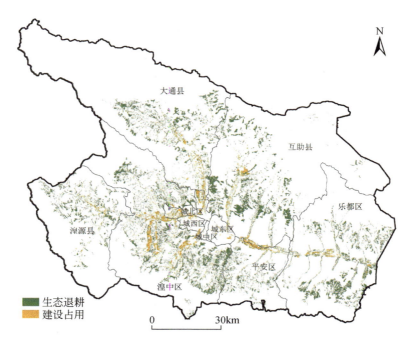

图 8-16　青海湟水河流域 2000～2018 年耕地流向

表 8-4　一江两河地区耕地时空变化驱动因子相关系数矩阵

因子	ZX_1	ZX_2	ZX_3	ZX_4	ZX_5	ZX_6	ZX_7	ZX_8	ZX_9
ZX_1	1.00								
ZX_2	0.98	1.00							
ZX_3	0.99	0.99	1.00						
ZX_4	0.98	0.95	0.97	1.00					
ZX_5	0.77	0.69	0.71	0.82	1.00				
ZX_6	0.51	0.46	0.46	0.52	0.81	1.00			
ZX_7	0.22	0.38	0.34	0.21	−0.27	−0.38	1.00		
ZX_8	0.91	0.85	0.89	0.97	0.86	0.54	0.12	1.00	
ZX_9	−0.74	−0.63	−0.66	−0.78	−0.94	−0.70	0.28	−0.82	1.00

　　注：ZX_1 为标准化地区生产总值；ZX_2 为标准化全社会固定资产投资额；ZX_3 为标准化地方财政支出；ZX_4 为标准化农村居民人均可支配收入；ZX_5 为标准化城镇化率；ZX_6 为标准化年末总人口；ZX_7 为标准化粮食总产量；ZX_8 为标准化农业机械化总动力；ZX_9 为标准化第一产业产值占比。

　　相关系数>0.80，高度相关；0.50<相关系数<0.80，中度相关；0.30<相关系数<0.50，低度相关；相关系数<0.30，不相关。

　　根据特征值>1、累计方差贡献率>85% 的遴选原则，共得到两个相互独立的主成分，其特征值分别为 6.54 和 1.78，方差贡献率分别为 72.65% 和 19.81%，累计方差贡献率为 92.45%（表 8-5），即所得两个主成分可累积反映 9 个原始驱动因子 92.46% 的信息。

表 8-5　一江两河地区主成分特征值和贡献率

主成分	特征值	贡献率/%	累计贡献率/%
1	6.54	72.65	72.65
2	1.78	19.81	92.46
3	0.36	3.96	96.42
4	0.19	2.12	98.54
5	0.09	1.04	99.58
6	0.03	0.30	99.88
7	0.01	0.05	99.93
8	0.00	0.05	99.98
9	0.00	0.02	100.00

根据主成分载荷矩阵（表 8-6），第一主成分与农村居民人均可支配收入（X_4）、地区生产总值（X_1）、农业机械化总动力（X_8）、地方财政支出（X_3）、全社会固定资产投资额（X_2）和城镇化率（X_5）的载荷值均不小于 0.90；与第一产业产值占比（X_9）和年末总人口（X_6）的载荷绝对值也分别为 0.86 和 0.66。因此，第一主成分很好地反映了经济发展（X_4、X_1、X_3、X_2）、农业进步（X_8）、城市化（X_5）和人口增长（X_6）对一江两河地区 2000~2018 年耕地时空变化的综合影响作用。第二主成分与粮食总产量（X_7）具有强相关性，其载荷值为 0.94，表明第二主成分主要代表农业进步，即粮食总产量对一江两河地区耕地时空变化的驱动作用。

表 8-6　一江两河地区主成分载荷矩阵

因子	第一主成分	第二主成分
地区生产总值（X_1）	0.97	0.20
全社会固定资产投资额（X_2）	0.92	0.33
地方财政支出（X_3）	0.94	0.31
农村居民人均可支配收入（X_4）	0.98	0.16
城镇化率（X_5）	0.90	−0.40
年末总人口（X_6）	0.66	−0.57
粮食总产量（X_7）	0.08	0.94
农业机械化总动力（X_8）	0.96	0.05
第一产业产值占比（X_9）	−0.86	0.39

主成分分析结果表明，一江两河地区 2000~2018 年耕地变化受经济发展、农业进步、城市化和人口增长的综合影响。为进一步识别不同驱动因子对一江两河地区耕地变化的贡献度，本研究基于 SPSS 分析结果，得到两个主成分与 9 个原始因子标准化值之间的线性关系方程。在此基础上，根据两个主成分对一江两河地区耕地时空变化的贡献率，得到耕

地时空变化驱动因子的综合得分方程，如式（8.16）所示。

$$F = 0.79F_1 + 0.21F_2$$
$$= 0.33ZX_1 + 0.34ZX_2 + 0.34ZX_3 + 0.33ZX_4 + 0.21ZX_5 \qquad (8.16)$$
$$+ 0.11ZX_6 + 0.18ZX_7 + 0.30ZX_8 - 0.20ZX_9$$

式中，自变量为各原始因子的标准化值，因此，各因子系数可表征相应驱动因子对一江两河地区耕地时空变化的相对贡献。为精确量化各驱动因子的贡献度，根据式（8.15）计算各驱动因子的贡献率，结果表明，地方财政支出（X_3）、全社会固定资产投资额（X_2）、地区生产总值（X_1）、农村居民人均可支配收入（X_4）和农业机械化总动力（X_8）的贡献率位列前五位，分别为 14.49%、14.43%、14.06%、13.98% 和 12.89%；城镇化率（X_5）、粮食总产量（X_7）和年末总人口（X_6）对一江两河地区耕地时空变化也具有正向的驱动作用，但其贡献率相对较低，分别为 9.13%、7.51% 和 4.85%；而第一产业产值占比（X_9）则对一江两河地区耕地时空变化起到负向的驱动作用，其贡献率为 -8.65%。

（2）湟水河流域

湟水河流域主成分分析结果表明，绝大多数驱动因子两两之间均存在相关关系，相关系数的绝对值大于 0.50（表 8-7），表明原始因子间存在显著的信息冗余。此外，KMO 值为 0.78，大于 0.50；Sig 值为 0，小于 0.05 的显著性水平，说明主成分分析法适用于湟水河流域耕地变化驱动因子的识别。

表 8-7　湟水河流域耕地时空变化驱动因子相关系数矩阵

因子	ZX_1	ZX_2	ZX_3	ZX_4	ZX_5	ZX_6	ZX_7	ZX_8	ZX_9
ZX_1	1.00								
ZX_2	0.96	1.00							
ZX_3	0.99	0.98	1.00						
ZX_4	1.00	0.95	0.99	1.00					
ZX_5	0.96	0.99	0.98	0.96	1.00				
ZX_6	0.96	0.85	0.93	0.96	0.87	1.00			
ZX_7	-0.44	-0.54	-0.48	-0.44	-0.52	-0.33	1.00		
ZX_8	0.82	0.66	0.76	0.82	0.69	0.93	-0.27	1.00	
ZX_9	-0.82	-0.69	-0.77	-0.82	-0.72	-0.93	0.23	-0.96	1.00

注：ZX_1 为标准化地区生产总值；ZX_2 为标准化全社会固定资产投资额；ZX_3 为标准化地方财政支出；ZX_4 为标准化农村居民人均可支配收入；ZX_5 为标准化城镇化率；ZX_6 为标准化年末总人口；ZX_7 为标准化粮食总产量；ZX_8 为标准化农业机械化总动力；ZX_9 为标准化第一产业产值占比。

相关系数>0.80，高度相关；0.50<相关系数<0.80，中度相关；0.30<相关系数<0.50，低度相关；相关系数<0.30，不相关。

湟水河流域主成分分析共得到两个相互独立的主成分（表 8-8），其特征值分别为 7.40 和 1.01，方差贡献率分别为 82.25% 和 11.25%，累计贡献率为 93.50%，即已得两个主成分可反映 9 个原始驱动因子 92.50% 的信息。

表 8-8　湟水河流域主成分特征值和贡献率

主成分	特征值	贡献率/%	累计贡献率/%
1	7.40	82.25	82.25
2	1.01	11.25	93.50
3	0.49	5.40	98.89
4	0.07	0.72	99.61
5	0.02	0.25	99.86
6	0.01	0.07	99.93
7	0.01	0.06	99.99
8	0.00	0.00	100.00
9	0.00	0.00	100.00

由表 8-9 可知，第一主成分与农村居民人均可支配收入（X_4）、地区生产总值（X_1）、地方财政支出（X_3）、年末总人口（X_6）、城镇化率（X_5）和全社会固定资产投资额（X_2）的载荷值均超过了 0.90；与第一产业产值占比（X_9）和农业机械化总动力（X_8）的载荷绝对值也分别为 0.87 和 0.86。由此可知，第一主成分很好地反映了经济发展（X_4、X_1、X_3、X_2、X_9）、人口增长（X_6）、城市化（X_5）和农业进步（X_8）对湟水河流域 2000～2018 年耕地时空变化的综合影响作用。第二主成分与粮食总产量（X_7）具有中度相关性，其载荷值为 0.76，表明第二主成分主要代表农业进步，即粮食总产量对湟水河流域耕地时空变化的驱动作用。综上所述，湟水河流域 2000～2018 年耕地时空变化受经济发展、人口增长、城市化和农业进步的综合驱动。

表 8-9　湟水河流域主成分载荷矩阵

因子	第一主成分	第二主成分
地区生产总值（X_1）	0.99	−0.01
全社会固定资产投资额（X_2）	0.95	−0.23
地方财政支出（X_3）	0.98	−0.09
农村居民人均可支配收入（X_4）	0.99	−0.01
城镇化率（X_5）	0.96	−0.19
年末总人口（X_6）	0.97	0.21
粮食总产量（X_7）	−0.49	0.76
农业机械化总动力（X_8）	0.86	0.37
第一产业产值占比（X_9）	−0.87	−0.39

为进一步识别不同驱动因子对湟水河流域耕地时空变化的贡献度，本研究基于 SPSS 分析结果，分别得到两个主成分与 9 个原始驱动因子标准化值的线性关系方程。在此基础上，根据两个主成分对湟水河流域耕地时空变化的贡献率，得到湟水河流域耕地时空变化

驱动因子的综合得分方程，如式（8.17）所示。

$$F = 0.88F_1 + 0.12F_2$$
$$= 0.32ZX_1 + 0.28ZX_2 + 0.31ZX_3 + 0.32ZX_4 + 0.29ZX_5 + 0.34ZX_6 \quad (8.17)$$
$$-0.07ZX_7 + 0.32ZX_8 - 0.33ZX_9$$

基于不同驱动因子对湟水河流域耕地时空变化的相对贡献［式（8.17）中各因子对应的系数］，根据式（8.15）精确计算各驱动因子的贡献率。研究结果表明，年末总人口（X_6）、第一产业产值占比（X_9）、农业机械化总动力（X_8）、农村居民人均可支配收入（X_4）和地区生产总值（X_1）的贡献率位列前五位，分别为 13.22%、−12.74%、12.59%、12.47% 和 12.44%，且除第一产业产值占比呈负向驱动作用外，其余 4 个因子均发挥正向的驱动作用。地方财政支出（X_3）、城镇化率（X_5）和全社会固定资产投资额（X_2）对湟水河流域耕地时空变化也具有正向的驱动作用，贡献率均超过 10%，分别为 11.53%、11.17% 和 10.86%。此外，与第一产业产值占比（X_9）的影响作用相同，粮食总产量（X_7）对湟水河流域耕地时空变化也起到负向的驱动作用，其贡献率为 −2.57%。

8.2.5 耕地变化的驱动机制

（1）经济发展的驱动作用

从分析结果看，农村居民人均可支配收入、地区生产总值、地方财政支出、全社会固定资产投资额和第一产业产值占比等对一江两河地区和湟水河流域耕地时空变化的影响作用较为突出，因此，经济发展是青藏高原关键农区耕地时空变化的首要驱动力。其驱动机制主要体现在以下几方面：一方面，经济的快速发展使非农建设用地需求量增加，使得城区周边的耕地不断被非农建设占用。2000～2018 年，一江两河地区和湟水河流域地区生产总值分别从 23.17 亿元和 116.47 亿元增加至 636.18 亿元和 1547.38 亿元；地方财政支出分别增长了 54.99 倍和 33.38 倍；全社会固定资产投资额也分别增长了 137.26 倍和 44.88 倍。在经济快速发展的背景下，建成区不断扩张，城市化水平显著提高，致使城区周边大量耕地被占用，耕地面积不断减少。其中，拉萨市城关区和西宁市四城区几乎 95% 以上的转出耕地为居民点、交通等城市建设所用。与此同时，本研究发现两地区第一主成分均与第一产业产值占比呈较强的负相关性，这说明产业结构的优化调整也是影响青藏高原地区耕地时空变化的主要因素。2000～2018 年，一江两河地区和湟水河流域第一产业产值占比分别从 53.32% 和 11.96% 下降为 6.32% 和 4.43%，第二产业和第三产业产值占比则分别从 46.68% 和 88.04% 增至 93.68% 和 95.57%。其驱动机制可解释为，产业结构的优化调整增加了非农建设和基础设施建设对土地空间的需求，创造了更多的非农就业机会，增加了农村居民人均纯收入，刺激了本就追求高住房质量的藏区农牧民的住房需求，引起了农村居民点和基础设施用地的扩张，致使耕地规模呈减少趋势。2000～2018 年，两地区农村居民人均可支配收入分别增长了 7.05 倍和 6.27 倍，随着农村居民生活水平的提高，农牧民对住房等居住环境的要求也相继提高，自然需要占用更多的耕地以满足高质量生活需要。

（2）人口增长的驱动作用

人口增长直接影响着区域耕地面积的变化，是最具活力的土地利用变化驱动因素之一。人口增长对耕地时空变化的影响较为复杂，既是耕地利用的参与者，又是耕地生产品的消费者。作为参与者，人口扩张必然带来住房和公共基础设施用地需求的增加，进而会占用大量耕地，致使耕地利用发生变化；而作为耕地生产品的消费者，人口的增加也势必需要更多的耕地以满足不断增加的粮食需求。2000～2018 年，一江两河地区和湟水河流域总人口分别从 82.52 万人和 252.02 万人增加至 107.36 万人和 287.32 万人，分别增加了 30.10% 和 14.01%，不可避免地引发了人们对住房需求的增加，从而造成了人们对耕地的占用，致使人均耕地面积分别从 0.27hm² 和 0.13hm² 减少至 0.19hm² 和 0.08hm²。研究时段内，两区人口的快速增加致使当地人均耕地面积大量减少，使得人地矛盾日渐突出。

（3）农业进步的驱动作用

农业机械化总动力在一江两河地区和湟水河流域第一主成分中均表现出了较强的影响作用，其载荷系数分别为 0.96 和 0.86；此外，粮食总产量则均在两地区第二主成分中居主导作用，与第二主成分的载荷系数依次为 0.94 和 0.76。据此可知，农业进步是驱动一江两河地区和湟水河流域耕地时空变化的重要因子，其中农业机械总动力是反映农业科技进步的重要指标（Hui et al., 2020）。2000～2018 年，一江两河地区和湟水河流域农业机械总动力分别由 43.33 万 kW 和 147.50 万 kW 增至 289.31 万 kW 和 215.83 万 kW。2000年以来，青藏高原地区农业生产条件不断改善，使得高原粮食单产水平和农业经济效益有所提高，农民温饱得以保证，加之农业机械化水平的提高，使得精耕细作不断弱化，越来越多的农民有机会寻找更高经济收入的工作方式，进而导致耕地利用不断发生变化。

（4）城市化的驱动作用

城市化过程中，农村人口向城市的流动和转移，改变着城乡之间的用地需求和用地格局，进而影响着耕地的时空变化。一方面，城市人口的不断扩张，使得城市用地需求量不断增加，致使非农建设用地不断侵占城郊耕地，直接引起了耕地面积的减少。另一方面，城市化的推进，为农民提供了大量的非农就业机会，农村剩余劳动力向城市的转移可以腾空部分宅基地和非农用地，用以复垦为耕地，进而增加耕地数量。然而，城市化推动耕地面积增加这一影响的实现往往取决于城市化和工业化发展是否同步，以及乡村聚落即村镇合并集中是否到位（张军岩和贾绍凤，2005）。21 世纪以来，虽然青藏高原地区城市化水平不断提高，但仍然存在滞后于工业化发展的问题，尚未达到驱动青藏高原耕地面积增加的发展状态。统计分析表明，2000～2018 年，一江两河地区和湟水河流域城镇化率分别从 20.10% 和 34.18% 提高到 30.16% 和 53.27%，城市化水平的快速提高必然需要占用大量耕地以满足不断扩张的城市非农建设用地需求，进而导致两区耕地面积的减少。

8.2.6 小结

2000～2018 年，一江两河地区 22.88% 的耕地发生用途转移，其中 82.76% 转为林草地或城市绿地等生态用地，17.24% 的转为城镇、交通等非农用地；湟水河地区 29.60% 的耕地发生用途转移，其中 75.09% 转为生态用地、24.91% 转为城镇等建设用地。其间，一江两河地区新垦耕地 3.077 万 hm²、湟水河地区 1.962 万 hm²，分别占 2018 年耕地面积的 15.39% 和 8.01%。分县看，城市周边地区的县区，耕地转出以城镇建设占用为主，如城关区和堆龙德庆区，分别占转出耕地的 72.04% 和 51.94%，西宁市的城北区、城东区、城西区和城中区更高，非农占用分别占转出耕地的 77.46%、87.55%、71.95% 和 85.24%。其余各县耕地转出均以生态退耕为主，生态退耕面积占耕地转出总面积的比例均高于 70%，其中，西藏的桑日县、林周县、琼结县、白朗县、谢通门县、南木林县、尼木县、扎囊县和拉孜县，生态退耕面积占比均高于 90%。

两区耕地变化驱动机制基本一致，即经济发展、农业进步、人口增长和城市化构成了两区 2000~2018 年耕地时空变化的主要驱动力，尤以经济发展的驱动作用最为突出。2000~2018 年，一江两河地区和湟水河流域耕地面积分别减少了 8.85% 和 23.47%，主要是生态退耕和建设占用造成的。除生态退耕政策的影响外，经济发展、农业进步、人口增长和城市化是两地区 2000~2018 年耕地时空变化的主要驱动力，尤以经济发展的驱动作用最为突出。

8.3　设施农业用地格局及时空变化

2008~2018 年设施农业的快速发展已成为青藏高原农业发展的一个突出亮点。然而，作为高原特殊的耕地利用类型，青藏高原设施农业用地的现状格局及其时空变化特征尚待探讨。因此，在对青藏高原耕地的现状格局、空间分异特征及其形成机制，青藏高原关键农区耕地的时空格局变化特征及其驱动机制，以及耕地变化对粮食生产和生态状况影响评估的基础上，本节聚焦青藏高原设施农业用地，基于目视解译所得米级分辨率设施农业用地数据，探讨青藏高原 2018 年设施农业用地的现状及区域差异；以设施农业发展典型区拉萨市和西宁市为例，识别青藏高原 2008~2018 年设施农业用地的时空格局变化特征。

8.3.1　数据和方法

（1）目视解译

基于 0.24~0.48m 分辨率的 Google Earth 高清卫星影像，通过目视解译，获取青藏高原 2018 年设施农业用地空间数据。其中，70.47% 的设施农业用地基于 2018 年 1~12 月的高清卫星影像解译获取；16.40% 的设施农业用地基于 2017 年 11~12 月的高清卫星影像获取；其余 13.13% 的设施农业用地零星分布在人口稀少的西藏西北部、青海西北部和新疆地区，因近期高清卫星影像数据缺失，故采用 2010 年 10 月~2017 年 10 月的卫星影像目视解译提取。

鉴于青藏高原早期高清卫星影像获取较为困难，且青藏高原设施农业用地主要分布在大型城市及其周边地区，并于 2008 年以来发展最为迅速，因此，本研究选择西藏拉萨市和青海西宁市为设施农业发展典型区，基于 2008 年和 2018 年两期 Google Earth 高清卫星影像（影像拍摄时间分别为 2007 年 11 月~2008 年 12 月和 2017 年 11 月~2018 年 11 月），通过目视解译，获取两市 2008 年和 2018 年米级分辨率的设施农业用地数据。青藏高原设施农业用地高分影像如图 8-17 所示。

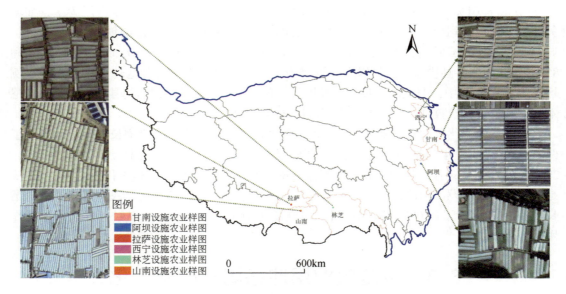

图 8-17　青藏高原设施农业用地高分影像图示

（2）GIS 空间分析

利用 ArcGIS 10.6 将解译所得设施农业用地 kml 文件转为 shp 文件，通过空间分析，识别 2018 年青藏高原设施农业用地的现状格局和空间分异特征。鉴于设施农业多为人工建造设施，其局部环境经过人为改善或创造。因此，本研究仅关注青藏高原设施农业用地随海拔的空间分异特征，对其在坡度、气温、降水等受人类活动影响较大的自然条件下的空间分异特征不进行分析。首先，将 DEM 数据以 100m 间隔为单位进行栅格重分类；其次，将重分类后的 DEM 栅格文件转为 shp 文件；最后，利用 GIS 相交分析功能，统计每100m 海拔梯度内的设施农业用地面积及其占比。

8.3.2　设施农业用地的现状格局

（1）设施农业用地的区域差异

2018 年青藏高原共有设施农业用地面积 9426.95hm^2（表 8-10）。其中，青海设施农业用地面积最多，高达 6177.48hm^2，占青藏高原设施农业用地总面积的 65.53%；西藏次之，设施农业用地面积为 2824.62hm^2，所占比例为 29.96%；青藏高原内甘肃和四川部分的设施农业用地面积十分接近，分别为 228.01hm^2 和 153.90hm^2；云南部分的设施农业用地面积最少，仅为 42.94hm^2，占比为 0.46%。

受高原城市和人口主要聚集在河谷地区的影响，2018 年青藏高原设施农业用地的分布与河流走向十分吻合，大致沿河流两岸呈串珠状的空间分布态势，且以西藏南部、东南部和青海东部的主要城市及其周边地区分布最为集中（图 8-18）。西宁、拉萨、日喀则等较大城市及其周边地区人口密集，对蔬菜、瓜果等设施农产品的需求量大，交通运输便利是形成这一空间分布态势的主要原因。在四川西部、甘肃西部和云南东北部等地区，城镇规模小，因此当地的设施农业用地分布较为均匀，零散分布在整个区域内。设施农业用地与城市、人口空间分布的高度契合有利于实现青藏高原设施蔬菜和瓜果等的就地供应，可以较好地满足城市发展和人口聚集对设施农产品的需求。

表8-10　青藏高原设施农业用地在各省区的分布情况

地区	设施农业用地面积/hm²	面积占比/%
青海	6177.48	65.53
甘肃	228.01	2.42
西藏	2824.62	29.96
四川	153.90	1.63
云南	42.94	0.46
全区	9426.95	100.00

图8-18　青藏高原2018年设施农业用地空间分布

（2）设施农业用地的空间分异特征

海拔高是青藏高原自然环境的主要特色。受这一特殊自然环境的影响，青藏高原设施农业用地在不同海拔梯度下的面积及其占比不同，沿海拔梯度呈现显著的垂直分异特征（图8-19）。设施农业用地面积累积曲线斜率可以反映不同高程区间内设施农业用地面积所占比例的大小。斜率越大、曲线越陡，表明设施农业用地在此高程区间内分布越集中、面积占比越大；反之越小。由图8-19可知，青藏高原设施农业用地聚集在海拔2200～2600m和3500～3900m的地带。结合研究区30m DEM数据分析可知，在2200～2600m高程区间，分布有林芝、山南、西宁等重要城市；而在海拔3600～3900m，有拉萨和日喀则两市，这些城市都是青藏高原设施农业用地的集中分布区。从各高程区间内设施农业用地的数量关系上看，3600~3700m 高程区间内（主要分布有拉萨市）的设施农业用地面积最多，占全区设施农业用地总面积的 14.70%；其次是 2300~2400m 高程区间（主要分布有西宁市），占全区设施农业用地总面积的 13.04%。在 1400~1900m 和 3900~4600m 高程区间，设施农业用地分布规模较小，面积总和仅占 2%。这些地区多为山地森林区、高寒草原区和高寒荒漠区（Zheng，1996），人口较少，对设施农产品的需求小，因此设施农业用地规模不大。此外，3300~3500m 高程区间，城镇规模小，设施农业用地面积也很少。

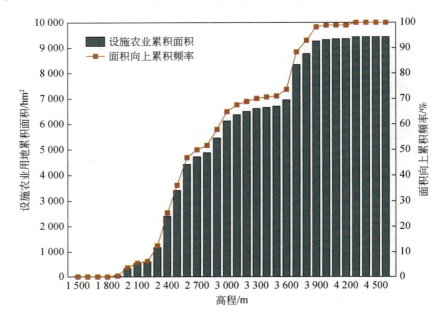

图 8-19　青藏高原不同高程梯度下的设施农业用地分布情况
"面积向上累积频率"代表某一海拔上限（≤此海拔上限）内的设施农业用地面积占青藏高原
设施农业用地总面积的比例

8.3.3　设施农业用地的时空变化

青藏高原设施农业快速发展，极大地提高了当地的蔬菜自给率。根据青海省农业农村厅公布的数据，青海 2018 年的蔬菜自给率为 65%，较 2008 年的 57% 提高 8%。而根据中国西藏网发布的文献数据，2018 年西藏主要城镇在夏、秋两季的蔬菜自给率达 85%，冬、春两季的蔬菜自给率达 65%，有效缓解了当地"吃菜难"的问题。但是，由于城镇发展和城市用地占用，设施农业用地的时空变化突出，因此，本研究以拉萨市和西宁市为例，分析了 2008~2018 年设施农业用地的时空发展状况。

（1）拉萨市设施农业用地的时空变化

2008~2018 年，拉萨市设施农业发展迅速，设施农业用地面积由 2008 年的 616.13hm² 扩张为 2018 年的 1448.31hm²，共增加了 832.18hm²（表 8-11）。2008~2018 年，拉萨市所辖 7 县区设施农业用地面积均呈增加趋势。其中，曲水县设施农业用地面积增量最大，为 363.47hm²；达孜区次之，新增设施农业用地面积 314.91hm²；堆龙德庆区位居第三，设施农业用地面积由 2008 年的 171.95hm² 增加至 2018 年 253.42hm²；拉萨城关区、墨竹工卡县和林周县新增设施农业用地面积相差不大，分别为 30.28hm²、20.99hm² 和 20.86hm²；尼木县设施农业用地从无到有，共增加了 0.20hm²。

表 8-11　2008～2018 年拉萨市各县域设施农业用地面积变化

区县	设施农业用地面积/hm²		变化量	面积占比/%		变化量
	2008 年	2018 年	/hm²	2008 年	2018 年	/个百分点
达孜区	10.86	325.77	314.91	1.76	22.49	20.73
堆龙德庆区	171.95	253.42	81.47	27.91	17.50	−10.41
城关区	401.61	431.89	30.28	65.18	29.82	−35.36
林周县	3.99	24.85	20.86	0.65	1.72	1.07
曲水县	27.72	391.19	363.47	4.50	27.01	22.51
墨竹工卡县	0.00	20.99	20.99	0.00	1.45	1.45
尼木县	0.00	0.20	0.20	0.00	0.01	0.01

从各区县设施农业用地面积占拉萨市设施农业用地总面积的比例上看，2008 年拉萨市设施农业用地集中在市辖区，占比高达 65.18%，远超全市设施农业用地总面积的一半。2008～2018 年城关区设施农业用地面积所占比例下降了 35.36%，堆龙德庆区的设施农业用地面积占比也呈减少趋势，下降了 10.41%。除此以外，其余各县区设施农业用地面积所占比例均呈增加趋势。其中，曲水县和达孜区设施农业用地面积占比变化量相当，分别从 4.50% 和 1.76% 增加为 27.01% 和 22.49%，净增加量依次为 22.51 个百分点和 20.73 个百分点；墨竹工卡县和林周县设施农业用地面积占比增量也均超过 1 个百分点，分别从 2008 年的 0 和 0.65% 增加为 2018 年的 1.45% 和 1.72%（表 8-11）。

2008～2018 年，拉萨市设施农业用地呈由市区向外围蔓延的发展态势（图 8-20）。2008～2018 年，拉萨市主城区设施农业用地空间变动较大，2008 年拉萨市设施农业用地集中在城关区，但到 2018 年大部分已被非农建设占用。2008～2018 年，拉萨市设施农业用地未发生变动部分面积为 193.45hm²，占 2008 年全市设施农业用地总面积的 31.40%；新增设施农业用地面积为 1254.85hm²，而由设施农业用地转为其他用地的面积则约为 422.67hm²，约占 2008 年拉萨市设施农业用地总面积的 68.60%。

2008～2018 年，拉萨市设施农业用地转入情况主要发生在曲水县、达孜区、城关区和堆龙德庆区，4 区县设施农业用地转入面积依次为 371.23hm²、320.00hm²、315.60hm² 和 204.34hm²，分别占全市新增设施农业用地总面积的 29.58%、25.50%、25.15% 和 16.29%；林周县和墨竹工卡县的设施农业用地转入面积相当，分别为 22.48hm² 和 20.99hm²，占比依次为 1.79% 和 1.67%；尼木县的设施农业用地转入面积为 0.20hm²，仅占全市新增设施农业用地总面积的 0.02%（表 8-12）。

此外，由表 8-12 可知，研究时段内，拉萨市设施农业用地转出情况主要发生于城关区，共转出耕地面积 285.32hm²，约占全市设施农业用地转出总面积的 67.50%；堆龙德

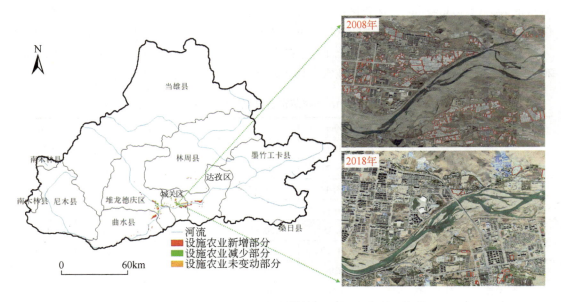

图 8-20 拉萨市 2008～2018 年设施农业用地的时空变化

庆区设施农业用地转出面积次之，所占比例约为 29.07%，共转出耕地 122.87hm²；曲水县、达孜区和林周县设施农业用地转出面积均不足 10hm²，占拉萨市设施农业用地转出总面积的比例依次为 1.84%、1.21% 和 0.38%。

表 8-12 2008～2018 年拉萨市各县域设施农业用地转入转出情况 （单位：hm²）

区县	转入面积	转出面积	变化量
达孜区	320.00	5.09	314.91
堆龙德庆区	204.34	122.87	81.47
城关区	315.60	285.32	30.28
林周县	22.48	1.62	20.86
曲水县	371.23	7.77	363.46
墨竹工卡县	20.99	0.00	20.99
尼木县	0.20	0.00	0.20

（2）西宁市设施农业用地的时空变化

西宁市设施农业用地由 2008 年的 537.32hm² 增加为 2018 年的 2 231.68hm²，共增加了 1694.36hm²（表 8-13）。2008～2018 年，西宁市所辖 4 县区设施农业用地面积均呈增加趋势。其中，湟中区设施农业用地面积增量最大，为 1173.75hm²，占全市新增设施农业用地总面积的 65.78%；大通县次之，新增设施农业用地面积 460.68hm²；市区新增面积位居第三，由 2008 年的 251.61hm² 增加至 2018 年 358.69hm²；湟源县新增设施农业用地相对较少，仅为 42.85hm²。

此外，从各区县设施农业用地面积占西宁市设施农业用地总面积的比例上看（表 8-13），除湟中区面积占比有所增加外,大通县、湟源县和市区(包括城东区、城中区、城西区、城北区)设施农业用地面积占比均呈下降趋势。其中,2008 年西宁市设施农业用地集中在市区,占全市设施农业用地总面积的比例高达 48.83%。2008~2018 年,市区设施农业用地所占比例下降了 32.76 个百分点;大通县和湟源县所占比例也分别降低了 3.33 个百分点和 0.34 个百分点。与此不同,湟中区的设施农业发展迅速,面积所占比例由 2008 年的 18.61% 增至 2018 年的 53.04 个百分点,净增加了 34.43 个百分点。

表 8-13　2008~2018 年西宁市各县域设施农业用地面积

区县	设施农业用地面积/hm²		变化量 /hm²	面积占比/%		变化量 /个百分点
	2008 年	2018 年		2008 年	2018 年	
大通县	169.71	630.39	460.68	31.58	28.25	−3.33
湟源县	16.00	58.85	42.85	2.98	2.64	−0.34
湟中区	100.00	1183.75	1173.75	18.61	53.04	34.43
市区	251.61	358.69	107.08	48.83	16.07	−32.76

2008~2018 年,西宁市设施农业用地空间变化显著(图 8-21),有 359.04hm² 的设施农业用地在 2018 年转为非农建设用地,占 2008 年全市设施农业用地总面积的比例高达

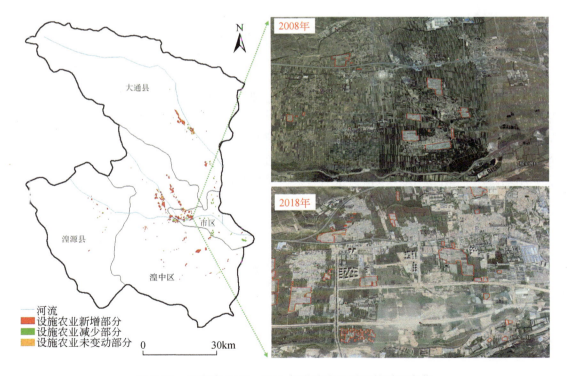

图 8-21　西宁市 2008~2018 年设施农业用地的时空变化

66.82%；设施农业用地未变动部分面积为 178.28hm²，仅占全市 2008 年设施农业用地总面积的 33.18%；而新增设施农业用地面积为 2053.41hm²，约为 2008 年设施农业用地总面积的 3.82 倍。

2008 ~ 2018 年，湟中区设施农业用地转入面积最多，为 1122.90hm²，约占西宁市新增设施农业用地总面积的 54.68%；大通县设施农业用地转入面积占比次之，约为 26.72%，新增设施农业用地面积 548.61hm²；市区设施农业用地转入面积占比也超过了 10%，转入面积约为 325.01hm²；2008 ~ 2018 年，湟源县转入设施农业用地面积最少，仅有 56.88hm²，仅占全市新增设施农业用地总面积的 2.77%（表 8-14）。

与设施农业用地转入情况不同，西宁市设施农业用地转出情况主要发生在市区。2008 ~ 2018 年，市区设施农业用地转出面积约为 217.93hm²，约占全市设施农业用地转出总面积的 60.70%；大通县设施农业用地转出面积占比次之，约为 24.49%，2008 ~ 2018 年，共有 87.93hm² 的设施农业用地被其他建设占用；湟中区设施农业用地转出面积为 217.93hm²，约占全市设施农业用地转出总面积的 10.90%；湟源县设施农业用地转出面积最少，仅为 14.03hm²，所占比例约为 3.91%（表 8-14）。

表 8-14　2008 ~ 2018 年西宁市各县设施农业用地转入转出情况　（单位：hm²）

县区	转入面积	转出面积	变化量
大通县	548.61	87.93	460.68
湟源县	56.88	14.03	42.85
湟中县	1122.90	39.15	1083.75
市区	325.01	217.93	107.08

2008 ~ 2018 年，拉萨市和西宁市新增设施农业用地均与两市建设用地扩张方向一致，呈由市区向外围不断蔓延的空间发展态势（图 8-22）。引起两市设施农业用地这一扩张态势的主要原因为：首先，研究时段内，拉萨市和西宁市城市快速发展导致建设用地紧张，致使市区内部设施农业用地被当地政府安排到市郊，转化为建设用地，进而导致市区设施农业用地占比下降；其次，城市扩张引起人口聚集使设施农产品的需求量上升，进而带动了城市周边设施农业的快速发展。

2008 年以来，青藏高原设施农业发展迅速，极大地满足了高原城市发展和人口聚集对蔬菜、瓜果等设施农产品的需求，显著提高了当地的蔬菜自给率。未来十年甚至更长时间内，青藏高原城市、经济和旅游业仍将呈快速增长态势，设施农业发展前景良好。因此，当地政府应加强设施农业用地规划和保护，促进设施农业有序和良性发展，将其打造成为青藏高原特色农业的新名片。

8.3.4　小结

得益于"菜篮子"工程、城市化和旅游业的快速发展以及居民收入增长的拉动，2008 ~ 2018 年，青藏高原设施农业发展迅速。截至 2018 年，青藏高原共有设施农业用地

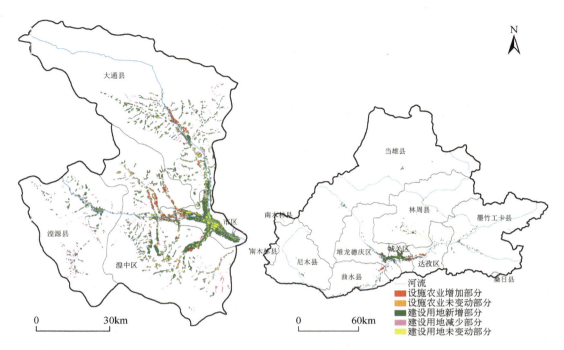

图 8-22 设施农业发展与建设用地扩张的空间关系

面积为 9426.95hm², 集中分布在西藏南部、东南部和青海东部的主要城市及周边地区。受高原人口和城市主要聚集在河谷地区的影响, 青藏高原设施农业用地大致沿河流两侧呈串珠状分布。青藏高原设施农业用地分布的海拔上限和下限分别为 4600m 和 1400m, 且以 2200~2600m 和 3600~3900m 高程区间分布较为集中。西宁市、拉萨市、林芝市和日喀则市等大城市的人口在两个高程区间的集中分布是形成这一分布格局的主要原因。

2008~2018 年, 拉萨市和西宁市设施农业用地面积增长迅速, 分别由 2008 年的 616.13hm² 和 537.32hm² 增加至 2018 年的 1448.31hm² 和 2231.68hm², 分别增加了 832.18hm² 和 1694.36hm²。受城市建设的影响, 2008~2018 年, 两市超过 60% 的设施农业用地被非农建设占用, 而新增设施农业用地与建设用地扩张方向一致, 导致设施农业呈由市区向外围不断蔓延的空间发展态势。

参 考 文 献

陈丹, 周启刚, 何昌华, 等. 2014. 基于 MPI 的典型西南山区耕地空间分布影响因素研究——以重庆石柱县为例. 水土保持研究, 21 (2): 228-233.

胡江洁, 杨尚琼, 陈冬梅, 等. 2014. 青稞新品系 11YD-8 的用途及栽培技术. 现代农业科技, 15: 41-42.

李丹, 杨光, 倪春迪, 等. 2019. 松嫩平原北部耕地空间分布及其变化特征. 环境工程, 37 (4): 189-194.

吕晨, 蓝修婷, 孙威. 2017. 地理探测器方法下北京市人口空间格局变化与自然因素的关系研究. 自然资源学报, 32 (8): 1385-1397.

聂斌斌，杨伟，李璐，等．2017．鄂西山区坡耕地分布格局与环境因子的关系．亚热带水土保持，29（4）：23-27．

秦鹏，董玉祥．2013．广州市土地利用空间分布影响因素的粒度效应分析．资源科学，35（11）：2239-2247．

邱扬，王勇，傅伯杰，等．2008．土壤质量时空变异及其与环境因子的时空关系．地理科学进展，27（4）：42-50．

史惠兰，姚卫康，刘梦萍，等．2017．高寒土壤质地对土壤养分空间分异的影响．江苏农业科学，45（18）：262-268．

谭剑波，李爱农，雷光斌．2016．青藏高原东南缘气象要素 Anusplin 和 Cokriging 空间插值对比分析．高原气象，35（4）：875-886．

王劲峰，徐成东．2017．地理探测器：原理与展望．地理学报，72（1）：116-134．

王圣，陈科希，袁源远，等．2021．江西省旱地土壤质地与土壤化学性状的相关性研究．中国土壤与肥料，（6）：65-71．

韦乐章，邓南荣，吴志峰，等．2008．粤北山区地形因素对耕地分布及其动态变化的影响．山地学报，1：76-83．

魏慧，吕昌河，杨凯杰，等．2019a．青藏高原及其典型地区设施农业空间分布数据集．全球变化数据学报，3（4）：364-369．

魏慧，吕昌河，杨凯杰，等．2019b．青藏高原及其典型地区设施农业空间分布数据集．全球变化科学研究数据出版系统，3（4）：364-369，471-476．

吴莉，侯西勇，徐新良．2014．环渤海沿海区域耕地格局及影响因子分析．农业工程学报，30（9）：1-10．

许彩彩，吕春娟，陈卓，等．2020．省域视角下耕地自然质量空间格局与影响因素．中国农业资源与区划，43（3）：253-264．

杨春艳，沈渭寿，王涛．2015．近30年西藏耕地面积时空变化特征．农业工程学报，31（1）：264-271．

杨飞，姚作芳，宋佳，等．2012．松嫩平原作物生长季气候和作物生育期的时空变化特征．中国农业气象，33（1）：18-26．

杨福林．2017．高原青稞种植技术．农民致富之友，5：197-198．

张军岩，贾绍凤．2005．基于中日比较的人口城市化对耕地影响机制研究．中国人口·资源与环境，15（1）：26-31．

张镱锂，李炳元，郑度．2002．论青藏高原范围与面积．地理研究，（1）：1-8．

周丁扬，吴建桥，文雯，等．2021．粮食主产区河南省耕地撂荒特征与影响因素分析．农业机械学报，52（8）：127-137．

Dhamodaran S, Lakshmi M. 2021. Comparative analysis of spatial interpolation with climatic changes using inverse distance method. Journal of Ambient Intelligence and Humanized Computing, 12 (6): 6725-6734.

Dong S Y, Peng F, You Q G, et al. 2018. Lake dynamics and its relationship to climate change on the Tibetan Plateau over the last four decades. Regional Environmental Change, 18 (2): 477-487.

Fan X C, Zhao L L. 2019. Land use changes and its driving factors: A case study in Nanping city, China. Applied Ecology and Environmental Research, 17 (2): 3709-3721.

Guo B B, Zhang J, Meng X Y, et al. 2020. Long-term spatio-temporal precipitation variations in China with precipitation surface interpolated by ANUSPLIN. Science Reports, 10 (1): 81.

Hui X H, Sun Y H, Yin F, et al. 2020. Trend prediction of agricultural machinery power in China coastal areas based on grey relational analysis. Journal of Coastal Research, 103: 299-304.

Li Q L, Zhang H, Guo S S, et al. 2020. Groundwater pollution source apportionment using principal component analysis in a multiple land-use area in southwestern China. Environmental Science and Pollution Research, 27 (9): 9000-9011.

Ma J Y, Yan X D, Hu S S, et al. 2017. Can monthly precipitation interpolation error be reduced by adding periphery climate stations? A case study in China's land border areas. Journal of Water and Climate Change, 8 (1): 102-113.

Song L B, Jin J M. 2020. Effects of sunshine hours and daily maximum temperature declines and cultivar replacements on Maize growth and yields. Agronomy-Basel, 10 (12): 1862.

Song L, Cao Y G, Zhou W, et al. 2020. Scale effects and countermeasures of cultivated land changes based on hierarchical linear model. Environmental Monitoring and Assessment, 192 (6): 346.

Su Y, Li T X, Cheng S K, et al. 2020. Spatial distribution exploration and driving factor identification for soil salination based on Geodetector models in coastal area. Ecological Engineering, 156: 105961.

Sydsaeter K, Hammond P, Strom A. 2008. Essential Mathematics for Economic Analysis. London: FT Prentice Hall.

Wang H Y, Qin F, Xu C D, et al. 2021. Evaluating the suitability of urban development land with a Geodetector. Ecological Indicators, 123: 107339.

Wei H, Lu C, Liu Y. 2021. Farmland changes and their ecological impact in the Huangshui River Basin. Land, 10: 1082.

Xiao Y, Zhao G X, Li T, et al. 2019. Soil salinization of cultivated land in Shandong Province, China: Dynamics during the past 40 years. Land Degradation & Development, 30 (4): 426-436.

Zhang L L, Qiao G H, Huang H L, et al. 2021. Evaluating spatiotemporal distribution of residential sprawl and influencing factors based on multi-dimensional measurement and Geodetector modelling. International Jornal of Environmental Research and Public Health, 18 (16): 8619.

Zhao R, Zhan L P, Yao M X, et al. 2020. A geographically weighted regression model augmented by Geodetector analysis and principal component analysis for the spatial distribution of $PM_{2.5}$. Sustainable Cities and Society, 56: 102106.

Zheng D. 1996. The system of physico-geographical regions of the Qing-hai-Xizang (Tibet) Plateau. Science in China (Series D), 39 (4): 410-417.

Zhou F C, Han X Z, Tang S H, et al. 2021. An improved model for evaluating ecosystem service values using land use/cover and vegetation parameters. Journal of Meteorological Research, 35 (1): 148-156.

Zhou Y, Li X H, Liu Y S. 2020. Land use change and driving factors in rural China during the period 1995-2015. Land Use Policy, 99: 105048.

Zhu L J, Meng J J, Zhu L K. 2020. Applying Geodetector to disentangle the contributions of natural and anthropogenic factors to NDVI variations in the middle reaches of the Heihe River Basin. Ecological Indicators, 117: 106545.

第 9 章　　草地盖度变化及其驱动机制

草地覆盖了约 40% 的地球陆表面积（Wang et al., 2019），提供多种重要生态系统服务功能，对保障粮食安全、维持生物多样性和促进可持续发展都至关重要（O'Mara, 2012；Tiscornia et al., 2019）。然而，受自然因素和人为因素共同影响，近几十年地球约 50% 的草地面积发生了不同程度退化（Gang et al., 2014；Yan et al., 2019）。青藏高原是世界上最主要的牧草地分布地区，同样经历了严重的草地退化（Liu et al., 2008；Li et al., 2018），导致生产力、生物多样性、土壤碳和营养物质以及相关社会–生态系统功能下降（Babel et al., 2014；Liu et al., 2018；Guo et al., 2019；Zhang et al., 2019）。草地退化已成为威胁青藏高原生态安全的主要因素之一（Zhang et al., 2014；Huang et al., 2016）。

青藏高原草地退化大多发生于 20 世纪 80 年代到 21 世纪初期，主要受过度放牧等人为因素影响，呈现显著空间异质性（Chen et al., 2014；Cai et al., 2015；Pang et al., 2017）。以往研究发现，2001 年藏北那曲 50.9% 的草地发生退化（杨汝荣，2003），2004 年三江源地区（黄河、长江、澜沧江）36.1% 的草地发生退化（Liu et al., 2008）。为了减缓草原退化，我国政府从 21 世纪初开始实施了一系列的草地保护政策措施，以减少青藏高原的放牧压力（Piao et al., 2015；Lu et al., 2017）。这些措施包括向牧民提供财政补贴，以减少放牧强度，并采用围栏放牧，以实现草畜平衡。目前已实施了多个大型草地生态保护项目，如 2003 年的退牧还草计划（Li et al., 2018）、2005 年的三江源自然保护区保护计划（Huang et al., 2016），以及 2009 年的西藏生态安全屏障保护与建设计划（Han et al., 2008）。这些保护工程已实施了十多年，因此，有必要对其保护成效进行评估，以了解草地变化趋势，识别出仍在退化的草地分布，有助于完善草地保护和恢复政策，实现青藏高原可持续管理。

草地退化涉及多方面，如草地盖度和生产力下降、土壤退化、优势物种减少等（MA, 2005；Behmanesh et al., 2016）。由于数据限制，植被覆盖度下降常被作为草地退化的识别指标，因为它对放牧强度更为敏感，而且容易基于遥感（RS）数据获取（Cingolani et al., 2005；Bai et al., 2008）。许多研究发现，过度放牧会导致草地盖度下降（Lin et al., 2010；Zhou et al., 2017），但中度放牧可能会增加草地盖度、生产力和生物多样性（Cingolani et al., 2005；Lu et al., 2017）。因此，监测草地盖度变化趋势及空间分异，可有效揭示草地变化动态，并有助于识别草地恢复或退化的区域，尤其是识别中短时期内由放牧强度变化引起的草地退化。RS 影像数据可实时、客观和准确地获取地表信息，且具有长时期记录（Zhou et al., 2017；Li et al., 2018；Liu et al., 2019b），因此，可基于 RS 数据计算植被覆盖度，并识别其在一定时期内的变化趋势（Carlson and Ripley, 1997；Bai et al., 2008）。常用于估算植被覆盖度的 RS 植被指数，主要包括增强植被指数（EVI）、土壤调整植被指数（SAVI）、NDVI 等（Carlson and Ripley, 1997；Lehnert et al., 2015）。

以往研究发现，基于 GIMMS-NDVI 3g（8 km 分辨率，1981～2015 年）、SPOT-VEGETATION（1 km，1998～2014 年）和 MODIS（250～5600 m，2000 年至今）等 RS 影像的 NDVI 时间序列数据，可有效用于评价植被生长状况和生产力（Huete et al., 2002；Pinzon and Tucker, 2014；Tote et al., 2017），并提供过去几十年草地退化的有力证据（Wessels et al., 2004；Huang et al., 2016；Li et al., 2018）。因此，本研究基于主要生长期的草地盖度变化趋势，评价保护政策实施以来的草地变化状况，重点识别出草地盖度明显下降且空间聚集的退化热点区域，从而确定应加大草地退化管控力度的重点地区。

一些研究也分析了青藏高原草地盖度的变化趋势，但其研究结果在变化幅度、趋势和格局等方面存在较大差异。以往研究发现，青藏高原大部分（61.73%～89.96%）草地的覆盖度呈增加趋势，基于 2000～2012 年 SPOT-VEGETATION 数据（Liu et al., 2019a）、2000～2015 年 MODIS Collection 5（C5）数据（Li et al., 2018）和 2000～2018 年 MODIS C6 产品数据（Li et al., 2020）分别识别出 9.04%、38.27% 和 16.00% 的草地盖度呈下降趋势。然而，另外两项研究却得到截然不同的结果：基于 2000～2012 年（Liu et al., 2019a）和 2000～2015 年（Li et al., 2018）的 GIMMS-NDVI 3g 影像数据，发现只有 48.37% 和 36.71% 的草地盖度呈增加趋势，而 51.63% 和 43.29% 的草地盖度呈下降趋势。这些不一致主要是由于数据分辨率和时间跨度不同以及传感器的转换或退化（Detsch et al., 2016；Kern et al., 2016）。使用低分辨率影像数据可能会导致对草地变化趋势识别不准确，尤其是在地块破碎的山区（Tian et al., 2015）。对于 GIMMS-NDVI 3g 和 SPOT-VEGETATION 系列数据，其传感器不一致，前者的传感器由 AVHRR7 转变为 AVHRR9、AVHRR11、AVHRR14、AVHRR16 和 AVHRR17，后者由 SOPT-4 转变为 SOPT-5（Pinzon and Tucker, 2014；Tian et al., 2015；Tote et al., 2017）。虽然 MODIS 的传感器没有改变，但由于传感器退化，第 5 版（C5）产品引入了系统衰变趋势（Lyapustin et al., 2014；Zhang et al., 2017）。总的来说，与 GIMMS-NDVI 3g、SPOT-VEGETATION 和 MODIS C5 产品相比，MODIS C6 是识别草地变化和退化趋势更可靠的 RS 产品（Zhang et al., 2017；Li et al., 2018），因为其传感器没有转变，而且消除了传感器退化和云污染的影响（Lyapustin et al., 2014；Zhang et al., 2017）。

为此，本章以草地主要生长期平均覆盖度为指标，以 250m 分辨率的 MOD13Q1 C6 产品为主要数据源，分析 2000～2019 年青藏高原草地变化趋势，识别草地退化的热点区域，揭示草地盖度变化的影响因素，探讨草地保护政策措施对草地恢复的影响及其对草地可持续管理的政策启示。

9.1 数据源与方法

9.1.1 数据源及预处理

本章使用的数据源主要包括 NDVI、土地利用、地形、气候、牲畜量、人口密度、到道路和河流及湖泊距离、边界数据等。NDVI 数据包括 MODIS 的 MOD13Q1 第 6 版（C6）、

MOD13A3 C5、GIMMS-NDVI 3g、SPOT-VEGETATION 四种数据产品。其中 2000 ~ 2019 年 MOD13Q1 C6 产品下载于 https：//ladsweb. modaps. eosdis. nasa. gov/，时间和空间分辨率分别为 16d 和 250m，用于计算植被覆盖度，分析青藏高原牧草地生态状况的变化情况。后三种 NDVI 数据用于对比分析不同数据源的草地盖度变化趋势结果；综合考虑各数据源的时间跨度，对比分析的时段确定为 2000 ~ 2015 年。MOD13A3 C5 产品的时间和空间分辨率分别为 1 月和 1km，相比于 MODIS C5 产品，C6 产品做了传感器衰退校正、云去除、算法提升等方面的改进。GIMMS-NDVI 3g（Global Inventory Monitoring and Modeling Studies 第 3 代 NDVI 产品）下载于 https://iridl. ldeo. columbia. edu/SOURCES/. NASA/. ARC/. ECOCAST/. GIMMS/. NDVI3g/. v1p0/，该数据集是基于 NOAA AVHRR 系列卫星数据生产，是目前时间跨度最长的全球 NDVI 数据集之一，时间跨度为 1982 ~ 2015 年，时间和空间分辨率分别为 15d 和 8km。SPOT-VEGETATION 产品来源于 http://www. spot-vegetation. com/，其时间和空间分辨率分别为 10d 和 1km。

土地利用数据来源于中国科学院资源环境科学与数据中心（https://www. resdc. cn/），该数据是基于 Landsat 卫星数据人机交互目视解译得到，空间分辨率 30m，其总体精度超过 90%。本研究基于 2018 年土地利用数据提取草地分布，再剔除年最大植被覆盖度<10% 的基本无植被区，得到青藏高原草地的空间分布范围。

地形数据包括海拔和坡度，海拔来源于 30m 分辨率的 ASTER GDEM 第 2 版 DEM 数据（https://asterweb. jpl. nasa. gov/gdem. asp），坡度是基于 DEM 数据在 ArcGIS 中计算得到的。为了与 250m 分辨率 NDVI 数据匹配，本研究基于聚合分析将海拔和坡度数据重采样至 250m。

气候数据包括年降水量和年均气温，是基于 2000 ~ 2017 年青藏高原草地分布范围的 93 个气象站点逐日监测数据，以 DEM 为协变量，通过样条函数插值得到的，来源于中国气象数据网（http://data. cma. cn）。

2000 ~ 2018 年青藏高原放牧强度数据是基于单位面积牲畜量计算得到的。省级和县级牲畜数量数据来源于《中国统计年鉴》、《西藏统计年鉴》和《青海统计年鉴》，以标准羊单位计算，1 只山羊或绵羊相当于 1 个羊单位，1 个大牲畜（牦牛、奶牛或马）根据中国农业行业标准（NY/T 635—2015）换算为 4.5 个羊单位。

2000 ~ 2018 年 100m 的人口密度格网数据来源于 WorldPop program，基于土地利用/覆被、夜间灯光影像、气候、地形、路网、居民点和县级人口统计数据，利用机器学习算法得到每年人口密度数据；为了与 NDVI 数据匹配，本研究基于聚合分析将该数据重采样至 250m。

250m 分辨率的到道路距离和到河流的距离数据，基于 2015 年青藏高原的路网和河湖分布矢量数据，来源于 91 卫图助手（http://www. 91weitu. com/），利用欧氏距离法计算得到，用于分析草地盖度变化的地理分布特征及影响因素。

青藏高原边界数据是在张镱锂等（2002）划定的边界基础上，考虑县界的完整性及在高原内的面积占比，进行少量修订得到的（图 1-1）。

9.1.2　草地盖度变化趋势及退化热点识别

本研究使用草地盖度（FVC）来分析青藏高原草地的变化趋势。草地盖度是表征草地生长状况的有效指标，与 NDVI 之间存在较强相关性，而且对放牧强度变化较敏感（Carlson and Ripley，1997）。像元二分模型是一种简单有效的混合像元线性分解模型，已广泛应用于草地盖度估算（Lehnert et al.，2015）。该模型假设像元 NDVI 由植被和裸地 NDVI 的加权和（权重为两组分的面积占比）混合组成，其计算公式如下：

$$FVC = \frac{NDVI_{pixel} - NDVI_{soil}}{NDVI_{veg} - NDVI_{soil}} \tag{9.1}$$

式中，FVC、$NDVI_{pixel}$、$NDVI_{soil}$ 和 $NDVI_{veg}$ 分别为草地盖度、像元 NDVI、裸地 NDVI 和植被全覆盖时的 NDVI。$NDVI_{soil}$ 和 $NDVI_{veg}$ 可根据 NDVI 累积占比为 5% 和 95% 对应的值得到。

由于草地生长季受海拔和地理位置的影响具有显著空间异质性，使用固定的生长季（如常用的 5～9 月）会产生一定偏差，因此，本研究定义"连续超过最大盖度 1/3 的时期"为"青草期"（green grass period，GP），相当于草地的主要生长季，并以青草期内平均草地盖度（FVC_{GP}）为指标，用以量化青藏高原草地的变化趋势。为了减少云污染和气候波动的影响，首先基于 2000～2019 年 16d 间隔、多年平均草地盖度计算得到青草期的开始时期和持续时长，再计算逐年 FVC_{GP}，然后基于 M-K 检验和 Sen's slope 方法，计算 FVC_{GP} 的年变化率（Slope%）及显著性 Z。草地盖度变化已被广泛应用于草地变化趋势分析，本研究认为 FVC_{GP} 显著上升或下降时则表示生态系统呈现改善或退化趋势，而 FVC_{GP} 不显著变化或小幅变化则认为生态系统保持基本不变。以往研究认为，置信度>95%（即 $p<0.05$ 或 $|Z|>1.96$）的变化具有较高可信度，置信度介于 50%～95%（即 $0.05 \leq p < 0.5$ 或 $0.675 < |Z| \leq 1.96$）的变化具有一定可信度但不显著，置信度低于 50%（即 $p \geq 0.5$ 或 $|Z| \leq 0.675$）的变化是不可信的。此外，有研究认为年变化率在 ±0.25%/a 之内，其变化趋势是不显著的（de Jong et al.，2011）。因此，本研究综合显著性和变化率两方面，将草地变化趋势划分为改善、基本不变和退化 3 种类型（表 9-1）。

表 9-1　草地变化趋势的划分标准

变化趋势	划分依据
改善趋势	（Z>1.96）或（0.675≤Z≤1.96 且 Slope%>0.5）
基本不变	（-0.675≤Z≤0.675）或（0.675≤ $\|Z\|$ ≤1.96 且 -0.5≤Slope%≤0.5）
退化趋势	（Z<-1.96）或（-1.96≤Z≤-0.675 且 Slope%<-0.5）

本研究的牧草地退化热点是指退化草地的聚集地区，即 FVC_{GP} 显著下降的草地集中分布地区，但未包括由不可食性杂草入侵引起 FVC_{GP} 上升等草地退化情况。本研究基于聚类分析方法识别牧草地的退化热点，将呈退化趋势的草地划分为退化热点地区（$I>0$ 且 $Z>1.96$）和非热点地区（$I\leq0$ 或 $Z\leq1.96$）。聚类分析是把一组数据划分为多个特征相似类别的有效方法，广泛应用于非监督分类、热点识别等研究。本研究以 3 像元×3 像元为统

计单位，采用局部莫兰 I 数（Local Moran I）（Anselin，1995）对草地变化趋势进行聚类分析，以识别连片聚集分布的 FVC_{GP} 显著下降草地。Moran I 的计算公式如下：

$$I_i = \frac{(n-1)(x_i - \bar{x})}{\sum\limits_{j=1, j \neq i}^{n} (x_j - \bar{x})^2} \times \sum\limits_{j=1, j \neq i}^{n} w_{ij}(x_j - \bar{x}) \tag{9.2}$$

$$Z_i = \frac{I_i - E[I_i]}{\sqrt{V[I_i]}} \tag{9.3}$$

式中，I_i 和 Z_i 分别为像元 i 的 Moran I 和显著性；x_i 和 x_j 分别为像元 i 的值和其周边像元 j 的值；$\bar{x}$ 为像元 i 及周边像元的平均值；w_{ij} 为像元 i 和 j 的空间距离权重；n 为统计单元内的像元数。$E[I_i]$ 和 $V[I_i]$ 分别为统计单元内所有像元 Moran I 的均值和方差。

9.1.3 草地盖度变化的影响因素分析

气候因子（降水、气温）和放牧强度被认为是青藏高原牧草地变化的主要影响因素。本研究基于皮尔逊相关分析（Pearson's correlation analysis）计算主要影响因素与牧草地 FVC_{GP} 变化的相关性，并分析其空间异质性和类型异质性。皮尔逊相关分析又称为简单相关分析，是在不考虑其他因素影响下，求取两个变量的相关程度，可有效衡量两个要素之间的相关程度和正反方向（孙红雨等，1998；尤南山等，2019）。皮尔逊相关系数介于 $[-1, 1]$，绝对值越接近 1，相关程度越高。皮尔逊相关系数的计算如下：

$$R_{xy} = \frac{\sum\limits_{i=1}^{n} [(x_i - \bar{x})(y_i - \bar{y})]}{\sqrt{\sum\limits_{i=1}^{n} (x_i - \bar{x})^2} \sqrt{\sum\limits_{i=1}^{n} (y_i - \bar{y})^2}} \tag{9.4}$$

式中，R_{xy} 为变量 x 和 y 的皮尔逊相关系数；x_i 和 y_i 分别为第 i 年变量 x 和 y 的值；$\bar{x}$ 和 $\bar{y}$ 分别为 n 年期间变量 x 和 y 的平均值。为了减少其他因子的影响，气候因子的影响分析在站点尺度开展，基于 2000～2017 年 92 个牧草地站点气候监测数据和其周边 3 像元×3 像元的 FVC_{GP}，以降水量、气温的逐年变化值（即第 $i+1$ 年和第 i 年的值之差）为自变量，以 FVC_{GP} 逐年变化值为因变量，开展相关分析。放牧强度的影响分析在省级和典型县两个尺度开展，基于 2000～2018 年西藏和青海，以及门源县、舟曲县、日土县、德格县、曲麻莱县、称多县、八宿县、康定市、色尼区、当雄县 10 个典型县市的 FVC_{GP} 和放牧强度进行相关分析。此外，本研究还以人口密度表征人类活动强度，通过计算得到多个海拔区间的不同人口密度下的 FVC_{GP} 变化率，进一步分析人类活动对牧草地生长状况的影响。

此外，牧草地的可达性对放牧强度有一定影响，导致牧草地生长状况变化和退化趋势存在空间差异。因此，分析牧草地变化趋势的空间分布特征，有助于理解其影响因素。本研究利用 ArcGIS 的缓冲区、分区统计等地统计方法，计算不同的到道路距离、到水源地（湖泊和河流）距离、坡度、干湿状况（以多年 FVC_{GP} 作为指标）下的 FVC_{GP} 变化，分析牧草地 FVC_{GP} 变化率的空间分布特征及地理位置影响因素。

9.2 草地盖度变化与退化趋势

9.2.1 青草期盖度变化的空间格局

（1）草地青草期的空间分布

计算结果显示，受低温和有限降水的影响，青藏高原有85.19%的牧草地生态系统青草期长度小于6个月（表9-2），且呈现出由西北向东南递增的趋势（图9-1）。牧草地生态系统青草期<3个月、3~4个月、4~5个月和5~6个月的面积占比分别为13.86%、31.09%、28.76%和11.48%。其余14.81%的牧草地生态系统，其青草期长度在半年以上，主要分布在青藏高原东部和低海拔河谷地区。在青藏高原西北部，部分灌丛草地的青草期长度也超过6个月，这是由于灌丛的生长季一般较长。2000~2019年，草地平均盖度与青草期长度高度相关（表9-2），两者均受温度和降水影响。在年气温<0℃和年降水量<200mm的青藏高原西北部，大多数的青草期长度都小于4个月，FVC_{GP}低于22.53%。向东南方向移动，气候越来越温暖湿润，因此牧草地生态系统的青草期和FVC_{GP}都明显增加。

表9-2　青藏高原牧草地生态系统不同青草期的面积、占比和平均盖度

青草期长度/月	面积/万 km²	占比/%	FVC_{GP}/%
<3	20.09	13.86	10.87
3~4	45.06	31.09	22.53
4~5	41.68	28.76	40.96
5~6	16.64	11.48	52.39
>6	21.46	14.81	53.25

（2）草地盖度变化的空间差异

2000~2019年，青藏高原牧草地生态系统的区域FVC_{GP}呈上升趋势，从2000年的31.87%上升到2019年的37.24%，增幅为0.82%/a。空间分析发现，79.32%的草地FVC_{GP}呈增加趋势，其中56.91%增幅大于0.5%/a（图9-2）。FVC_{GP}增幅介于0.25%/a~0.5%/a和0~0.25%/a的面积占比分别为12.01%和10.40%。FVC_{GP}增加区主要位于青藏高原的东南部和北部，其中北部的增幅明显大于东南部，这是由于北部受人类干扰较小且降水呈增加趋势。20.68%的FVC_{GP}呈减少趋势，其中FVC_{GP}变化率<-0.5%/a、-0.5%/a~-0.25%/a和-0.25%/a~0的面积占比分别为8.83%、4.58%和7.27%。FVC_{GP}减少区主要位于西藏南部和中部、三江源地区，主要是由于这些地区的放牧强度较高，局部地区存在过牧，导致FVC_{GP}下降。

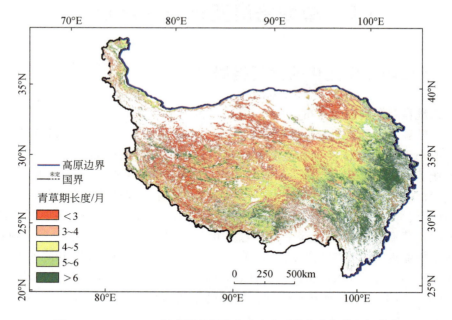

图 9-1 2000~2019 年青藏高原牧草地生态系统青草期的空间分布

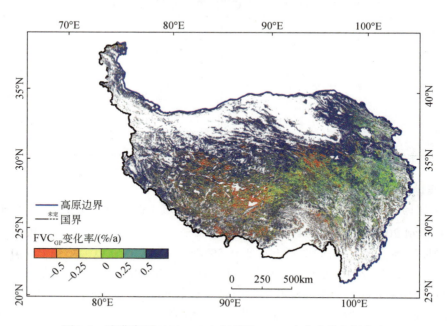

图 9-2 青藏高原 2000~2019 年草地 FVC$_{GP}$ 变化率的空间分布

9.2.2 草地退化的空间分布

2000～2019 年，青藏高原牧草地生态系统呈整体改善、局部退化的变化趋势（图 9-3）。其中有 62.12% 的牧草地生态系统呈改善趋势，主要分布在东北部祁连山和北部羌塘高原等自然保护区内（表 9-3）。在 3 种变化趋势中，呈改善趋势的牧草地面积占 62.12%，其多年平均盖度最低，仅 31.31%，但 2000～2019 年植被盖度增加明显，FVC_{GP} 年均增加 1.24%/a（$R^2 = 0.84$）（图 9-4）。有 28.34% 的牧草地盖度基本稳定，FVC_{GP} 在窄范围内波动（0.08%/a，$R^2 = 0.05$）。剩余 9.54% 的牧草地呈退化趋势，其 FVC_{GP} 以 −0.83%/a 的速度下降（$R^2 = 0.74$）。退化牧草地主要位于西藏南部及青海高原西部的河谷和湖盆，这些地区往往放牧活动比较集中，局部地区存在过牧。

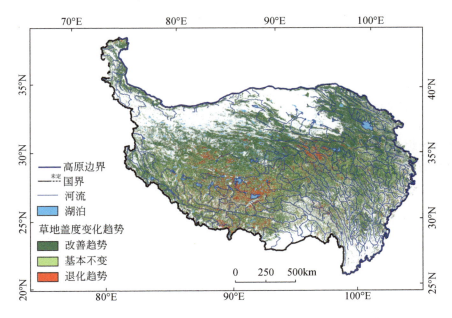

图 9-3 2000～2019 年青藏高原牧草地变化趋势的空间分布

表 9-3 青藏高原牧草地不同变化趋势的面积及其比例、FVC_{GP} 及其年变化率

变化趋势	面积/万 km²	比例/%	FVC_{GP}/%	FVC_{GP}年变化率/%
改善趋势	90.03	62.12	31.31	1.24
基本不变	41.07	28.34	40.02	0.08
退化趋势	13.83	9.54	35.62	−0.83

通过空间自相关聚类方法分析了青藏高原牧草地生态系统的退化热点，图 9-5 显示退化热点的空间分布。可以看出，退化区域呈现出明显的聚集和点状分布规律，其中 27.03% 的退化牧草地生态系统呈现出高度退化、高度集聚的特征，也就是退化的热点地

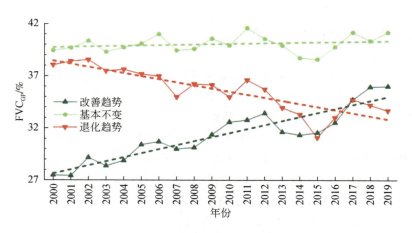

图 9-4 2000～2019 年青藏高原草地生态系统不同变化趋势的 FVC_{GP} 年际变化

区，主要分布在西藏中南部、喜马拉雅山脉南坡地区、长江和澜沧江源头地区。退化热点的地块面积均超过 $25km^2$，最大的地块面积达 $3250km^2$，分布在纳木错周边。选取了 6 个主要热点地区进行分区统计，结果表明这几个地区的退化面积占比均大于 27%（图 9-5），远高于区域平均水平（9.54%）。这说明热点地区的退化较其他地区更为严重，面临的退化风险也更高，需要给予更多的关注和更严格的管理措施来减轻退化。剩余 72.97% 的牧草地生态系统退化呈很低或没有集聚特征，零散分布在改善牧草地生态系统中间，说明局部地区过牧造成了斑块状的退化。

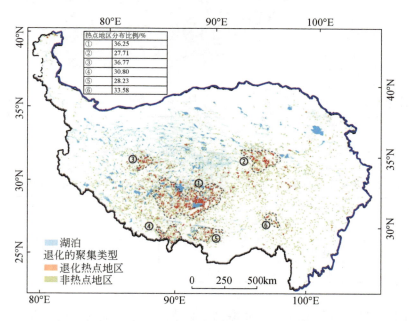

图 9-5 2000～2019 年青藏高原牧草地生态系统退化热点的空间分布

9.2.3 基于不同数据和指标的变化趋势对比

本研究结果发现，2000～2019 年青藏高原有 62.12% 的牧草地生态系统呈改善趋势，这种整体改善的变化趋势也被以往研究证实。但由于数据源及其分辨率、研究时间跨度和方法不同，本研究识别的退化比例和空间范围与以往研究存在差异。本研究发现 9.54% 的草地处于退化趋势，远小于以往研究的退化占比，例如基于 MOD13A2 C6（2000～2015 年，1km 分辨率）数据的研究发现退化占比为 29.63%（Li et al.，2018），基于 MOD13C1 C6（2000～2018 年，0.05°分辨率）的研究发现退化占比为 16%（Li et al.，2020）。这主要是因为本研究使用的数据源 MOD13Q1 C6 具有更高分辨率（250m）和更长时间跨度（2000～2019 年），并且将不明显（置信度小于 95%）和小幅（-0.25%～0）的 FVC_{GP} 下降趋势划分为基本不变。此外，以往时间跨度较短的研究（2000～2015 年）在西藏识别的退化范围较本研究更广，而在青海的退化范围更小，这主要是由于最近几年西藏的草地 FVC 呈增加、而青海的 FVC 呈减少趋势（Li et al.，2020）。因此，使用不同数据源和研究时段会产生具有差异的变化趋势结果。

为了进一步揭示不同数据源对草地变化趋势的影响，本研究基于 4 种常用数据源开展了 2000～2015 年（为了统一数据源的时段）青藏高原草地变化趋势识别和比较分析（图 9-6）。结果发现，基于 GIMMS-NDVI 3g（8km 分辨率）、SOPT-VEG（1km 分辨率）、MOD13A3 C5（1km 分辨率）和 MOD13A3 C6（1km 分辨率）的草地变化趋势与本研究结果的一致性较低，分别为 39.38%、51.86%、50.90% 和 58.19%（表 9-4）。由于 GIMMS 数据存在传感器更换、MODIS C5 产品存在传感器衰退的问题，基于这两种数据的结果低估了青藏高原草地整体改善的趋势，其识别的退化趋势占比分别为 30.02% 和 14.63%，远高于本研究的 9.54%。SOPT-VEG 数据也经历过传感器变更，因此其识别的变化趋势空间分布与本研究具有明显差异，如未识别出西藏湖泊周边的退化草地。较之前 3 种数据，MODIS 第 6 版数据的传感器没有更换，并且进行了传感器衰退修正、云污染去除、算法改进等提升，是揭示植被动态变化的更可靠数据源。

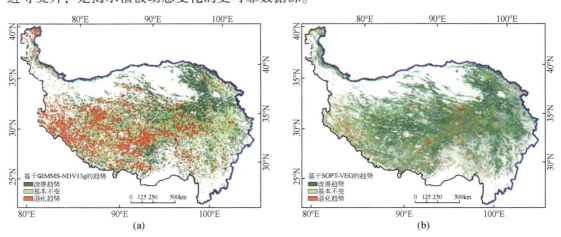

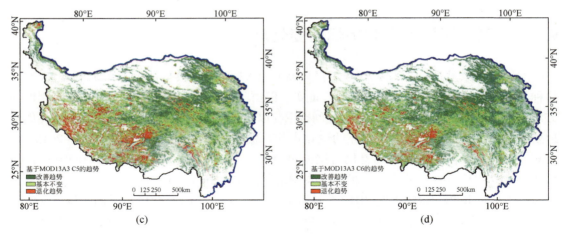

(c) (d)

图 9-6 2000～2015 年基于不同数据源的青藏高原牧草地生态系统变化趋势

表 9-4 基于不同数据源的变化趋势与本研究结果的对比 （单位：%）

变化趋势	G	S	M5	M6	与 G 一致	与 S 一致	与 M5 一致	与 M6 一致
改善趋势	27.85	59.16	45.57	56.87	21.08	40.16	33.77	42.35
基本不变	42.13	30.02	39.80	33.28	13.08	9.73	13.16	12.60
退化趋势	30.02	10.82	14.63	9.85	5.22	1.97	3.97	3.24

注：G、S、M5 和 M6 分别为基于 GIMMS-NDVI 3g、SOPT-VEG、MOD13A3 C5 和 MOD13A3 C6 数据的青藏高原牧草地生态系统变化趋势。

此外，本研究还比较了不同指标下的变化趋势。以 MOD13Q1 C6 为数据源，本研究分别以年平均 FVC（FVC_{annual}）和 5～10 月平均 FVC（$FVC_{5\sim10}$）为指标，识别并比较了牧草地生态系统变化趋势（图 9-7）。通过空间分析，发现这两种趋势的空间分布与本研究具有较高一致性（图 9-8），全部一致的面积占比高达 73.87%（表 9-5），说明本研究方法有效识别了生态系统退化趋势。进一步分析发现，本研究 FVC_{GP} 与 $FVC_{5\sim10}$ 趋势的一致性较

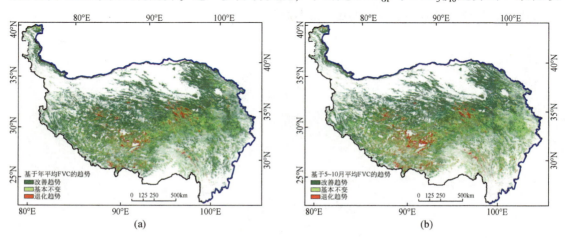

(a) (b)

图 9-7 基于年平均 FVC 和 5～10 月平均 FVC 的趋势的空间分布

FVC_{annual} 更高。基于 FVC_{annual} 和 $FVC_{5\sim10}$ 的趋势分析发现，其退化趋势占比分别为 6.62% 和 8.77%，低于 FVC_{GP} 退化趋势（9.54%）。这意味着，使用全年或固定生长季的平均 FVC 可能会低估退化牧草地生态系统的面积，因为它们与不同地区草地的真实生长季节不匹配。因此，应该使用更能体现实际生长季的青草期平均 FVC 来识别生态系统变化趋势，而不是固定生长季。

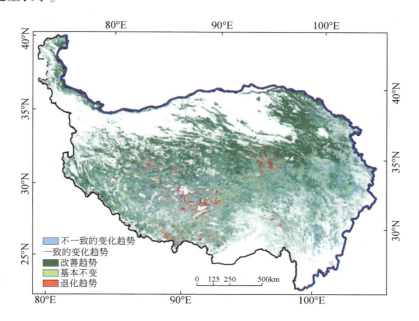

图 9-8 本研究趋势与基于年均 FVC 和 5～10 月平均 FVC 趋势的一致性

表 9-5 基于 FVC_{annual} 和 $FVC_{5\sim10}$ 的变化趋势与本研究结果的对比 （单位：%）

变化趋势	FVC_{annual}	$FVC_{5\sim10}$	与 FVC_{annual} 一致	与 $FVC_{5\sim10}$ 一致	全部一致
改善趋势	71.54	63.62	59.05	60.14	55.66
基本不变	21.83	27.59	15.28	15.61	13.14
退化趋势	6.63	8.79	5.40	5.53	5.07

以上分析表明，使用不同数据源和时段可能会导致较大不确定性；即使使用相同数据源，但估算 FVC 的时期不同时，结果也会存在少量差异。因此，使用更可靠的高分辨率数据、更有效表征植被状况的指标是准确识别生态系统变化趋势的关键。

9.3 草地盖度变化的影响因素

9.3.1 气候因素

2000～2017 年，青藏高原气候整体上呈暖湿化的变化趋势，但具有明显空间差异

（图9-9）。区域平均年降水量从2000年的378mm波动增长至2017年的440mm，年均气温从2000年的-1.87℃增至2017年的-0.52℃。从空间上看，青藏高原年降水量呈现"北增南降"的变化格局，而年均气温几乎在所有站点呈现出增加趋势。

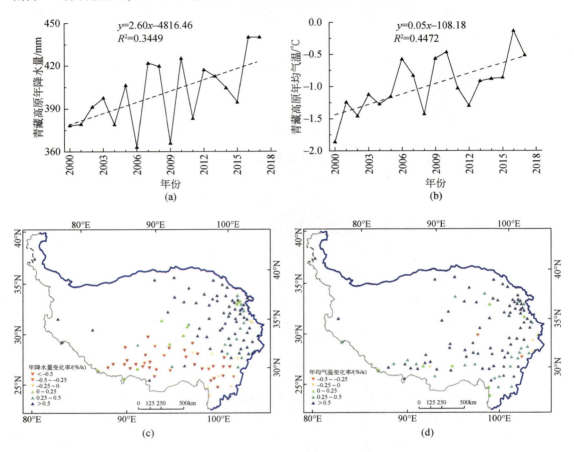

图9-9 2000~2017年青藏高原降水量和气温的年际变化及变化率

基于2000~2017年92个牧草地站点气候监测数据和其周边3像元×3像元的FVC_{GP}，以降水量、气温的逐年变化值（即第$i+1$年的值减第i年的值）为自变量，以FVC_{GP}逐年变化值为因变量，通过回归分析发现，草地FVC_{GP}与降水量呈正相关、与气温呈负相关，相关系数分别为0.57（$R^2=0.3249$）和-0.28（$R^2=0.0757$）[图9-10（a）、（b）]。进一步分析发现，气候因素对牧草地生态系统FVC_{GS}的影响具有空间异质性。随着海拔的增加，FVC_{GP}与降水量之间的相关性下降，而与气温的相关性上升[图9-10（c）]。这表明海拔增加引起的降温削弱了降水量对草原生长的积极作用。在高海拔地区，低温成为限制草原生长的主要因素，气温的负面影响减小。因此，青藏高原北部降水量增加区的FVC_{GP}得到改善，大部分退化牧草地生态系统分布在南部和中部的降水量减少区。

此外，由于FVC_{GP}与干湿条件高度相关。以FVC_{GP}作为干湿条件的指标，分析了FVC_{GP}与气候因子相关性的干旱梯度特征。图9-10（d）显示，干旱地区的FVC_{GP}与降水量之间的相关性明显高于湿润地区。在缺水的干旱地区，水分条件是制约草地生长的主要因素，气候变暖引起的干旱可能对草地覆盖度产生负面影响。随着湿度的增加，水分的制约减弱，降水量对草原生长的促进作用和气温的负面影响都会有所降低。

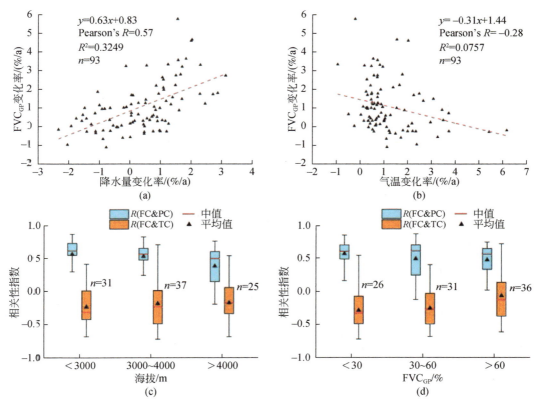

图 9-10　青藏高原牧草地生态系统 FVC_{GP} 与降水和气温的相关性及空间异质性

R（FC & PC）和 R（FC & TC）分别表示 FVC_{GP} 变化率与降水量变化率的相关性和 FVC_{GP} 变化率与气温变化率的相关性

9.3.2　政策和放牧强度

2000 年以来，青藏高原先后实施了包括退牧还草、减畜禁牧、生态安全屏障建设、草畜平衡等一系列生态保护工程和政策。这些工程和政策的实施，对促进青藏高原植被恢复起到了积极的作用，同时也降低了牧畜规模。例如，2000～2018 年，门源县、舟曲县、日土县、德格县、曲麻莱县、称多县、八宿县、康定市等县市，牲畜存栏量都出现了较明显的下降趋势，但在部分县市如色尼区、当雄县等基本稳定或有所上升。

对西藏和青海，以及上述 10 个典型县市的 FVC_{GP} 和放牧强度进行相关分析发现，牧草地 FVC_{GP} 与放牧强度呈负相关（图 9-11），说明草地保护政策引起的减畜，促进了牧草

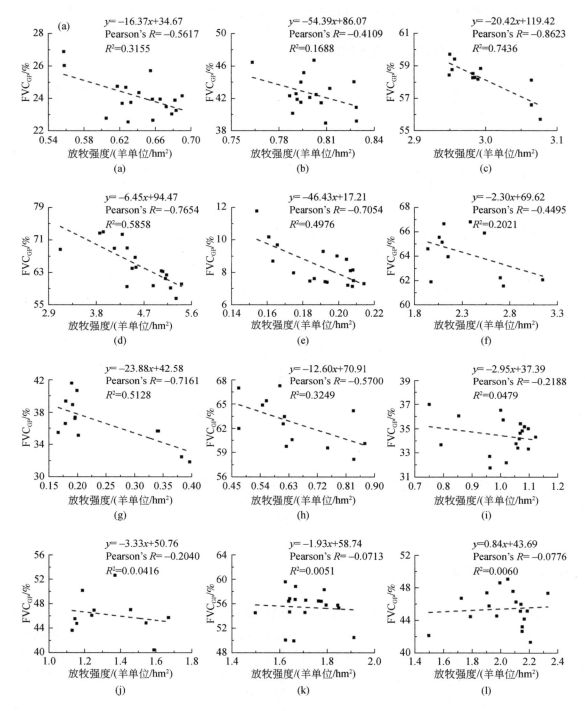

图 9-11　西藏、青海及典型县的牧草地生态系统 FVC_{GP} 与放牧强度的相关性

（a）西藏，（b）青海，（c）门源县，（d）舟曲县，（e）日土县，（f）德格县，（g）曲麻莱县

（h）称多县，（i）八宿县，（j）康定市，（k）色尼区，（l）当雄县

地生态系统的整体改善。西藏和青海 FVC_{GP} 与放牧强度的相关系数分别为 -0.5617（$R^2 = 0.3155$）和 -0.4109（$R^2 = 0.1689$）。由于西藏降水量减少，而青海降水增加，因此在一定程度上，放牧强度下降加强了青海降水量增加的正效应、抵消了西藏气温升高和降水量减少对草原生长的负面影响。

进一步分析了青藏高原牧草地生态系统 FVC_{GP} 变化率与人口密度的关系。分析结果发现，FVC_{GP} 变化率总体上呈现出随人口密度增加而逐渐减少的趋势（图 9-12）。一般来说，在人口密度较高地区，人均草地面积一般较低，单位面积草地的人类活动干扰越强，放牧强度可能越大。这说明人类活动加强对青藏高原牧草地生态系统产生了一定负面影响，抑制了植被生长。牧草地生态系统 FVC_{GP} 变化率的人口密度梯度变化特征在不同海拔区间都存在。尤其在退化面积较多的 4000～5000m 区域，这种特征更为显著。因此，针对退化牧草地生态系统的管理措施应考虑人口密度的异质性，开展差异化管控。

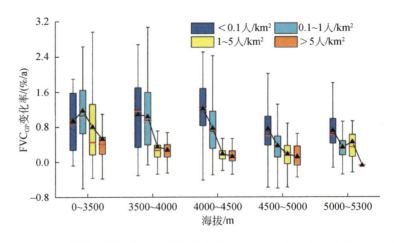

图 9-12　不同海拔梯度下青藏高原牧草地生态系统 FVC_{GP} 变化率随人口密度的变化

实地考察发现，草地保护政策促使高原牲畜数量整体减少，对草地改善有明显促进作用，特别是在人口较少、人均草地面积较多的西藏西北部。但在人口密度高、人均草地较少的部分地区，牧草地通常是常年放牧，具有较高的放牧强度，因此草地退化热点大多分布在这些地区。在一些退化地区，草地保护政策在 2016 年前后才开始严格实施，之前牲畜数量一直处于增加状态，使 2000～2019 年草地整体仍呈现退化趋势。此外，通常只有牧户的放牧强度降低到标准以下才能获得政策补贴，但减畜会影响牧户收入，部分牧民为了获得更高的经济收入，宁愿不要补贴，仍持续增加牲畜数量。因此，青藏高原局部地区仍存在过牧现象，造成了点状分布的草地退化。

9.3.3　地理位置

牧草地的可达性对放牧强度影响显著，导致牧草地生长状况变化和退化存在空间差异。利用 ArcGIS 的缓冲区、分区统计方法，分析了不同的到道路距离、到水源地（湖泊和河流）距离、坡度、干湿状况（以多年 FVC_{GP} 作为指标）下，牧草地 FVC_{GP} 趋势的空间分布特征。对退化牧草地生态系统开展缓冲区空间统计分析发现，草地退化主要分布在道路和河流沿线及湖泊周边地区。从图 9-13 （a）、（b）可以看出，随着到道路和水源地（即湖泊和河流）距离的增加，草地退化的面积占比有所下降，其中 74.19%（82.55%）和 14.53%（11.64%）的退化草地分别分布在距离道路（水源地）10km 和 1km 以内的区域。对退化草地分布区的坡度构成分析，发现退化草地主要发生在缓坡地区，其中 58.64% 位于坡度小于 10° 的地区［图 9-13 （c）］；随着坡度增加，退化草地生态系统的面积占比呈减少趋势。此外，48.17% 的退化草地为 $FVC_{GP} < 30\%$ 的低盖度草地［图 9-13 （d）］。这些空间分布特征可能是由放牧强度的空间变化引起的：在河谷和湖泊流域的草地通常常年放牧，容易发生过度放牧导致牧草地生态系统的退化。

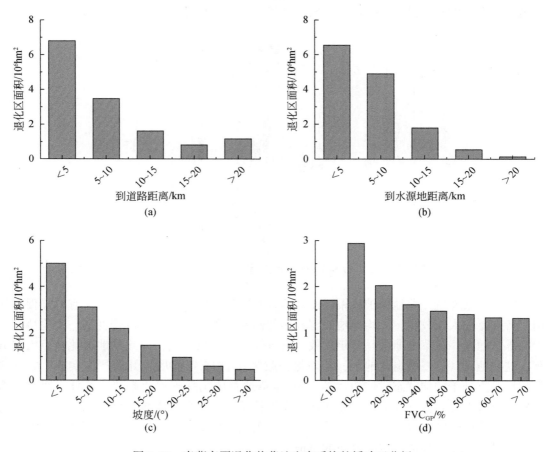

图 9-13　青藏高原退化牧草地生态系统的缓冲区分析

9.4　小　结

2000～2019 年，青藏高原 62.12% 的牧草地生态系统呈改善趋势，其 FVC_{GP} 增幅为

1.24%/a，主要位于东北部祁连山和北部羌塘高原等自然保护区内；28.34%的牧草地基本保持不变，其 FVC_{GP} 在窄范围内波动（0.08%/a，$R^2=0.05$）；剩余9.54%呈退化趋势，其 FVC_{GP} 以0.83%/a的速度下降（$R^2=0.74$），主要分布在道路和河流沿线及湖泊周边地区，呈点状分布规律，其中仅27.03%呈现出高度退化、高度集聚的特征。退化热点地区的退化面积占比是区域平均水平的2.8倍以上，退化风险也更为严重，应给予重点关注。

青藏高原降水量呈现"北增南降"变化格局，而年均气温几乎在所有站点呈升温趋势。牧草地 FVC_{GP} 与降水量呈正相关、与气温呈负相关，具有显著空间异质性。随着海拔的增加，FVC_{GP} 与降水量之间的相关性下降，而与气温的相关性上升。随着湿度的增加，水分的制约减弱，降水量对草原生长的促进作用和气温的负面影响都会有所降低。FVC_{GP} 与放牧强度呈负相关，FVC_{GP} 变化率随人口密度增加而减少。受草地保护政策影响，青藏高原牲畜量和放牧强度均下降，促进了牧草地生态系统的整体改善。但在人口密度较大、人均草地较少地区，局部过牧仍造成点状分布的草地退化。

参 考 文 献

孙红雨，王长耀，牛铮，等. 1998. 中国地表植被覆盖变化及其与气候因子关系——基于 noaa 时间序列数据分析. 遥感学报，（3）：204-210.

杨汝荣. 2003. 西藏自治区草地生态环境安全与可持续发展问题研究. 草业学报，12（6）：24-29.

尤南山，蒙吉军，孙慕天. 2019. 2000—2015 年黑河流域中上游 ndvi 时空变化及其与气候的关系. 北京大学学报（自然科学版），（1）：1-10.

张镱锂，李炳元，郑度. 2002. 论青藏高原范围与面积. 地理研究，（1）：1-8.

Anselin L. 1995. Local indicators of spatial association—lisa. Geographical Analysis, 27 （2）：93-115.

Babel W, Biermann T, Coners H, et al. 2014. Pasture degradation modifies the water and carbon cycles of the Tibetan highlands. Biogeosciences, 11：6633-6656.

Bai Z, Dent D, Olsson L, et al. 2008. Proxy global assessment of land degradation. Soil Use & Management, 24：223-234.

Behmanesh B, Barani H, Sarvestani A, et al. 2016. Rangeland degradation assessment：A new strategy based on the ecological knowledge of indigenous pastoralists. Solid Earth, 7：611-619.

Cai H, Yang X, Xu X. 2015. Human-induced grassland degradation/restoration in the central Tibetan Plateau：The effects of ecological protection and restoration projects. Ecological Engineering, 83：112-119.

Carlson T, Ripley D. 1997. On the relation between NDVI, fractional vegetation cover, and leaf area index. Remote Sensing of Environment, 62：241-252.

Chen B, Zhang X, Tao J, et al. 2014. The impact of climate change and anthropogenic activities on alpine grassland over the Qinghai-Tibet Plateau. Agricultural and Forest Meteorology, 189：11-18.

Cingolani A, Noy-Meir I, Diaz S. 2005. Grazing effects on rangeland diversity：A synthesis of contemporary models. Ecological Applications, 15：757-773.

De Jong R, de Bruin S, de Wit A, et al. 2011. Analysis of monotonic greening and browning trends from global NDVI time-series. Remote Sensing of Environment, 115：692-702.

Detsch F, Otte I, Appelhans T, et al. 2016. A comparative study of cross-product NDVI dynamics in the Kilimanjaro Region a matter of sensor, degradation calibration, and significance. Remote Sensing, 8：159.

Gang C, Zhou W, Chen Y, et al. 2014. Quantitative assessment of the contributions of climate change and human activities on global grassland degradation. Environmental Earth Sciences, 72: 4273-4282.

Guo N, Degen A, Deng B, et al. 2019. Changes in vegetation parameters and soil nutrients along degradation and recovery successions on alpine grasslands of the Tibetan plateau. Agriculture, Ecosystems & Environment, 284: 106593.

Han J, Zhang Y, Wang C, et al. 2008. Rangeland degradation and restoration management in China. The Rangeland Journal, 30: 233-239.

Huang K, Zhang Y, Zhu J, et al. 2016. The influences of climate change and human activities on vegetation dynamics in the Qinghai-Tibet Plateau. Remote Sensing, 8: 876.

Huete A, Didan K, Miura T, et al. 2002. Overview of the radiometric and biophysical performance of the MODIS vegetation indices. Remote Sensing of Environment, 83: 195-213.

Kern A, Marjanovic H, Barcza Z. 2016. Evaluation of the quality of NDVI3g dataset against Collection 6 MODIS NDVI in Central Europe between 2000 and 2013. Remote Sensing, 8: 955.

Lehnert L, Meyer H, Wang Y, et al. 2015. Retrieval of grassland plant coverage on the Tibetan Plateau based on a multi-scale, multi-sensor and multi-method approach. Remote Sensing of Environment, 164: 197-207.

Li L, Zhang Y, Liu L, et al. 2018. Spatiotemporal patterns of vegetation greenness change and associated climatic and anthropogenic drivers on the tibetan plateau during 2000~2015. Remote Sensing, 10: 152510.

Li P, Hu Z, Liu Y. 2020. Shift in the trend of browning in southwestern tibetan plateau in the past two decades. Agricultural and Forest Meteorology, 287: 107950.

Lin Y, Hong M, Han G, et al. 2010. Grazing intensity affected spatial patterns of vegetation and soil fertility in a desert steppe. Agriculture, Ecosystems & Environment, 138: 282-292.

Liu J, Xu X, Shao Q. 2008. Grassland degradation in the "Three-River Headwaters" region, Qinghai Province. Journal of Geographical Sciences, 3: 259-273.

Liu L, Wang Y, Wang Z, et al. 2019a. Elevation-dependent decline in vegetation greening rate driven by increasing dryness based on three satellite NDVI datasets on the Tibetan Plateau. Ecological Indicators, 107: 105569.

Liu S, Zamanian K, Schleuss P, et al. 2018. Degradation of Tibetan grasslands: Consequences for carbon and nutrient cycles. Agriculture Ecosystems & Environment, 252: 93-104.

Liu Y, Song W, Deng X. 2019b. Understanding the spatiotemporal variation of urban land expansion in oasis cities by integrating remote sensing and multi-dimensional DPSIR-based indicators. Ecological Indicators, 96: 23-37.

Lu X, Kelsey K, Yan Y, et al. 2017. Effects of grazing on ecosystem structure and function of alpine grasslands in Qinghai-Tibetan Plateau: A synthesis. Ecosphere, 8: e01656.

Lyapustin A, Wang Y, Xiong X, et al. 2014. Scientific impact of MODIS C5 calibration degradation and C6+ improvements. Atmospheric Measurement Techniques Discussions, 7: 4353-4365.

MA. 2005. Ecosystems and Human Well-Being. Washington D C: Island Press.

O'Mara F. 2012. The role of grasslands in food security and climate change. Annals of Botany, 110: 1263-1270.

Pang G, Wang X, Yang M. 2017. Using the NDVI to identify variations in, and responses of, vegetation to climate change on the Tibetan Plateau from 1982 to 2012. Quaternary International, 444: 87-96.

Piao S, Yin G, Tan J, et al. 2015. Detection and attribution of vegetation greening trend in China over the last 30 years. Global Change Biology, 21: 1601-1609.

Pinzon J, Tucker C. 2014. A non-stationary 1981-2012 AVHRR NDVI3g time series. Remote Sensing, 6: 6929-6960.

Tian F, Fensholt R, Verbesselt J, et al. 2015. Evaluating temporal consistency of long-term global NDVI datasets for trend analysis. Remote Sensing of Environment, 163: 326-340.

Tiscornia G, Jaurena M, Baethgen W. 2019. Drivers, process, and consequences of native grassland degradation: Insights from a literature review and a survey in Rio de la Plata Grasslands. Agronomy, 9: 239.

Tote C, Swinnen E, Sterckx S, et al. 2017. Evaluation of the SPOT/VEGETATION Collection 3 reprocessed dataset: Surface reflectances and NDVI. Remote Sensing of Environment, 201: 219-233.

Wang J, Xiao X, Bajgain R, et al. 2019. Estimating leaf area index and aboveground biomass of grazing pastures using Sentinel-1, Sentinel-2 and Landsat images. ISPRS Journal of Photogrammetry and Remote Sensing, 154: 189-201.

Wessels K, Prince S, Frost P, et al. 2004. Assessing the effects of human-induced land degradation in the former homelands of northern South Africa with a 1 km AVHRR NDVI time-series. Remote Sensing of Environment, 91: 47-67.

Yan J, Zhang G, Deng X, et al. 2019. Does climate change or human activity lead to the degradation in the grassland ecosystem in a mountain-basin system in an arid region of China? . Sustainability, 11: 2618.

Zhang W, Xue X, Peng F, et al. 2019. Meta-analysis of the effects of grassland degradation on plant and soil properties in the alpine meadows of the Qinghai-Tibetan Plateau. Global Ecology and Conservation, 20: e00774.

Zhang Y, Qi W, Zhou C, et al. 2014. Spatial and temporal variability in the net primary production of alpine grassland on the Tibetan Plateau since 1982. Journal of Geographical Sciences, 24: 269-287.

Zhang Y, Song C, Band L, et al. 2017. Reanalysis of global terrestrial vegetation trends from MODIS products: Browning or greening? . Remote Sensing of Environment, 191: 145-155.

Zhou W, Yang H, Huang L, et al. 2017. Grassland degradation remote sensing monitoring and driving factors quantitative assessment in China from 1982 to 2010. Ecological Indicators, 83: 303-313.

第 10 章 | 水土环境质量

本章基于作者 2018～2020 年多次赴青藏高原采集的农业水土样品（图 10-1），重点分析了年楚河流域与青藏高原东部地区（祁连山地区、金沙江流域）的农业水土环境质量。涉及指标包含但不限于土壤微塑料含量、粒径、总有机碳（TOC）、水体微塑料含量、pH、化学需氧量（COD）、总磷（TP）等。

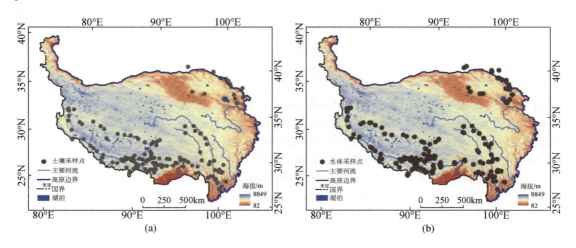

图 10-1　土壤（a）与水体（b）样品采样点分布图

10.1　水化学特征与水质参数

10.1.1　水化学特征

（1）年楚河流域

选取年楚河流域具有代表性的 26 个村的河流、灌渠、水塘，共收集水样 26 个，水样取样位置和现场检测结果如表 10-1 所示。本次取样位点海拔范围在 3741～4683m。根据现场检测结果，不同河流的 pH 平均值为 8.10±0.21，灌渠的 pH 为 8.15，水塘的 pH 最高达到 9.11。研究区内河流和灌渠均呈现弱碱性，符合 GB 3838—2002 规定的 6.0～9.0，不影响水生生物的生存，但是水塘的 pH 超过国标限制。

河流溶解固体总量（TDS）平均值为（324.58±109.25）mg/L，空间差异较大。与之相比，灌渠和水塘的 TDS 与空间差异均较小，平均值分别为 120mg/L 和 190mg/L。由于受前期降水、流域成土母质岩性与空间异质性的影响，该流域河流的 TDS 较高，但灌渠和水塘基本不受此影响。

表 10-1　水样取样位置和现场检测指标

编号	天气	地点	海拔/m	溶解氧/(mg/L)	温度/℃	氧化还原电位/mV	pH	TDS/(mg/L)	水体类型
P1	晴	江夏	3743	5.58	22.8	-92.6	8.52	230	河流
P2	晴	江夏村	3741	4.94	20.4	-40.5	7.66	418	河流
P3	晴	松盘乡	3886	10.07	10.8	-57.1	8.39	199	河流
P4	阴	续迈村	3924	6.29	17.5	-69.7	8.15	128	灌渠
P5	晴	扎西岗	3847	6.41	15.4	-76.1	8.27	400	河流
P6	晴	仁庆林	3902	7.05	10.2	-61.7	7.94	184	河流
P7	晴	强堆村	3866	4.04	18.1	-117.6	9.11	190	水塘
P8	晴	普奴村	3882	7.44	8.4	-42.4	7.69	54	河流
P9	晴	色奎村	3877	6.6	13	-72.3	8.22	260	河流
P10	晴	卡布仁村	3935	5.38	17.6	-52.7	7.85	622	河流
P11	晴	土林村	3986	5.69	19.8	-74.8	8.22	287	河流
P12	晴	多吉普村	3823	7.29	10.5	-72.3	8.23	201	河流
P13	晴	扎塘村	4051	7.42	7.6	-71.1	8.24	270	河流
P14	晴	加古村	4203	6.68	12.5	-71.6	8.23	319	河流
P15	晴	热木庆村	4224	6.03	14.7	-48.7	7.43	417	河流
P16	晴	宗白村	4232	6.92	9.7	-46.4	7.94	217	河流
P17	晴	德力萨	3973	6.15	13.5	-60.9	7.9	436	河流
P18	晴	西嘎村	3867	6.6	14.8	-57.6	8.05	413	河流
P19	晴	玉堆村	3873	6.89	16.9	-73	8.21	410	河流
P20	晴	拉贵村	3910	10.38	23.3	-86.5	8.46	392	河流
P21	晴	加仲村	4072	7.3	7.8	-70.4	8.274	420	河流
P22	晴	康马县	4134	7.62	7.2	-71.5	8.29	481	河流
P23	晴	学朗	4272	7.44	7.6	-67.6	8.11	247	河流
P24	晴	卢村	4683	6.16	14.4	-53.9	7.97	116	河流
P25	晴	达巴村	4335	6.21	14	-68.4	8.16	369	河流
P26	晴	加儿岗	4139	6.8	11.1	-74.7	8.25	428	河流

　　水体中溶解氧浓度对水生生物的生存至关重要，也会直接影响氧化还原电位，进而决定水体尤其是底泥的质量。当氧化还原电位较高时，水体偏氧化态，物质代谢旺盛，水体充满活力；当氧化还原电位较低时，水底呈还原态，有大量还原态物质出现，极大影响水生生物的生存。本研究区河流水的溶解氧浓度相差不大，平均值为（6.92±0.81）mg/L，灌渠的溶解氧浓度（6.29mg/L）与河流接近，但水塘的溶解氧仅为 4.04mg/L。河流和灌渠的氧化还原电位范围为 -92.6～-40.5mV，平均值为 -65.39mV，水塘的氧化还原电位远小于河流，仅为 -117.6mV。这表明当地水塘含氧量过低，鱼类等水生生物的生存和有机物质的降解受到抑制，这也与作者现场调查发现许多水塘几乎废弃的情况符合。

环境质量检测涉及的重金属主要为生物毒性显著的汞（Hg）、镉（Cd）、铅（Pb）、铬（Cr），以及毒性相对较低的锌（Zn）、铜（Cu）等。这些重金属在水体中不能被微生物降解，只能发生各种形态间的相互转化以及分散、富集过程。根据研究区采样预实验结果，本研究选取了 Cu、Zn、Cr、Cd、Pb、Hg 共 6 种典型重金属元素作为水体和土壤环境质量表征元素。

年楚河流域重金属浓度如表 10-2 所示。由表 10-2 可知，所测 6 种重金属浓度均低于地表水环境质量 I 类标准，说明年楚河流域整体水质较好。各种重金属的变异系数较高，不同河段、灌渠与水塘重金属来源呈现多样性，地形环境状况和人为干预程度的区别造成了重金属浓度的空间分异。

表 10-2　年楚河流域重金属浓度统计

项目	Cu	Zn	Cr	Cd	Pb	Hg
样点数	26	26	26	26	26	26
最大值/(μg/L)	1.93	4.55	1.08	0.075	0.395	0.0435
最小值/(μg/L)	0.05	0.4	0.015	ND	ND	ND
平均值/(μg/L)	0.16	2.03	0.12	0.02	0.043	0.0013
变异系数/%	64.9	39.6	69.1	98.78	13.65	79.22
GB 3838—2002 I 类标准/(μg/L)	10	50	10	1	10	0.05

注：ND 表示未检测到。

（2）青藏高原东部和北部典型地区

基于 2019 年 4~7 月在青藏高原东部和北部典型地区 3 个不同区域采集的 101 个水样，分析了当地水体的阴、阳离子特征。鉴于祁连山地区 5 个盐湖水样的离子浓度远高于其他水样，因此将其单独归类分析。图 10-2 为除祁连山盐湖外的其他样品阴、阳离子浓度分析结果。

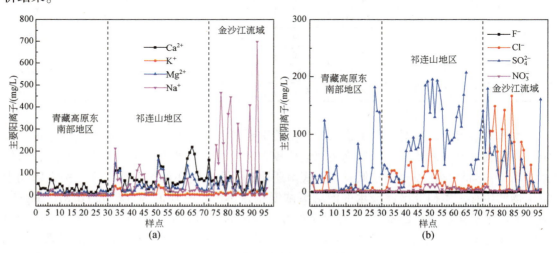

图 10-2　青藏高原东部采样点主要阳离子（a）和阴离子（b）分布

由图 10-2 可以看出，3 个研究区水体阳离子浓度分布具有显著差异。青藏高原东南部地区主要阳离子浓度相对较低，Ca^{2+} 浓度显著高于其他阳离子，主要来自区域内的自然岩石风化，受人为活动影响较小。金沙江流域阳离子以 Na^+ 为主，平均浓度达到 168.86mg/L，显著高于其他 3 种阳离子，水体盐度较高，可能与当地的降水量和蒸发能力有关。SO_4^{2-} 在青藏高原东南部占优势，而金沙江流域水体以 Na-Cl 为主要离子机制。祁连山地区 Ca^{2+}、Mg^{2+}、Na^+ 等离子浓度均高于青藏高原东南部地区，Cl^- 为优势阴离子，5 个盐湖中 Na^+ 离子浓度最高，平均值达到了（21 687.5±13 961）mg/L。

图 10-3 分不同水体类别展示样品阴阳离子三元图，可以看出不同水体中的主要阳离子存在一定差异，湖泊与河流的阳离子分布范围较广。三元图左下角的河流为金沙江河水样品，盐度较高。Na^+ 与 Mg^{2+} 占比合计超过 80% 以上的水样均来自祁连山地区的盐湖，盐湖中 Na^+ 与 Mg^{2+} 盐类浓度远高于岩石自然风化带来的 Ca^{2+}。而在阴离子方面 [图 10-3（b）]，大部分水体的主要离子都为 SO_4^{2-}，少部分 Cl^- 浓度较高的水样来自祁连山盐湖和金沙江流域部分河流。

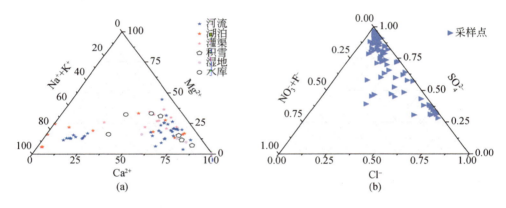

图 10-3　青藏高原东部不同水体主要阳离子（a）和阴离子（b）的三元图

对水体主要阴阳离子进行相关性分析的结果如表 10-3 所示。阳离子中 Ca^{2+}、Mg^{2+}、Na^+ 3 种离子具有较强的相关性，这 3 种大量存在的离子都主要来源于不同岩石的自然风化。同时 Ca^{2+} 与 SO_4^{2-}、Na^+ 与 Cl^-、K^+ 与 NO_3^- 的强相关性表明 $CaSO_4$、$NaCl$ 和 KNO_3 是这 6 种离子在自然水体中的最主要存在形式。另外，F^- 与其他离子相关性极低，可能与其极低的浓度有关。

表 10-3　主要阴阳离子相关性分析结果统计

	Ca^{2+}	K^+	Mg^{2+}	Na^+	F^-	Cl^-	SO_4^{2-}	NO_3^-
Ca^{2+}								
K^+	0.314							
Mg^{2+}	0.865	0.059						
Na^+	0.728	0.264	0.631					

续表

	Ca²⁺	K⁺	Mg²⁺	Na⁺	F⁻	Cl⁻	SO₄²⁻	NO₃⁻
F⁻	0.267	0.066	0.267	0.131				
Cl⁻	0.550	0.460	0.372	0.882	0.001			
SO₄²⁻	0.802	-0.050	0.750	0.519	0.246	0.297		
NO₃⁻	0.285	0.947	0.070	0.149	0.118	0.320	0.001	

10.1.2　水质参数

（1）年楚河流域

水体 COD 如图 10-4 所示，COD 的最大来源为畜禽粪便和生活污水。从图 10-4 可以看出，河水 COD 范围在 2.33 ~ 7.82mg/L，平均值为（5.00±1.34）mg/L，均低于 GB 3838—2002 的 I 类水限值。这表明年楚河流域河水中有机污染物含量极少，水质较好。灌渠和水塘的 COD 分别为 4.51mg/L 和 11.17mg/L，其中水塘的 COD 超过 I 类标准。

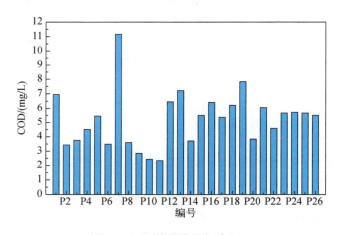

图 10-4　不同采样点水质 COD

图 10-5 为不同采样点水体氨氮（NH₃-N）和 TP 含量。NH₃-N 是反映水体是否受到含氮有机物污染的重要指标，采样区域共有 9 个样点 NH₃-N 含量超过地表水 I 类标准（分别为 P1、P5、P6、P7、P14、P19、P20、P25、P26），其中最高值为采样点 P7（强堆村水塘）的 0.472mg/L。超过 I 类标准的水样占取样总量的 34.6%，表明研究区域的大部分水体未受 NH₃-N 有机物污染。河流 TP 含量的范围是 0.016 ~ 0.122mg/L，其中 II 类水有 13 个，占总数的 54.17%。灌渠的平均 TP 含量为 0.053mg/L（II 类水），水塘为 0.146mg/L（III 类水）。有 2 个样点 TP 含量超过 II 类限值，分别是扎西岗村河流（0.122mg/L）和强堆村水塘（0.146mg/L）。调查中发现农村耕地无机肥的用量很少，因此水体中 N、P 的主要来源并非农村耕地无机肥。

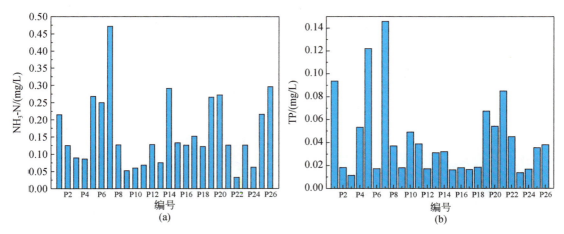

图 10-5　不同采样点水体 NH$_3$-N（a）和 TP（b）含量

从 NH$_3$-N 和 TP 的含量范围可以看出，年楚河流域整体水质良好，仅个别采样点的 NH$_3$-N、TP 含量偏高。实地考察发现，含量偏高采样点旁的生活垃圾较多，因此 NH$_3$-N、TP 的含量偏高可能是由于生活垃圾倾倒，导致部分河流出现轻微富营养化。

（2）青藏高原东部和北部典型地区

图 10-6 和图 10-7 分别显示金沙江流域和祁连山地区 TP、总氮（TN）与 COD 的空间分布。从图 10-6 可以看出，3 种水质指标的高值多位于祁连山地区，金沙江流域相对较低。两个区域 TN 含量的平均值分别为 1.309mg/L 和 2.499mg/L，均存在一定程度的 TN 污染。金沙江流域和祁连山地区 TP 含量的最大值分别为 0.055mg/L 和 0.06mg/L，都属于 Ⅱ 类及以下，基本不存在污染问题。COD 的最大值同样位于祁连山地区的盐湖，特别是青海湖样点 COD 达到了 67.5mg/L，表明湖泊已受到了一定程度的有机物污染，主要是旅游业活动所致。

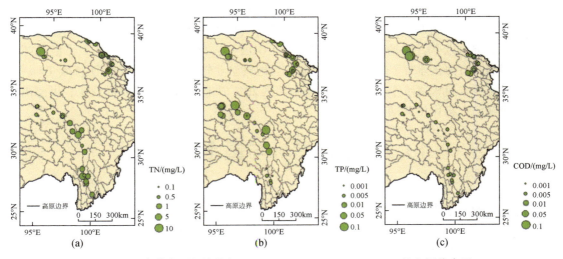

图 10-6　水体主要污染指标 TN（a）、TP（b）、COD（c）的空间分布图

由图 10-7 可知，两个区域的水体 TP 含量较低，属于 Ⅰ ~ Ⅱ 类，但 TN 含量和 COD 较高，存在一定污染。金沙江流域 TN 和 TP 含量分别达到 Ⅴ 类与劣 Ⅴ 类的水样占到了总数的 40.1% 和 36.2%，说明 TN 污染较为严重。根据流域周边环境考察可以判断这些污染物主要来源于周边排放的含氮废水，直接使得水体中有机氮和各种无机氮化物含量增加。祁连山地区 20% 以上水样存在 TN 含量或 COD 超标现象，超标水样多来自大型湖泊和厂矿附近，说明厂矿排污和湖泊汇集作用是造成该区域 TN 含量、COD 较高的主要原因。

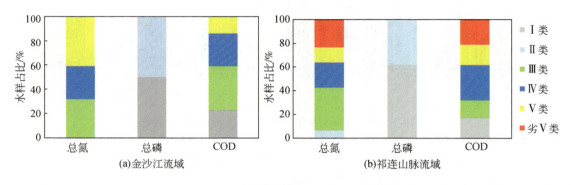

图 10-7　不同区域水体主要污染物分类统计

10.1.3　小结

本节重点分析了年楚河流域、青藏高原东部和北部典型地区的农业水环境质量。对水样中 TP、TN、COD 及阴、阳离子含量组成进行的测试分析结果显示：①年楚河流域仅有 2 个水样点位的 TP 含量超过 Ⅱ 类，其他均在 Ⅱ 类及以上。由于青藏高原农村耕地无机肥用量很少，TP 含量较高可能是由生活垃圾倾倒造成的。②青藏高原东部不同区域水质离子浓度存在一定的差异性，经过阴阳离子的分类统计得出除祁连山流域外 CaSO$_4$ 是青藏高原东部水体中最主要的离子存在形式，而祁连山流域 Na-Cl 占主要优势。Ca^{2+} 离子主要来自自然岩石风化，而 NaCl 则主要存在于金沙江流域与祁连山地区的盐湖中。③水质 TP 含量都属于 Ⅱ 类水以下，但是存在轻微的 TN 和 COD 污染，分别位于金沙江流域下游和祁连山地区湖泊。青海湖水样 COD 超标，可能与当地旅游业较发达有关。金沙江流域 TN 污染较严重，可能来自含氮废水的排放。祁连山地区 20% 以上的水样存在超标现象，可能由厂矿排污与湖泊汇集作用共同导致。

10.2　理化指标与重金属含量

10.2.1　土壤理化性质

（1）年楚河流域

本节分别测试了年楚河流域 0 ~ 10cm、10 ~ 20cm 土层土壤颗粒粒径，参照国际制的土壤质地分类标准，共检测到五类土壤，按照颗粒组成含砂量由多到少的顺序依次为壤质砂土、砂质壤土、壤土、粉砂质壤土和黏壤土（图 10-8）。年楚河流域以砂质壤土为主，在 0～10cm、10～20cm 土层分别占总数的 70.59% 和 62.86%，说明砂质壤土是流域主要农田和草地土壤类型。在 0～10cm 土层，其他土壤类型合计占比不到 30%，包括占比 8.82% 的壤质砂土、壤土和粉砂质壤土，以及含量最少（仅占 2.95%）的黏壤土。10～20cm 土层已经没有了壤质砂土，砂质壤土占比降至 62.86%，其他三类土壤占比均有增加，壤土、粉砂质壤土和黏壤土分别占 20.00%、11.43% 和 5.71%。

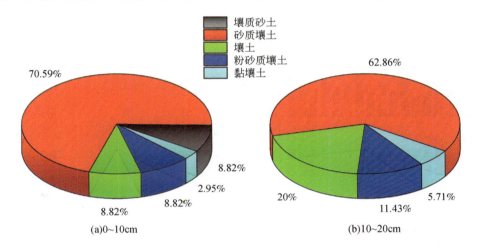

图 10-8　土壤质地类型分布

通过对比不同深度的土层类型组成可以发现，两层土的主要类型均为砂质壤土，但是随着土层的加深土壤类型发生显著变化，深层以下土壤含砂量减少、黏粒显著增多，土壤颗粒更加细微，这也与下文中土层加深后土壤容重增加的结论一致。

利用环刀土测试了土壤的 5 种水力参数，结果如图 10-9 所示。土壤容重大小可以反映土壤的松紧程度，容重小表明土壤疏松多孔、结构性良好，反之则表明土壤紧实板硬、缺乏团粒结构。从图 10-9 可以看出，不同土壤的容重无显著差异，变化范围在 1.12～1.75g/cm^3，平均值为（1.39±0.15）g/cm^3。

土壤饱和含水量是土壤涵蓄潜力的最大值，可以反映土壤储存和调节水分的潜在能力，与土层厚度、土壤孔隙状况密切相关。测试样品饱和含水量变化在 31.5%～47.9%，平均值达到 41.57%±4.7%。田间持水量是衡量田间土壤持水性能的重要指标，样品田间持水量波动较大，介于 19.7%～42.3%，平均值为 30.8%±5.6%。凋萎含水量是土壤在水分不足的情况下植物因无法吸取水分而呈现萎蔫状态时的土壤含水量，样品凋萎含水量变化在 9.26%～23.8%，平均值为 15.6%±4.0%。本次测试的土壤各类含水量变化趋势基本一致，反映了各含水量参数的高度一致性。

土壤饱和导水率是土壤被水饱和时单位水势梯度下、单位时间内通过单位面积（这里指环刀横截面积）的水量，反映的是土壤入渗特性与水分渗漏，是研究溶质、水分在土壤内运动规律的重要水力参数。年楚河流域饱和导水率介于 0.05～5.17cm/h，平均值为

（0.71±0.68）cm/h，其中 13 号样点的饱和导水率明显高于其他区域。对不同区域取样时，结合土壤湿度和周围环境发现饱和导水率高的地方土壤湿度往往更大，周围一般存在河流，而饱和导水率低的区域通常土壤湿度较低。

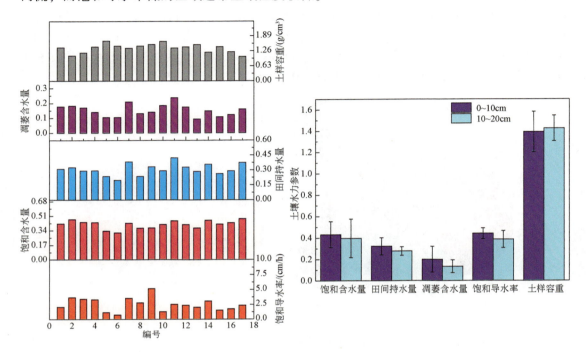

图 10-9　土壤水力参数分布图

本研究通过对比不同区域不同水力参数的变化趋势，尤其是对极大值和极小值的分析，发现土壤容重和其他 4 个水力参数之间存在负相关关系，3 个含水量（饱和含水量、田间含水量、凋萎含水量）与饱和导水率之间存在明显的正相关关系。比较 0~10cm 和 10~20cm 土层各参数值可以发现，土壤饱和含水量、田间持水量、凋萎含水量、饱和导水率出现显著下降趋势，表明土壤的水力参数具有很强的空间依赖性。表层土壤由于有机质含量高且植物根系发达，因此比深层土壤孔隙度大、持水能力强。与之相反，土壤容重随着土壤深度增加而增大，深层土壤更加致密、颗粒更小。

（2）青藏高原东部和北部地区

将青藏高原东部和北部地区采集的耕地、草地表层共 74 个土壤样品（0~20cm）在实验室自然风干，剔除其中的植物根系及其他杂质，然后用木棍碾碎研磨，进一步筛分后测定土壤理化指标和重金属浓度。

研究区域土壤理化指标的统计结果如表 10-4 所示。土壤 pH 的平均值为 7.45，属于偏弱碱性土壤。有机质含量变化范围较大，为 3.70~125.09g/kg，平均值为（41.91±29.22）g/kg。根据全国第二次土壤普查的土壤养分分级标准（表 10-5），土壤有机质含量达到一级标准。由于研究区域大部分海拔较高，农作物种植面积相对较少，青藏高原东部和北部地区普遍施用农家肥，因此当地土壤有机质得以保存下来。全氮含量的平均值为

1.42g/kg，属于土壤肥力分级标准三级水平，41.79% 的样品超过 1.5g/kg，达到二级标准。全磷和全钾的含量分别为 0.43～8.03g/kg 和 11.65～31.45g/kg，属于中等水平。有效磷、速效钾含量的平均值分别为 69.18mg/kg 和 190.14mg/kg，达到一级和二级标准。碱解氮含量平均值为（182.38±103.21）mg/kg，属于丰富水平，表明当地农田施肥量充足。

表 10-4　土壤肥力指标的统计特征

土壤肥力指标	最大值	最小值	平均值	标准差	偏度	峰度	变异系数/%
有机质/（g/kg）	125.09	3.70	41.91	29.22	0.88	0.12	69.71
全氮/（g/kg）	10.31	0.28	2.73	1.85	1.35	2.85	67.95
全磷/（g/kg）	8.03	0.43	1.43	1.05	4.24	23.50	73.50
全钾/（g/kg）	31.45	11.65	20.32	4.37	0.38	−0.28	21.50
碱解氮/（mg/kg）	458.07	8.55	182.38	103.21	0.57	0.01	56.59
有效磷/（mg/kg）	480.60	3.90	69.18	73.66	2.89	12.86	106.48
速效钾/（mg/kg）	665.10	26.00	190.14	142.57	1.54	2.02	74.98
EC/（mS/cm）	38.70	3.00	14.31	8.24	1.12	0.75	57.57
含盐量/（g/kg）	10.07	0.02	0.57	1.40	5.35	32.29	247.95
CEC/（cmol/kg）	32.22	0.08	1.81	4.49	5.35	32.26	248.68
pH	9.24	1.69	7.45	1.14	−2.09	7.97	15.30

表 10-5　土壤养分分级标准

分级	有机质/（g/kg）	全氮/（g/kg）	有效磷/（mg/kg）	速效钾/（mg/kg）	缓效钾/（mg/kg）	有效氮/（mg/kg）
一级	>40	>2	>40	>200	>500	>150
二级	30～40	1.5～2	20～40	150～200	400～500	120～150
三级	20～30	1～1.5	10～20	100～150	300～400	90～120
四级	10～20	0.75～1	5～10	50～100	200～300	60～90
五级	6～10	0.5～0.75	3～5	30～50	100～200	30～60
六级	<6	<0.5	<3	<30	<100	<30

变异系数（CV）的大小揭示了随机变量的离散程度，即土壤养分指标的空间变异性。通常认为 CV<10% 表现为弱变异性，10%＜CV＜100% 为中等变异性，CV>100% 为强变异性。研究区有机质、全氮、全磷、全钾、碱解氮、速效钾、电导率（EC）、pH 均属于中等程度变异，而有效磷、含盐量、阳离子交换量（CEC）属于强变异。这说明青藏高原东部和北部农业耕作中的作物施肥方式没有太大的区别，但不同区域的土壤本身性质存在一定差异。

从空间分布来看（图 10-10），有机质含量在研究区西北部与东北部极低，平均值介于 16.17～23.1g/kg，整体由东南向西北逐渐递减，层状规则，西北地区绝大部分有机质含量在 40g/kg 以下。有机质含量分布与土壤肥力分布相一致，东南部地区海拔相对较低、气候温暖、湿润多雨、植物生长量大，因此东南部有机质积累丰富、土壤有机质含量相对较高。全氮的空间分布与有机质类似，但研究区北部大片区域为低值区，原因是土壤氮素含量分布受有机质积累分解的影响。速效钾含量以西北角为中心，逐渐向东南方向递减，极值变化大，最高值为439.1mg/kg，最低值为100.1mg/kg。含盐量分布与速效钾分布图类似，以西北地区为中心向外递减，中部及南部大区含盐量小于3.088g/kg。CEC 在研究区东南部最高，由东南向西北递减。这可能是因为东南地区温度相对较高，土壤中微生物活性较高，促进了土壤中各种物质的转移。

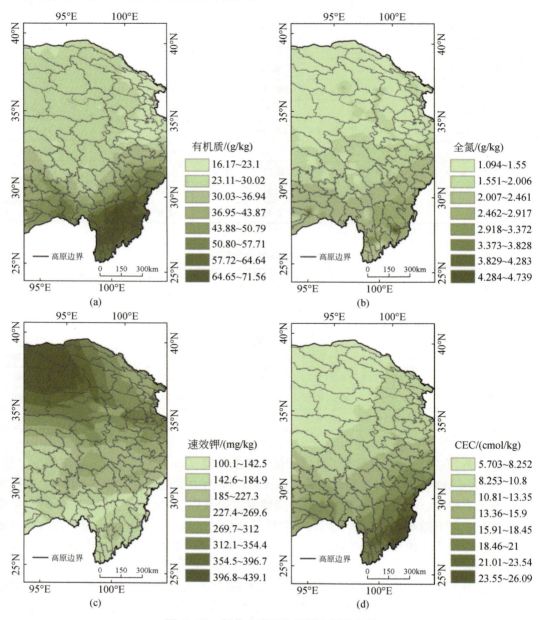

图 10-10　部分土壤理化指标空间分布图

10.2.2　土壤肥力状况

（1）年楚河流域

TOC 是反映土壤肥力状况的重要指标，主要取决于有机碳的输入与矿化分解之间的动态平衡。受采样条件所限，本节在年楚河流域只取到了 0～10cm、10～20cm 的土壤样品。为了准确分析土壤 TOC 含量，后文统一按照这两个土层总有机碳的平均值评价土壤 TOC 含量。

图 10-11（a）为每个取样点 0～20cm 土壤 TOC 含量平均值的柱状图，可以发现土壤 TOC 含量的范围是（5.04±3.05）g/kg～（49.4±0.70）g/kg，平均值为（16.29±2.13）g/kg。流域土壤 TOC 含量总体相对较低，最低的是 P6（羊八井附近）、P18（卡布仁村）。现场调查发现这两个地方土壤沙化较严重、深层土壤坚硬、植被稀少、鲜有农作物，土壤缺乏有机质来源，因此 TOC 含量较低。加仲村、涅如堆乡、卢村等地 TOC 含量较高，说明土壤肥力较好、有机物质丰富。这三个区域海拔较高，农作物以青稞为主但种植面积相对较少，土壤有机碳得以保存。

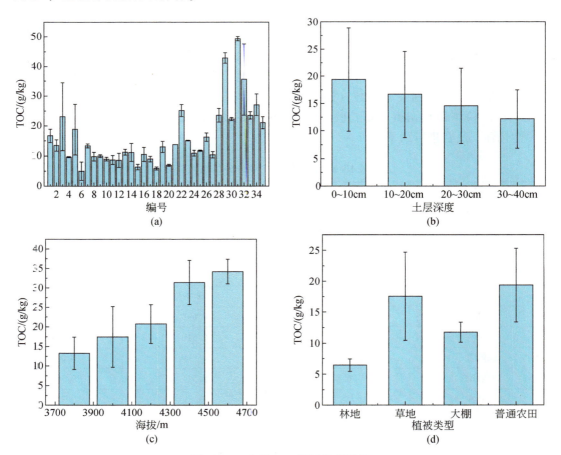

图 10-11　土壤 TOC 测试分析结果

对 0 ~ 40cm 不同深度土壤进行空间分布特征比较 [图 10-11（b）]，发现随着土壤深度的增加土壤 TOC 含量显著减少，表明土壤中的有机物质主要聚集在土壤浅层。周晨霓等（2015）在西藏色拉山植被土壤有机碳的研究中发现，土壤 TOC 含量随着土层深度的增加而减少，这与本节结果一致。

本次土壤取样的海拔范围在 3700 ~ 4700m，以 200m 步长进行 TOC 含量平均值分段统计，可得柱状图 [图 10-11（c）]，可以看出，随着海拔的增加，土壤表层 0 ~ 20cm 的 TOC 含量表现出显著的增长趋势。这表明在高海拔地区，土壤中存储着更多的有机质，这与前人的研究结果一致。已有研究表明，随着海拔的增加，环境温度逐渐降低，微生物的活性被抑制，进而无法有效分解土壤中的有机质。本节中的卢村和浪卡子均位于海拔 4500m 以上，温度因素极大限制了植被生长和微生物活性，因此土壤有机质含量较高。

此外，同一海拔范围不同植被类型土壤 TOC 含量也存在差异，从高到低为普通农田>草地>大棚>林地 [图 10-11（d）]。大部分区域植被稀少，土壤较为坚硬，地表风化严重，因此 TOC 含量远低于同海拔的青稞地，而草地的 TOC 含量则高于地表比较坚硬的林地。与农田相比，大棚的土壤环境较为封闭，阻断了与外界环境有机物质的输送与转移，TOC 含量较低。总而言之，TOC 含量与地表植被组成有一定相关关系，植物组成可以用于判定一定海拔范围内 TOC 含量的高低。

（2）青藏高原东部和北部地区

本节采用模糊综合评价方法评价土壤肥力，选取 pH、有机质、全氮、碱解氮、全磷、有效磷、全钾、速效钾、CEC 共 9 项作为土壤肥力评价指标，利用主成分分析法确定各项指标的权重并构建模糊隶属函数（表 10-6）。对数据进行样品充分性和相关性的 Kaiser-Meyer-Olkin 检测和 Bartlett 球形检验，检测值分别是 0.65 和 376.255，表明这些指标之间相关性较强，适合进行因子分析。

表 10-6　土壤指标主成分分析结果

项目	PC1	PC2	PC3
特征值	3.911	1.330	1.264
方差比例/%	43.454	14.782	14.041
累计方差/%	43.454	58.236	72.278
有机质	0.929	0.792	0.128
全氮	0.917	−0.605	0.110
全磷	0.480	0.698	−0.019
全钾	0.319	0.610	−0.356
碱解氮	0.801	−0.349	0.086
有效磷	0.401	0.511	0.504
速效钾	−0.182	−0.012	0.787
pH	0.608	0.120	0.472
ECE	0.835	−0.152	0.062

通过主成分分析得到 3 个主成分所对应的特征值，结合特征值对应的比例得到综合评价函数，各个理化指标在综合评价函数中的权重如图 10-12 所示。将经过标准化处理的各项理化指标带入综合评价函数模型，可得到每个格点的土壤肥力值。由图 10-12 可知，研究区土壤肥力整体范围介于 1.761~2.928。东南部地区土壤肥力最高且存在两个高值区，以这两个高值区为中心按层状规则向外递减，递减速率由快变慢。这一方面可能是因为东南部地区海拔较低，气候条件适合农作物生长；另一方面可能是因为该区域更靠近内陆，土地管理方式更加先进。土壤肥力低值区面积占研究区总面积的 50% 以上，其中西北部地区土壤肥力最小，这与实际调研中甘肃西部地区由于干旱而不适宜农作物生长的现状一致。

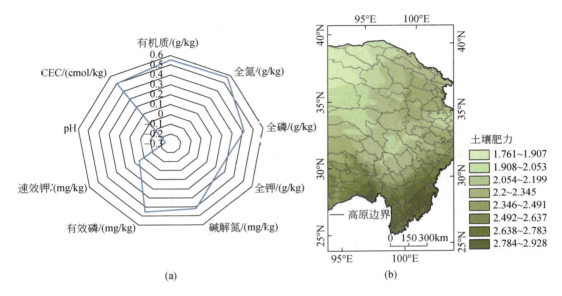

图 10-12　土壤肥力指标权重雷达图（a）和土壤肥力空间分布图（b）

10.2.3　土壤重金属含量与来源

（1）年楚河流域

大棚土壤样品重金属含量统计如表 10-7 所示。土壤重金属含量平均值均未超过土壤环境质量标准的二级限值，说明流域内土壤质量可以保证农业生产和人体健康的安全。此外，Cu、Zn、Cd、Hg 的平均含量均高于土壤背景值一级标准，表明农业生产过程给土壤带来了重金属输入。各种重金属的变异系数很小，说明来源较为单一，符合大棚农业活动实际情况。

表 10-7　大棚土壤样品重金属含量统计

项目	Cu	Zn	Cr	Cd	Pb	Hg
样点数	14	14	14	14	14	14
最大值/（mg/L）	69.6	151.07	102.9	0.73	53.15	0.46

项目	Cu	Zn	Cr	Cd	Pb	Hg
最小值/（mg/L）	34.09	85.16	69.57	0.25	14.16	0.12
平均值/（mg/L）	50.61	118.22	86.84	0.45	28.12	0.24
变异系数/%	18.7	26.3	12.06	30.5	44.5	47.0
GB 15618—1995 一级到二级标准/（mg/kg）	35～100	100～300	90～300	0.3～0.6	35～350	0.15～1.0

（2）青藏高原东部和北部地区

将经过研磨筛分的土壤样品利用标准方法进行消解处理后，用原子吸收光谱法测定 Cd、Cr、Cu、Ni、Pb、Zn 的含量，用冷原子吸收法测定 Hg 的含量。各种元素测定值均在国家标准参比物质的允许误差范围内。

A. 土壤重金属含量的描述性统计

青藏高原东部和北部典型地区 7 种重金属的描述统计结果如表 10-8 所示。从表 10-8 可以看出，Cd、Cr、Cu、Ni、Pb、Zn 和 Hg 的平均值分别为 0.228mg/kg、91.308mg/kg、37.406mg/kg、41.127mg/kg、121.011mg/kg、113.242mg/kg 和 0.000 120 9mg/kg，除 Hg 外其他 6 种重金属略高于土壤背景值，部分采样点重金属超过国家二级标准。各重金属的变异系数大小排序为 Cu>Pb>Hg>Cr>Zn>Ni>Cd，Cu、Zn、Pb、Hg 和 Cr 变异系数相对较大，表明其地区分布极为不均，Cd 变异系数较小，在不同研究区域的分布较为均匀。

表 10-8　青藏高原东部和北部典型地区土壤重金属的基本统计结果

项目	Cd	Cr	Cu	Ni	Pb	Zn	Hg
最小值/（mg/kg）	0.067	49.150	12.160	13.031	17.919	61.000	0.000 012 7
最大值/（mg/kg）	0.640	279.700	144.200	143.514	394.091	228.594	0.002 112 3
平均值/（mg/kg）	0.228	91.308	37.406	41.127	121.011	113.242	0.000 120 9
标准偏差	0.104	36.677	25.142	22.772	181.408	35.533	115.843
变异系数/%	11.1	134.5	332.8	51.69	329.0	126.6	152.3

从图 10-13 可以看出，土壤重金属含量大部分属于 Ⅰ 到 Ⅱ 级水平，有 11 个（18.96%）土壤样品的 Cd 超过 Ⅱ 级标准，对耕地土壤的危害性极小。Hg 全部符合农田土壤重金属 Ⅰ 级标准，但是有 3 个（5.17%）样品 Pb 超过 Ⅲ 级标准，分别位于青藏高原东南部地区的党巴乡一处小麦地和祁连山地区的两个地膜覆盖土豆地。

B. 土壤重金属来源解析

表 10-9 计算了土壤 6 种重金属（Cd、Cr、Cu、Pb、Zn 与 Ni）之间及其与有机质的相关性。从表 10-9 可以看出，Cd、Zn、Cu、Ni、Cr 与土壤有机质有着较好的相关性（0.26 以上），这些元素可能来源于成土母质。从重金属间的相关性来看，Cd 与 Cr、Zn、Ni、Cu，以及 Cu 与 Zn 之间均呈显著性相关，说明这几种金属来源可能相同。结合与有机质的

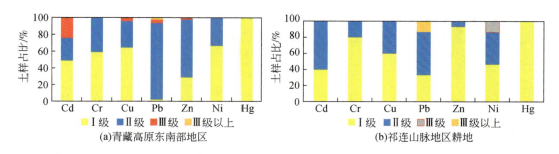

图 10-13　不同区域农田土壤重金属含量统计

相关性分析可以看出，Cr、Zn、Cu、Ni 与 Cd 极有可能来自土壤母质。Pb 与其他重金属的相关性较低，与土壤有机质的含量相关性也较低，说明 Pb 与其他几种重金属的来源不同。结合实地调研情况可知，该地较高浓度的 Pb 可能与附近交通尾气排放有关，后续还需要对其来源作进一步分析。

表 10-9　研究区土壤重金属之间及其与有机质的相关性分析结果

物质	Cd	Cr	Cu	Pb	Zn	Ni	有机质
Cd	1						
Cr	0.353 **	1					
Cu	0.324 **	0.271	1				
Pb	0.092	−0.023	0.156	1			
Zn	0.526 **	0.353 **	0.452 **	0.204	1		
Ni	0.393 **	0.918 **	0.313 *	0.211	0.287 *	1	
有机质	0.321 **	0.265 *	0.427 **	0.228	0.436 **	0.472 **	1

* 在 0.05 水平上显著。

** 在 0.01 水平上显著。

对 6 种重金属（Cd、Cr、Cu、Pb、Zn 与 Ni）进行主成分分析，结果如表 10-10 所示。有两种主成分可以合计解释总变量的 78.424%，进而推测这 6 种重金属的来源。Cd、Cr、Zn、Cu 与 Ni 在第一主成分中出现了较高的载荷，考虑这几种重金属间及其与土壤有机质间较强的相关性，可以判别第一主成分可能来源于地质背景，即这几种重金属主要来源于成土母质。在第二主成分中，Pb 具有极高的载荷，说明 Pb 主要来源于非地质背景因素，因此第二主成分为人为活动来源。

表 10-10　研究区土壤重金属主成分分析结果

项目	PC1	PC2
Cd	0.698 168	0.434 895
Cr	0.845 891	−0.452 74

项目	PC1	PC2
Cu	0.918 73	0.039 286
Pb	0.304 039	0.785 711
Zn	0.657 943	0.409 168
Ni	0.857 119	−0.435 08
方差贡献率/%	55.753	22.671
累计方差贡献率/%	55.753	78.424

C. 重金属含量空间分布

对变量进行连续插值可更直观地查看其空间分布特征，本节利用 ArcGIS 地统计模块进行普通 Kriging 插值，对 6 种重金属（Cd、Cr、Cu、Pb、Zn 与 Ni）的含量进行分析，结果如图 10-14 所示。从图 10-14 可以看出，Cd 高值区主要分布在研究区东南部，从东南到西北呈带状分布。结合 Cd、Cr、Zn、Ni 与 Cu 主要来源于地质背景的判断，可以推断研究

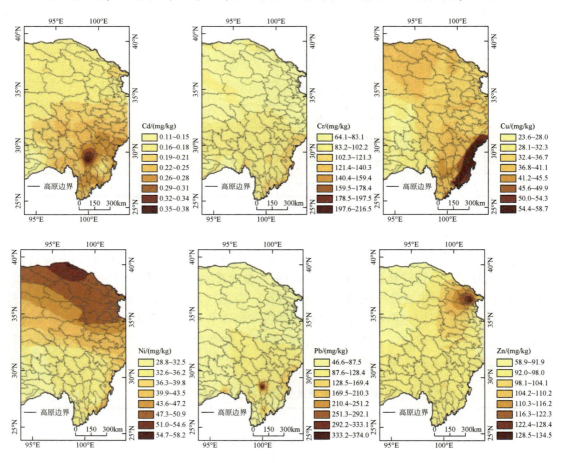

图 10-14 土壤重金属含量空间分布图

区东南部地层中重金属 Cd、Cr、Cu 含量较高，Ni 和 Zn 主要分布在研究区北部和东北部。Pb 主要分布在研究区东部，主要由区内较为密集的人类活动输入导致。

10.2.4   小结

本节测试分析了年楚河流域与青藏高原东部和北部典型地区的土壤理化指标及重金属含量。其中，土壤理化指标包括 pH、有机质、全氮、碱解氮、全磷、有效磷、全钾、速效钾、阳 CEC，重金属包括 Cd、Cr、Zn、Ni、Cu、Pb、Hg 等，分析测试结果显示：①年楚河流域内主要土壤类型为砂质壤土，但深层土壤含砂量减少、黏粒显著增多、土壤颗粒更加细微。土壤 TOC 含量相对较低，加仲村、涅如堆乡、卢村等青稞种植面积较小的高海拔地区 TOC 含量较高。②青藏高原东部地区土壤氮、磷、钾元素含量属于中等水平，东南部区域有机质含量丰富，有机质含量、土壤肥力、全氮分布由东南向西北递减；速效钾、含盐量从西北逐渐向东南递减。③青藏高原东部地区 Cd、Cr 和 Cu 主要在东南部聚集，Ni 和 Zn 在研究区北部和东北部聚集，主要受地质背景影响；Pb 主要分布在东部，受人类活动影响较大。

10.3   水土微塑料丰度

近年来青藏高原农业方面大棚和地膜的使用量逐年增加，塑料制品也在普通居民生活中得到广泛使用。由于大部分废弃塑料制品不能循环使用，因此可能带来了一系列的环境问题。20 世纪 70 年代开始科学家对塑料碎片进行研究，2004 年"微塑料"这一术语被提出，科学家将其定义为"直径小于 5mm 的塑料纤维、颗粒或者薄膜"。本节采集并分析了青藏高原西南部、东部和北部典型地区水土介质中的微塑料含量，其中地表水的过筛孔径为 20μm（图 10-15）。

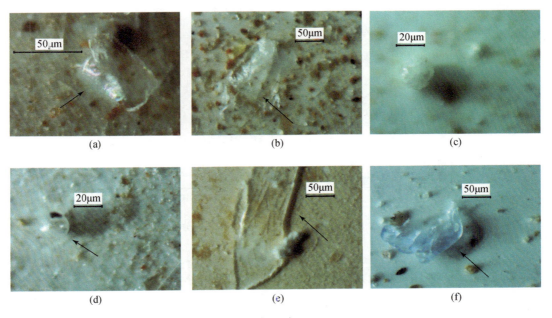

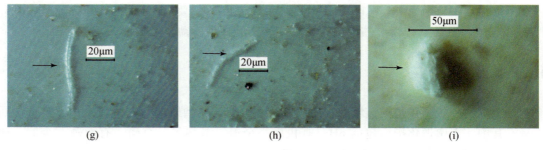

图 10-15　水土介质中的微塑料

10.3.1　水体微塑料分布特征

青藏高原西南部、东部和北部典型地区水体微塑料丰度分布如图 10-16 所示。研究区域内的水体微塑料丰度在 66.67 ~ 2000n/m³，平均为 527.14n/m³。Song 等（2018）通过 20μm 筛子过滤 100L 样本测得韩国沿海表层海水的平均微塑料丰度为 871n/m³，与研究区域的部分采样点微塑料丰度接近。在三峡水库通过 48μm 筛子过滤的样本也检测到相对较高的微塑料丰度（1597 ~ 12 611n/m³）。总的来说，研究区域检测到的微塑料丰度低于大部分沿海地区报道的微塑料丰度，特别是在同等筛网孔径条件下。

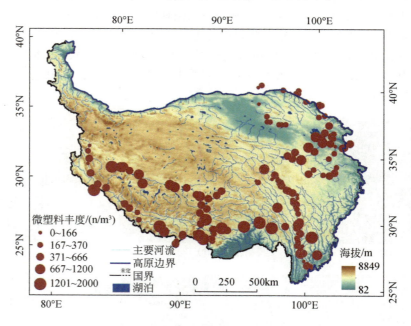

图 10-16　青藏高原水体微塑料丰度分布

本研究根据尺寸将微塑料分为五种类型：<50μm、50 ~ 100μm、100 ~ 500μm、0.5 ~ 1mm 和>1mm。从图 10-17 可以看出，水体中微塑料以小尺寸为主，小于 500μm 的微塑料占比超过 70%。水体中微塑料的主要形状包括纤维、薄膜、碎片、颗粒和泡沫，其中纤维占三要地位（47%），这与大多数水体中微塑料的研究结果一致；其次是碎片（19%）、薄膜（14%）、泡沫（13%）和颗粒（7%）。颜色以透明为主，平均比例为39%，其次为灰色（20%）、白色（16%）等。水体中大比例的微塑料被鉴定为聚乙烯（PE，36%），其次为聚丙烯（PP，29%）。沉积物中微塑料分布与水体中基本类似，沉积物中最主要的形状和颜色分别是纤维（39%）和透明（40%），沉积物中大部分微塑料被鉴定为聚乙烯（32%），但是小尺寸微塑料（20~100μm）在沉积物中的含量要高于水体中。

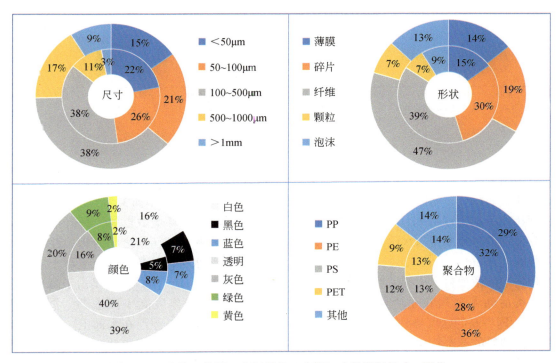

图 10-17　水体（外圈）和沉积物（内圈）中微塑料尺寸、形状、
颜色和聚合物分布

　　显微拉曼光谱鉴定表明，水体中的微塑料由 13 种聚合物组成，而沉积物中的微塑料由 14 种聚合物组成。主要聚合物的典型显微拉曼光谱图如图 10-18 所示。水体中含量最高的聚合物为聚乙烯（36.2%），其次为聚丙烯（28.5%）>其他（14.0%）>聚苯乙烯（PS；11.8%）>聚对苯二甲酸乙二（醇）酯（PET；9.5%）；而沉积物中的主要聚合物为聚丙烯（32.5%），剩余的聚合物所占比例从高到低依次为聚乙烯（28.5%）>其他（13.8%）>聚苯乙烯（12.6%）=聚对苯二甲酸乙二（醇）酯（12.6%）。

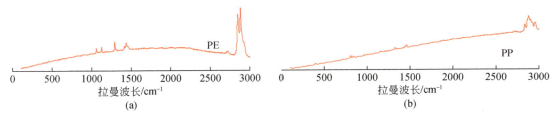

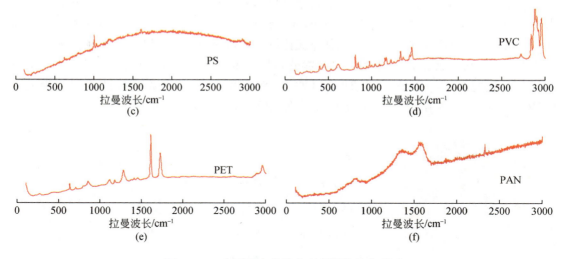

图 10-18　主要聚合物的典型显微拉曼光谱图

采用主成分分析法分析微塑料浓度和各种环境因素之间的关系，进一步确定环境因素对水体微塑料分布的影响（图 10-19）。可以看出，水体和沉积物中前 3 个主成分的贡献率分别达到了 64.1% 和 62.0%，说明主成分分析能够反映全部环境数据的大部分信息。本研究发现微塑料丰度与水质尤其是 COD 有关，鉴于 COD 和生活污水之间的相关性基本可以判断（Chen et al.，2020），微塑料的分布主要受生活污水排放的影响。海拔与水体中和沉积物中的微塑料丰度都呈负相关（$p \leq 0.01$）[图 10-19（c）、（d）]，这是由于高海拔地区人类活动尤其是农业活动较少。此外，盐湖中的微塑料丰度高于淡水湖[图 10-19（e）]，即更高的盐度导致水体密度更高，从而使大量的微塑料漂浮在水面上。根据水体中的微塑料的形态特征和聚合物组成进一步推测了其潜在来源，结果表明青藏高原水体中的微塑料主要来源是生活污水和部分地区（景区）的旅游业，其他来源还有农业活动（青藏高原西南地区）、大气传输（Feng et al.，2021b）。

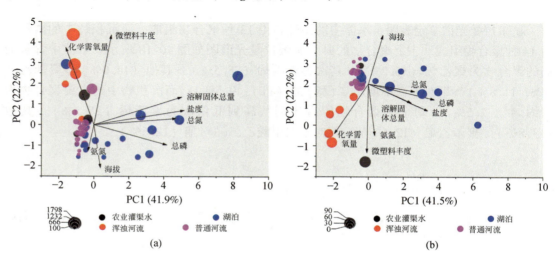

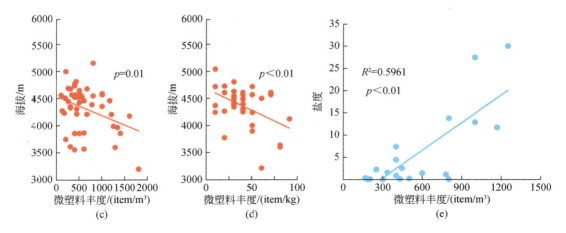

图 10-19　水环境中微塑料和环境指标的统计分析：（a）水体中的微塑料主成分分析；（b）沉积物中的微塑料主成分分析；（c）水体中的微塑料丰度与海拔的关系；（d）沉积物中的微塑料丰度与海拔的关系；（e）湖泊中的微塑料丰度与盐度的关系

10.3.2　土壤微塑料分布特征

在绝大部分土壤样品中都发现了微塑料的存在（图 10-20），平均丰度为 53.13item/kg。根据之前的报道，上海郊区农田土壤中微塑料颗粒的丰度略高，平均值为 70.25item/kg。Zhou 等（2018）在渤海滩涂土壤中测得微塑料丰度为 634item/kg，明显高于目前区域的结果。得荣县一处地膜农田检测到的土壤微塑料丰度最高，超过 200item/kg，位于一处峡谷中的梯田地膜地。

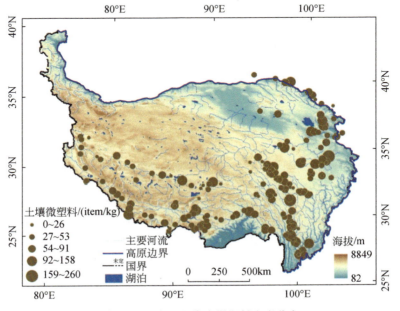

图 10-20　农田土壤中微塑料丰度分布

如图 10-21 所示，土壤中微塑料的尺寸以 100～500μm 占据绝对优势，分别占 30%（0～3cm 层）和 31%（3～6cm 层）。而大于 1mm 的大尺寸微塑料在不同土层中仅占 9%（0～3cm 层）和 5%（3～6cm 层）。薄膜在土壤中含量最高［图 10-21（b）］，纤维和碎片也广泛存在，其中纤维在第一层土中含量较高，可能源于长期农业活动过程中人类自身以及通过农业工具带入土壤的塑料降解。其他形状占比分别是纤维（24%）＞碎片（19%）＞泡沫（10%）＞颗粒（7%）（0～3cm 层）和碎片（23%）＞纤维（19%）＞泡沫（9%）＞颗粒（5%）（3～6cm 层）。透明色微塑料占比最高［图 10-21（c）］，在第一层和第二层土壤中分别达到 55% 和 48%；第一、第二层土壤中其他颜色占比由大到小依次是白色（18%、18%）、黑色（13%、16%）、其他（14%、11%）和蓝色（3%、4%）。聚合物鉴定表明土壤微塑料中含有大量 PE［图 10-21（d）］，随后上下两个土层分别是 PA、其他、PS、PP 和 PA、其他、PP、PS。较高的聚乙烯含量可能与设施农业中塑料覆盖物的使用有关。

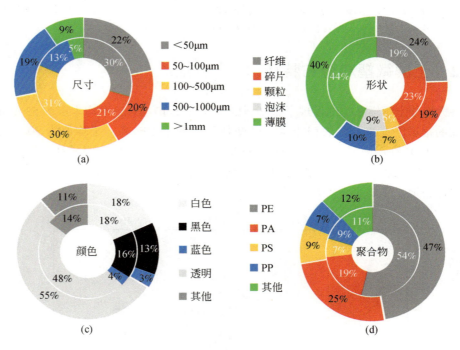

图 10-21　土壤中微塑料的（a）尺寸、（b）形状、（c）颜色和（d）聚合物分布

外圈为第一层土壤（0～3cm 层），内圈为第二层土壤（3～6cm 层）

利用扫描电子显微镜进一步观察微塑料薄膜的细微形貌（图 10-22），发现表面有裂纹、孔隙等［图 10-22（a）、（c）］，说明微塑料薄膜可能通过光氧化或土壤颗粒机械磨损等方式分解（冯三三等，2021）。此外，扫描电子显微镜照片显示，存在其他物质附着在微塑料表面［图 10-22（d）］，这与之前报道的水生环境中有微生物定植在微塑料表面的现象相吻合（Zettler et al.，2013）。微塑料由于比表面积大且疏水性强，可以作为很多有机物质的载体与附着体，其表面附着的污染物（如重金属、有机污染物等）可能对环境造

成更大风险。同时，经风化后的微塑料表面会变得更加粗糙，吸附污染物的能力也会随老化时间逐渐增加（Hüffer et al.，2018），因此经过长期风化的微塑料对生态环境的潜在危害尤其应给予重视。

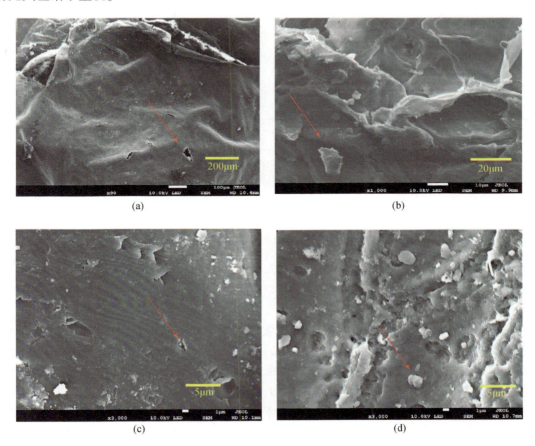

图 10-22　微塑料薄膜的扫描电子显微镜照片

对水土样品中的微塑料组成进行比较（图 10-23），可以发现土壤中聚乙烯的含量（50.5%）高于水中（27%），而水体中聚丙烯的含量最高，为 37%［图 10-23（d）］，说明水土环境中的微塑料来源可能不同。土壤中两个土层的微塑料组成非常相似，但第二层土壤中的小尺寸微塑料（<100μm）占比更高（51%>42%），可能是由于农业耕作加速了土壤表层微塑料颗粒的破碎化，频繁的土壤翻动使得更多粒径小的微塑料颗粒进入土壤下层。此外，无论水体中还是土壤中的微塑料都是以透明和小尺寸为主，说明这些微塑料应该已经经过了一段时间的风化和降解，逐渐褪色至透明。两种介质中微塑料的相似特征在一定程度上也与其迁移过程有关，水体中的部分微塑料来自地表径流所带入的土壤微塑料，而土壤中的部分微塑料则来自灌溉过程中的塑料制品使用（如灌溉水管）（Feng et al.，2020；冯三三等，2021）。

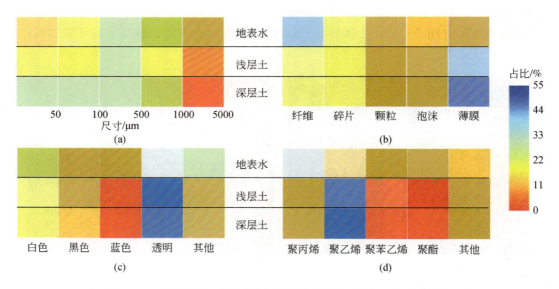

图 10-23　微塑料在不同环境中的尺寸、形状、颜色和聚合物分布

10.3.3　小结

　　青藏高原大部分地区地表水、沉积物和农田土壤中均有微塑料检出现象。研究发现，青藏高原水体微塑料丰度平均值为 527.14n/m³，低于全球大部分地区淡水微塑料丰度。本研究中采用 20μm 孔径的筛网进行水样的采集，小于大部分研究中微塑料的最小尺寸。土壤中微塑料丰度平均值为 53.13item/kg。从空间分布来看，高值区集中在西宁市、拉萨市辖区周边，城市和湖泊景点周边的地表水体以及接近塑料大棚和塑料覆膜的农田土壤中微塑料丰度较高。水体中的微塑料多来自洗衣废水和生活垃圾浸出，而土壤中的微塑料主要来自农业覆膜的使用。

参 考 文 献

冯三三，卢宏玮，姚天次，等 . 2021. 青藏高原典型区微塑料分布特征及来源分析. 地理学报，76（9）：2130-2141.

周晨霓，任德智，马和平，等 . 2015. 西藏色季拉山两种典型天然林分土壤活性有机碳组分与土壤呼吸特征研究. 环境科学学报，35（2）：557-563.

Chen Y, Lu H, Li J, et al. 2020. Effects of land use cover change on carbon emissions and ecosystem services in Chengyu urban agglomeration, China. Stochastic Environmental Research and Risk Assessment, 34: 1197-1215.

Feng S, Lu H, Liu Y. 2021a. The occurrence of microplastics in farmland and grassland soils in the Qinghai-Tibet plateau: Different land use and mulching time in facility. Environmental Pollution, 279: 116939.

Feng S, Lu H, Tian P, et al. 2020. Analysis of microplastics in a remote region of the Tibetan Plateau: Implications for natural environmental response to human activities. Science of the Total Environment, 739: 140087.

Feng S, Lu H, Yao T, et al. 2021b. Spatial characteristics of microplastics in the high- altitude area on the Tibetan Plateau. Journal of Hazardous Materials, 417: 126034.

Hüffer T, Weniger A K, Hofmann T. 2018. Sorption of organic compounds by aged polystyrene microplastic particles. Environmental Pollution, 236: 218-225.

Song Y K, Hong S H, Eo S, et al. 2018. Horizontal and vertical distribution of microplastics in Korean coastal waters. Environmental Science & Technology, 52: 12188-12197.

Zettler E R, Mincer T J, Amaral-Zettler L A. 2013. Life in the 'plastisphere': Microbial communities on plastic marine debris. Environmental Science and Technology, 47: 7137-7146.

Zhou Q, Zhang H, Fu C, et al. 2018. The distribution and morphology of microplastics in coastal soils adjacent to the Bohai Sea and the Yellow Sea. Geoderma, 322: 201-208.

第11章 | 农地利用变化对生态和径流的影响

本章通过典型区研究，分析农地利用变化对生态和径流的影响。首先基于 2000~2018 年一江两河地区和湟水河流域的耕地变化数据，分析耕地变化对生态和粮食生产的影响，其次利用 SWAT 模型，分析拉萨河、年楚河和湟水河流域农地利用变化对径流的影响。

11.1 耕地变化的生态影响

根据 2000~2018 年一江两河地区和湟水河地区耕地的变化特征，以 NDVI 为指标，分析了耕地变化的生态影响，并结合统计数据，测算了耕地变化对粮食生产的影响程度。

11.1.1 数据与方法

（1）生态影响指数

本研究基于 NDVI 变化幅度，提出了一个估算耕地变化生态影响的指标，并将其命名为生态影响指数。该指数是指由耕地变化引起的生长季 NDVI 变化对区域生长季 NDVI 总体变化的贡献率。首先，根据耕地的转换方式，划分为 3 种类型：①生态退耕（ER），即耕地转化为林地或草地；②建设占用（BO），即耕地转为建设用地；③耕地新垦（FR），即草地开发新垦的耕地。耕地变化的生态影响指数（C）为这 3 种耕地变化对 NDVI 贡献率之和，其计算公式如下：

$$C = C_{er} + C_{fr} + C_{bo} \tag{11.1}$$

式中，C_{er} 为生态退耕对区域平均 NDVI 变化的贡献率，按式（11.2）计算：

$$C_{er} = \frac{(\beta_{er} - \beta_f) \times A_{er}}{\beta_r \times A_r} \times 100\% \tag{11.2}$$

式中，β_{er} 为耕地完全转为林地或草地像元的 NDVI 变化率；β_r 为整个研究区 NDVI 的平均变化率；A_{er} 和 A_r 分别为生态退耕面积和研究区总面积；β_f 为随机选取的远离市区的 20 块天然成熟林地（无人类活动干扰）2000~2018 年 NDVI 的平均变化率，以此反映 2000~2018 年气候变化对区域 NDVI 变化的影响。

C_{fr} 为耕地新垦对区域 NDVI 变化的贡献率，根据式（11.3）计算。其贡献可表征为耕地新垦像元 NDVI 变化率与未变动耕地像元 NDVI 变化率的差值。β_{fr} 为完全新垦耕地像元的 NDVI 变化率；β_n 为 100% 未变动耕地像元的 NDVI 变化率，以此代表因田间管理水平提高引起的 NDVI 变化；C_{fr} 为耕地新垦对区域 NDVI 变化的贡献率；A_{fr} 为新垦耕地总面积。

$$C_{fr} = \frac{(\beta_{fr} - \beta_n) \times A_{fr}}{\beta_r \times A_r} \times 100\% \tag{11.3}$$

$$C_{bo} = \frac{\beta_{bo} \times A_{bo}}{\beta_r \times A_r} \times 100\% \qquad (11.4)$$

式中，β_{bo} 为耕地完全被非农建设占用像元的 NDVI 平均变化率，根据式（11.4）计算；A_{bo} 为建设占用耕地总面积的比例。

（2）NDVI 变化率

基于 250m 的 MODIS/MOD13Q1 数据集，经重采样、投影变换和矢量裁剪等数据预处理，得到一江两河地区和湟水河流域 2000～2018 年生长季平均 NDVI 数据集。考虑到研究区植被一般从 5 月开始明显生长，持续到 9 月中旬（赵健赟和彭军还，2016），故以 5～9 月作为植被生长季。采用 Sen＋Mann-Kendall 趋势分析法（Liu et al., 2019；Sun et al., 2019），计算一江两河地区和湟水河流域 2000～2018 年单个像元生长季平均 NDVI 变化率和显著性水平。

（3）计算 250m 栅格中不同耕地变化类型面积占比

将解译所得的米级耕地矢量数据转为 1m×1m 的栅格数据，考虑到耕地数据和 NDVI 数据的空间单元匹配，利用 ArcGIS 10.6 的 Aggregate 工具，统计每个 250m×250m 栅格中生态退耕、建设占用、耕地新垦面积的占比；分区统计识别不同耕地变化情况下，NDVI 变化率随耕地变化面积占比的变化趋势。

11.1.2 一江两河地区耕地变化的生态影响

2000～2018 年，一江两河地区生长季平均 NDVI 呈波动增加趋势（图 11-1）。与全区 NDVI 变化趋势一致，样点林地、生态退耕区、耕地新垦区及耕地未变动区的 NDVI 均呈波动上升的变化趋势，而建设占用耕地区 NDVI 则呈显著降低趋势。比较相同月份不同耕地变化类型区 NDVI 的大小可知，在生长季的初期（5 月）和末期（9 月），耕地未变动区、耕地新垦区和生态退耕区的 NDVI 相差不大；而在 6～8 月，随作物的不断生长，耕地未变动区的 NDVI 明显高于生态退耕区和耕地新垦区。因田间管理等人类活动的干预，耕

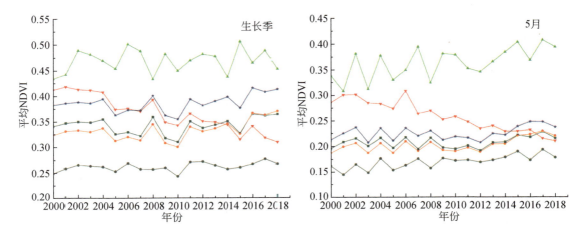

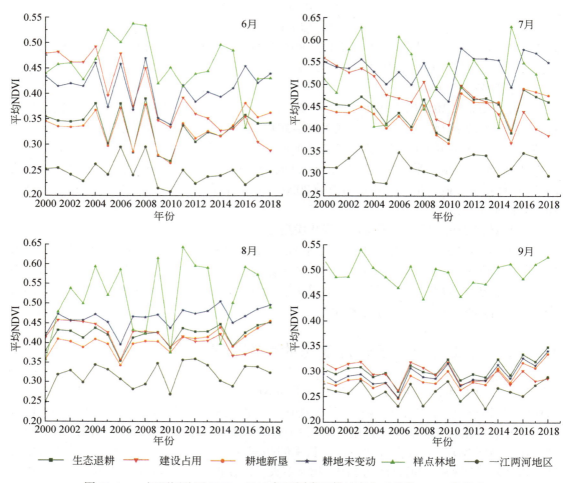

图 11-1　一江两河地区 2000～2018 年不同类型耕地变化对月均 NDVI 的影响

地未变动区的 NDVI 在生长季内的变化幅度最大，5 月开始快速增大，在 7 月达到峰值，8～9 月因作物成熟而有所降低，与作物生长周期呈高度一致性。样点林地及各耕地变化类型区 NDVI 在 6 月、7 月和 8 月呈剧烈的年际变动趋势，且以样点林地年际变动最为剧烈，该时段内降水年际波动较大，是造成这一现象的主要原因。

2000～2018 年，一江两河地区 NDVI 的时序变化分析表明，除建设占用耕地区外，全区生长季 NDVI 总体呈上升趋势（图 11-1）。趋势分析结果进一步证明，研究时段内一江两河地区绿度水平呈显著增加趋势，NDVI 年均增加 0.39%，表明全区域生态状况得到显著改善。对于不同类型耕地变化区，2000～2018 年生长季平均 NDVI 呈现不同的变化速率。图 11-2 展示了生长季平均 NDVI 变化率随 250m×250m 栅格中不同耕地变化类型面积占比的变化趋势。其中，对于生态退耕区，随生态退耕面积占比的增加，NDVI 增幅呈波动上升趋势［图 11-2（a）］，全部生态退耕像元的 NDVI 变化率为 0.46%/a，分别是样点林地（0.21%/a）和一江两河地区 NDVI 变化率的 2.19 倍和 1.18 倍，表明生态退耕较好地提高了研究区的绿度水平。对于耕地转化为建设用地的像元，随转化面积占比的增加，其 NDVI 年变化率呈显著下降趋势［图 11-2（b）］。其中，耕地全部转为建设用地像元的 NDVI 变化率达−2.49%/a，表明非农建设占用耕地严重降低了一江两河地区的绿度水平。

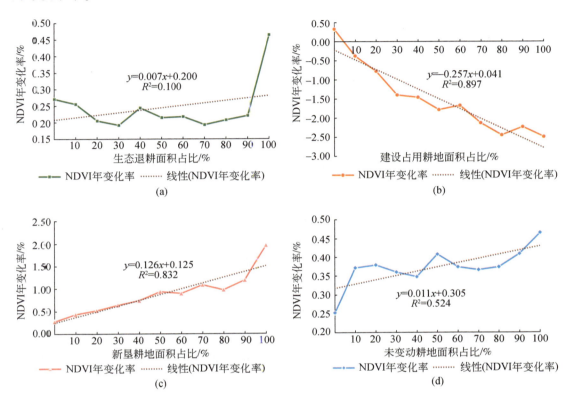

图 11-2　一江两河地区 2000～2018 年不同类型耕地变化对 NDVI 的影响

2000～2018 年，气候变化对一江两河地区生长季平均 NDVI 的影响，即样点林地像元的 NDVI 变化率为 0.21%/a（图 11-3）。剔除该影响，研究时段内一江两河地区耕地变化对区域 NDVI 变化的贡献率约为 0.98%/a。其中，生态退耕和耕地新垦对一江两河地区生长季平均 NDVI 的提升起到积极的作用，二者的贡献率分别为 0.41% 和 1.39%，而非农建设占用耕地则使一江两河地区生长季平均 NDVI 增幅下降了 0.82%/a。

11.1.3　湟水河流域耕地变化的生态影响

2000～2018 年，湟水河流域生长季平均 NDVI 呈波动增加趋势（图 11-4）。与全流域 NDVI 变动趋势一致，样点林地、生态退耕区、耕地新垦区及耕地未变动区的 NDVI 也均呈波动上升的变化趋势；而建设占用耕地区 NDVI 除在 2017 年和 2018 年有所回升外，大体呈不断递减趋势（图 11-4）。比较相同月份不同耕地变化类型区 NDVI 的大小可知，在生长季初期（5 月）和末期（9 月），耕地未变动区、耕地新垦区和生态退耕区的 NDVI 相差不大；而在 6～8 月，因作物生长，耕地未变动区的 NDVI 明显高于生态退耕区和耕地新

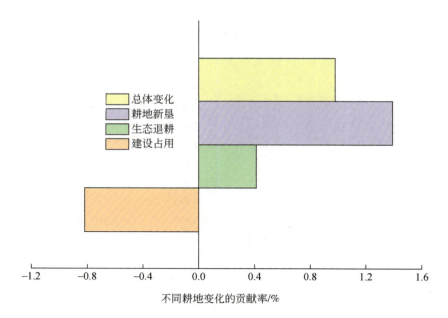

图 11-3　一江两河地区 2000～2018 年不同类型耕地变化对 NDVI 提升的贡献率

垦区。因田间管理等人类活动的干预，耕地未变动区的 NDVI 在生长季内变化幅度最大，5 月开始快速增大，在 6～7 月达到峰值，8～9 月因作物成熟而有所降低，与作物生长周期呈高度一致性；其他耕地变化类型在同一年份不同月份间的变化幅度相差不大，气候变化是造成这一差异的主要原因。此外，不同耕地变化类型区月均 NDVI 在 6～8 月的年际变化幅度远低于 5 月和 9 月，主要原因在于前两个月的降水量远高于后两个月，且在不同年份间表现得更为稳定。

趋势分析结果进一步证明，研究时段内湟水河流域绿度水平呈显著增加趋势，NDVI 年均增加 0.74%，表明全流域生态状况得到显著改善。对于不同耕地变化类型区，2000～2018 年生长季平均 NDVI 呈现不同的变化率。图 11-5 展示了生长季平均 NDVI 变化率随 250m×250m 栅格中不同耕地变化类型面积占比的变化趋势。其中，对于生态退耕区，随

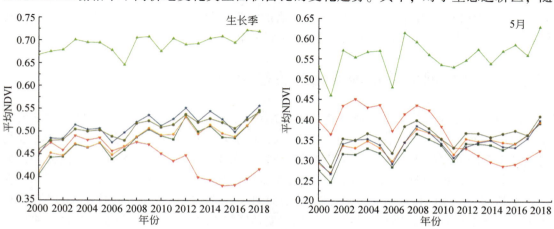

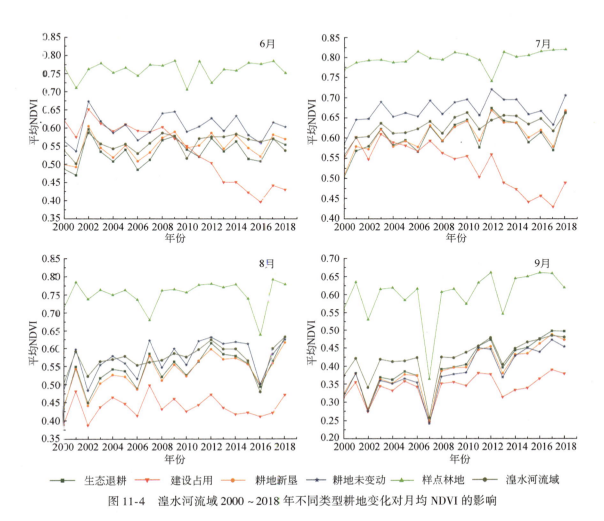

图 11-4　湟水河流域 2000～2018 年不同类型耕地变化对月均 NDVI 的影响

生态退耕面积占比的增加，NDVI 增幅呈显著增加趋势 ［图 11-5 （a）］，全部生态退耕像元的 NDVI 变化率为 1.57%/a，分别是样点林地像元和湟水河流域平均 NDVI 变化率的 4.36 倍和 2.12 倍，表明生态退耕显著提高了研究区的绿度水平。而对于耕地转为建设用地像元，随转化面积占比的增加，其 NDVI 年变化率呈显著下降趋势 ［图 11-5 （b）］，其中，耕地全部转为建设用地像元的 NDVI 变化率高达–2.56%/a，表明耕地转为建设用地后，绿度显著下降。此外，耕地新垦像元的生长季平均 NDVI 也呈不断增加趋势，且增幅显著 ［图 11-5 （c）］，其中，100% 耕地新垦像元的 NDVI 年均变化率为 2.01%。产生这一积极影响的主要原因是：新垦耕地垦自荒草地，荒草地转为耕地后，规范的田间管理促进了植被覆盖度的增加，进而使得绿度提升。因田间管理水平的提高，未变动耕地像元的生长季平均 NDVI 也呈增加趋势，但增幅随着未变动耕地面积占比的增加有所下降 ［图 11-5 （d）］。主要原因是退耕节省下来的肥料等生产要素转移到未退耕耕地，因此使粮食作物长势变好，单产提高 （Jiang et al., 2021；Zhang et al., 2019），如 2000～2018 年湟水河流域粮食平均单产由 2.44t/hm² 增至 4.01t/hm²，增长了 64.34%。

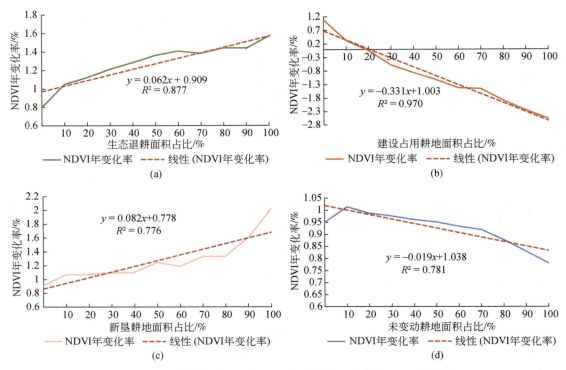

图 11-5　湟水河流域 2000～2018 年不同耕地变化对 NDVI 的影响

2000～2018 年，气候变化对湟水河流域生长季平均 NDVI 的影响即样点林地像元的 NDVI 变化率为 0.36%/a（图 11-6）。剔除气候变化的影响，研究时段内湟水河流域耕地变化对区域 NDVI 变化的贡献率约为 6.67%。其中，由退耕还林工程推动的生态退耕对湟

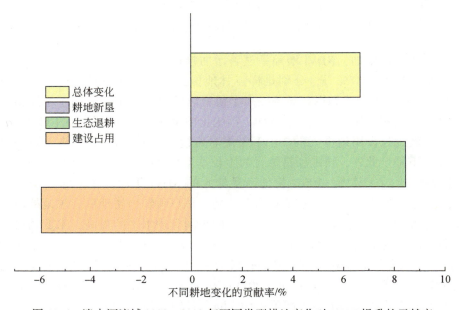

图 11-6　湟水河流域 2000～2018 年不同类型耕地变化对 NDVI 提升的贡献率

水河流域 NDVI 提升的贡献率为 8.46%；而非农建设占用耕地使得流域 NDVI 增幅下降了 5.94%；此外，耕地新垦对湟水河流域生长季平均 NDVI 的变化也起到积极的影响作用，其贡献率约为 2.37%。

11.1.4 耕地变化对粮食产量的影响

以一江两河地区 18 个县和湟水河流域 10 个县 2000～2018 年粮食总产量变化率为因变量，以粮食单产变化率和耕地面积变化率为自变量，采用 SPSS19.0 软件，通过多元线性回归分析，识别了粮食单产变化和耕地面积变化对两地区粮食总产量的影响。多元线性回归分析模型广泛应用于处理多要素的地理研究中，其模型表达式（Ge and Wu，2020；Liu et al.，2017）为

$$y = \sum_{i=1}^{n} a_i x_i + c \tag{11.5}$$

式中，y 为因变量；x_i 为自变量；a_i 为回归系数；c 为常数项。在应用多元线性回归分析前，需要进行变量标准化，此时得到的标准化回归系数的绝对值可以反映自变量对因变量的影响程度，标准化回归方程可表达为

$$y' = \sum_{i=1}^{n} a'_i x'_i \tag{11.6}$$

式中，y' 为标准化的因变量；a'_i 为自变量 x_i 对应的标准化回归系数；x'_i 为标准化的自变量。各自变量对因变量的贡献率（Chen，2010）为

$$CR_i = \frac{|a'_i|}{\sum_{i}^{n} |a'_i|} \tag{11.7}$$

式中，CR_i 为自变量 x_i 的贡献率；a'_i 为自变量 x_i 对应的标准化回归系数。

（1）一江两河地区

根据多元线性回归分析结果（表 11-1），拟合得到可表征一江两河地区 2000～2018 年粮食总产变化率（Y）与粮食单产变化率（X_1）、耕地面积变化率（X_2）之间相关关系的回归方程［式（11.8）］和标准化后的二元回归方程［式（11.9）］，方程表达式分别如下：

$$Y = -0.13 + 0.84X_1 + 1.06X_2 \tag{11.8}$$

$$Y = 0.95X_1 + 0.60X_2 \tag{11.9}$$

拟合方程的 $R^2 = 0.96$，$Sig = 0 < 0.01$，拟合效果很好。根据去常量后的标准化公式（11.9）测算，单产变化对粮食总产量的影响程度要高于耕地面积变化，即在保持另外一个自变量不变的前提下，作物单产、耕地面积同样增减少 1% 时，对粮食总产的影响幅度分别为 0.95% 和 0.60%，前者是后者的 1.58 倍。

2000～2018 年一江两河地区耕地共减少 8.85%，但区域粮食平均单产提高了 11.84%，由 2000 年的 2.45t/hm² 增加到 2018 年的 2.74t/hm²。虽然耕地面积下降，但因单产提高，区域粮食总产量仍增加了 1.32 万 t。根据公式（11.8）计算，一江两河地区因

耕地面积萎缩，预计使粮食总产量减少约5.04万t，为2000年粮食总产量的9.38%。根据公式（11.7）和（11.9）综合测算，2000～2018年一江两河地区耕地面积变化对粮食总产量变化的贡献率为38.83%，单产变化的贡献率为61.17%。

表 11-1　一江两河地区多元线性回归分析结果

常量和变量	非标准化系数		标准化系数	Sig
	B	标准误差		
常量	−0.13	1.70	—	0.94
粮食单产	0.84	0.08	0.95	0.00
耕地面积	1.06	0.09	0.60	0.00

（2）湟水河流域

基于多元线性回归分析模型结果（表11-2），拟合得到可表征湟水河流域2000～2018年粮食总产变化率（Y）与粮食单产变化率（X_1）、耕地面积变化率（X_2）之间相关关系的二元回归方程［式（11.10）］及标准化后的二元回归方程［式（11.11）］：

$$Y=44.47+0.21X_1+1.84X_2 \tag{11.10}$$

$$Y=1.00X_1+0.14X_2 \tag{11.11}$$

方程的 $R^2=0.984$，Sig=0<0.01，说明拟合效果较好。分析发现，相较于一江两河地区，湟水河流域耕地面积变化对区域粮食总产量的影响程度要显著低于单产变化的影响，主要是2000～2018年湟水河流域粮食作物单产增幅更显著，是一江两河地区的5.43倍。按公式（11.11）测算，在保持另外一个自变量不变的前提下，作物单产、耕地面积同样增减1%时，对粮食总产量变化的影响幅度分别为1.00%和0.14%，前者是后者的7.14倍。

表 11-2　湟水河流域多元线性回归分析结果

常量和变量	非标准化系数		标准化系数	Sig
	B	标准误差		
常量	44.47	27.301	—	0.147
粮食单产	0.21	0.010	0.995	0.000
耕地面积	1.84	0.620	0.142	0.021

湟水河流域2000～2018年耕地共减少23.47%，预计使粮食减少约18.57万t，相当于2000年粮食总产量的43.18%。由于同期粮食单产大幅提高了64.34%（由2000年的2.44t/hm^{2}提高到2018年的4.01t/hm^2），2000～2018年湟水河流域的粮食总产量仍保持了增长，共提高2.04万t。基于公式（11.7）和（11.11）综合计算，2000～2018年耕地面积变化对湟水河流域粮食总产量变化的贡献率要低于一江两河地区，仅为12.49%，显著低于单产变化的贡献率（87.51%）。由此看出，通过提高单产，可显著降低耕地萎缩对粮食总产量的影响。

11.1.5　结论与讨论

2000～2018 年，一江两河地区生长季 NDVI 年均上升 0.39%，湟水河流域上升 0.74%。由于两地耕地占比很低，耕地变化面积有限，因此，耕地变化对两地区 NDVI 的影响不大，对区域绿度增加的综合贡献率分别仅为 0.98% 和 6.67%，这意味着区域绿度的提高，应该主要是气候变化、生态保护等因素引起的。

根据一江两河地区及其周边 18 个气象站点的气候数据，2000～2018 年，一江两河地区年均气温由 2000 年的 1.19℃ 增至 2018 年的 2.24℃，年降水量则由 631.81mm 减少为 538.98mm，气候呈现暖干化趋势。与此不同，湟水河流域及其周边 14 个气象站点的数据显示，年降水量和年均气温每 10 年分别增加 38.50mm 和 0.47℃，气候暖湿化显著。

降水量的变化影响着区域水资源总量，进而影响植被生长（Hu et al.，2021；Wu et al.，2020）。一方面，降水量的增加可有效缓解两区的水资源限制，改善植被的生长状况（金凯等，2020；Zhu et al.，2019）；另一方面，降水量的减少则可能会加重水资源对两区植被生长的限制，阻滞了区域植被生长状况的改善（Hu et al.，2021）。而对于气温相对较低的一江两河地区和湟水河流域，气温的升高可以延长当地的植被生长季（May et al.，2020），并通过加速土壤有机质的分解（Jiang and Zhang，2016；Phillips et al.，2016），进而增加植被生长所需营养元素的释放（Pang et al.，2016），促进植被生长。此外，田间管理水平的提升则是驱动两区绿度提升的另一个重要因素，它使两区生长季平均 NDVI 年均增加 0.78%。限牧、禁牧、造林绿化等生态保护工程对当地绿度提升的影响作用，因缺乏数据，难以评定，但估计应该起到重要作用。

2000～2018 年，一江两河地区和湟水河流域耕地面积变化对粮食总产量变化的贡献率分别为 38.83% 和 12.49%，显著低于粮食作物单产变化的贡献率（61.17% 和 87.51%）。虽然同期两个地区的耕地面积都出现了显著减少，使一江两河地区和湟水河流域粮食总产量预计分别减少了约 5.04 万 t 和 18.57 万 t，但得益于粮食单产的提高，2000～2018 年一江两河地区和湟水河流域粮食总产量仍分别增加了 1.32 万 t 和 2.04 万 t，说明通过改善土地生产效率，提高作物单产，可弥补耕地流失对区域粮食生产的负面影响。不过，因为青藏高原耕地面积有限，为保障区域粮食安全，仍非常有必要加强耕地保护，严格控制非农建设和生态退耕过度占用耕地。

11.2　土地利用变化对径流的影响

近年来，水资源问题越来越得到世界各国和国际组织的重视。众多研究人员致力于探索人类活动的水文效应，也发现了土地利用和下垫面变化对区域水文循环的重要影响（曹灿等，2022）。由于不同地区土地利用/土地覆盖变化对地表径流的影响各不相同，气候条件也会直接影响水循环过程，因此变化环境对流域径流的影响往往表现得十分复杂（陈军锋和李秀彬，2004）。

拉萨河、年楚河和湟水河是青藏高原农业分布集中的 3 个流域，也是高原的主要粮食产区。拉萨河位于雅鲁藏布江中游的南岸，地处西藏中部、喜马拉雅山脉北侧，位于29°20′N～31°15′N、90°05′E～93°20′E，全长495km，流域面积为3.25万km²。年楚河地处西藏南部，位于88°35′E～90°15′E、28°10′N～29°20′N，西与夏布曲为邻，南以喜马拉雅山为界与不丹接壤，东临普莫雍错和羊卓雍错，北连雅鲁藏布江干流，流域面积为11 121km²，其中冰川面积为221km²。湟水河发源于青海海北州海晏县包呼图山，在甘肃永登县傅子村注入黄河，河长335km，大通河口以上流域面积为11 612万km²（不包括大通河的集水面积）。分析各种气候变化和农地变化下3个流域径流量变化情况，有利于及时应对流域可能出现的水问题。本节利用气温、降水量和径流等数据，通过比较SWAT模型分别在1980年和2015年农地利用情景下的径流产出，模拟分析1980～2015年3个流域农地利用变化对区域径流量的影响。

SWAT模型是一个实用性较强、已被广泛采用的分布式水文模型（陈利群和刘昌明，2007；薛宇轩，2020）。模型受土地利用数据、DEM数据、土壤数据和气象数据等外源数据驱动，在基于实测径流数据对SWAT模型进行率定和校正的基础上，保持其他输入数据不变（Tian et al.，2020），仅改变不同年份土地利用数据的输入即可模拟不同年份土地利用数据变化对流域径流的影响，该方法被广泛利用在土地利用变化对径流和泥沙影响的研究中（Feng et al.，2020；Zhihua et al.，2020）。

11.2.1 拉萨河流域

（1）拉萨河SWAT模型模拟结果

利用拉萨水文站多年实测径流数据对SWAT模型进行率定和验证，率定期为1980～1989年，验证期为1990～1999年。验证期内月径流模拟值与实测值对比如图11-7所示。从图11-7可见，除1998年外，模型模拟的两种不同测量时间尺度径流变化趋势和峰值均与实测数据基本一致，模拟值与实测值基本重合。SWAT模型对特大洪水的模拟能力较弱，且1998年的特大暴雨产生了特大洪水，因此该年模型模拟结果不理想。此外，雨量站较少导致雨量场的不均匀，也影响了径流模拟效果。

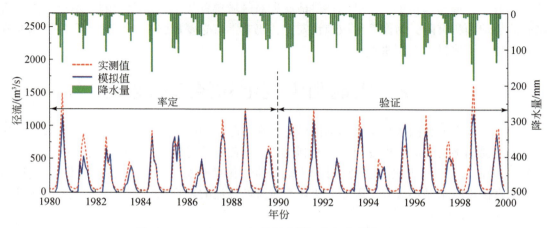

图11-7 1980～1999年月径流模拟值与实测值的比较

在整个模型率定期和验证期，模拟所得的径流过程与实测过程拟合关系较好，率定期的纳什效率系数（NS）为 0.86，验证期的 NS 为 0.85，各项评价指标均较好。整个模拟期的模拟数据点与实测数据点之间也具有很好的相关关系，决定系数（R^2）达到 0.88。模拟平均流量明显大于实测平均流量（约 16%），但各年洪峰值模拟效果很好，主要是由于模型参数优化过程中，为了更好地模拟洪峰流量，往往会忽视整体的模拟结果。

（2）农地利用变化下的径流模拟

根据中国科学院资源环境科学与数据中心（https://www.resdc.cn/）提供的我国土地利用遥感监测数据，建立土地利用类型数据库，根据数据库情况对土地利用的分布图重新划分类别，最终划分为 6 种类型，如表 11-3 和图 11-8 所示。从不同年份的土地利用类型特征可以看出：①拉萨河流域主要土地利用类型中草地所占比例最大，其次是其他用地和林地，耕地、水域和城镇的比例均较小；②1980 年、2000 年和 2015 年非农地的土地利用类型基本变化不大；③1980～2015 年草地和耕地面积减小的区域较多，耕地扩大的范围不明显。总体来看，1980～2015 年拉萨河流域人类活动对自然环境的影响较弱，农牧业的发展对农地利用的改变不大。

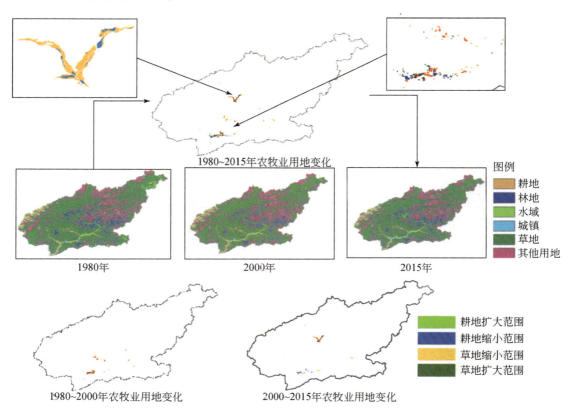

图 11-8　1980 年、2000 年和 2015 年拉萨河流域三期土地利用数据及变化

表 11-3　拉萨河流域不同土地利用类型所占比例　　　（单位：%）

年份	耕地	林地	草地	水域	城镇	其他用地
1980	1.86	3.34	67.89	3.75	0.14	23.02
2000	1.85	3.84	67.80	2.65	0.18	23.68
2015	1.78	3.83	67.67	2.74	0.30	23.68

　　保持其他输入条件不变，分别用 1980 年和 2015 年农地利用类型数据驱动 SWAT 模型模拟拉萨河流域径流过程，可得出不同年代农地利用类型对拉萨河流域径流变化的影响。由计算结果可知，1980 年和 2015 年农地利用情景下的模拟年径流分别为 278.47m³/s 和 285.71m³/s，拉萨河径流在 1980 年和 2015 年两种农地利用类型情景下的变化不明显。主要原因是西藏地区受人类活动的影响较小，即便是在人口相对稠密的拉萨河流域，城镇、农村和建设用地面积占流域总面积比例仅为 1% 左右。考虑到西藏地区人口稀少，加之较为恶劣的生存环境，未来人口不会出现较大规模增长，即便拉萨河流域城镇面积、建设用地面积略有增加，但仍只会占较小比例，不会对径流造成太大影响。同时，拉萨河流域的农牧业活动对农地利用的改变同样较小，没有明显造成流域径流变化，2015 年农地利用情景下径流量的变化幅度为 2.6% 。

11.2.2　年楚河流域

（1）年楚河流域 SWAT 模型模拟结果

　　利用日喀则水文站多年实测径流数据对 SWAT 模型进行率定和验证，率定期为 1980 ~ 1989 年，验证期为 1990 ~ 1999 年。验证期内月径流模拟值与实测值对比如图 11-9 所示。从图 11-9 可见，除去丰水年的径流高点，模型模拟值与实测值的变化趋势基本一致。年楚河流域丰水年冰川融雪径流较多，夏季（即丰水年的流量高点）冰川融雪径流占比较高，而 SWAT 模型没有耦合冰川模块，因此在丰水年的径流高点模拟径流偏低。此外，模型在枯水期的模拟结果明显偏低，主要是由于 SWAT 模型对降水量空间变化较为敏感，尤其在降水量较少的季节模拟值偏小。

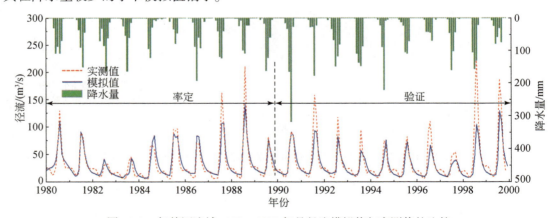

图 11-9　年楚河流域 1980 ~ 1999 年月径流模拟值与实测值的比较

总的来说，在整个模型率定期和验证期，模型模拟所得径流过程与实测过程拟合关系较好。率定期的 NS 为 0.85，验证期的 NS 为 0.72，各项评价指标均较好。整个模拟期的模拟数据点与实测数据点之间也具有很好的相关关系，率定期 R^2 为 0.85，验证期 R^2 为 0.81。整个模拟期平均径流小于实测平均径流约 18%。

（2）农地利用变化情景下的径流模拟

根据土地利用类型数据库（数据源同拉萨河流域）重新划分土地利用分布图，如表 11-4 和图 11-10 所示。从不同年份的土地利用类型特征可以看出：①受当地民众生产方式与特殊自然条件影响，年楚河流域土地利用类型以草地为主，其次是其他用地和耕地，林地、水域和城镇的比例均较小；②1980 年、2000 年和 2015 年非农地的土地利用类型空间布局基本保持不变，但是局部地区土地利用类型有一定调整；③1980~2015 年草地和耕地面积减少区域较多，减少的区域多转为植树造林和工程建设用地。

表 11-4　年楚河流域不同土地利用类型所占比例　　　　　　　（单位：%）

年份	耕地	林地	草地	水域	城镇	其他用地
1980	8.50	0.21	83.42	2.90	0.30	4.67
2000	8.50	0.21	83.27	2.90	0.45	4.67
2015	7.80	3.83	80.21	2.90	0.45	4.81

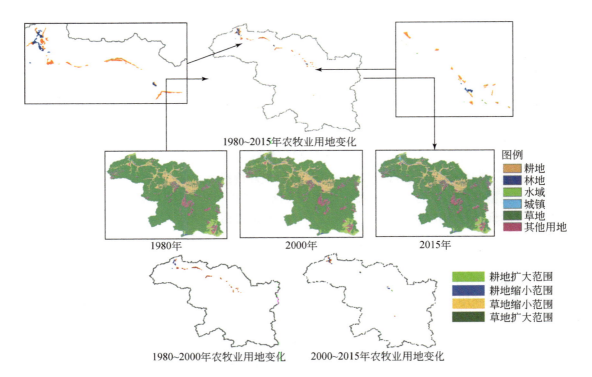

图 11-10　1980 年、2000 年和 2015 年年楚河流域三期土地利用数据及变化

保持其他输入条件不变，分别用1980年和2015年农地利用类型数据驱动SWAT模型模拟年楚河流域径流过程，得出不同年代农地利用变化对年楚河流域径流的影响。由计算结果可知，1980年和2015年农地利用变化情景下的模拟年径流分别为33.70m³/s和33.84m³/s，两者变化不明显，即年际变化比较稳定，这与年楚河的地下水补给占比高有一定关系。实测河川径流在4~6月最低且在4月有一个突降现象，很有可能是上游水利工程引水灌溉造成的。相关资料记载，年楚河流域农田灌溉面积达2.26万hm²，总灌溉水量超过18 900万m³，集中在4~6月，对河川径流过程会产生影响。另外，年楚河流域减少的草地和耕地多用于植树造林与工程建设，下垫面变化也在一定程度上影响着径流。

总的来说，年楚河流域受人类活动的影响相对较小。流域土地利用类型以草地为主，即便未来将其他土地利用类型（裸岩石砾地和沙地）土地保护绿化后全面转为草地和林地，亦不会对径流造成太大影响。这是因为草地和林地面积变化并非年楚河径流变化的主要原因，其主要原因是气温升高导致的冰川积雪融化径流增加与降水量年内分配的不均匀性。农牧业活动对农地利用的改变同样很小，没有明显造成年楚河流域的径流变化，2015年农地利用变化情景下径流的变化幅度为0.4%。

11.2.3　湟水河流域

（1）湟水河流域SWAT模型模拟结果

利用民和水文站多年实测径流数据对SWAT模型进行率定和验证，率定期为1980~1989年，验证期为1990~1999年。率定期的NS为0.71，验证期的NS为0.66。率定期的R^2为0.75，验证期的R^2为0.72。一般要求月均径流模拟值与实测值$R^2 > 0.6$，且NS>0.5，本研究的径流参数率定达到了该水平，率定期内的月径流模拟值与实测值的拟合效果较好。为了探究模拟时段内径流模拟效果的好坏，还需对验证期内月径流模拟值与实测值的拟合效果进行分析，因此在对径流参数率定后，经手动率定将径流率定最佳参数值代入SWAT模型，并利用1980年和2000年土地利用数据分别加以模拟。最后，取相应时段的径流模拟值与同期实测值进行对比并统计分析两个评价指标。

从实测值和模拟值的相关关系图（图11-11）可知，二者总体拟合效果较好，但枯水期较差，验证期比率定期差。从实测径流下的月径流模拟评价结果可以看出，率定期和验证期的月径流模拟都达到$R^2 > 0.6$、NS>0.5的水平，说明当将实测径流作为观测值时，SWAT模型能够较好地模拟研究区月径流过程。

（2）农地利用变化情景下的径流模拟

根据土地利用类型数据库（数据源同拉萨河流域）将流域重新划分为6种类型，如表11-5和图11-12所示。从不同年份的土地利用类型特征可以看出：①湟水河流域草地、林地、耕地所占比例较大，水域、城镇和其他用地的比例均较小；②1980年、2000年和2015年非农地的土地利用类型基本变化不大；③1980~2015年部分区域耕地范围明显扩大而部分区域明显缩小，相比之下草地面积变化不明显。造成流域1980~2015年土地利用发生变化的原因有多种：一方面是工农业生产加剧森林砍伐、过度放牧使得草地退化、城镇扩张导致耕地减少；另一方面则是政府实施的环境恢复建设工程、植树造林和退耕还林还草等。以上人类活动都改变了原有的流域水文循环过程，对径流产生了极大影响。

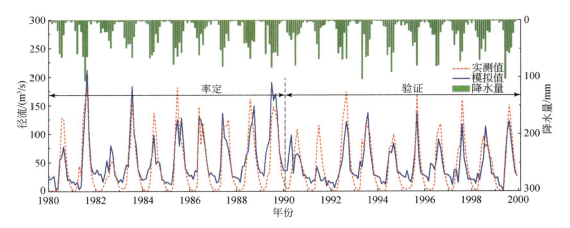

图 11-11　湟水河流域 1980～1999 年月径流模拟值与实测值的比较

表 11-5　湟水河流域不同土地利用类型所占比例　　　　　　（单位：%）

年份	耕地	林地	草地	水域	城镇	其他用地
1980	19.1	18.1	52.5	4.2	2.2	3.9
2000	18.9	18.1	52.3	4.3	2.5	3.9
2015	18.7	18.1	52.1	4.1	3.2	3.8

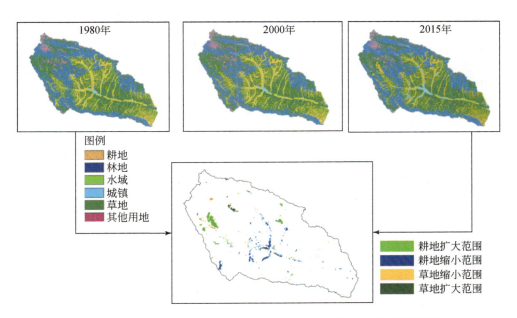

图 11-12　湟水河流域 1980 年、2000 年和 2015 年三期土地利用数据及变化

近年研究发现，气候变化、人类活动是流域径流变化的两个最重要诱因。鉴于湟水河流域水资源开发程度较低，大型水利工程建设较少，本节主要从农地利用角度描述人类活动对径流的影响。农地利用变化能直接引起下垫面改变，进而使得流域内的产汇流、土壤蒸发、植被蒸腾等水循环过程发生变化。本研究采用 1980 年和 2015 年两期农地利用数据代表不同时期土地结构特征，在保持率定最佳参数、土壤、水文气象等空间数据和属性数据一致的基础上，采用农地利用数据驱动 SWAT 模型模拟流域月径流，并对模拟输出结果进行分析。

由计算结果可知，1980 年和 2015 年农地利用变化情景下的模拟年径流量分别为 47. 92m³/s 和 50. 10m³/s，不同农地利用下的径流输出结果保持了较高的一致性，评价指标都比较相近，说明研究时段内农地利用变化对流域月径流的影响较小，变化率为 4.5%。随着社会经济发展和城镇扩张，流域内不透水面积增大，引起地表产流增加；退耕还林还草政策的实施与水土保持林的种植，也都从一定程度上减少了水土流失。因此，不同农地利用变化情景下流域径流模拟结果的微小差异是农地利用类型改变的综合作用结果，湟水河流域农牧业活动没有造成流域径流的明显变化。

11. 2. 4　小结

近年来，在气候变化和人类活动的双重作用下，青藏高原各典型流域下垫面变化趋势并不完全一致，由此导致的径流变化存在差异。拉萨河流域土地覆被变化主要受社会经济发展和城镇扩张的影响，拉萨河流域的农牧业活动对农地利用的改变较小，没有明显造成流域径流变化，2015 年农地利用变化情景下径流的变化幅度为 2.6%。年楚河径流主要受融雪径流控制，农业活动对农地利用的改变同样很小，2015 年农地利用变化情景下径流的变化幅度为 0.4%。同样，湟水河流域农牧业用地导致的农地利用变化较小，农牧业活动造成流域径流的明显变化。总的来说，青藏高原典型流域农地利用变化对流域径流变化的作用较小。

参 考 文 献

曹灿，孙瑞，吴志祥，等 . 2022. 基于 SWAT 模型的南渡江上游流域径流对气候变化的响应 . 水土保持研究，29（2）：255-264.

陈军锋，李秀彬 . 2004. 土地覆被变化的水文响应模拟研究 . 应用生态学报，(5)：833-836.

陈利群，刘昌明 . 2007. 黄河源区气候和土地覆被变化对径流的影响 . 中国环境科学，(4)：559-565.

金凯，王飞，韩剑桥，等 . 2020. 1982～2015 年中国气候变化和人类活动对植被 NDVI 变化的影响 . 地理学报，75（5）：961-974.

薛宇轩 . 2020. 基于 SWAT 模型的拉萨河流域生态服务价值研究 . 北京：华北电力大学（北京）.

赵健赞，彭军还 . 2016. 基于 MODIS NDVI 的青海高原植被覆盖时空变化特征分析 . 干旱区资源与环境，30（4）：67-73.

Chen Q. 2010. Advanced Econometrics and Stata Applications. Beijing：Higher Education Press.

Feng W，Lu H，Yao T，et al. 2020. Drought characteristics and its elevation dependence in the Qinghai-Tibet plateau during the last half-century. Scientific Reports，10（1）：1-11.

Ge Y, Wu H X. 2020. Prediction of corn price fluctuation based on multiple linear regression analysis model under big data. Neural Computing & Applications, 32 (2): 16843-16855.

Hu X, Jiang L B, Shi F Z, et al. 2021. Intensified drought enhances coupling between vegetation growth and pregrowing season precipitation in the drylands of the silk road economic Belt. Journal of Geophysical Research: Biogeosciences, 126 (3): e2020JG005914.

Jiang C, Yang Z K, Liu C, et al. 2021. Win-win-win pathway for ecological restoration by balancing hydrological, ecological, and agricultural dimensions: Contrasting lessons from highly eroded agroforestry. Science of the Total Environment, 774: 145140.

Jiang L, Zhang Y H. 2016. Modeling urban expansion and agricultural land conversion in Henan Province, China: An integration of land use and socioeconomic data. Sustainability, 8 (9): 920.

Liu H Y, Zhou J G, Feng Q Y, et al. 2017. Effects of land use and topography on spatial variety of soil organic carbon density in a hilly, subtropical catchment of China. Soil Research, 55 (2): 134-144.

Liu S L, Li W P, Qiao W, et al. 2019. Effect of natural conditions and mining activities on vegetation variations in arid and semiarid mining regions. Ecological Indicators, 103: 331-345.

May J L, Hollister R D, Betway K R, et al. 2020. NDVI changes show warming increases the length of the green season at Tundra Communities in Northern Alaska: A fine-scale analysis. Frontiers in Plant Science, 11: 1174.

Pang G J, Wang X J, Yang M X. 2016. Using the NDVI to identify variations in, and responses of, vegetation to climate change on the Tibetan Plateau from 1982 to 2012. Quaternary International, 444: 87-96.

Phillips C L, Murphey V, Lajtha K, et al. 2016. Asymmetric and symmetric warming increases turnover of litter and unprotected soil C in grassland mesocosms. Biogeochemistry, 128 (1-2): 217-231.

Sun B, Li Z Y, Gao W T, et al. 2019. Identification and assessment of the factors driving vegetation degradation/regeneration in drylands using synthetic high spatiotemporal remote sensing data—A case study in Zhenglanqi, Inner Mongolia, China. Ecological indicators, 107: 105614.

Tian P, Lu H, Feng W, et al. 2020. Large decrease in streamflow and sediment load of Qinghai-Tibetan Plateau driven by future climate change: A case study in Lhasa River Basin. Catena, 187: 104340.

Wu D D, Xie X H, Tong J X, et al. 2020. Sensitivity of vegetation growth to precipitation in a typical afforestation area in the Loess Plateau: Plant-water coupled modelling. Ecological Modeling, 430: 109128.

Zhang D J, Jia Q Q, Xu X, et al. 2019. Assessing the coordination of ecological and agricultural goals during ecological restoration efforts: A case study of Wuqi County, Northwest China. Land Use Policy, 82: 550-562.

Zhihua L V, Zuo J, Rodriguez D. 2020. Predicting of runoff using an optimized SWAT-ANN: A case study. Journal of Hydrology: Regional Studies, 29: 100688.

Zhu X, He H S, Zhang S X, et al. 2019. Interactive effects of climatic factors on seasonal vegetation dynamics in the central Loess Plateau, China. Forests, 10 (12): 1071.

第 12 章 　 农业活动对水环境的影响

农田氮磷面源污染是流域水环境治理的一项重要内容，单纯地通过监测手段研究农田面源污染具有较高的随机性和复杂性，且很难在面尺度上展开，从而限制了在区域尺度上的研究。建立区域养分流动路径能够实现对系统内部氮磷投入和产出的定量描述。然而，目前有关农田氮磷养分流动的研究仅将污染单元划分为农田化肥、畜殖粪污以及农田固废3类，忽视了大气沉降、灌溉水源等非人为污染源导致的氮磷养分输入，尤其是在青藏高原地区。忽略非人为污染源可能导致低估农田氮磷污染流失量，高估化肥等人为污染源对农田养分流失的贡献率。鉴于此，本章选择拉萨河为研究区，将非人为污染源要素纳入高原农田系统氮磷养分流动模型，构建高原氮磷养分流动模型，明确农田系统氮磷养分流动路径及要素，量化农田系统氮磷养分流失对流域水环境负荷的贡献，揭示高原灌溉农业对水环境影响的驱动机理。

12.1 　 农田系统氮磷养分流动模型

12.1.1 　 系统边界与算法

以拉萨河流域农田系统为系统边界（图12-1），以氮磷的流动输入和损失为主要研究对象。非人为污染源是指农田系统中由于非人为主动因素而向农田系统中输入氮磷养分的污染来源。在本节构建的高原农田系统氮磷养分流动框架中包含4项，分别为（1）大气氮磷沉降、（2）生物固氮、（3）种子氮磷含量以及（4）灌溉用水氮磷含量，而人为污染源主要包括3项，分别为（5）化肥、（6）畜殖粪污和（7）秸秆还田。以上7项非人为污染源和人为污染源构成了农田系统氮磷养分输入项。农田系统的输出项主要包括（8）收获谷物、（9）作物秸秆、（10）氨（NH_3）挥发、（11）氧化亚氮（N_2O）排放、（12）氮反硝化作用、（13）土壤侵蚀以及（14）淋溶和地表径流。结合农田系统的投入与产出，确定拉萨河流域农田系统氮磷养分流动路径。

农田系统氮磷流失进入水环境的负荷为通过（14）淋溶和地表径流的氮磷流失量。依据物质守恒原理，农田系统的淋溶和地表径流项等于系统输入项与其他输出项的差值。本节计算包含4种作物类型和3种牲畜类型，分别为青稞、小麦、豆类和油料作物以及猪、羊和牛。计算所需的2006~2018年县域尺度的氮肥施用量、磷肥施用量、灌溉面积、播种面积、作物产量以及牲畜数量等统计数据来自西藏统计年鉴和拉萨统计年鉴，具体计算过程如下。

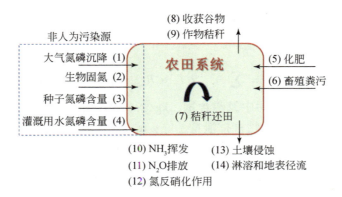

图 12-1　拉萨河流域农田系统氮磷养分流动清单

1）大气氮磷沉降量计算如下：

$$N_{ad} = A_{area} \times i_{ad} \text{ 或 } P_{ad} = A_{area} \times j_{ad} \tag{12.1}$$

式中，N_{ad} 和 P_{ad} 分别为农田系统大气氮沉降和大气磷沉降，kg/a；A_{area} 为耕地面积，hm²；i_{ad} 和 j_{ad} 分别为大气氮沉降速率和大气磷沉降速率，kg N/hm²。

2）生物固氮量计算如下：

$$N_{bio} = A_{nb} \times i_{nd} + A_b \times i_d \tag{12.2}$$

式中，N_{bio} 为作物的生物固氮量，kg/a；A_{nb} 为非共生固氮面积，hm²；i_{nd} 为非共生固氮系数，kg N/(hm²·a)；A_b 为共生固氮面积，hm²；i_d 为共生固氮系数，kg N/(hm²·a)。

3）种子氮磷含量计算如下：

$$N_{seed} = \sum_{m=1}^{m} A_{seed\_m} \times R_{seed\_m} \times \alpha_{seed\_m}$$

$$\text{或 } P_{seed} = \sum_{m=1}^{m} A_{seed\_m} \times R_{seed\_m} \times \beta_{seed\_m} \tag{12.3}$$

式中，N_{seed} 和 P_{seed} 分别为种子氮磷含量，kg/a；m 为作物种子类型；A_{seed_m} 为作物播种面积，hm²；R_{seed_m} 为播种密度，kg/(hm²·a)；α_{seed_m} 和 β_{seed_m} 分别为种子含氮磷系数。

4）灌溉用水氮磷含量计算如下：

$$N_{irri} = Q_{irri} \times i_{irri} \text{ 或 } P_{irri} = Q_{irri} \times j_{irri} \tag{12.4}$$

式中，N_{irri} 和 P_{irri} 分别为灌溉用水中的氮磷含量，kg/a；Q_{irri} 为灌溉定额，m³；i_{irri} 和 j_{irri} 分别为灌溉月水中的氮磷系数，kg N/m³ 和 kg P/m³。

5）化肥氮磷含量计算如下：

$$N_{fer} = R_{fer\_N} \times \alpha_{fer\_N} + R_{com} \times \alpha_{com\_N}$$

$$\text{或 } P_{fer} = R_{fer\_P} \times \beta_{fer\_P} + R_{com} \times \beta_{com\_P} \tag{12.5}$$

式中，N_{fer} 和 P_{fer} 分别为化肥中氮磷含量，kg/a；R_{fer_N} 和 R_{fer_P} 分别为氮肥和磷肥用量，kg/a；α_{fer_N} 和 β_{fer_P} 分别为氮肥和磷肥含氮磷系数；R_{com} 为复合肥用量，kg/a；α_{com_N} 和 β_{com_P} 分别为复合肥中含氮磷系数。

6）畜殖粪污氮磷含量计算如下：

$$N_{le} = \sum_{n=1}^{n} S_{le\_n} \times T_n \times R_{le\_n} \times \alpha_{le\_n} \times \partial_{le\_n}$$

$$或\ P_{le} = \sum_{n=1}^{n} S_{le\_n} \times T_n \times R_{le\_n} \times \beta_{le\_n} \times \partial_{le\_n} \tag{12.6}$$

式中，N_{le} 和 P_{le} 分别为畜殖粪污中氮磷含量，kg/a；n 为牲畜类型；S_{le_n} 为饲养牲畜数量；T_n 为饲养周期，d；R_{le_n} 为每日牲畜排泄量，kg；α_{le_n} 和 β_{le_n} 为畜殖粪污排泄系数；∂_{le_n} 为排泄物还田率。需要指出的是，西藏当地牲畜饲养周期一般较长，本节取为 365d。排泄物还田一般指的是燃烧后还田。

7）秸秆还田氮磷含量计算如下：

$$N_{cs} = \sum_{m=1}^{m} H_m \times K_m \times \alpha_{cs\_N} \times \partial_{cs}$$

$$或\ P_{cs} = \sum_{m=1}^{m} H_m \times K_m \times \beta_{cs\_P} \times \partial_{cs} \tag{12.7}$$

式中，N_{cs} 和 P_{cs} 分别为作物秸秆还田氮磷含量，kg/a；m 为作物类型；H_m 为作物产量，kg/a；K_m 为作物草谷比；α_{cs_N} 和 β_{cs_P} 分别为秸秆含氮磷系数；∂_{cs} 为秸秆还田率。

8）收获谷物氮磷含量计算如下：

$$N_{grain} = \sum_{m=1}^{m} G_{grain\_m} \times \alpha_{grain\_m}$$

$$或\ P_{grain} = \sum_{m=1}^{m} G_{grain\_m} \times \beta_{grain\_m} \tag{12.8}$$

式中，N_{grain} 和 P_{grain} 分别为粮食谷物中氮磷含量，kg/a；m 为作物类型；G_{grain_m} 为收获的粮食谷物，t/a；α_{grain_m} 和 β_{grain_m} 分别为谷物氮磷含量系数，kg/t。

9）作物秸秆移除量计算如下：

$$N_{strawr} = \sum_{m=1}^{m} H_m \times K_m \times \alpha_{cs\_N} \times (1 - \partial_{cs})$$

$$或\ P_{strawr} = \sum_{m=1}^{m} H_m \times K_m \times \beta_{cs\_P} \times (1 - \partial_{cs}) \tag{12.9}$$

式中，N_{stawr} 和 P_{stawr} 分别为作物秸秆移除量的氮磷含量，kg/a；m 为作物类型；H_m 为作物产量，kg/a；K_m 为作物草谷比；α_{cs_N} 和 β_{cs_P} 分别为秸秆含氮磷系数；∂_{cs} 为秸秆还田率。

10）NH_3 挥发量计算如下：

$$N_{avol} = N_{fer} \times k_{fer} + N_{le} \times k_{le} \tag{12.10}$$

式中，N_{avol} 为 HN_3 挥发量，kg/a；N_{fer} 和 N_{le} 分别为化肥用量和畜殖粪污用量，kg/a；k_{fer} 和 k_{le} 分别为化肥和畜殖粪污的 NH_3 挥发系数。

11）N_2O 排放量计算如下：

$$N_{nitri} = N_{fer} \times k_{nitri\_fer} + N_{le} \times k_{nitri\_le} \tag{12.11}$$

式中，N_{nitri} 为 N_2O 排放量，kg/a；N_{fer} 和 N_{le} 分别为化肥用量和畜殖粪污用量，kg/a；k_{nitri_fer} 和 k_{nitri_le} 分别为化肥、畜殖粪污的 N_2O 排放系数。

12）氮反硝化作用计算如下：

$$N_{deni} = (N_{input} - N_{grain} - N_{strawr} - N_{cs}) \times k_{deni} \tag{12.12}$$

式中，N_{deni} 为氮的反硝化作用量，kg/a；N_{input} 为农田系统氮总输入量，kg/a；k_{deni} 为氮的反硝化排放系数。

13）土壤侵蚀作用计算如下：

$$N_{eros} = N_{input} \times k_{eros\_N} \text{ 或 } P_{eros} = P_{input} \times k_{eros\_P} \tag{12.13}$$

式中，N_{eros} 和 P_{eros} 分别为氮磷侵蚀量，kg/a；N_{input} 为农田系统氮总输入量，kg/a；k_{eros_N} 和 k_{eros_P} 分别为氮磷的侵蚀系数。

14）淋溶和地表径流氮磷流失量计算如下：

依据农田系统氮磷平衡（输入项=输出项），农田系统的淋溶和地表径流项等于系统输入项与其他输出项的差值，表示为

$$N_{runoff,leach} = N_{input} - N_{grain} - N_{strawr} - N_{avol} - N_{nitri} - N_{deni} - N_{eros}$$
$$\text{或 } P_{runoff,leach} = P_{input} - P_{grain} - P_{strawr} - P_{eros} \tag{12.14}$$

式中，$N_{runoff,leach}$ 和 $P_{runoff,leach}$ 分别为氮磷养分通过淋溶和地表径流等途径进入水环境的流失量，kg/a。

模型涉及的参数均取自国内外学者的相关研究成果。包括播种密度、种子含氮系数和含磷系数（Cai et al.，2014；马进川，2018），以及大气沉降速率（贾钧彦，2008）、生物固氮率（杜伟等，2010；鲁如坤等，1996）、灌溉定额和灌溉水中氮磷含量（西藏自治区人民政府，2017）、粪肥还田率（刘晓永，2018）、秸秆还田率（Bao et al.，2014）、NH_3 挥发系数、N_2O 排放系数（Ma et al.，2018），具体见表12-1。

表 12-1　农田系统氮磷输入与输出计算主要参数表

计算参数	类型	系数（以 N 计）	系数（以 P 计）	参考文献
播种密度/(kg/hm²)	小麦	25	—	Gao 等（2018） Ma 等（2018）
	青稞	30	—	
	豆类	30	—	
	油料	1.1	—	
种子含量/%	小麦	2.1	0.06	Gao 等（2018） Ma 等（2018）
	青稞	1.8	0.4	
	豆类	5	1.5	
	油料	4	1.3	
大气沉降/(kg/hm²)	—	5.45	0.39	贾钧彦（2008）
生物固氮/(kg/hm²)	豆类固氮	50	—	鲁如坤等（1996）
	旱地非共生固氮	15	—	杜伟等（2010）
灌溉定额/(m³/hm²)	小麦	3150	—	西藏自治区 人民政府（2017）
	青稞	4050	—	
	豆类	3000	—	
	油料	3000	—	

计算参数	类型	系数（以N计）	系数（以P计）	参考文献
灌溉用水/（mg/L）	—	0.29	0.02	西藏自治区人民政府（2017）
秸秆还田率/%	—	13.5	—	Bao 等（2014）
草谷比	小麦	1.49	—	刘晓永（2018）
	青稞	1.27	—	
	豆类	1.69	—	
	油料	2.15	—	
秸秆含量/%	小麦	0.54	0.09	刘晓永（2018）
	青稞	0.51	0.13	
	豆类	0.89	0.09	
	油料	0.75	0.14	
牲畜排泄系数/［kg/（d·头）］	猪	3.29	—	刘晓永（2018）
	牛	20.42	—	
	羊	2.6	—	
排泄物含量/%	猪	0.55	0.26	刘晓永（2018）
	牛	0.38	0.10	
	羊	1.01	0.22	
排泄物还田率/%	猪	75	15	刘晓永（2018）
	牛	60	15	
	羊	15	18	
作物谷物含量/（kg/t）	小麦	24.6	13.2	刘晓永（2018）
	青稞	22.6	6.3	
	豆类	75.6	15.8	
	油料	56.5	18.3	
NH_3 挥发系数	—	0.1	—	Ma 等（2018）
N_2O 排放系数/%	化肥	0.86	—	Ma 等（2018）
	粪便	1	—	
侵蚀系数/%	—	0.3	2.5	Mekonnen 和 Hoekstra（2015，2018）
反硝化系数	—	0.6	—	Mekonnen 和 Hoekstra（2015，2018）

12.1.2 氮磷负荷的灰水足迹计算

氮磷负荷排放对水环境的影响是指氮磷排放所产生的水环境压力，主要为氮磷负荷进入水体后可能产生的水质污染。水生态占用是指氮磷负荷排放对水生态服务功能的消费和利用程度。拉萨河流域地表水环境氮磷污染源主要包括来自农田系统的面源污染和来自居民生活、旅游业以及工业的点源污染。流域地表水环境中承载的氮磷元素来自农田系统通过淋溶和地表径流产生的养分流失、居民生活污水排放、工业废水排放以及旅游业食宿浪费四方面。点源污染的估算由于缺乏实测数据，采用第一次全国污染源普查"城市生活污染源生产排放系数手册"中的推荐系数，基于当地生活污水排放系数和住宿餐饮业污染物排放系数，结合拉萨河流域城镇居民人口和旅游人数，计算来自居民生活和旅游业的点源污染。

为了量化农田系统氮磷排放对流域水生态的影响，采用灰水足迹（GWP）和水污染程度（WPL）从水质-水量角度量化氮磷排放对流域水环境的生态占用状况。GWP 的概念由 Hoekstra 和 Chapagain 于 2008 年首次提出，定义为稀释污染物所需要的淡水量，这种淡水量并非实际消耗，而是一种虚拟水的形式（冼超凡等，2019）。通常情况下，指换算为以自然本体浓度和现有水质标准为基准，将一定的污染物浓度吸收同化为标准水质要求所需的淡水体积（Hoekstra et al., 2011），如式（12.15）所示：

$$GWF = \frac{Load}{C_{max} - C_{nat}}$$

（12.15）

式中，Load 为流域水体氮磷负荷量，包括来自农田系统淋溶和地表径流的流失量，居民生活污水排放、工业废水排放以及旅游业食宿浪费，kg/a；C_{nat} 为自然环境中氮磷本体浓度，mg/L，本节中 C_{nat} 取自流域中上游、少有人类活动区域的水质实测，分别为 0.29mg/L（以 N 计）和 0.02mg/L（以 P 计）；C_{max} 为环境允许的最大浓度，mg/L，分别为 1.0mg/L（以 N 计）和 0.2mg/L（以 P 计）。

WPL 反映水体的污染程度，量化了灰水足迹与水资源总量的关系，具体计算为流域 GWF 值与径流的比值：

$$WPL = \frac{GWF}{R_{act}}$$

（12.16）

式中，R_{act} 为水文站实测的流域 2006~2018 年历史月径流数据，m^3/a。WPL 大于 1，说明污染物排放量超过水体的可容纳范围，流域水环境受到污染。反之，则说明流域水环境未受到污染。本节计算年际 WPL 和季节 WPL，其中季节指标是基于流域 4~8 月的氮磷负荷计算的 GWF，考虑到这段时期是农业和旅游部门的集中排放期。家庭生活和工业的季节性排放按比例确定，径流也来自这 5 个月的月径流总和。

12.2 流域农田系统氮磷流动特征

考虑非人为污染源的高原农田系统氮磷养分流动模型，本节分析农田系统氮磷输入和输出特征，并结合农田系统氮磷平衡，核算拉萨河流域 2006~2018 年农田系统氮磷流失进入水环境的负荷量。

12.2.1 农田系统氮磷输入与输出特征

基于农田系统氮磷养分流动路径，利用式（12.1）～式（12.14）计算了 2006～2018 年农田系统氮磷养分输入要素和输出要素的变化趋势（表 12-2 和图 12-2）。可以看出，氮素总输入量呈现显著下降趋势（$p<0.01$），从 2006 年的 1.29 万 t 持续下降到 2018 年的 0.79 万 t，氮素总输入量下降约 38.8%。其中氮肥是氮素总输入量的主要贡献者，从 2006 年的 0.61 万 t 下降到 2009 年的 0.33 万 t，下降约 45.9%；畜殖粪污是流域氮素总输入量的第二大贡献者，2006～2018 年畜殖粪污输入量从 0.58 万 t 下降到 0.38 万 t，下降约 34.5%。这两项是流域氮素输入最主要的来源，占总输入量的 90% 左右。发现作物种植结构是影响流域氮素输入的另一大主要因素。生物固氮是流域氮素输入的第三大贡献者，2006～2018 年种子含氮量、秸秆还田以及生物固氮的多年变化趋势分别为从 56t、482t 以及 275t 减少到 39t、423t 以及 226t，分别减少 30.4%、12.2% 以及 17.8%。这主要归因于拉萨河流域自 2015 年起停止豆类作物的种植。调整作物种植结构，减少豆类作物种植，既可以从施肥角度减少氮素输入，又在豆类作物固氮等生物行为方面减少氮的投入。来自灌溉用水和大气氮沉降等非人为污染源的农田系统氮素总输入量为 685～705t，占高原农田系统氮素总输入量的 9.6% 左右。由此可见，非人为污染源在高原农田系统氮素输入中占比较大。不考虑非人为污染源的农田系统氮素输入量核算会导致结果偏低，证实了在高原农田系统氮素流动过程中考虑非人为污染源的重要性。

表 12-2　2006～2018 年拉萨河流域氮磷负荷流动值

氮磷输入和输出 /10^3t	2006～2009 年		2010～2014 年		2015～2018 年	
	平均值	范围	平均值	范围	平均值	范围
种子含氮量	0.053	0.049～0.056	0.050	0.050～0.051	0.050	0.039～0.056
大气氮沉降	0.153	0.142～0.166	0.162	0.157～0.165	0.154	0.144～0.164
生物固氮	0.471	0.448～0.501	0.446	0.438～0.455	0.452	0.423～0.495
灌溉用水	0.028	0.027～0.030	0.028	0.027～0.028	0.029	0.027～0.030
氮肥	5.181	4.724～6.098	5.008	4.405～5.269	4.511	3.257～5.310
秸秆还田	0.269	0.261～0.275	0.269	0.267～0.273	0.253	0.227～0.271
畜殖粪污	5.620	5.521～5.772	4.688	4.428～5.088	4.179	3.781～4.409
谷物产量	4.384	4.249～4.478	4.360	4.312～4.402	4.117	3.697～4.379
作物秸秆	1.078	1.045～1.100	1.078	1.068～1.090	1.012	0.907～1.084
NH_3 挥发	1.080	1.024～1.187	0.970	0.949～0.985	0.869	0.704～0.972
N_2O	0.101	0.096～0.110	0.090	0.089～0.091	0.081	0.066～0.090
土壤侵蚀	0.035	0.034～0.039	0.032	0.031～0.032	0.029	0.024～0.032
反硝化作用	3.034	2.664～3.625	2.477	2.441～2.531	2.071	1.480～2.417
淋溶和地表径流	2.064	1.935～2.325	1.645	1.543～1.679	1.450	1.027～1.693
输出合计	11.776	11.244～12.864	10.652	10.440～10.803	9.629	7.903～10.666
种子含磷量	0.004	0.004～0.004	0.004	0.004～0.004	0.004	0.004～0.004

续表

氮磷输入和输出 /10^3 t	2006~2009 年		2010~2014 年		2015~2018 年	
	平均值	范围	平均值	范围	平均值	范围
大气磷沉降	0.013	0.013~0.013	0.013	0.013~0.013	0.013	0.013~0.014
灌溉用水	0.003	0.002~0.003	0.002	0.002~0.002	0.002	0.002~0.002
磷肥	3.082	2.347~4.696	9.074	8.304~10.059	7.397	5.562~9.175
秸秆还田	0.056	0.055~0.057	0.057	0.056~0.058	0.054	0.050~0.058
畜殖粪污	2.324	2.242~2.356	2.088	1.988~2.207	2.038	1.947~2.099
谷物产量	0.745	0.715~0.771	0.741	0.731~0.756	0.686	0.594~0.743
作物秸秆	0.224	0.220~0.229	0.227	0.224~0.230	0.218	0.201~0.231
土壤累积	3.816	3.220~5.144	7.857	3.539~9.798	7.692	6.067~9.201
土壤侵蚀	0.666	0.549~0.947	1.111	0.579~1.294	0.858	0.672~1.109
淋溶和径流流失	0.039	0.024~0.039	0.066	0.061~0.072	0.055	0.044~0.067
输出合计	5.490	4.766~7.127	10.002	10.472~12.122	9.509	7.670~11.351

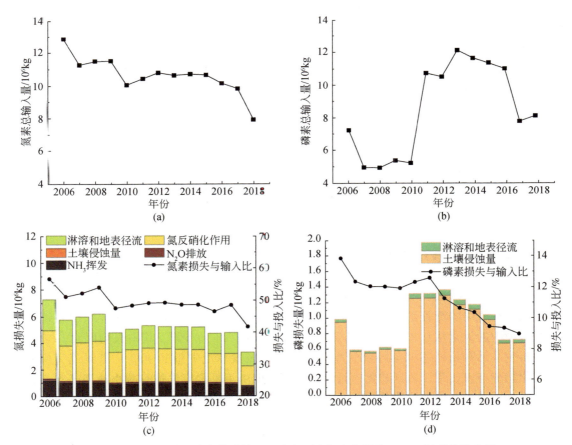

图 12-2　拉萨河流域氮磷负荷总输入及流失项多年变化趋势：（a）氮素总输入量；
（b）磷素总输入量；（c）氮损失与投入比例；（d）磷损失与投入比

由表 12-2 可知，2006~2018 年氮素损失量从 0.73 万 t 减少到 0.33 万 t，下降约 54.8%。由于氮素损失量减少的速率高于氮素输入量减少的速率，因此氮损失与投入比呈现下降趋势，从 56.6% 减少到 41.7%（图 12-2）。氮的反硝化作用是造成氮损失的最主要原因，约占 45%，其次是通过淋溶和地表径流流向水体的氮损失，占总损失的 30% 左右。由于 NH_3 挥发导致的氮损失占 18% 左右，通过土壤侵蚀或 N_2O 排放造成的损失仅占总损失的 2.3%。氮损失量的减少主要是由于控制化肥、粪肥输入以及调整作物种植结构（大豆种植面积下降）。

磷素总输入量呈现先增加再降低的变化趋势，从 2006~2010 年的 0.54 万 t 迅速增加到 2011~2016 年的 1.12 万 t，增长近一倍（表 12-2），又在 2017~2018 年下降到 0.78 万 t。磷素总输入量阶段性变化的原因为磷肥输入量的波动，磷肥输入量从 2006~2010 年的平均 0.25 万 t 迅速增加到 2011~2016 年的 0.90 万 t，又下降到 2017~2018 年的 0.57 万 t。磷肥是流域磷素输入的主要贡献者，占比为 69.6%。大气磷沉降与磷负荷总量的变化趋势相似，增加 7.7%。而畜殖粪污、种子含磷量、灌溉用水以及秸秆还田产生的磷负荷均呈现下降趋势，分别减少 17.3%、2.7%、20.5% 及 10.6%。尽管如此，畜殖粪污仍然是磷负荷输入的第二大贡献者，平均占磷负荷输入总量的 29.4%。磷肥施用和畜殖粪污输入的磷素占磷素输入总量的 98%。非人为污染源流向农田系统磷素输入总量仅为 2~3t，占高原农田系统磷素输入总量的 1.5% 左右。由此可见，非人为污染源在高原农田系统磷素输入中占比较小，说明在高原农田系统磷素流动过程中可以不考虑非人为污染源的磷素输入。

2006~2018 年磷素损失量的变化趋势与磷素输入量的趋势相同，从 2006~2010 年的 0.067 万 t 迅速增加到 2011~2016 年的 0.124 万 t，又在 2017~2018 年下降到 0.071 万 t。磷素损失量以土壤侵蚀造成的磷损失为主，占比可达到 95%。磷素损失量减少的主要原因为磷肥输入量的减少。由于磷素损失量减少的速率高于磷素输入量减少的速率，磷素损失与投入比呈现下降趋势，从 13.9% 减少到 9.0%。

综上所述，非人为污染源分别贡献了农田系统氮磷养分输入的 9.6% 和 1.5%，证实了在高原农业面源污染负荷核算中考虑氮素非人为污染源输入的必要性。

12.2.2　农田系统氮磷流失特征

基于农田系统氮磷负荷平衡公式，可以计算得出农田系统氮磷养分通过淋溶、地表径流进入水环境中的流失量，结果如图 12-3 所示。结果表明，2006~2018 年农田系统流失到水环境中的氮素从 0.23 万 t 下降到 0.10 万 t，减少约 56.5%。其中人为因素（包括化肥、畜殖粪污和秸秆还田）导致的氮素流失量占氮素总流失量的 90%。氮素流失量的多年变化趋势与农田系统氮素总输入量趋势相同，但由于氮素流失量的减小速率高于氮素输入量减少的速率，两者比值从 18.1% 减少到 12.7%。结合 12.2.1 节，农田系统面源氮素流失的减少，受益于化肥、畜殖粪污输入量的减少以及灌区作物种植结构的调整。

农田系统中磷素通过淋溶和地表径流进入水环境中的流失量的变化趋势与磷素总输入量的变化趋势类似，呈现先增加后下降的趋势，即从 2006~2010 年的 28t 迅速增加到 2011~2016 年的 65t，又在 2017~2018 年下降到 45t，其中磷流失入河量的最大值出现在 2013 年，

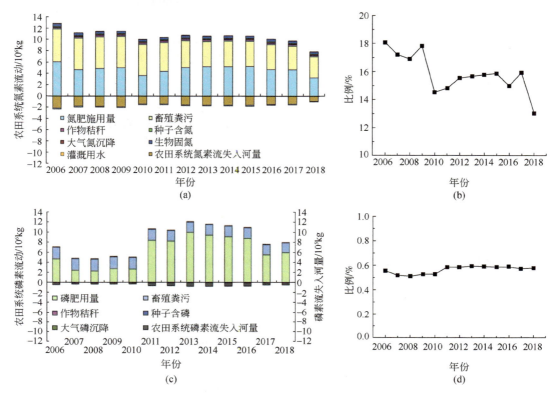

图 12-3 农田系统中的氮磷平衡：（a）氮平衡；（b）氮素进入水环境的流失量与
输入总量比；（c）磷平衡；（d）磷素进入水环境的流失量与输入总量比

为 70t 左右。由此可见，磷素流失入河量的基数较小，但增加幅度较大，约增加 57.8%。由于磷素流失量的变化速率基本与磷素输入量的变化速率一致，因此两者比值基本不变，维持在 0.58% 左右，化肥和农药输入量的变化是导致磷素流失量变化的主要因素。

进一步计算了农田系统中氮磷养分输入比以及进入水环境中的氮磷养分流失比，结果如图 12-4 所示。可以看出，两者的变化趋势极为相似，均呈现先增加后降低最后保持平

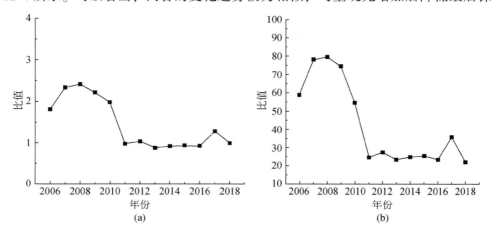

图 12-4 农田系统中的氮磷输入总量比值（a）和氮磷流失入河量比值（b）

稳的趋势。当农田系统中氮磷养分输入比从 2.3 减小到 1 左右时，氮磷养分流失比从 70 减小到 25 左右。在氮磷养分输入量基本相同的情况下，氮素流失入河量远远高于磷素流失入河量。由此可以看出，农田系统氮素比磷素更容易流失进入水环境，而磷素更容易在土壤中积累。

12.3 流域农田系统氮磷流失对水环境的影响

12.3.1 流域水体氮磷负荷量

基于农田系统氮磷养分流失量和点源氮磷养分排放量，计算了 2006～2018 年流域水环境中氮磷负荷量，结果如表 12-3 所示。由于城镇居民人数及旅游人数的增加，居民生活、旅游业以及工业的氮素和磷素排放量均呈现增加趋势。2006～2018 年，居民生活的氮素排放从 0.13 万 t 增加到 0.16 万 t，增加了 23%；旅游业的氮素排放从 0.0038 万 t 增加到 0.0448 万 t，增长了近 11 倍；工业氮素排放总量较小，从 0.0036 万 t 增加到 0.0046 万 t，增长了 28%。与点源氮排放变化趋势相似，点源磷负荷排放也呈现明显的增加趋势。居民生活磷排放从 0.0996 万 t 增加到 0.1257 万 t，增长 26%，旅游业磷排放从 0.0064 万 t 增加到 0.0752 万 t，增长近 11 倍；工业磷排放从 0.0028 万 t 增长到 0.0035 万 t，增长 25%。由此可见，来自点源的氮磷养分排放总量均呈现增加趋势。居民生活、旅游业以及工业的氮排放分别增加 23%、1100% 以及 28%，磷排放分别增加 26%、1100% 以及 25%。

表 12-3 流域水环境氮磷负荷量

年份	氮负荷/万 t					磷负荷/万 t				
	农业	居民生活	旅游业	工业	流域总量	农业	居民生活	旅游业	工业	流域总量
2006	0.2325	0.1300	0.0038	0.0036	0.3699	0.0394	0.0996	0.0064	0.0028	0.1482
2007	0.1934	0.1341	0.0061	0.0038	0.3374	0.0247	0.1027	0.0103	0.0029	0.1406
2008	0.1942	0.1448	0.0030	0.0041	0.3461	0.0244	0.1109	0.0051	0.0031	0.1435
2009	0.2053	0.1499	0.0072	0.0042	0.3666	0.0276	0.1148	0.0120	0.0032	0.1576
2010	0.1535	0.1384	0.0092	0.0039	0.3050	0.0266	0.1060	0.0155	0.0030	0.1511
2011	0.1554	0.1411	0.0115	0.0040	0.3120	0.0628	0.1081	0.0193	0.0030	0.1932
2012	0.1679	0.1439	0.0145	0.0040	0.3303	0.0611	0.1102	0.0244	0.0031	0.1988
2013	0.1765	0.1490	0.0178	0.0042	0.3475	0.0072	0.1141	0.0299	0.0032	0.2192
2014	0.1768	0.1516	0.0207	0.0042	0.3533	0.0687	0.1161	0.0347	0.0033	0.2228
2015	0.1773	0.1547	0.0268	0.0043	0.3631	0.0668	0.1185	0.0451	0.0033	0.2337
2016	0.1588	0.1578	0.0308	0.0044	0.3518	0.0646	0.1209	0.0517	0.0034	0.2406
2017	0.1564	0.1609	0.0341	0.0045	0.3559	0.0436	0.1233	0.0572	0.0035	0.2276
2018	0.1027	0.1641	0.0448	0.0046	0.3162	0.0466	0.1257	0.0752	0.0035	0.2510

结合农田系统氮磷养分流失量和点源氮磷养分排放量，流域氮负荷量基本不变，稳定在 0.35 万 t 左右，这与面源氮排放和点源氮排放变化趋势相反有关。而拉萨河流域水环境磷负荷量从 0.15 万 t 增加到 0.25 万 t，增长近 67%。流域水体中磷负荷量远远小于氮负荷量。

12.3.2 农田氮磷流失对流域水环境的影响

结合农田系统氮磷养分流失量和点源氮磷养分排放量，从水质-水量角度量化了灌溉农业养分负荷排放对流域水生态占用的贡献，如图 12-5 所示。图 12-5（a）和（b）展示了 2006~2018 年农业、居民生活、旅游业以及工业四个部门氮相关的灰水足迹（GWF-N）和磷相关的灰水足迹（GWF-P）的多年变化趋势以及各部门的份额占比。GWF-N 与 GWF-P 的多年变化趋势与污染物负荷排放趋势一致。流域 GWF-N 总量无显著变化，保持在 5.0Gm³ 左右。农业部门的 GWF-N 从 3.3Gm³ 减少到 1.5Gm³，减少了 55%。居民生活的 GWF-N 从 1.8Gm³ 增加到 2.3Gm³。旅游部门的 GWF-N 实现了从"无"到"有"的增长，增长了近 10 倍。工业部门的 GWF-N 范围在 0.5~0.6Gm³。与 GWF-N 相比，GWF-P 的值较小。流域 GWF-P 总量持续增加，从 0.8Gm³ 增加到 1.4Gm³。农业部门的 GWF-P 从 0.2Gm³ 增加到 0.4Gm³，然后下降到 0.3Gm³。居民生活和旅游业的 GWF-P 分别从 0.5Gm³ 和 0.04Gm³ 增加到 0.7Gm³ 和 0.4Gm³。工业部门的 GWF-P 从 0.015Gm³ 增长到 0.020Gm³。

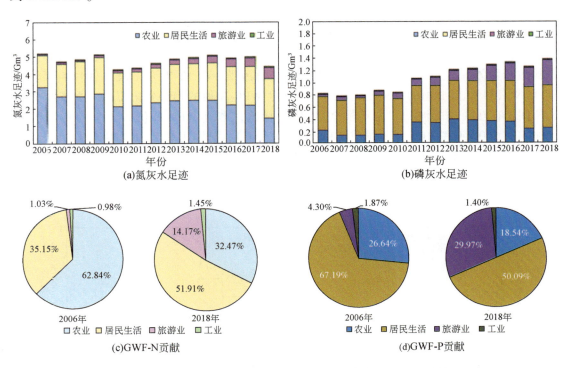

图 12-5 农业、居民生活、旅游业、工业的灰水足迹以及贡献

由图 12-5 （c） 和 （d） 可知，2006 年农业部门和居民生活的 GWF-N 占流域 GWF-N 总量的 97.99%，其中农业部门是 GWF-N 最大贡献部门，贡献了 62.84%。然而到 2018 年，居民生活成为主导，占 GWF-N 总量的 50% 以上，农业部门位居第二位，占比 32.47%。旅游部门的 GWF-N 份额从 1.03% 迅速上升到 14.17%。工业部门的贡献基本保持一致，在 1% 左右。对于 GWF-P，在 2006 年和 2018 年，居民生活始终是流域 GWF-P 的最大贡献者，尽管这一比例从 67.19% 降至 50.09%。旅游业的份额从 4.30% 增加到 29.97% 大幅度增加，成为 2018 年的第二大贡献部门。农业和工业的份额前后变化不大，分别占据份额 20% 左右和 1.5% 左右。

由此可见，农业部门占流域 GWF-N 的比例从第一位下降到第二位，占 GWF-P 的比例从第二位下降到第三位。家庭生活所需的 GWF-N 和 GWF-P 受人口增长的影响，不可避免地成为 GWF 第一大贡献者；旅游业是一个值得关注的部门，由于旅游人数的增长，已跃居成为 GWF-P 的第二大贡献者；工业部门的 GWF 占比基本很小。灌溉农业氮磷养分流失并不是流域水环境污染的最大人为源，农业对流域水生态占用减少。

基于流域水环境氮磷养分负荷量，进一步分析了流域整体水环境状况，结果如图 12-6 和图 12-7 所示。GWF-N 年际值较为稳定，而年径流量波动较大，导致年际氮负荷相关的 WPL（WPL-N）波动相对较大。在 2006 年和 2015 年，年际 WPL-N 值相对较大，高于 0.85，剩余年份的 WPL-N 值集中在 0.60 以下。年际 WPL-N 仅在 2015 年超过 1，其余年份的 WPL-N 值都小于 1。这说明在多数情况下，流域水环境未受到氮污染，但在河流枯水年时，可能会有水体受污染的情况发生。图 12-6 （b）展示了与磷负荷相关的年际 WPL 值（WPL-P）。与年际 WPL-N 值相比，2006～2018 年际 WPL-P 值均远远小于 1，具体数值为 0.2 左右。这说明磷负荷排放远远低于河流纳污能力，流域水环境完全未受到磷污染。由此可见，在年际规模上，流域水环境基本可以容纳流域的氮负荷排放，完全可以容纳磷负荷排放，水体基本上未受氮污染，完全未受到磷污染。图 12-7 为 2006～2018 年季节性 WPL-N 值和 WPL-P 值的多年变化规律。与年际 WPL-N 值的趋势变化相似，季节性 WPL-N 值同样存在明显的波动。与年际 WPL-N 值相比，季节 WPL-N 值大于 1 的年份增多。2006 年、2007 年和 2015 年的季节 WPL-N 值均大于 1，分别为 1.3、1.2 和 1.3，其余年份的季节 WPL-N 值小于 1。GWF-P 的总值较小，所以尽管季节径流量有所波动，季节性 WPL-P 值远远小于 1，具体数值不超过 0.3。这说明在季节尺度上，流域水环境存在受到氮污染的可能性，而完全未受到磷污染。

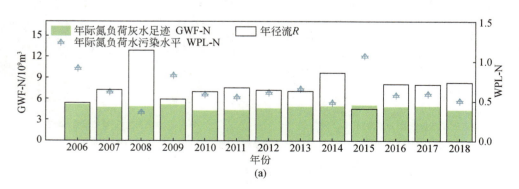

(a)

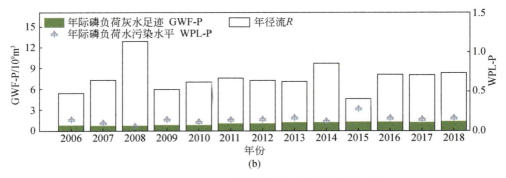

图 12-6　2006～2018 年拉萨河流域年际水环境质量

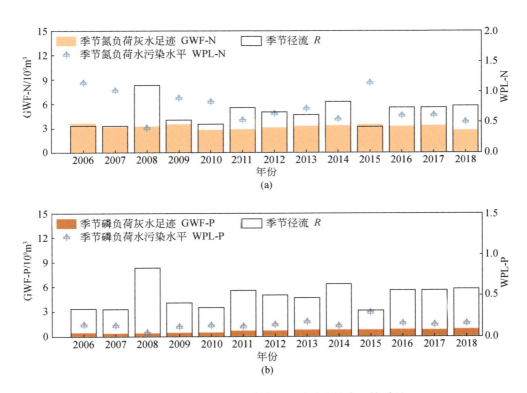

图 12-7　2006～2018 年拉萨河流域季节性水环境质量

综上所述，通过量化农田系统氮磷养分流失对流域水资源的生态占用，发现灌溉农业对流域水资源虚拟生态占用量呈现逐年下降的趋势，灌溉农业并不是流域水环境的最大的污染源，灌溉农业未对流域整体水环境造成污染。

12.3.3　农田氮磷流失对灌区水环境的影响

由 12.3.2 节可知，灌溉农业并不是流域水环境的最大污染源，灌溉农业未对流域总体水环境造成污染。鉴于拉萨河流域灌区沿流域支流两侧分布，本节进一步探究农田氮磷流失对灌区水环境生态占用的影响。考虑到拉萨河两大支流（澎波河和墨竹玛曲）流经拉萨河流域两大重要灌区，将位于流域下游的拉萨站和唐加站实测径流数据之差作为澎波河和墨竹玛曲的径流总量。农田氮磷流失对灌区水环境影响的结果如表 12-4 所示。2006～2018年灌区年际 GWF-N 从 2.22Gm³ 减少到 1.27Gm³，减少了近 43%，灌区 GWF-N 占拉萨河流域农业总 GWF-N 的比例为 80% 左右。尽管近十几年来灌区 GWF-N 持续下降，但除 2008 年外，其余年份的年际 WPL-N 均大于 1，具体的值保持在 2 左右，最大值可达到 4。2006～2018 年灌区季节 GWF-N 从 1.74Gm³ 减少到 0.66Gm³，减少了近 62%，季节 WPL-N 除 2008 年外均大于 1 且具体值更大，平均值为 2.7，最大值达到 7。这说明灌溉农业对灌区水环境造成了严重的氮污染，尤其是季节性在 4～8 月的灌区种植期。另外，2006～2018 年灌区年际 GWF-P 从 0.19Gm³ 增加到 0.33Gm³，增长了近 74%，灌区 GWF-P 占拉萨河流域农业总 GWF-P 的比例为 92% 左右。灌区季节 GWF-P 从 0.11Gm³ 增加到 0.22Gm³，增长了近一倍。与 WPL-N 的结果相比，WPL-P 在年际和季节均小于 1，这说明灌溉农业未对灌区水环境造成磷污染。综上所述，通过量化灌区农田系统氮磷养分流失对流域水资源的生态占用，发现灌溉农业对灌区水环境造成年际和季节性氮污染，而未造成磷污染。

表 12-4　灌区水环境 GWF 和 WPL 值统计

年份	灌区 GWF-N/Gm³				年际 WPL-N	季节 WPL-N	灌区 GWF-P/Gm³				年际 WPL-P	季节 WPL-P
	林周县	墨竹工卡县	年际总和	季节总和			林周县	墨竹工卡县	年际总和	季节总和		
2006	1.20	1.02	2.22	1.74	4.20	7.19	0.11	0.08	0.19	0.11	0.36	0.44
2007	1.26	0.76	2.02	1.52	1.25	3.31	0.11	0.08	0.19	0.11	0.12	0.23
2008	1.29	0.79	2.08	1.58	0.56	0.66	0.11	0.10	0.21	0.12	0.06	0.05
2009	1.40	1.01	2.41	1.89	2.86	4.13	0.12	0.13	0.25	0.15	0.29	0.34
2010	1.25	0.93	2.18	1.65	1.51	4.30	0.10	0.12	0.22	0.13	0.16	0.34
2011	1.16	0.86	2.02	1.48	1.34	1.42	0.21	0.15	0.36	0.26	0.24	0.25
2012	1.14	0.79	1.93	1.39	1.72	1.85	0.21	0.15	0.36	0.26	0.32	0.35
2013	1.14	1.00	2.14	1.58	1.78	2.33	0.22	0.18	0.40	0.30	0.33	0.44
2014	1.09	0.90	1.99	1.43	1.18	1.01	0.22	0.17	0.39	0.29	0.23	0.20
2015	1.11	0.87	1.98	1.41	4.69	2.96	0.17	0.11	0.28	0.28	0.90	0.58
2016	1.00	0.80	1.80	1.22	2.90	2.60	0.20	0.18	0.38	0.28	0.61	0.60
2017	1.06	0.62	1.68	1.09	2.78	2.38	0.14	0.32	0.21	0.46	0.52	0.46
2018	0.67	0.60	1.27	0.66	1.81	1.26	0.18	0.15	0.33	0.22	0.47	0.42

12.4　基于实测样本数据的流域地表水质分析

由 12.3.3 节可知，灌溉农业并不是流域水环境最大的污染源，灌溉农业未对流域总体水环境造成氮磷污染，而对灌区水环境造成氮污染。为了对农田系统污染物流动理论计算的准确性和稳健性进行评估，使得理论计算养分流动与实际水环境测定形成统一体系。本节进一步通过野外实地采样，分析流域地表水质空间分布特征，并与理论计算结果相对比。

12.4.1 流域地表水环境实地调查与采样

为明确拉萨河流域地表水环境状况，分别于 2017 年 7 月 20～22 日以及 2018 年 7 月 31 日～8 月 2 日，对拉萨河流域干流、支流及干渠渠道进（退）水口共 53 个采样点采集水样。为保证两次采样点位置的一致性，通过使用 Google Map 和 GPS 定位仪记录采样路线。地表水采样点的布设、水样采集以及存储和运输均遵循《地表水和污水监测技术规范》（HJ/T 91—2002）要求。受高原海拔影响，水样点采集集中在海拔 4500m 以下的人类主要活动范围区，水样采集路线从流域下游拉萨河入江口至流域上游直孔水库。水样点的布置依据水体采样的整体性、可行性及空间代表性原则，尽量均匀覆盖流域下游全域，在污染源处、环境敏感点和存在地表水环境问题的地点进行加密，采样点的空间分布见图 12-8。采集水样分为两类，分别为河流型水样和非河流型水样：河流型水样主要来自流域靠近上游源头河流、主干流、支流以及次级支流的水样，其分类依据主要为河宽大小；非河流型水样主要包括来自池塘和沟渠的水样，采样点的分类见表 12-5。

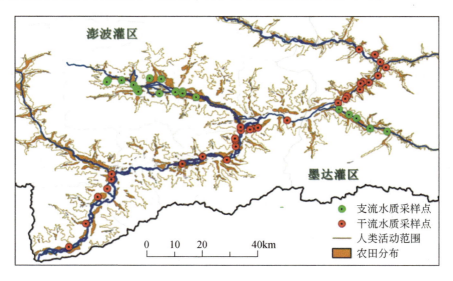

图 12-8　拉萨河流域水体采样点空间分布

表 12-5　拉萨河流域采集地表水分类

样本大类分类	样本分类小类	分类主要依据
河流型水样	靠近上游源头河流	流域河谷靠近上游，采样点较少
	主干流	河宽 100m
	支流	河宽 50～100m
	次级支流	河宽小于 50m

续表

样本大类分类	样本分类小类	分类主要依据
非河流型水样	池塘	集水区
	沟渠	包括引水和退水渠

地表水采样方法为瞬时采样法，采集地表水表层水样（水下0.5m左右），采样时先用采样水冲洗不锈钢桶3~4次，逆着水流的流动方向，每个采样点分别采集水样2次，随后装入聚乙烯瓶中，加入相应的固定剂，记录编号。现场记录采样点GPS、水样采集点环境特点、土地利用以及天气等信息。使用便携式多参数水质测定仪Multi 340i，现场测定水样的水温、pH、溶解氧（DO）等理化指标，每个指标测量两次，取平均值记录在表格中。水质化验指标包括化学需氧量（COD）、总氮（TN）、总磷（TP）、铵态氮（NH_4^+-N）和硝态氮（NO_3^--N）。水质分析标准执行《地表水环境质量标准》（GB 3838—2002），在4℃环境下尽快运送至拉萨当地实验室检测，其中COD采用重铬酸钾法测定，TN采用碱性过硫酸钾消解紫外分光光度法测定，NH_4^+-N采用纳氏试剂分光光度法测定，NO_3^--N采用氨基磺酸紫外分光光度法测定，TP采用过硫酸钾消解紫外分光光度法测定。单个样品重复测定两次，其测试偏差低于5%时，取两次检测的平均值。

12.4.2 "河流-水库"与"灌排沟渠"水质空间差异

基于2017年和2018年拉萨河流域下游地表水水质采样，测定了水样中水温、pH、DO、TN、TP、NH_4^+-N以及NO_3^--N等理化指标，分析了地表水质各理化指标的空间分布特征。由图12-9可知，2017年和2018年地表水质水温、pH和DO的空间分布较为一致。流域平均水温为15℃，且下游水温高于上游水温，支流水温普遍高于干流水温。2017年夏季采样点水温为（15.22±3.57）℃，2018年夏季采样点水温为（16.47±3.85）℃。不同位置采样点的水温差距较大，影响河流水温的因素较为复杂，水量、采样时间以及海拔均可能是主要因素，不同因素的影响结果可能是相反的。例如，一方面流域下游水量较大，导致水温偏低，而另一方面由于海拔相对较低，气温较高，有利于水温增加。此外，受采样时间影响，下游采样时间集中在气温较低的清晨。最终表现为下游水温较低，一般为10℃左右。澎波河（拉萨河右岸支流）水温较高，主要由于支流水量较小，且采样时间集中在气温较高的中午。

拉萨河流域靠近上游和下游pH较为一致，流域平均pH为8左右。流域地表水质pH范围均集中在7~9，呈现弱碱性水。2017年和2018年采样点pH分别为8.23±0.39，8.27±0.31［图12-9（b）、（e）］。由此可见，不同水样点pH之间的方差较小，仅为0.3左右。表明流域整体从上游到下游pH较为一致。

水体DO指标反映了水体自净能力，当水体中含有大量有机物时，其氧化分解过程会消耗水中的氧，导致水体中含氧量降低，进而影响水生物种的生存。2017年和2018年水样DO的空间分布如图12-9（c）、（f）所示。2017年和2018年DO浓度分别为（6.81±1.21）mg/L和（6.46±0.83）mg/L，最大值分别为11.00mg/L和8.33mg/L，最小值分别

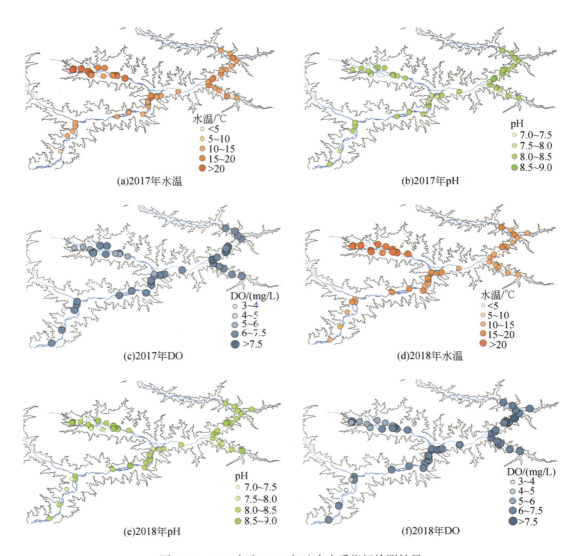

图 12-9 2017 年和 2018 年地表水质指标检测结果

为 3.00mg/L 和 3.56mg/L。由于靠近流域上游地区人类活动较少，河流流态未经人类干扰，基本为自然条件状态，因此靠近上游水体中 DO 浓度更高，达到 7.5mg/L 以上。流域下游人类活动增强，DO 浓度稍有下降，为 6mg/L，但水质均较好。存在个别水样点 DO 浓度较低，仅为 3~4mg/L，主要分布在干支流交汇处。

流域内 53 个水样点的营养盐及有机污染指标（COD、NH_4^+-N、TN、TP）检测结果如图 12-10 所示。水体 COD 是指水中有机物在外加的强氧化剂作用下被氧化分解时所消耗氧化剂的量，反映水中受还原性物质污染的程度。COD 浓度越高，说明水体受污染程度越大。2017 年和 2018 年实测结果较为不同，空间趋势也存在差异［图 12-10（a）、（e）］。2017 采样点 COD 浓度为（14±5）mg/L，最大值为 27mg/L，最小值为 4mg/L。2018 年

COD 浓度为（7±4）mg/L，最大值为 20mg/L，最小值为 3mg/L。2017 年流域靠近上游和下游河段 COD 浓度普遍较低，小于 5mg/L，而在流域支流和干流中段处 COD 浓度较高，达到了 20～30mg/L，水质受到污染（国家Ⅳ类水标准）。与 2017 年结果相比，2018 年流域地表水体水质较好，水体中 COD 浓度普遍较低，均小于 20mg/L。尽管流域下游 COD 浓度高于靠近上游的 COD 浓度，但均未造成水环境污染。由此看来，流域靠近上游 COD 浓度较低，而在流域支流和干支流交汇处 COD 浓度偏高，存在水质污染的可能。

图 12-10（b）、（f）为水样中 NH_4^+-N 浓度检验结果。2017 年水样中 NH_4^+-N 浓度为（0.083±0.08）mg/L，最大值 0.37mg/L，最小值为 0.025mg/L。2018 年 NH_4^+-N 浓度为（0.07±0.11）mg/L，最大值为 0.79mg/L，最小值为 0.02mg/L。流域水环境整体 NH_4^+-N 浓度较低，未产生 NH_4^+-N 污染。流域靠近上游和河流中段 NH_4^+-N 浓度低于下游河谷 NH_4^+-N 浓度，流域干流和支流 NH_4^+-N 浓度也较为一致。

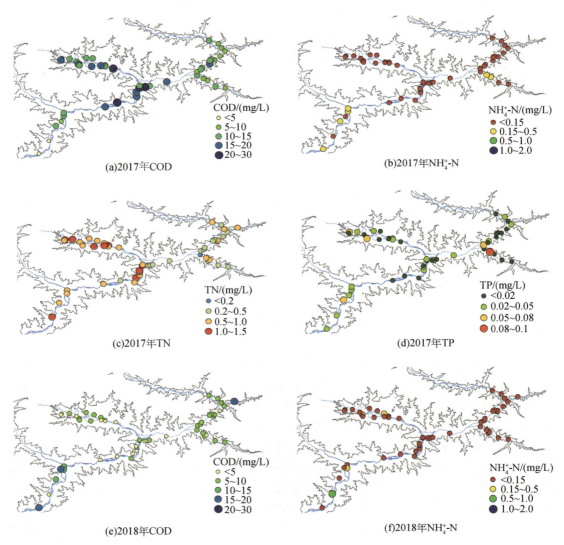

(a)2017年COD

(b)2017年NH₄⁺-N

(c)2017年TN

(d)2017年TP

(e)2018年COD

(f)2018年NH₄⁺-N

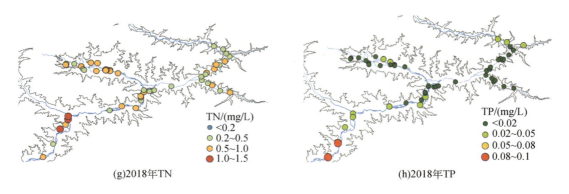

(g)2018年TN　　　　　　　　　　　　　　　(h)2018年TP

图 12-10　2017 年和 2018 年地表水质指标检测结果

由图 12-10（c）、（g）可知，2017 年和 2018 年流域水体中 TN 浓度存在明显的空间差异。2017 年水样 TN 浓度为（0.57±0.26）mg/L，最大值为 1.37mg/L，最小值为 0.18mg/L；2018 年 TN 浓度为（0.73±0.33）mg/L，最大值为 1.43mg/L，最小值为 0.24mg/L。2017 年水质实测结果表明，流域靠近上游水质较好，TN 浓度为 0.5mg/L 左右，而在澎波支流（澎波灌区）及其与干流交汇处存在密集水样点 TN 浓度超标，为 1.0～1.5mg/L。类似地，2018 年实测结果显示，流域靠近上游和中游 TN 浓度均满足水质要求，但在流域下支流和干流交汇处存在密集水样点 TN 浓度超标，大于 1.0mg/L。由此看来，流域支流、支流与干流交汇处存在明显的 TN 浓度超标，存在明显的氮污染。

2017 年和 2018 年 TP 浓度的实测结果和空间趋势较为一致，如图 12-10（d）、（h）所示。拉萨河流域干流和支流水环境 TP 浓度偏低，未检测到磷污染。2017 年流域水环境 TP 浓度为（0.023±0.018）mg/L，最大值为 0.09mg/L，最小值为 0.01mg/L。2018 年 TP 浓度为（0.02±0.01）mg/L，最大值为 0.01mg/L，最小值为 0.1mg/L。流域靠近上游部分河段 TP 浓度低，最低小于 0.02mg/L，下游 TP 浓度尽管稍有增加，但总体均小于水质阈值（1.0mg/L）。综上可知，流域水质分布呈现上游水质优于下游水质的空间分布特征，流域中段支流存在水质污染情况。对于 pH、DO、NH_4^+-N 和 TP 指标，拉萨河流域地表水体水质浓度较为一致，地表水环境较好；而对于 COD 和 TN 指标，流域干流和支流水体水质存在较强的空间差异性，流域支流水体中 COD 和 TN 浓度较高。在流域中游支流河段存在明显的氮污染。

为了进一步分析拉萨河流域地表水质空间分布的差异性，按照水体采样位置，将所有采集样本划分为"河流–水库"（R-R）和"灌排沟渠"（P-D）两类，其中有 32 个水样点取自"河流–水库"，21 个水样点取自"灌排沟渠"。图 12-11 展示了 R-R 和 P-D 水体水质的差异性。分析发现，对于 DO 和 COD 指标，R-R 水样的浓度分别为（6.73±0.87）mg/L 和（14.28±6.76）mg/L，P-D 水样的浓度分别为（6.71±1.30）mg/L 和（14.24±4.59）mg/L。R-R 和 P-D 水样点的分布较为相似，未发现 DO 和 COD 浓度在 R-R 和 P-D 中的不同（$p>0.05$）。R-R 和 P-D 水体中的 DO 和 COD 浓度均稳定在Ⅲ类水标准。对于 TN 和 TP 指标，R-R 水样的浓度分别为（0.533±0.18）mg/L 和（0.023±0.017）mg/L，

P-D 水体的浓度分别为（0.69±0.42）mg/L 和（0.031±0.030）mg/L。TN 和 TP 的浓度水平 R-R 显著低于 P-D（$p<0.05$），且 P-D 水体样本值较大。在 TN 指标中检测出多个水样 TN 浓度在 1.0～1.5mg/L，说明灌排沟渠中存在明显的 TN 污染情况。尽管 R-R 和 P-D 的 TP 浓度均满足水质标准要求，但是可以观察到沟渠中水体的 TP 浓度更低。此外，P-D 水体中水质指标浓度标准差比 R-R 水体中指标浓度标准差大，说明 R-R 水体中水质浓度较为一致，而 P-D 水体中水质浓度差别大。

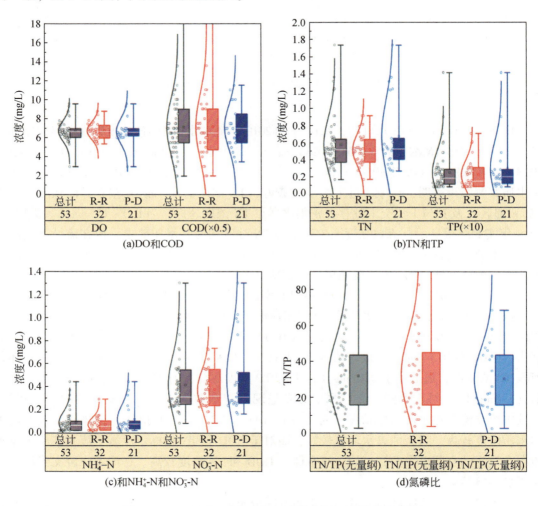

图 12-11 "河流–水库"与"灌排沟渠"水体水质差异

就氮素相关指标 NO_3^--N 和 NH_4^+-N 而言，R-R 中指标浓度水平分别为（0.375±0.166）mg/L 和（0.073±0.060）mg/L，占比分别为 71.1% 和 13.9%。P-D 中指标浓度水平分别为（0.477±0.332）mg/L 和（0.121±0.122）mg/L，占比分别为 69.5% 和 17.6%。由于水体中有相当部分的氮以其他有机氮和亚硝态氮的形式存在，因此 NO_3^--N 和 NH_4^+-N 中的氮浓度之和并不完全与 TN 相同。R-R 和 P-D 中 NO_3^--N 和 NH_4^+-N 的占比基本一致，水体中 NO_3^--N 占比较高，表明氮素的赋存形态以硝酸盐为主。经过显著性检验，两类水体中

NO_3^--N 和 NH_4^+-N 浓度水平存在显著性差异（$p<0.05$），P-D 水体中两类指标浓度水平均高于 R-R 水样，且在 P-D 水体中多个样本 NO_3^--N 和 NH_4^+-N 浓度均偏高。针对 NH_4^+-N，尽管 P-D 水体中浓度水平高于 R-R，但两类水体中的浓度均在水质标准范围内，而 P-D 中存在多个水样的 NO_3^--N 浓度超过 1.0mg/L，这与 TN 浓度检测结果一致，说明沟渠中 TN 浓度超标是由硝酸盐含量高造成的。图 12-11 也给出了 R-R 和 P-D 中氮磷比（TN/TP）指标，分别为 32.78±22.23 和 30.05±17.70。在 R-R 和 P-D 中未发现明显的氮磷比差异，且两类水体中氮磷比均大于 26，表明水体中氮磷比较高，但不满足水体富营养化条件。

综上所述，"河流–水库"与"灌排沟渠"水体水质存在较强的空间差异性，沟渠中 TN、TP 以及 NO_3^--N 浓度高于"河流–水库"水体中水质浓度，且沟渠中存在明显的氮污染，水体中的氮主要以 NO_3^--N 形式存在。由此可知流域地表水质污染仅局限于"灌排沟渠"水体水质，而对流域"河流–水库"水质影响较为有限。

12.4.3 实测样本数据与理论计算结果对比

由 12.4.2 节的结果可知，流域地表水质污染在于"灌排沟渠"的氮污染（TN 含量范围为 1.0～1.5mg/L），而未对流域干流水体造成污染。为了便于展示流域水环境污染河段细节，使用克里金插值方法对实测水质点进行空间差值，如图 12-12 所示。水质实测数据和理论计算结果具有一致性，基于物质流动分析计算结果表明灌溉农业氮磷排放并不是流

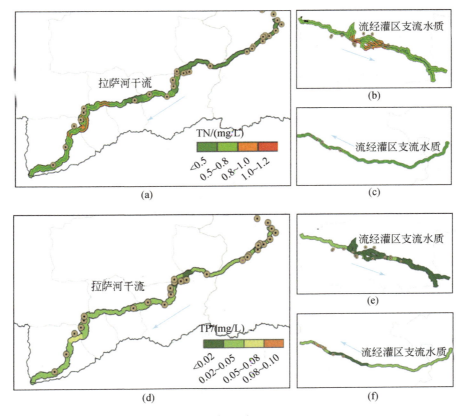

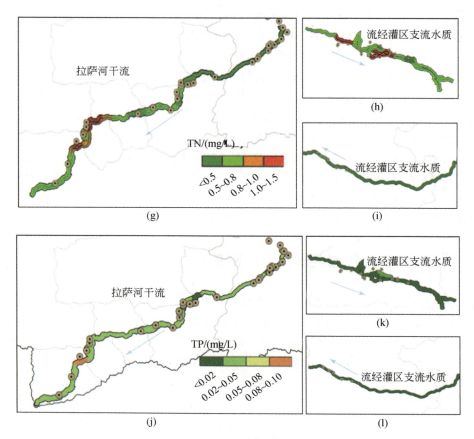

图 12-12 2017 年和 2018 年拉萨河干流以及流经灌区支流的 TN 和 TP 克里金插值结果：
（a）～（c）2017 年 TN 分布；（d）～（f）2017 年 TP 分布；（g）～（i）2018 年 TN 分布；
（j）～（l）2018 年 TP 分布

域氮磷污染的主要贡献源但易造成灌区水环境氮污染，两年期的流域地表水质实测采样结果显示，农业氮磷流失的影响仅局限于灌区局部"灌排沟渠"的 TN 浓度超标，而对流域"河流–水库"水质影响较为有限。结合水质空间分布特征和氮磷物质流动细节，一方面阐明了流域农田氮磷流失影响仅局限于灌区局部的规律，另一方面也证实了本节所构建的农田系统氮磷流动模型的准确性和稳健性，为高原流域氮磷调控和水环境耦合分析提供量化方法。

本节定量计算了流域灌溉农业氮磷流失对流域水生态占用的贡献，并结合实测样本数据证实了理论计算结果的可靠性。高原流域在目前尚无面源污染截留及治理措施的情况下，农田系统氮磷养分通过淋溶和地表径流的方式进入流域水环境中的负荷逐年下降，对流域"河流–水库"水质影响较为有限，但是在灌区尺度产生了明显的氮污染。另外，由于缺少长系列流域水质 TN 和 TP 数据值，无法分析流域氮磷负荷流失比值与实际水质中 TN/TP 比值的相关性。但是通过 2017 年和 2018 年两个年份相关值的对比，可以看出理论计算结果与实际检测结果相一致，进一步证实了高原农田氮磷流动模型的稳健性和准确性。周芳等（2019）以农田化肥、畜禽养殖和农村生活为污染单元，发现 2000～2016 年拉萨市农业面源排放的 TN 呈现有增有减的平稳态势，与本研究发现的 TN 排放源呈下降趋势略有不同。最主要的原因是周芳等（2019）仅考虑 3 种污染源，而本研究考虑的污染源较为全面，包含来自大气沉降-灌溉水源-田间农作的 7 种主要污染源。此外，时间序列的不同也是趋势存在差异的原因。本研究发现的灌溉农业的水环境效应局限在灌区尺度，而未对流域尺度水环境造成影响，该结论与周丹和黄川友（2007）及凌尚和黄川友（2009）的研究结论一致，即在墨竹工卡县上游发现水质超标，而其他监测面水质较好。此外，本研究发现的作物种植结构是水环境质量变化的主要驱动力，与张惠芳等（2019）的研究结论相似，且本研究同样发现经济水平的提高并不利于流域水环境保护。因此，本研究发现的相关规律具有一定的可信性。

12.5　农田系统氮磷流失的驱动机理

12.5.1　STIRPAT 模型与岭回归

本节采用 STIRPAT 模型分析各类要素对农田氮磷排放的贡献。STIRPAT 模型是一种用于评估各要素对环境影响的随机模型，基本构建理论源自 IPAT（环境影响=人口因素×经济因素×技术因素）模型，由美国学者 Ehrlich 和 Holdren 首次提出（Dietz and Rosa，1994；York et al.，2003）。STIRPAT 模型已被广泛用于评估人为驱动力对温室气体排放和氮磷养分投入的影响（Cui et al.，2013；Wang et al.，2013）。标准的 STIRPAT 模型可表示为

$$I = aP^b A^c T^d e \tag{12.17}$$

式中，I 为环境影响；P 为人口规模；A 为富裕程度；T 为技术水平；a 为常数；e 为误差项；b、c 和 d 分别为 P、A 和 T 的指数。

标准 STIRPAT 模型由于是非线性多元方程，难以求解各系数。因此在实际应用中常将标准 STIRPAT 模型转换为对数形式求解（York et al.，2003），可得对数方程：

$$\ln I = a + b\ln P + c\ln A + d\ln T + e \tag{12.18}$$

为了深入探究各人为因素对拉萨河流域农业面源氮磷排放量的影响，选择农村人口数（万人）、人均 GDP（万元）、作物种植结构以及氮磷养分有效利用率 4 种因素，其中农村人口数代表 P（人口规模）的影响，人均 GDP 代表 A（富裕程度）的影响，作物种植结构（T_1）以及养分有效利用率（T_2）代表 T（技术水平）的影响。种植业结构是指粮食作物占农作物总播种面积的比例（%），养分有效利用率为农田系统养分输入转化为作物累积的比例，则本节所建立的扩展的 STIRPAT 模型如下：

$$\ln I = a + b\ln P + c\ln A + d_1\ln T_1 + d_2\ln T_2 + e \tag{12.19}$$

在以往的研究中普遍使用普通最小二乘（OLS）回归来评估变量的方差膨胀因子（VIF）。然而当 VIF 超过 10 时，则意味着变量之间存在明显的多重共线性（Marquardt，1970），那么 OLS 回归分析不适用于系数的计算。岭回归分析解决了变量多重共线性的问题（Hoerl and Kennard，1970），是一种改进的 OLS 回归方法，采用可变系数（λ）来提高

对回归系数估计的稳定性，可表示如下：

$$y = X\beta \rightarrow \beta(\lambda) = (X^{\mathrm{T}}X + \lambda I)X^{\mathrm{T}}y \tag{12.20}$$

12.5.2 农田系统氮磷流失变化的驱动机理

由岭回归拟合结果可以得知（表12-6），影响拉萨河流域农田氮素排放量的因素从大到小的排序分别为氮素有效利用率、作物种植结构、农村人口数以及人均GDP，而影响农田磷素排放量的因素从大到小的排序分别为作物种植结构、农村人口数、人均GDP以及磷素有效利用率。从各因素对拉萨河流域农田氮磷排放的绝对影响来看，氮磷有效利用率增加和粮食作物播种比例增大有助于农田氮磷排放量减少，而农村人口数增加和人均GDP增加会导致农田氮磷排放量增加。

表 12-6　拉萨河流域农田氮磷养分流失变化的驱动因素

农田氮素排放驱动因素			农田磷素排放驱动因素		
变量	回归系数	t 检验	变量	回归系数	t 检验
$\ln P$	0.184**	3.46	$\ln P$	0.177**	4.02
$\ln A$	0.142**	5.77	$\ln A$	0.165**	3.88
$\ln T_1$	0.382**	7.86	$\ln T_1$	0.265**	5.47
$\ln T_2$	−0.445**	13.69	$\ln T_2$	−0.114**	3.96

**在0.01置信水平上显著。

拉萨河流域氮素有效利用率对农田氮素排放的影响最为显著，其弹性系数为−0.445，说明在其他因素不变的情况下，氮素有效利用率比例增加1%，拉萨河流域农田系统氮素流失会相应减少0.445%。这说明提高氮素有效利用率能够减少农田系统氮素的流失。归其原因是提高氮素有效利用率，使得更多养分用于作物生长，而控制了农田系统养分通过其他方式造成的流失。农田系统氮磷流失变化的驱动力有所不同，主要在于氮素有效利用率是农田系统氮素流失变化的最主要驱动因素，而磷素有效利用率对农田系统磷素流失的驱动力最弱，磷素有效利用率比例增加1%，拉萨河流域农田系统磷素流失会相应减少0.114%。结合12.3.2节，农田系统氮素有效利用率从45%增加到53%，而农田系统磷素的有效利用率从15%下降到12%，这主要是由于磷素不利于被作物吸收。其次，作物种植结构的调整有利于减少农田系统氮磷流失，大豆种植比例减少1%，拉萨河流域农田系统氮素流失会相应减少0.382%，磷素流失会相应减少0.265%。拉萨河流域作物种植结构调整主要表现在2015~2018年停止豆类作物的种植。从农业面源污染角度来看，停止豆类作物种植不仅可以减少化肥的输入，还可以减少通过生物固氮的方式减少农田系统氮素的输入，有利于减少农田系统氮素流失。另外，拉萨河流域的农村人口规模和富裕程度也是影响农田氮磷流失的重要因素。农村人口规模的扩大会刺激农产品的需求增加，从而带动农业生产规模扩大，使得农业生产过程中的产污、排污活动加剧，加重农田系统氮磷流失。流域人均GDP的增加在一定程度上会使得农田系统氮磷流失增加，水环境污染随着经济水平的提高而加重,这是由于流域对资源的使用超出了资源的再生。拉萨河流域整体经济发展水平较低,此阶段经济水平的提升增加了农田系统氮磷流失,说明低水平的经济增长不利于减少农田系统氮磷养分流失。由此可见,农田系统氮磷养分利用率和作物种植结构是影响拉萨河流域氮磷养分流失的根本原因。

12.6 小 结

本章基于物质流动分析和野外实地水质采样,构建考虑非人为污染源要素的高原农田系统氮磷养分流动模型,阐明拉萨河流域农田系统氮磷流动特征,量化农田系统氮磷流失对流域和灌区水环境的影响,揭示农田氮磷养分流失的驱动机理。结果表明,灌溉农业氮磷养分流失并不是流域水环境负荷的最大污染源且其占比逐年下降,灌溉农业对水环境的影响局限于灌区尺度水环境的氮污染,未对流域尺度的水环境产生污染。高原农田氮磷流失变化的驱动机理在于养分利用效率的变化和作物种植结构的调整。具体结论如下。

1)2006~2018 年拉萨河流域农田系统氮素输入总量持续下降,而磷素输入总量先增加后下降,非人为污染源分别贡献了农田系统氮磷养分输入的 9.6% 和 1.5%。2006~2018 年农田系统氮素总输入量从 1.29 万 t 下降到 0.79 万 t,而磷素总输入量从 2006~2010 年的 0.54 万 t 迅速增加到 2011~2016 年的 1.12 万 t,然后又下降到 2017~2018 年的 0.78 万 t。非人为污染源对农田系统氮磷输入的贡献率分别为 9.6% 和 1.5%,非人为污染源在高原农田系统氮素输入中占比较大。

2)农田系统氮磷养分流失并不是流域水环境负荷的最大贡献源,且其贡献率逐年下降,灌溉农业未对流域尺度水环境造成污染,但导致灌区尺度的水环境存在年际和季节性氮污染。2006~2018 年农田系统氮素流失对流域水生态占用量逐年减少,农业所需的氮灰水足迹(GWF-N)从 3.3 Gm³ 减少到 1.5 Gm³,减少了 55%。农田系统磷素流失对流域水生态占用量增加,但基数较小,磷灰水足迹(GWF-P)从 0.2 Gm³ 增加到 0.4 Gm³,然后减少到 0.3 Gm³。2018 年灌溉农业对流域总 GWF-N 和 GWF-P 的贡献分别为 32.47% 和 20% 左右,灌溉农业未对流域水环境造成氮磷污染,而对灌区水环境造成年际和季节性氮污染。

3)流域水质采样结果与理论计算相一致,灌溉农业未对流域整体水环境造成氮磷污染,但导致了"灌排沟渠"水体的总氮污染。流域地表水质存在空间差异的关键在于流域"灌排沟渠"水体的化学需氧量和总氮污染。"灌排沟渠"水体中的总氮、总磷以及硝态氮浓度均高于"河流-水库"水体中水质浓度。

4)高原农田氮磷流失变化的驱动机理在于养分利用率的变化和作物种植结构的调整。高原流域减少农田系统氮磷流失的关键在于提高氮素利用率和调整作物种植结构,而由于高原流域整体经济发展水平较低,此阶段经济水平的提升并不利于减少农田系统氮磷流失。

参 考 文 献

杜伟, 逄超普, 姜小三, 等. 2010. 长三角地区典型稻作农业小流域氮素平衡及其污染潜势. 生态与农村环境学报, 26 (1): 9-14.

贾钧彦. 2008. 西藏高原大气氮湿沉降研究. 拉萨: 西藏大学.

凌尚, 黄川友. 2009. 拉萨市地表水环境质量评价. 西藏科技, (9): 25-28.

刘晓永. 2018. 中国农业生产中的养分平衡与需求研究. 北京: 中国农业科学院.

鲁如坤, 刘鸿翔, 闻大中, 等. 1996. 我国典型地区农业生态系统养分循环和平衡研究: Ⅰ. 农田养分支出参数. 土壤通报, (4): 145-151.

西藏自治区人民政府. 2017. 西藏自治区用水定额. 拉萨: 西藏自治区人民政府办公厅.

冼超凡, 潘雪莲, 甄泉, 等. 2019. 城市生态系统污染氮足迹与灰水足迹综合评价. 环境科学学报, 39 (3): 985-995.

张惠芳, 刘欢, 苏辉东, 等. 2019. 1995~2014 年拉萨河流域水环境变化及其驱动力. 生态学报, 39 (3): 770-778.

周丹, 黄川友. 2007. 拉萨河流域水环境现状及污染防治对策. 四川水利, 2: 48-51.

周芳, 金书秦, 张惠. 2019. 西藏农业面源 TN、TP 排放的空间差异与分布特征. 中国农业资源与区划, 40 (1): 35-41.

Bao J, Yu J H, Feng Z, et al. 2014. Situation of distribution and utilization of crop straw resources in seven western provinces, China. Chinese Journal of Applied Ecology, 25 (1): 181-187.

Cai H, Yang X, Wang K, et al. 2014. Is forest restoration in the southwest China karst promoted mainly by climate change or human-induced factors?. Remote Sensing, 6 (10): 9895-9910.

Cui S, Shi Y, Groffman P M, et al. 2013. Centennial-scale analysis of the creation and fate of reactive nitrogen in China (1910~2010). Proceedings of the National Academy of Sciences of the United States of America, 110 (6): 2052-2057.

Dietz T, Rosa E A. 1994. Rethinking the environmental impacts of population, affluence and technology. Human Ecology Review, 1: 277-300.

Gao B, Huang Y, Huang W, et al. 2018. Driving forces and impacts of food system nitrogen flows in China, 1990 to 2012. Science of the Total Environment, 610: 430-441.

Hoekstra A Y, Chapagain A K, Aldaya M M, et al. 2011. The water footprint assessment manual: Setting the global standard. Social and Environmental Accountability Journal, 31 (2): 181-182.

Hoerl A, Kennard R. 1970. Ridge regression: Biased estimation for nonorthogonal problems. Technometrics, 12: 55-67.

Ma L, Ma W, Zhang F, et al. 2018. Nutrient flow and management in the food chain in China. Chinese Journal of Eco-Agriculture, 26 (10): 1494-1500.

Marquaridt D W. 1970. Generalized inverses, ridge regression, biased linear estimation, and nonlinear estimation. Technometrics, 12: 591-612.

Mekonnen M M, Hoekstra A Y. 2015. Global gray water footprint and water pollution levels related to anthropogenic nitrogen loads to fresh water. Environmental Science and Technology, 49 (21): 12860-12868.

Mekonnen M M, Hoekstra A Y. 2018. Global anthropogenic phosphorus loads to freshwater and associated grey water footprints and water pollution levels: A high- resolution global study. Water Resources Research, 54 (1): 345-358.

Wang P, Wu W, Zhu B, et al. 2013. Examining the impact factors of energy related CO_2 emissions using the STIRPAT model in Guangdong Province, China. Apply Energy, 106: 65-71.

York R, Rosa E A, Dietz T. 2003. STIRPAT, IPAT and ImPACT: Analytic tools for unpacking the driving forces of environmental impacts. Ecological Economics, 46 (3): 351-365.

第13章 | 农牧业开发的生态环境风险

生态风险作为一种重要的生态环境管理参考指标，一直是国内外学术研究的热点之一。自 20 世纪 80 年代起，生态风险评价在方法、内容与研究尺度等方面都取得了大量进展：风险源从单一源扩展到多源（包括人类活动、社会经济在内的多种复合因素），受体从单一受体发展到多受体，研究尺度也从单一种群扩展到区域水平（如森林、湿地、草地、农田等不同生态系统以及城市、流域等区域），评价内容的重点也转移到人类活动对生态系统的影响方面。多风险源、多风险评价终点已经成为大尺度风险评价的重要特点。

13.1 农牧业生态环境影响综合评估方法

为评估 1985~2015 年青藏高原农牧业开发对生态环境的影响，本节建立了包括风险源、生境、影响 3 个主要组成部分的农牧业开发生态环境影响评估方法。此外，本节综合考虑风险源–生境–影响等因素之间的相互作用关系，对生态环境影响评估的初始公式进行了改进，从危险度–脆弱度–损失度 3 个层次构建青藏高原生态环境影响评估模型（Maskrey，1989；UNDHA，1991）：

农牧业发展的生态环境影响（ER）=f[危险度（H），脆弱度（V），损失度（L）] （13.1）

该模型从宏观角度对青藏高原农牧业开发的生态环境影响进行评估，能够综合考虑与农牧业生产活动相关的各种因素对生态环境的影响。考虑系统上述 3 种特性对影响的一致性贡献，定义综合影响的计算公式（许妍等，2012）为

$$ER = \frac{1}{3} \cdot (H+V+L)$$ （13.2）

13.1.1 生态环境风险源危险度评估子模型

在农牧业发展的驱动因子下，生态环境暴露于多重风险源，所受的影响干扰是多重风险源危险相互叠加的结果。不同类型的风险源对生态环境的潜在危害存在一定差异，不同受体所面临的影响强度、造成的生态环境损害也不尽相同。针对复合风险源特点，引入相对权重系数区分风险源危险度差异，采用风险源危险度指数 H 表征风险源的发生概率及强度，公式如下：

$$H = \sum_{i=1}^{n} \beta_i \cdot RH_i \quad (i = 1,2,\cdots,n)$$ （13.3）

式中，RH_i 为第 i 类风险源危险度；β_i 为第 i 类风险源权重；i 为生态风险源类别；n 为风险源类型总数。其中 RH_i 由式（13.4）计算所得。

$$\mathrm{RH}_i = \sum_{j=1}^{m} \lambda_{ij} \cdot R_{ij} \quad (j = 1, 2, \cdots, n) \tag{13.4}$$

式中，j 为第 i 类风险源等级；m 为级别总数；λ_{ij} 为第 i 类第 j 级风险源权重；R_{ij} 为第 i 类第 j 级风险源发生的概率。

13.1.2　生态环境脆弱度评估子模型

不同生态环境的抗干扰能力不同，相同强度的同一风险源作用于多个生态环境可能产生不同程度的危害。因此，生态环境脆弱度评估是生态环境影响评估的关键环节，是危险度与脆弱度联系的桥梁。在参考已有研究的基础上，本节从自然、生态、社会等脆弱影响因素出发，构建生态环境脆弱度评估模型，对生态环境脆弱度进行定量化表征，具体计算公式为

$$V = W_d \cdot D + W_q \cdot Q + W_z \cdot Z + W_s \cdot S + W_h \cdot H \tag{13.5}$$

式中，D、Q、Z、S、H 分别由下式计算：

$$D = \sum_{i=1}^{m} W_i \cdot D_i \tag{13.6}$$

$$Q = \sum_{i=1}^{m} W_i \cdot Q_i \tag{13.7}$$

$$Z = \sum_{i=1}^{m} W_i \cdot Z_i \tag{13.8}$$

$$S = \sum_{i=1}^{m} W_i \cdot S_i \tag{13.9}$$

$$H = \sum_{i=1}^{m} W_i \cdot H_i \tag{13.10}$$

式中，V 为生态环境脆弱度指数，其值越大说明生态环境越脆弱，遭遇影响事件造成的潜在伤害越大，反之 V 值越小说明生态环境脆弱度越小、越健康；D_i、Q_i、Z_i、S_i、H_i 分别为影响生态环境脆弱度的地貌、气候、植被、水文和农牧业相关因素中第 i 种指标的归一化值；W 为指标权重值；m 为评估指标个数。D、Q、Z、S、H 分别为地貌、气候、植被、水文和农牧业相关因素的贡献度。

13.1.3　生态环境受体损失度评估子模型

生态环境受体损失度用于表征农牧业发展及相关人类活动等对受体产生的负面影响，主要包括对社会经济的直接扰动和对生态系统结构与功能的损害。本节采用综合评估法对生态环境受体损失度进行计算，具体公式为

$$\mathrm{LS} = \sum_{i=1}^{m} W_i \cdot S_i \tag{13.11}$$

式中，S_i 为第 i 种指标的归一化值；W_i 为指标权重值；m 为评估指标数。

13.1.4 农牧业开发对生态环境影响的评估指标体系

(1) 指标选取原则

农牧业活动对生态环境的影响往往具有累积性和潜在性,使得评价指标的选取较为复杂,本研究在选取指标、构建指标体系时主要遵循以下原则。

科学性。指标应能反映评估对象的特征,概念和物理意义明确,测定方法标准,统计计算方法规范。

层次性。指标体系应层次分明,能够全面反映风险源本身及其对受体危害的特征和程度。

针对性。指标的选取要有针对性,能够较为全面具体地表征评估区域存在的主要问题。

可比性。指标数据选取和计算使用通行口径和标准,保证评估指标与结果具有可比性。

可操作性。建立指标体系时,要考虑统计资料和数据是否可以获得。结合青藏高原地区实际情况选取的指标应简洁实用,可获取、可测量、可调控,便于进行客观判断。指标和指标值应能确保实现拟定的环境目标。

导向性原则。充分考虑生态环境的动态变化,综合反映区域发展趋势,并在评价过程中不断补充、完善指标体系。

在以上 6 项原则的基础上,本节采用危险度-脆弱度-受损度模型构建了农牧业开发对生态环境影响的评估指标体系。

(2) 评估标准等级划分

评估标准的确定原则(刘迪等,2019)为:①有国际或国家标准的直接采用,主要包括国家或国际组织颁布执行的环境质量标准、公共卫生标准、各行业发布的环境安全评估规范和规定等;②没有国际或国家标准但有地方标准的,采用地方标准,包括各地方政府颁布的规划区目标、生态容量等;③国家标准或地方标准均没有的,采用参考文献中使用的标准,可通过以下方法确定:历史资料、实地考察、相关研究成果参照对比、专家评判等。

(3) 评估指标选取

风险源危险度评估需要识别农牧业开发可能对生态环境产生直接或间接不利影响的因素。青藏高原地势高、空气稀薄、太阳辐射强、对流强烈,经常出现雷暴和冰雹天气,气温比同纬度的东部平原地区低得多,年平均气温大多低于 5℃,气温日变化大,是我国雪灾多发区。青藏高原上的降水主要来自印度洋西南季风,干湿季分明,降水量很少,80% 以上的降水量集中于湿季(5~9 月)。因此,青藏高原也经常发生大面积的干旱,几乎每年都有不同程度的旱情。相比我国东部地区来说洪涝灾害发生的频率不算很高,但由于坡度大、地质条件不稳定,洪涝灾害的危害非常大。青藏高原上人口密度比较低,西部地区人口密度大多低于 5 人/km²,东部以及南部河谷地区自然条件相对较好,人口密度在 10~20 人/km²。受自然条件的限制,青藏高原产业结构比较单一,以牧业为主,种植业和加工业都不发达，农牧民抵御自然灾害的能力比较弱。

评估时段（1985~2015 年）内，全区农牧业产值呈现逐年上升趋势，种养殖业给生态系统带来的影响不容忽视。农业活动输入的农药、化肥、地膜等随着地表径流在土壤和水中累积。此外，在河谷牧业区的畜群集中养殖地，草地植被损伤较为严重，草甸土表层结构也遭到了破坏。

根据上述分析，本研究将研究区的风险源分为自然灾害和农牧业活动两类：自然灾害选取青藏高原主要的自然灾害（雪灾、旱灾、洪灾）发生的强度、频率等指标进行表征；农牧业活动选取每公顷农药、化肥、地膜用量等表征农业风险源，年末牲畜存栏数表征畜牧养殖风险源。这两类风险源既有针对性地体现了青藏高原农牧业开发带来的不利危险源特征，又有数据资料支撑且便于量化。所采用的具体指标见表 13-1。

表 13-1 生态环境风险源危险度评估指标体系

准则层	类别层	指标层		指标权重
生态环境风险源危险度评估	自然灾害危险度	雪灾	雪灾发生频率	0.060
			雪灾发生强度	0.060
		旱灾	旱灾发生频率	0.010
			旱灾发生强度	0.010
		洪灾	洪灾发生频率	0.030
			洪灾发生强度	0.030
	农牧业活动危险度	农业	每公顷农药用量	0.020
			每公顷化肥用量	0.027
			每公顷地膜用量	0.020
		牧业	年末牲畜存栏数	0.067

青藏高原生态系统的脆弱性是由地球内力、气候和人类活动等多重因素共同造成的，农牧业开发活动改变了生态环境的稳定状态，加剧了青藏高原局部和短期的变化，进而影响区域生态环境。本节从生态环境脆弱性内涵出发，通过大量文献调研和问卷调查，对影响生态环境脆弱度的可能因素进行了深入辨识和系统梳理，从地貌、气候、植被、水文、农牧业活动五方面选取指标，建立了青藏高原生态环境脆弱度评估指标体系（表 13-2）。

生态环境受体损失度主要从自然生态系统和社会经济系统两方面考虑。面临相同影响时，生态系统服务功能价值越大，生态环境受体损失就越大。自然生态系统服务功能损失度包括两个次级指标，分别是生态调节指标和生态约束指标。生态调节指标主要包括农作物种植面积所占比例（%）、草地面积所占比例（%）、单位耕地面积农业机械总动力、有效灌溉面积比（%）等。生态约束指标主要包括草地退化面积所占比例（%）等。对于社会经济系统，社会经济发达的地区人口密集、农牧业产值高、产业活动频繁，面临相同影响的损失比经济落后地区大得多。因此，在不考虑应急保障措施的前提下，选取人均GDP、人口密度、人均粮食产量等指标进行计算（表 13-3）。

表 13-2　生态环境脆弱度评估指标体系

准则层	类别层	指标层	指标权重
生态环境 脆弱度评估	地貌	坡度	0.013
		高程	0.013
	气候	年均气温	0.062
		年均降水量	0.046
		年均日照	0.005
		年均蒸发量	0.009
		年均风速	0.015
	植被	植被覆盖度指数	0.046
	水文	水网密度指数	0.017
	农牧业活动	人均耕地面积	0.005
		人均放牧草地面积	0.005
		农业产值比例	0.022
		牧业产值比例	0.022
		土地垦殖指数	0.010
		草地载畜量	0.045

表 13-3　生态环境受体损失度评估指标体系

生态环境受体 损失度评估	自然生态系统服务 功能损失度	农作物种植面积所占比例	0.035
		草地面积所占比例	0.056
		农业机械总动力	0.008
		有效灌溉面积比	0.013
	社会经济系统损失度	人口密度	0.021
		人均 GDP	0.064
		农业总产量	0.064
		牧业总产量	0.026
		人均粮食产量	0.026
		人均牲畜头数	0.010

13.2　生态环境影响评估结果

以青藏高原范围内县域为研究对象，基于 1985～2015 年的统计和监测数据，通过构建的危险度–脆弱度–受损度 3 个联合评估模型，以每 5 年作为一个评估周期，就青藏高原地区农牧业开发对生态环境的影响进行评估，并分析其时空变化特征。

1985 年研究区农牧业生态环境影响等级呈现中部、东北部较高，其余地区较低的格局。各县中，称多县生态环境影响等级（0.45）最高，其次是杂多县（0.42）、治多县（0.41）、曲麻莱县（0.40），影响等级高的区域均集中在三江源地区，主要是由于三江源地区生态系统较为脆弱，抵抗外界干扰能力较弱。20世纪80年代，青藏高原农牧业发展布局不合理，长期超载、过牧以及牲畜过度践踏草地造成了牧草高度降低、覆盖度减小、土壤水分蒸发量加大、草场退化等诸多问题，水土流失水平也逐年增加。植被覆盖度的减小为高原鼠兔、高原田鼠创造了良好的生活环境，导致种群暴发、啃食优良牧草，对生态环境的负面影响较大。青藏高原东南部整体生态环境影响等级较低，这些区域多为地势较低、地形平坦、植被丰富、人口较少的区域（曹建军等，2017），农牧业发展较为合理。青藏高原西部总体生态环境影响属于中、低级别，但西北部地区与西南部地区影响级别较低的原因不同。西北部地区地势高峻，地貌反差十分强烈，冰缘地貌发育，永久冻土和季节性冻土普遍存在，水源利用率不高，农牧业发展相对较弱，因此农牧业对生态环境影响的级别较低。西南部地区内尼玛县、班戈县等多为纯牧业县，农业规模较小，经济类指标值较低，整体生态环境影响处于中等水平（图13-1）。

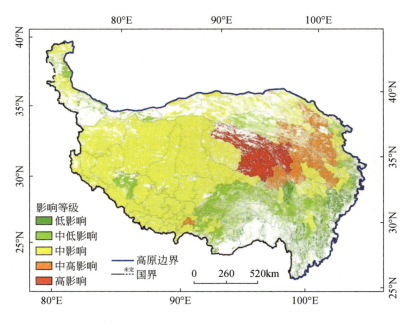

图 13-1 1985 年农牧业对生态环境的影响

　　如图13-2所示，1990年青藏高原农牧业对生态环境影响的高等级分布较为分散，相比1985年全境生态环境影响略有增高。各县中，同德县生态环境影响等级（0.440）最高，其次是都兰县（0.407）、乌兰县（0.406）、天峻县（0.404），高影响等级区域均集中在青藏高原东北部。与1985年相比，东北部各县影响等级从中高水平上升至高水平，总体影响等级呈现增加趋势。这主要是由于同德县1985年后大力发展畜牧业，牧业产值较1985年提高95.53%，人均牲畜数较1985年提高35.77%，其余影响等级高的县牧业产值、牲畜头数等相关指标涨幅均在30%以上。此外，该地区农业也呈良好发展态势，1990年农牧业生态环境影响等级表现较高。类似地，1990年中部至西部大多数县的生态环境影响等级由中等升至中高等级，主要是由于生态环境风险源危险度的提高。根据《中国气象灾害大典（新疆卷）》《中国气象灾害大典（西藏卷）》数据，该区域在 1985~1990 年发生严重灾害 44 起（其中旱灾 6 起、雪灾 29 起、洪灾 9 起），自然灾害频发是该区域生态环境影响等级明显提升的重要原因。

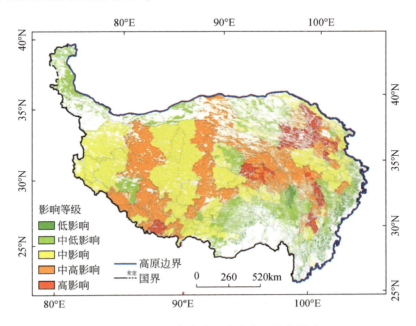

图 13-2　1990 年农牧业对生态环境的影响

如图 13-3 所示，1995 年影响等级最高的是色达县（0.407），其次是理塘县（0.392）。全境中影响区占比达 44.6%，中高影响区占比达 27.1%，中低影响区占比 17.9%，高影响区占 5.9%，低影响区所占比例最小（4.5%）。中高影响区和高影响区主要分布在三江源地区以及农牧业相对发达的河谷地带，这也从一定程度上反映了三江源地区较高的生态脆弱性和生态保护必要性。

从 2000 年影响评估结果（图 13-4）可以看出，全境大部分区域处于中影响，尤其是西藏中部的大部分地区。雅鲁藏布江谷地多处于中高影响，浪卡子县的影响等级明显高于周边各县，风险源危险度达到了 0.408。该县农牧业化肥纯量使用 190t，明显高于相邻措美县的 121t，牧业产值达到 2577 万元（占比 45% 以上），造成较大的环境负荷。与 1995 年相比，2000 年青海贵南县、共和县影响等级由中高等级增加到高等级，中、高影响区面积占比分别从 44.6%、5.9% 增大到 55.0%、8.3%，说明整体影响有变大趋势。

如图 13-5 所示，2005 年影响等级较高的区域主要分布在重要农牧区（如湟水谷地、雅鲁藏布江谷地），三江源地区等生态环境敏感区的影响等级仍然较高，色达县（0.378）是影响等级最高的区域。相比于 2000 年，2005 年全境大部分地区的影响等级进一步增大，特别是青海治多县、曲麻莱县、称多县和玉树市等。这些区域在过去五年农牧业得到了较快发展，例如治多县 2005 年底全县牲畜存栏数达到 56 万只。在大力实施畜牧业结构调整政策后，各县效益性农牧业实现了质的飞跃，农牧业产值比例增大、人口增长、人均 GDP

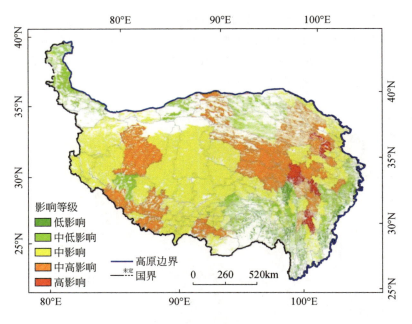

图 13-3　1995 年农牧业对生态环境的影响

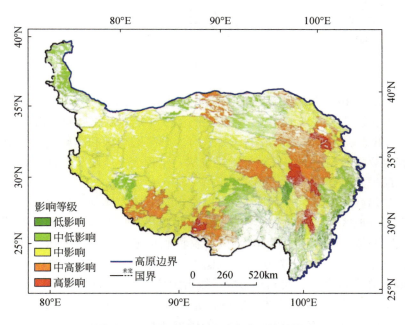

图 13-4　2000 年农牧业对生态环境的影响

提高，遭遇风险事件可能造成的损失也相应增加。雅鲁藏布江河谷地带、巴颜喀拉山脉和祁连山脉大部分区域仍处于中等和中高等级。

　　如图 13-6 所示，与 2005 年相比，2010 年青藏高原农牧业开发的生态环境影响在等级分布上基本保持不变。影响等级较高的仍是色达县（0.386）、杂多县（0.375），高影响

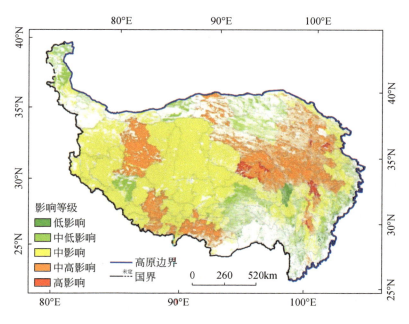

图 13-5 2005 年农牧业对生态环境的影响

区集中于祁连山湟水河谷地、三江源地区与雅鲁藏布江河谷，青藏高原西北区和东南区边界区域大多处于低影响和中低影响。除雅鲁藏布江河谷外，西藏大部分地区为放牧区，多处于中影响。从全境影响评估图来看，与 2005 年相比发生明显变化的是改则县，从中高影响（0.305）降为中影响（0.301），主要是由于 2010 年该县率先成功引入了免耕播种技术和种子包衣技术，并首次规模引入黑麦、紫花苜蓿等多年生高营养牧草品种，显著提升了牧草产量和质量，在一定程度上改善了当地的生态环境。此外，青海省气象局从 2006 年开始在三江源地区开展生态保护型人工增雨作业，空气含氧量有所增加，湖泊数量增多，湖泊湿地面积扩大，水源涵养功能逐步恢复，显著降低了杂多县部分区域的影响等级（聂倩文等，2022）。但是，仍有部分区域的影响等级存在增大趋势，如噶尔县、祁连县等。总本来说，立足于社会经济与自然生态相结合的可持续发展路线，青藏高原自 2010 年基本遏制住了前期 1985~2005 年生态环境影响持续增大的趋势，局地影响略有增加但不明显，部分区域开始向好。

如图 13-7 所示，2015 年青藏高原农牧业开发的生态环境影响较 2010 年有所增加，且增幅明显高于过去 4 个评估时段。在 2010~2015 年，青藏高原的平均农业总产值增长了40% 以上，牧业总产值增长更是达到 1 倍以上，高速发展的农牧业（段健等，2019）给青藏高原生态环境带来了较大压力。从总体分布来看，高影响区仍然集中在湟水河谷地、雅鲁藏布江谷地和三江源地区。治多县、杂多县、共和县的影响等级从 2010 年的中高影响转变成高影响，主要是由于生态环境受体损失度的增加：2015 年治多县农牧业撑起了扶贫半边天，治多县人民政府投资 800 万元专项资金大力发展畜牧业，依托国家连片特困地区项目投资 200 万元发展小片农业，农牧业活动强度的增加直接带来较高的生态环境影响；杂多县 2015 年生产总值增长 11%，牧区常住居民人均可支配收入增长 8.6%，经济发展水平

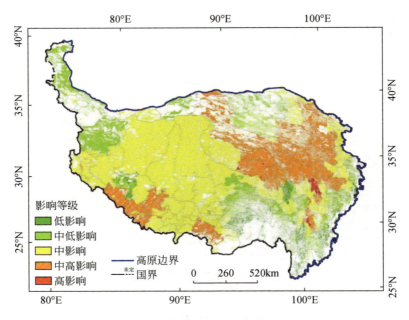

图 13-6 2010 年农牧业对生态环境的影响

的提升使得区域在遭受可能影响事件时的经济损失增大。此外，2015 年青藏高原西北部分地区的影响等级与 2010 年相比也呈现明显增大的趋势，主要来源于生态脆弱度的变化。湟水河谷地、雅鲁藏布江谷地作为青藏高原最主要的农牧业基地，由于农牧业聚集，生态环境长期处于中高甚至高影响等级。

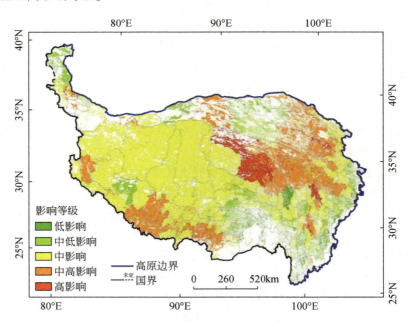

图 13-7 2015 年农牧业对生态环境的影响

13.3 未来气候变化情景下的生态环境风险预估

13.3.1 数据准备

(1) 未来气候情景

本节使用了 RCP4. 5 情景下多模式输出的全球尺度降水量、日最高温度、日最低温度数据，数据空间分辨率为 0. 1°×0. 1°，时段为 2020 年、2030 年、2050 年、2070 年。该数据为多模式集合平均数据，模式主要包含了 CanESM2、CESM1-WACCM 等 CMIP5 模式，由中国科学院战略性先导科技专项（A 类）项目四"人类活动的环境影响与调控"（XDA20040000）提供。本节选取年均气温、年均降水量进行计算，将各气象因子栅格数据进行加权叠加，得到 2030 年、2050 年、2070 年青藏高原生态环境风险预估所需的气象数据。

(2) 土地利用类型

土地利用预测使用 CA-Markov 模型，该模型集成元胞自动机（cellular automaton，CA）模型和马尔可夫链（Markov chain）模型，极大地提高了传统马尔可夫链模型的模拟精度。首先采用马尔可夫链计算 2000~2015 年青藏高原土地利用面积转移矩阵；其次，以各土地利用类型为因变量，分别选取人口、GDP 等经济驱动数据以及高程、城镇和公路距离等自然驱动数据为自变量，建立各土地利用类型的逻辑斯谛（logistic）回归方程，预测 2030 年、2050年、2070 年 6 种土地利用类型（草地、耕地、林地、水域、城市建设用地及未利用土地）的空间分布，并用 ArcGIS 软件单独提取耕地、草地两种与农牧业相关的土地利用类型。

13.3.2 生态环境风险预估结果

将未来气候模式 RCP4. 5 下的输出数据以及预测的社会经济、自然地理参数输入生态环境风险预估模型，可以得到 2030 年、2050 年、2070 年青藏高原地区农牧业生态环境风险。本节主要围绕青藏高原耕地及草地两种土地利用类型进行分析，以期为青藏高原未来农业发展规划和生态环境保护提供依据。

(1) 模糊加权马尔可夫链风险预测模型

基于随机过程理论的马尔可夫链是研究离散事件动态系统状态变化规律的实用数学模型，已经在多种随机过程预测中实现成功应用。然而，生态环境风险各等级代表的风险值大小有所不同，直接使用该序列进行等级预测会导致预测精度偏低，且无法与气候模式得到的气象因子栅格图进行叠加。因此，本研究采用改进的模糊加权马尔可夫链模型预测未来农牧业生态环境风险。

马尔可夫链模型将生态环境风险传递看作一系列状态的不断转移，通过分析风险等级目前的状态和动向预测未来某个时期的状态与动向。模糊加权马尔可夫链是在马尔可夫链的基础上引入模糊集理论的级别特征值算法，根据指标的预测状态估算指标值。首先确定指标前期若干时刻对应的状态转移到预测时刻某状态的概率，再根据预测状态进一步估计指标值，将预测时刻的状态赋予权重：

$$W_i = \frac{P_i^t}{\sum_{i=1}^{n} P_i^t} \qquad (13.12)$$

式中，t 为最大概率的作用系数，通常取 2 或 4；P_i 为预测时刻指标处于状态 i 的概率。基于式（13.13）计算级别特征值：

$$H = \sum_{i=1}^{6} i \times W_i \qquad (13.13)$$

指标的预测状态为 i，当 $H>i$ 时指标估计值为 $\frac{HT_i}{i+0.5}$，当 $H<i$ 时指标估计值为 $\frac{HB_i}{i-0.5}$，其中 T_i 和 B_i 分别为状态区间值的上限和下限。

（2）未来风险预测分析

利用模糊加权马尔可夫链模型计算可得出 2030 年、2050 年、2070 年去除气象因子的生态环境风险预测值，将其与未来气候模式（RCP4.5）提取的气象因子栅格图进行叠加，并提取未来土地利用类型空间分布图中的耕地和草地，可以得到 2030 年、2050 年、2070 年青藏高原地区农牧业生态环境风险（图 13-8），各年生态环境风险等级区域面积占比如表 13-4 所示。

图 13-8 以 20 年为间隔展示了未来青藏高原地区农牧业生态环境风险变化。从图 13-8 可以看出，青藏高原未来不同时段生态环境风险较为稳定，大部分地区风险等级为中等或更低水平，空间上呈外围低、中间高的分布格局，总体上随时间推移呈缓慢上升趋势。从空间分布来看，农牧业生态环境风险高值中心（0.37 ~ 0.46）仍集中在柴达木盆地、三江源地区、青南高原、河湟谷地等地区，主要包括青海都兰县、乌兰县、天峻县，以及西藏浪卡子县、昂仁县、尼玛县等。这主要源于社会、经济、自然环境系统的价值密度高、农牧业发展较快、农牧业产值比例较高，加之人口密度高、农牧业活动频繁。农牧业生态环境风险低值区（0.07 ~ 0.18）主要分布在青藏高原西北部、南部等地区，包括新疆阿克陶县、和田县，青海海西州、海晏县，以及西藏、工布江达县等。这些地区成为低值区的原因多为气候条件相对较差（海拔较高或降水量较少等）、农牧业活动强度不高。

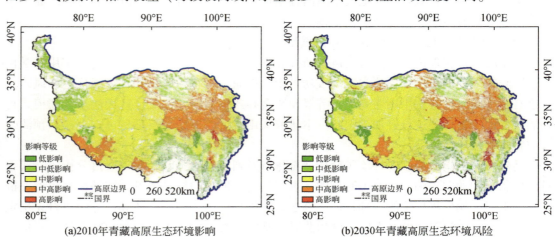

(a)2010年青藏高原生态环境影响   (b)2030年青藏高原生态环境风险

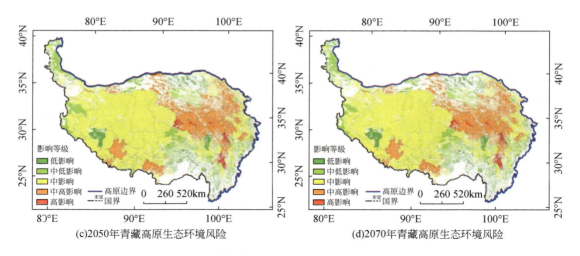

(c)2050年青藏高原生态环境风险　　　　　(d)2070年青藏高原生态环境风险

图 13-8　未来青藏高原地区农牧业生态环境风险预估

表 13-4　青藏高原不同农牧业生态环境风险等级区域面积占比

区域	2010 年	2030 年	2050 年	2070 年
低风险区	0.071	0.087	0.086	0.086
中低风险区	0.181	0.129	0.126	0.135
中风险区	0.465	0.487	0.489	0.478
中高风险区	0.222	0.228	0.229	0.231
高风险区	0.061	0.069	0.070	0.070

从时间尺度看，未来青藏高原农牧业生态环境风险总体呈缓慢上升趋势。由统计结果可知（表 13-4），2030 年的高风险、中高风险区域面积相比 2010 年有所增加，占比分别由 6.1%、22.2% 升高到 6.9%、22.8%；中低及以下风险区面积明显减少，其面积占比由 25.2% 降低至 21.6%。2050 年、2070 年生态环境风险上升趋势减缓，高风险、中高风险区面积占比分别由 2030 年的 6.9%、22.8% 升高到 2050 年的 7.0%、22.9%，中低及以下风险区面积略有减少，其面积占比由 2030 年的 21.6% 降至 21.2%。相比 2050 年，2070 年中高及以上风险区面积占比进一步增长到 30.1%，中低及以下风险区面积也有所增加，其面积占比增加至 22.1%，但中风险区面积占比大幅减少，由 48.9% 降至 47.8%。

影响未来农牧业生态环境风险的主要因素为气候变化，在气候变暖的背景下，未来青藏高原自然灾害将趋于活跃，特别是冰湖溃决灾害增多，冰川泥石流发生概率增大，潜在灾害风险进一步增加。相比于 2030 年，未来远期 2050 年青藏高原降水量将出现拐点，2070 年趋势进一步减缓，仅为 2020~2030 年上升幅度的 1/4，故农牧业生态环境风险趋于稳定，变化幅度大大减小。总而言之，青藏高原农牧业生态环境风险在 2050 年前仍呈上升趋势，但增速逐渐趋于缓慢至逐步稳定，部分生态整治效果较好的地区生态环境风险逐步下降。

13.4 小 结

为评估 1985～2015 年青藏高原农牧业开发对生态环境的影响,本章建立包括风险源、生境、影响 3 个主要组成部分的农牧业开发生态环境影响评估模型。基于此模型,结合 1985 ～2015 年的统计和监测数据,以每 5 年作为一个评估周期,评估青藏高原地区农牧业开发对生态环境的影响,并分析其时空变化特征。之后,利用模糊加权马尔可夫链模型计算 2030 年、2050 年、2070 年去除气象因子的生态环境风险预测值,并将其与未来气候模式 (RCP4.5) 提取的气象因子栅格图进行叠加,得到未来的农牧业生态环境风险。

研究结果显示:①1985～2015 年青藏高原农牧业开发的生态环境影响逐步增加,且 2010～2015 年的增幅明显高于过去 4 个评估时段,其间青藏高原 216 个县的平均农业总产值增长了 40% 以上,牧业总产值增长更是达到 1 倍以上。②从总体分布来看,目前青藏高原农牧业开发的高影响区集中在湟水河谷地、雅鲁藏布江谷地和三江源地区。③青藏高原未来不同时段生态环境风险较为稳定,大部分地区风险值处于中低水平,空间上呈外围低、中间高的分布格局,总体上随时间推移呈缓慢上升趋势。④到 2070 年,农牧业生态环境风险高值中心 (0.37～0.46) 仍集中在柴达木盆地、三江源地区、青南高原、河湟谷地等地区,主要原因是气候变化导致的极端灾害频发可能带来更大的自然灾害风险。

参 考 文 献

曹建军,许雪赟,杨书荣,等.2017. 青藏高原不同草地利用方式产生的原因及其对社会–生态系统的影响研究进展. 自然资源学报,32 (12):2149-2159.

段健,徐勇,孙晓一.2019. 青藏高原粮食生产、消费及安全风险格局变化. 自然资源学报,34 (4):673-688.

刘迪,陈海,史琴琴,等.2019. 黄土丘陵沟壑区生态风险时空动态及其风险分区:以陕西省米脂县为例. 自然资源学报,34 (9):2012-2025.

聂倩文,何理,殷闯,等.2022. 青藏高原农牧业生态风险时空变化特征与分区防控. 自然资源学报,37 (1):250-262.

许妍,马明辉,高俊峰.2012. 流域生态风险评估方法研究:以太湖流域为例. 中国环境科学,32 (9):1693-1701.

Maskrey. 1989. A Disaster Mitigation:A Community Based Approach. Oxford:Oxfam.

UNDHA. 1991. Mitigating Natural Disasters:Phenomena, Effects and Options:A Manual for Policy Makers and Planners. New York:United Nations.

第 14 章　粮食供需变化与未来趋势

青藏高原农业发展是地区农民生活水平提升的重要基础，农业发展中粮食供给能力的研究关系到国家重大战略任务，由于青藏高原地区自然生态系统脆弱、应对自然灾害的能力较弱，长期以来青藏高原农业生产和粮食安全保障程度低，保障粮食供给对区域的农业资源的压力较大，因此解决人口持续增长带来的食物需求增加和调控区域内粮食供给不平衡问题、科学评估青藏高原粮食安全形势是解决青藏高原地区粮食问题的基础。其中粮食供给问题是粮食安全评估的核心内容。因此，定量分析粮食供需水平时空差异，预测未来粮食的供需变化趋势，是地区食物自给能力评价的基础和风险评估的依据。

14.1　粮食供需状况及其时空变化

14.1.1　粮食供需计算方法

粮食消费量计算公式如下：

$$CA_k = CU_k + CR_k = PUA \times CUP_k + PRA \times CRP_k \tag{14.1}$$

式中，CA_k、CU_k 和 CR_k 分别为第 k 个县的粮食年消费总量、城镇粮食年消费总量和农村粮食年消费总量；PUA 和 PRA 分别为省级城镇和农村居民粮食人均年消费量；CUP_k 和 CRP_k 分别为第 k 个县的县级城镇和农村人口数量。

青藏高原地区粮食自给能力指标包括供需缺口和自给率，本研究用这两个指标衡量粮食自给能力现状和变化趋势，具体计算公式如下：

$$G_t = D_t - S_t \tag{14.2}$$

式中，G_t 为粮食在第 t 年的供需缺口，万 t；D_t 为粮食在第 t 年的粮食总消费量，万 t；S_t 为粮食在第 t 年的粮食总供应量，万 t。如果 $G_t > 0$，消费量大于供应量，供不应求；如果 $G_t < 0$，消费量小于供应量，供大于求；如果 $G_t = 0$，供需达到平衡。

$$SSR_t = \frac{S_t}{D_t} \times 100 \tag{14.3}$$

式中，SSR_t 为粮食在第 t 年的粮食自给率，%。当 $SSR_t > 100\%$ 时，供大于求；当 $SSR_t < 100\%$ 时，供不应求；当 $SSR = 100\%$ 时，供需平衡。

分析长时间青藏高原地区粮食自给率和粮食供需缺口的年际变化趋势的计算公式为

$$SSR = q_0 + aN \tag{14.4}$$

$$G = b + kN \tag{14.5}$$

式中，SSR 为粮食自给率；q_0 为截距；a 为粮食自给率的年均增长率；G 为粮食供需缺口；

b 为截距；k 为粮食供需缺口的年均增长率；N 为年份。

本研究计算的青藏高原地区包括青海和西藏的全域，以及四川（甘孜州、阿坝州全部和北川县、平武县、冕宁县、木里县、盐源县、宝兴县、石棉县、芦山县、天全县 9 县）、云南（迪庆州全部；福贡县、贡山县、泸水市、兰坪县、丽江古城区、宁蒗县、玉龙县、洱源县、剑川县、云龙县 10 县区）、甘肃（甘南州全部；阿克塞县、肃北县、肃南县、和政、积石山县、康乐县、临夏县、宕昌县、天祝县、岷县 10 县全部；民乐县、山丹县部分区域）和新疆（塔什库尔干县、乌恰县全部；以及且末县、若羌县、策勒县、和田县、民丰县、皮山县、于田县、叶城县、阿克陶县位于高原的部分区域）部分县市。其中 11 个行政界线不完整的县分别为叶城县、民丰县、于田县、策勒县、皮山县、和田县、且末县、若羌县、阿克陶县、民乐县和山丹县。

对上述边缘县供需数据处理供需结果的处理方法如下：①计算各边缘县耕地面积的高原内占比（表 14-1）；②计算各边缘县居民点面积的高原内占比（表 14-1）；③无居民点的边缘县粮食产量、消费量、自给率和供需缺口为空值，不参与计算；④有居民点的边缘县包括且末县、于田县、民丰县、民乐县和山丹县，其粮食产量按照耕地面积高原内占比调整，粮食消费量按照居民点高原内占比调整（表 14-2）。

表 14-1　高原内边缘县耕地和居民点面积占比

县名	耕地面积 /hm²	高原内耕地面积/hm²	比例 /%	居民用地面积/hm²	高原内居民用地面积/hm²	比例 /%
叶城县	99 978.48	2.70	0.00	6 268.23		0.00
民丰县	15 778.17	668.61	4.24	840.96	27.54	3.27
于田县	62 634.60	396.81	0.63	3 106.26	51.39	1.65
策勒县	46 368.27	170.46	0.37	2 217.33		0.00
皮山县	83 859.03	31.14	0.04	2 103.30		0.00
和田县	67 422.42	337.68	0.50	2 012.13		0.00
且末县	53 271.36	764.73	1.44	2 067.12	50.22	2.43
若羌县	35 837.37	1 053.45	2.94	37 940.58		0.00
阿克陶县	47 659.86	1 461.96	3.07	2 698.11		0.00
民乐县	98 841.15	539.01	0.55	8 661.78	22.86	0.26
山丹县	101 084.04	95.04	0.09	8 039.88	5.40	0.07

表 14-2　青藏高原边缘县粮食供需计算调整

边缘县	粮食产量调整	粮食消费量调整
民乐县	$Y_{all} \times 0.005$	$C_{all} \times 0.002$
山丹县	$Y_{all} \times 0.001$	$C_{all} \times 0.001$
且末县	$Y_{all} \times 0.014$	$C_{all} \times 0.024$

边缘县	粮食产量调整	粮食消费量调整
于田县	$Y_{all} \times 0.006$	$C_{all} \times 0.017$
民丰县	$Y_{all} \times 0.042$	$C_{all} \times 0.033$

注：Y_{all} 表示各县总产量；C_{all} 表示各县总消费量。

数据来源：《青海统计年鉴》《西藏统计年鉴》《新疆统计年鉴》《甘肃发展年鉴》《云南统计年鉴》《四川统计年鉴》。以下表和图同。

14.1.2 区域尺度粮食自给能力时空差异

青藏高原地区粮食生产主要分布在一江两河流域和青海湖东部地区等。2010~2016 年青藏高原粮食（含油料）年均总产量为 558.12 万 t，粮食年均消费总量为 322.56 万 t，自给率为 173.03%，其中城镇年均消费总量为 47.50 万 t，农村年均消费总量为 273.27 万 t，区域总体上可以满足青藏高原本地的需求。1989 年以来，青藏高原地区粮食总产量保持较稳定的增长趋势，年均增长 5.70 万 t，尤其在 2005 年以后粮食产量增速加快 ［图 14-1（a）］。但粮食消费量总体略有下降，年均下降 0.51 万 t，在 2010 年以后粮食消费总量呈减少趋势；其中，城镇人均年消费量呈减少趋势，年均降低 1.79kg，农村人均年消费变化较小，年均减少 1.28kg ［图 14-1（b）］。随着城镇人口数量的不断增多，城镇粮食消费总量逐渐增加，农村粮食消费总量减少，而城镇粮食人均年消费低于农村人均年消费，因此在只考虑青藏高原户籍人口数量、不考虑外来旅游人口数量的情况下，青藏高原地区粮食消费总量略有降低，2016 年青藏高原粮食消费总量为 327.22 万 t，1989 年以来自给率年均上升 1.97%，供需缺口年均下降 6.21 万 t。

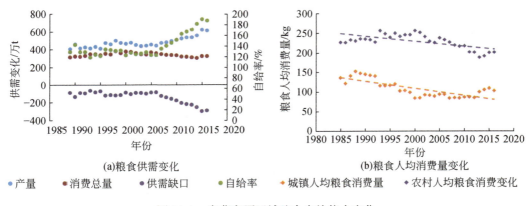

图 14-1 青藏高原区域粮食自给能力变化

14.1.3 省级尺度粮食自给能力时空差异

青藏高原范围内四川部分和青海粮食产量 1985~1999 年呈上升趋势，2000~2009 年有所下降，到 2010～2016 年年均产量有所提高。1985～2016 年，青藏高原范围内的新疆部分和西藏粮食消费量有所增加，四川部分粮食消费量减少至 70.83 万 t，青海粮食消费量减少至 76.68 万 t，甘肃部分和云南部分粮食消费量呈现先上升后下降的趋势，相比 1980～1989 年基本未发生显著变化（图 14-2）。青藏高原范围内各省区粮食自给率均呈现增长趋势，但西藏粮食自给率变化不明显。2010～2016 年各省区粮食自给率在 46%～260%，除新疆外其他各省区的年均粮食供需缺口均小于零，青海在 1999～2016 年粮食供需缺口存在浮动，西藏 2010～2016 年年均粮食供需缺口相较 1980～1989 年减少 12.57 万 t，2010～2016 年各省区的粮食均达到自给水平，粮食自给率排序从高到低依次是云南、四川、青海、甘肃、西藏、新疆。青海和西藏两个主要省区 2010～2016 年的年均粮食产量分别为 124.61 万 t 和 96.86 万 t，年均粮食消费量分别为 76.68 万 t、71.77 万 t，自给率分别为 162.50%、134.96%（图 14-3 和表 14-3）。

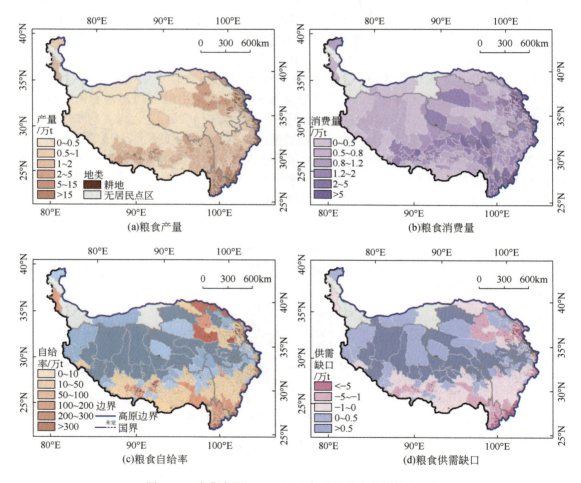

图 14-2　青藏高原 2010～2016 年县级粮食自给能力现状

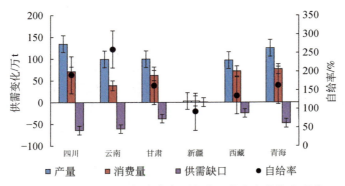

图 14-3　2010～2016 年青藏高原各省区粮食自给能力现状

表 14-3　1985～2016 年青藏高原各省区粮食供需表

省区	年份	年均粮食产量/万 t	年均粮食消费量/万 t	年均粮食自给率/%	年均粮食供需缺口/万 t
四川	1985～1989	113.35	79.24	143.05	-34.11
	1990～1999	125.92	82.59	152.47	-43.33
	2000～2009	122.62	79.89	153.49	-42.73
	2010～2016	135.03	70.83	190.63	-64.20
云南	1985～1989	55.50	35.04	158.37	-20.46
	1990～1999	66.98	45.53	147.09	-21.44
	2000～2009	79.70	40.36	197.48	-39.34
	2010～2016	99.59	38.35	259.67	-61.24
甘肃	1985～1989	54.78	64.10	85.47	9.31
	1990～1999	64.35	72.12	89.22	7.77
	2000～2009	76.92	78.98	97.39	2.06
	2010～2016	99.66	61.82	161.20	-37.83
新疆	1985～1989	0.82	1.78	46.16	0.96
	1990～1999	1.19	2.06	57.49	0.88
	2000～2009	1.26	2.25	55.85	1.00
	2010～2016	2.67	2.92	91.32	0.25
西藏	1985～1989	51.74	39.22	131.94	-12.52
	1990～1999	70.35	49.98	140.77	-20.37
	2000～2009	94.41	64.63	146.07	-29.78
	2010～2016	96.86	71.77	134.96	-25.09
青海	1985～1989	105.08	83.39	126.01	-21.69
	1990～1999	113.32	93.31	121.44	-20.01
	2000～2009	88.84	91.67	96.91	2.83
	2010～2016	124.61	76.68	162.50	-47.92

14.1.4 县级尺度粮食自给能力时空差异

县域空间分布方面，青藏高原粮食产量大于 15 万 t 的县主要分布在青海东部、藏中南、川藏交界处等地 [图 14-3 （a）]。粮食年消费量大于 5 万 t 的县主要分布在青海东部、藏中南等地区的城市周边，如西宁市、拉萨市、日喀则市、昌都市、香格里拉市等 [图 14-3 （b）]。青藏高原 59% 的县粮食自给率高于 100%，主要分布在耕地分布面积较大的一江两河流域（如林周县、达孜区、曲水县、堆龙德庆区、拉孜县、白朗县）、川藏交界处（如察隅县、稻城县、木里县、巴塘县）、青海湖周边地区（如门源县、共和县、贵南县），青海东部农业区（如湟中区、平安区、民和县、乐都区）等，不存在供需缺口 [图 14-3 （d）]。拉萨市、林芝市、日喀则市和昌都市下辖区县的平均粮食自给率分别为 237.68%（102.21% ~ 417.47%）、170.32%（92.35% ~ 251.95%）、197.63%（31.41% ~ 365.48%）和 197.63%（31.41% ~ 365.48%），除工布江达县、江达县、类乌齐县、察雅县、八宿县和卡若区粮食自给率低于 100% 外，绝大部分县粮食自给率均大于 100%。除西宁市城区之外，其他西宁市下辖各县的自给率均在 133.20% ~ 392.08% [图 14-3 （c）、（d）]。粮食不能自给的县主要分布在青藏高原畜牧区（如杂多县、治多县、尼玛县、改则县等畜牧区、可可西里半荒漠（如日土县、双湖县）和羌塘高原牧区（如措勤县、仲巴县、革吉县），该区域以高原牧业为主，粮食年产量低于 5000t。

粮食自给能力变化方面，青藏高原粮食产量显著增加的县主要分布在藏东南粮食主产地区，产量显著减少的县分布在四川阿坝州、青海西宁市部分下辖区县和青海祁连县、刚察县、玉树市和玛沁县等 [图 14-4 （a）]。粮食消费量显著增加的县主要分布在西藏拉萨市、日喀则市、昌都市和山南市的下辖区县，粮食消费量显著减少的县主要分布在青海西宁市、海东市、海北州、海南州、四川的阿坝州、甘孜州的部分下辖区县 [图 14-4 （b）]。粮食自给率显著增加的县包括林周县、白朗县、甘孜县、巴塘县、木里县、盐源县、芒康县、江达县、湟中区、民和县、乐都区、化隆县、循化县、门源县、贵南县、共和县、平安区等，年增加 0.07% ~ 12.97%，显著增加的县域占青藏高原的 36%，分别分

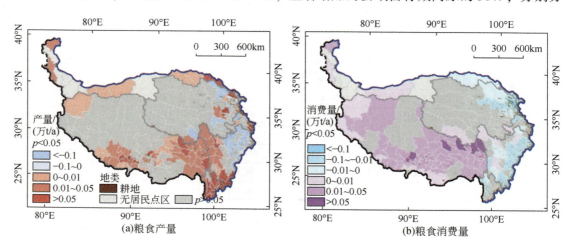

(a)粮食产量　　　　　　　　　　　　　　(b)粮食消费量

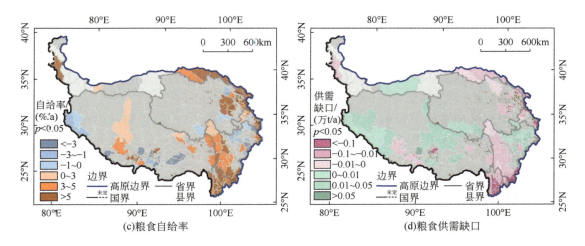

图 14-4　1985～2016 年青藏高原粮食自给能力变化

布在川藏交界地区、藏东南地区和青海东部农业区。粮食自给率显著下降的县包括堆龙德庆区、曲水县、乃东区、措勤县、巴宜区、米林县、朗县、浪卡子县、刚察县、阿坝县、九寨沟县和理县等，年下降 0.09%～8.76%，显著下降的县域占比 16%，分布在西藏一江两河流域的部分区县、林芝市和四川阿坝州 [图 14-4（c）]。

14.2　气候变化对谷物单产的影响

气候变化已对全球各国自然生态环境和社会生活的多个领域造成了较为严重的影响，农业是对气候变化响应最为敏感和直接的领域之一，产量是农作物对气候变化响应的最终表现。青藏高原粮食缺口量大，是中国粮食短缺现象较为严重的地区。粮食一直是困扰西藏发展的主要因素。如何在全球气候变化的大背景下对农业资源进行科学的管理与调控，保障西藏粮食安全显得尤其重要。基于此，研究采用 3 种不同类型，共 7 个统计模型，选取了最低气温、降水量、生长度日（growing degree days，GDD）和太阳辐射（solar radiation，SRD）4 个气候变量定量分析气候变化对西藏谷物单产造成的影响。

14.2.1　历史气候变化对谷物单产的定量影响计算方法

（1）气候因子计算方法

通过每日的气温数据，计算生长季期间的生长度日，即作物完成某一生育阶段所经历的累积有效积温，是代表植物生长积累的热量指标（石晓丽和史文娇，2016）。虽然谷物包含多种作物，但西藏种植作物谷物主要为青稞和小麦，本研究生长度日主要参考青藏高原青稞和春小麦对生长发育温度的要求，计算的基点温度设置为 0℃，温度上限确定为 25℃（杜军等，2005；赵艳等，2013），具体计算公式如下：

$$GDD = \sum d_{gd} \tag{14.6}$$

$$d_{gd} = \begin{cases} 0\,, T_{day} < T_{base} \\ T_{day} - T_{base}\,, T_{base} < T_{day} < T_{up} \\ T_{up} - T_{base}\,, T_{day} > T_{up} \end{cases} \tag{14.7}$$

式中，GDD 为谷物生长季期间的生长度日；d_{gd} 为生长季内每天的一般生长度日；T_{day} 为单日平均温度；T_{base} 为基点温度（0℃）；T_{up} 为最适温度范围的上限（25℃）。

太阳辐射根据逐日日照时数数据计算，最终获得生长季太阳辐射，计算方法采用 Angstrom-Prescott（A-P）公式（胡庆方等，2010）：

$$SRD = \left(a + b\,\frac{n}{N}\right) R_a \tag{14.8}$$

式中，SRD 为太阳辐射值，$MJ/(m^2 \cdot d)$；a 和 b 为 A-P 公式系数；n 为实际日照时数，h；N 为理论日照时数，h；R_a 为大气外界辐射值，$MJ/(m^2 \cdot d)$。

（2）气候因子选取与模型构建

利用皮尔逊相关系数描述两个变量之间的线性相关性，以此进行气候因子的选取。谷物单产与平均气温、最低气温、降水量、GDD 与 SRD 均在 0.01 水平上呈显著相关关系。平均气温和最低气温相关性极强（相关系数为 0.82），平均气温与 GDD 之间也呈正相关关系，为了避免温度变量过多，导致变量间的共线性问题相互干扰，因此不将平均气温纳入模型参数。温度差与谷物单产并无显著相关关系，所以也不将其纳入模型参数。综上，将最低气温、降水量、GDD 和 SRD 4 个气候因子作为模型的自变量，谷物单产作为因变量，以此进行模型输入。其中最低气温反映温度趋势和低温对谷物单产造成的影响，GDD 反映积温变化对谷物单产的影响，降水量反映降水量的变化对谷物单产的影响，SRD 反映光照引起的辐射量变化对谷物单产的影响。

本研究采用多元线性回归模型定量分析气候变化对西藏谷物的影响。为避免单个模型的随机性，研究采用了三类统计模型，包括固定效应模型、差分模型和线性去趋势模型。

固定效应模型是统计学中一种利用面板数据进行分析的统计模型（Lee and Yu，2010）。固定效应模型的固定效应用来反映不同县（区）级行政单位的差异，将西藏所有县（区）按照所属市级行政单位进行分类，以便更准确地反映气候因子对谷物单产的影响。固定效应模型表达式如下：

$$\lg Y_{it} = \alpha_i + \lambda_c t + \theta_1 T_{min\,it} + \theta_2 P_{it} + \theta_3 GDD_{it} + \theta_4 SRD_{it} + \varepsilon_{it} \tag{14.9}$$

式中，Y_{it} 为第 i 个县（区）第 t 年的谷物单产，使用 lg 单产值可以使气候因子成比例地影响单产，并且样本能更好地满足正态分布（Gourdji et al.，2015）；$T_{min\,it}$、P_{it}、GDD_{it}、SRD_{it} 分别为第 i 个县（区）第 t 年的生长季最低气温、降水量、生长度日、太阳辐射；α_i 为县（区）级固定影响，用来区别气候因子之外的要素变化对谷物单产的影响（Lobell et al.，2005），并且可以反映不同地区间除气象要素外的差异性；λ_c 为每年的市级时间趋势，主要用来反映科技进步因素带来的影响；系数 θ_1、θ_2、θ_3 和 θ_4 用来衡量谷物单产对气候变化影响的敏感性；ε_{it} 为误差项。

差分模型和线性去趋势模型均去除了长时间变化对气候因子的影响，避免了非气候因子因为长期变化带来的混合影响，如作物品种、管理措施提升等技术进步因素导致的变化（Nicholls，1997；Lobell and Field，2007；Tao et al.，2008；Veron et al.，2015）。

除气候因子（X）对单产的线性影响外，往往还存在一部分非线性影响因子，因此本研究在基础差分模型和线性去趋势模型的基础上又引入了气候因子的平方项（X^2）。气候因子之间还会存在一定相关性（如温度与降水、温度与生长度日之间存在的相关关系等）。为了反映这部分影响因子，研究又在上述基础上加入了气候因子之间的相互影响，即交互项（Z）。综上，差分模型系列和线性去趋势模型系列各构造了 3 个模型，包括原始模型 ［df-I 和 dt-I，式（14-10）和式（14-13）］、加入平方项后的模型 ［df-II 和 dt-II，式（14-11）和式（14-14）］ 和加入平方项及交互项后的模型 ［df-III 和 dt-III，式（14-12）和式（14-15）］。

差分模型系列中采用一阶差分序列（first-difference time series）的产量（ΔY）和气候因子（ΔT_{min}、ΔPRE、ΔGDD 和 ΔSRD，公式中采用向量 ΔX 表示 4 个气候因子）。差分模型系列形式如下：

$$\Delta Y_{i,t} = \beta_{0i,t} + \sum \beta_j \Delta X_{i,t} + \varepsilon_{i,t} \tag{14.10}$$

$$\Delta Y_{i,t} = \beta_{0i,t} + \sum \beta_j \Delta X_{i,t} + \sum \beta_k \Delta X_{i,t}^2 + \varepsilon_{i,t} \tag{14.11}$$

$$\Delta Y_{i,t} = \beta_{0i,t} + \sum \beta_j \Delta X_{i,t} + \sum \beta_k \Delta X_{i,t}^2 + \sum \beta_m \Delta Z_{i,t} + \varepsilon_{i,t} \tag{14.12}$$

式中，$\Delta Y_{i,t}$ 为第 i 个县（区）第 t 年谷物单产的一阶差分值；$\Delta X_{i,t}$ 为第 i 个县（区）第 t 年气候因子的一阶差分值构成的向量；ΔX_i^2 为第 i 个县（区）第 t 年的差分气候因子的平方项，用来反映气候因子超过一定阈值后（如过量降水量）造成的非线性影响；$\Delta Z_{i,t}$ 为第 i 个县（区）第 t 年差分气候因子之间的交互作用，用来消除气候因子之间的影响；$\beta_{0i,t}$ 为模型中的截距项，表示各县（区）除气候因子外的其他因子引起的变化；β_j 为气候因子的系数，表示气候因子对谷物单产的影响程度；β_k 和 β_m 分别为气候因子平方项和交互项的系数；$\varepsilon_{i,t}$ 为误差项。

与差分模型系列相似，线性去趋势模型采用了去时间趋势序列（de-trend time series）的产量（dt$Y$）和气候因子（dtT_{min}、dtPRE、dtGDD 和 dtSRD，公式中采用向量 dt$X$ 表示 4 个气候因子）。线性去趋势模型系列形式如下：

$$dtY_{i,t} = \beta_{0i,t} + \sum \beta_j dtX_{i,t} + \varepsilon_{i,t} \tag{14.13}$$

$$dtY_{i,t} = \beta_{0i,t} + \sum \beta_j dtX_{i,t} + \sum \beta_k dtX_{i,t}^2 + \varepsilon_{i,t} \tag{14.14}$$

$$dtY_{i,t} = \beta_{0i,t} + \sum \beta_j dtX_{i,t} + \sum \beta_k dtX_{i,t}^2 + \sum \beta_m dtZ_{i,t} + \varepsilon_{i,t} \tag{14.15}$$

式中，dt$Y_{i,t}$ 为第 i 个县（区）第 t 年谷物单产的线性去趋势值；dt$X_{i,t}$ 为第 i 个县（区）第 t 年气候因子的线性趋势值构成的向量；dt$X_{i,t}^2$ 为第 i 个县（区）第 t 年的线性去趋势气候因子的平方项；dt$Z_{i,t}$ 为第 i 个县（区）第 t 年线性去趋势气候因子之间的交互作用；$\beta_{0i,t}$ 为模型中的截距项；β_j 为气候因子的系数；β_k 和 β_m 分别为气候因子平方项和交互项的系数；$\varepsilon_{i,t}$ 为误差项。

（3）气候变化对谷物产量的定量影响分离

为了保证统计学意义，研究仅将模型中通过显著性检验（$p \leq 0.1$）的气候因子纳入对谷物单产影响的计算，最终得出不同模型所计算的各气候因子对谷物单产的影响百分比。4 个气候变量对作物产量的影响总和，即为气候变化对谷物单产的联合影响。按各县

（区）的谷物面积进行加权，得到气候变化对西藏市级和自治区级谷物单产的影响值。

在固定效应模型中，为了衡量气候对谷物单产的贡献程度，本研究构造了反事实与事实两个情景。反事实情景为：将显著的气候因子分别保持在研究时段的初始水平（1993~1994年的平均值），其他气候因子为每年观测真实值。事实情景为：所有气候因子均保持为每年的现实观测值水平。两种情景的模型预测产量比值即为对应气候因子每年对谷物单产的影响值。为了评估样本在研究期末的变化，本研究对研究时段的后5年（2013~2017年）的平均谷物产量变化进行了平均，以消除某些年份波动的干扰（Zaveri and Lobell，2019），并将此作为气候变化对谷物单产的影响百分比。

在差分模型和线性去趋势模型系列中，首先对数据进行一阶差分或线性去趋势处理，目的是消除长时间内年与年之间的波动，增强数据平稳性。采用一元线性回归方程计算气候因子的十年气候倾向率，公式如下：

$$y = ax + b \tag{14.16}$$

式中，y 为各气候因子；x 为年份；b 为截距项；a 为气候倾向率。

气候因子的系数（模型公式中的 β_j）为敏感性，为方便后续计算，利用敏感性除以研究时段的谷物平均单产计算每个气候因子的单位敏感性。以每个县（区）的气候倾向率与单位敏感性的乘积，估算出 1993~2017 年不同气候因子对谷物单产的影响（以实际平均产量的百分比表示）。

14.2.2 不同气候因子对西藏谷物单产的影响

气候变化对西藏谷物的影响以正面影响为主，不同气候因子对不同区域的显著性存在差异（图 14-5）。西藏总体对与温度有关的气候变量比较敏感，有 3 个市（山南市、拉萨市和阿里地区）最低气温敏感性显著，4 个市（拉萨市、日喀则市、昌都市和林芝市）对 GDD 敏感性显著，但过高的积温已经开始在拉萨产生负面影响（-8.3%）。降水量和 SRD 的变化对西藏各市谷物单产呈积极影响，其中降水量对拉萨市和那曲市影响显著，影响分别为 2.9% 和 1.5%。SRD 对山南市和日喀则市影响显著，影响分别为 4.3% 和 2.5%。不同变量的对比中，最低气温、降水量和 GDD 均对拉萨市影响最大，SRD 对山南市影响最大。总体而言，不同的气候因子影响大小因地域不同而存在差异。西藏地区海拔高，太阳辐射较强，相比温度变量而言，对 SRD 影响响应显著的地区较少。此现象的形成一定程度上与西藏自身光照条件丰富有关，辐射不是影响产量的主要限制性因子。

14.2.3 气候变化对西藏谷物单产的影响

在自治区尺度上，除模型 df-Ⅲ 计算结果为 -0.5% 外，其他所有模型均表明研究时段气候变化对谷物单产为正面影响（图 14-6）。模型 fixed、df-Ⅰ、df-Ⅱ、dt-Ⅰ、dt-Ⅱ、dt-Ⅲ 所计算的影响百分比分别为 3.5%、2.1%、1.5%、3.2%、2.1% 和 4.8%。7 个模型的计算结果平均值为 2.39%，因此气候变化对西藏谷物单产的影响总体为正面影响。

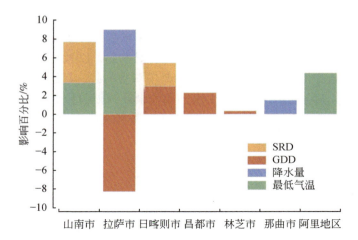

图 14-5　1993～2017 年不同气候因子对西藏市级单位谷物单产的影响百分比

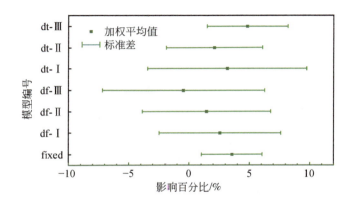

图 14-6　气候变化对西藏谷物单产影响不同模型结果对比

在不同模型计算结果中，大部分模型在市级尺度计算的结果也均为正面影响。对林芝市、那曲市和阿里地区的正面影响较大，其中林芝市在 7 个模型的计算结果中均为正面影响。但林芝市、那曲市和阿里地区恰好是谷物播种面积和谷物产量最少的 3 个市，所以对西藏整体谷物产量贡献有限。其他几个市的结果以正面影响为主，而拉萨市、日喀则市和昌都市在部分模型中表现出负面影响。因此，气候变化对西藏市级尺度影响总体为正面影响，其中林芝市、那曲市和阿里地区受益较其他市更大。在模型稳定性方面，整体固定效应模型效果最好，线性去趋势模型好于差分模型，尤其是差分模型引入气候因子交互项后（模型 df-Ⅲ）模型稳定性降低。

通过自治区尺度和市级尺度的分析结果发现，固定效应模型表现最为稳定，因此选择固定效应模型进行县（区）级尺度空间分布的分析（图 14-7）。县（区）级尺度上气候变化对西藏谷物单产影响依然多数为正面影响，对洛扎县、亚东县的影响最大，分别为11.3% 和 9.4%。整体空间上对一江两河区域藏南谷地的乃东区、扎囊县、贡嘎县、桑日县、琼结县、江孜县影响较大。气候变化对阿里地区各县均为正面影响，但该区域耕地较少，也不太适合发展农业。而相比于同为重要商品粮基地的山南市和日喀则市，气候变化对拉萨市的影响则较小。从地形角度分析，对海拔相对较低的林芝市和昌都市的县（区）影响偏小，影响范围在−1.5%～1.0%。虽然从总体来看，气候变化趋势对西藏大部分县（区）都为正面影响，但对拉萨市的墨竹工卡县、尼木县，以及昌都市的芒康县和林芝市的察隅县、墨脱县这5个县产生了负面影响，其中对察隅县、墨脱县和尼木县的负面影响均小于0.2%，可以忽略不计；对墨竹工卡县和芒康县的影响分别为−1.5%和−1.2%。由此可见，并不是所有西藏县（区）级单位谷物单产都从气候变化中受益，所以要因地制宜地制定农业政策，以适应气候变化带来的影响。

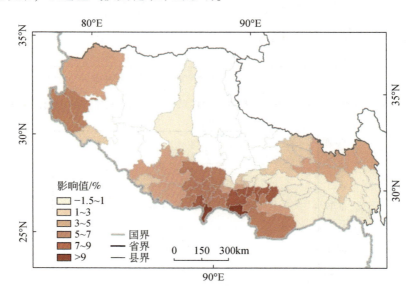

图 14-7　1993～2017 年气候变化对西藏谷物单产的影响

14.3　未来粮食自给能力预测

本节基于历史粮食供需的基础并结合气候变化对粮食产量影响的评估结果，进一步对未来青藏高原粮食供需状况进行系统预测。综合考虑 4 种供给情景（包括资源和投入约束、叠加一般自然灾害、叠加极端自然灾害、叠加气候变化影响情景，分别用 S1、S2、S3 和 S4 表示）和 3 种需求情景（包括口粮需求、口粮和饲料粮加和的总体粮食需求、平衡膳食粮食需求情景，分别用 D1、D2 和 D3 表示），分析未来 2030 年和 2050 年青藏高原自给率时空变化。

14.3.1　粮食供需预测方法

（1）情景构建

本研究考虑了受约束因素、自然灾害和气候变化影响的不同粮食供应情景（图 14-8）。在粮食供给方面，本研究考虑了 4 种供给情景。首先，本研究考虑了资源和投入约束因素对未来粮食生产的影响，作为基础情景 S1。基于情景 S1，继续考虑灾害对粮食生产的负面影响。灾害情景包括一般灾害情景和极端灾害情景，分别用情景 S2 和 S3 表示。气候变化有关研究表明高纬度地区和青藏高原将受益于气候变化（Tao et al.，2008，2014；Ding and Shi，2022）。因此，本研究考虑了气候变化对未来粮食生产的积极影响，作为 S4 情景。

在粮食需求方面，本研究考虑了对口粮需求、口粮和饲料粮加和的总体粮食需求和平衡膳食粮食需求。口粮需求只计算直接消费量，口粮和饲料粮加和的总体粮食需求还考虑了生产动物产品的饲料粮需求。平衡膳食粮食需求基于中国居民营养和健康需求，确定为 322.07kg/a。3 种需求情景分别用 D1、D2 和 D3 表示。

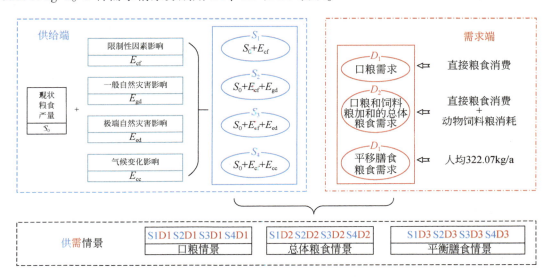

图 14-8　粮食供给端和需求端情景构建

（2）粮食供给量预测

本研究根据各指标（包括限制性因素、城镇和农村人口、城镇和农村人均食品消费量和畜牧产品耗粮系数）的历史数值，采用组合预测法［包括简单预测法、指数平滑法、霍尔特趋势法、差分整合移动平均自回归（autoregressive integrated moving average，ARIMA）模型、时间序列预测（TBATS）模型和灰色预测法］外推 2030 年和 2050 年数值。利用 2014～2016 年的平均值表示每个指标现状，与未来进行对比。组合预测法涉及多种预测模型，每个模型机理并不相同，某些模型的预测值可能与其他模型的预测值存在较大的偏差。研究云除偏差较大的异常值后，赋予其他预测值相等的权重，取均值作为最终的指标预测值。

根据前人研究和实际经验（Deng et al.，2006；Qi et al.，2015a），本研究选取粮食播种面积、灌溉面积、农业劳动力投入、机械投入、化肥投入和农药投入 6 个指标作为限制性因素。为评估限制性因素对未来粮食产量的影响，本研究采用生产函数（Zellner et al.，1966；Enaami et al.，2013；Qi et al.，2015a）进行计算。首先，将所有指标转为无量纲，以消除指标数量级上的差异。对于每个县，使用以下函数建立粮食产量与各要素之间的关系：

$$\ln Y = \alpha + \theta_1 \ln x_1 + \theta_2 \ln x_2 + \theta_3 \ln x_3 + \theta_4 \ln x_4 + \theta_5 \ln x_5 + \theta_6 \ln x_6 + \varepsilon \qquad (14.17)$$

式中，Y 为县级粮食产量；α 为模型中的截距，代表其他因素引起的粮食产量变化；$x_1 \sim x_6$ 分别为粮食播种面积、灌溉面积、农业劳动力投入、机械投入、化肥投入和农药投入；$\theta_1 \sim \theta_6$ 分别为各因子的系数；ε 为随机扰动项。

当前粮食产量加上未来限制性因素影响，计算出未来的粮食供应量，公式如下：

$$S_{1\,2030/2050} = S_0 + E_{\mathrm{cf}\,2030/2050} \qquad (14.18)$$

式中，$S_{1\,2030/2050}$ 为未来 2030 年和 2050 年的粮食供应量；S_0 为当前粮食产量；$E_{\mathrm{cf}\,2030/2050}$ 为 2030 年和 2050 年限制性因素导致的粮食产量波动，由式（14.17）推导计算而来。

本研究使用洪水、干旱、冰雹、霜冻等自然灾害的总减产比例（total reduced proportion，TRP）计算了青藏高原不同省级单位未来由自然灾害造成的粮食减产损失。TRP 表示灾害对中国各省粮食生产的影响，根据自然灾害造成的年度粮食损失的历史灾害数据计算得出（Wang et al.，2011；Qi et al.，2015b）。灾害情景设为一般灾害情景（历史年份各类自然灾害平均损失率之和，即 $\mathrm{TRP}_{\mathrm{gd}}$）和极端灾害情景（历史年份各类自然灾害的最大损失率之和，即 $\mathrm{TRP}_{\mathrm{ed}}$）。灾害情景下粮食供应计算公式如下：

$$S_{2\,2030/2050} = S_0 + E_{\mathrm{cf}\,2030/2050} + E_{\mathrm{gd}\,2030/2050} = (S_0 + E_{\mathrm{cf}\,2030/2050}) \times (1 + \mathrm{TRP}_{\mathrm{gd}}) \qquad (14.19)$$

$$S_{3\,2030/2050} = S_0 + E_{\mathrm{cf}\,2030/2050} + E_{\mathrm{ed}\,2030/2050} = (S_0 + E_{\mathrm{cf}\,2030/2050}) \times (1 + \mathrm{TRP}_{\mathrm{ed}}) \qquad (14.20)$$

式中，$S_{2\,2030/2050}$ 和 $S_{3\,2030/2050}$ 分别为情景 S2 和 S3 下 2030 年或 2050 年的粮食供给量；$E_{\mathrm{gd}\,2030/2050}$ 和 $E_{\mathrm{ed}\,2030/2050}$ 分别为 2030 年或 2050 年一般自然灾害和极端自然灾害造成的粮食生产损失；$\mathrm{TRP}_{\mathrm{gd}}$ 和 $\mathrm{TRP}_{\mathrm{ed}}$ 分别为 2030 年或 2050 年由一般自然灾害和极端自然灾害引起的粮食减产比例。

此前研究结果表明青藏高原的粮食生产将受益于气候变化（Lobell et al.，2011；Liu et al. 2016），1993~2017 年 25 年的气候变化使西藏的谷物产量增加了 2.4%（Qing and Shi，2022）。在此粗略估计 2030 年和 2050 年的气候增益比例（climatic gain proportion，CGP）分别为 2.4% 和 4.8%。在此基础上，气候变化带来的粮食生产效益确定如下：

$$S_{4\,2030/2050} = S_0 + E_{\mathrm{cf}\,2030/2050} + E_{\mathrm{cc}\,2030/2050} = (S_0 + E_{\mathrm{cf}\,2030/2050}) \times (1 + \mathrm{CGP}_{2030/2050}) \qquad (14.21)$$

式中，$S_{4\,2030/2050}$ 为情景 S4 下 2030 年或 2050 年的粮食供给量；$E_{\mathrm{cc}\,2030/2050}$ 为 2030 年或 2050 年气候变化引起的粮食产量变化；$\mathrm{CGP}_{2030/2050}$ 为 2030 年或 2050 年粮食生产中的气候增益比例。

（3）粮食需求量预测

本研究考虑的粮食需求量包括口粮需求、口粮和饲料粮加和的总体粮食需求和平衡膳食粮食需求。采用组合预测法对 2030 年和 2050 年未来城乡人口和人均口粮消费进行预测，口粮需求计算公式如下：

$$D_{1(\mathrm{year})} = C_{\mathrm{u}(\mathrm{year})} \times P_{\mathrm{u}(\mathrm{year})} + C_{\mathrm{r}(\mathrm{year})} \times P_{\mathrm{r}(\mathrm{year})} \qquad (14.22)$$

式中，$D_{1(\mathrm{year})}$ 为当前年份、2030 年和 2050 年的口粮需求量；$C_{\mathrm{u}(\mathrm{year})}$ 和 $C_{\mathrm{r}(\mathrm{year})}$ 分别为不同年份城市和农村的口粮人均需求量；$P_{\mathrm{u}(\mathrm{year})}$ 和 $P_{\mathrm{r}(\mathrm{year})}$ 分别为不同年份城市人口和农村人口。

饲料用粮计算根据城乡人均肉类消费数据（包括猪肉、牛肉、羊肉、禽、蛋、牛奶和水产品）乘上耗粮系数（即生产单位畜产品所需粮食的换算系数），转为人均饲料粮消耗量，再与人口数量相乘得到各年份饲料粮需求量。耗粮系数计算方法如下：

$$\text{RM}_i = \frac{G_i}{P_i \times K_i} \tag{14.23}$$

式中，RM_i 为各畜牧产品（猪肉、牛肉、羊肉、禽、蛋和牛奶）的耗粮系数；G_i 为单位畜牧产品消耗的粮食数量；P_i 为各畜牧产品出栏时的单位活体质量；K_i 为各畜牧产品的屠宰率。基于相关文献综述，将青藏高原牛肉、羊肉、猪肉和家禽的屠宰率分别取值为 50.82%、47.93%、68.31% 和 89.24%；P_i 与 K_i 乘积为单位畜牧产品的胴体质量或产蛋、产奶数量。

在口粮需求（情景 D1）基础上，继续考虑了畜牧业生产所需的饲料粮需求，二者之和作为总体粮食需求（情景 D2）。以 1985～2016 年的畜牧消费数据为基础，采用组合预测法预测 2030 年、2050 年各县人均畜牧产品消费量，并根据耗粮系数计算饲料粮消耗量（丁锐等，2022）。总体粮食需求计算公式为

$$D_{2(\text{year})} = D_{1(\text{year})} + D_{f(\text{year})} \tag{14.24}$$

式中，$D_{2(\text{year})}$ 为不同年份对粮食的总需求量；$D_{f(\text{year})}$ 为不同年份饲料对粮食的需求量。

$$D_{f(\text{year})} = \text{CM}_{i,\text{u}(\text{year})} \times \text{RM}_{i(\text{year})} \times P_{\text{u}(\text{year})} + \text{CM}_{i,\text{r}(\text{year})} \times \text{RM}_{i(\text{year})} \times P_{\text{r}(\text{year})} \tag{14.25}$$

式中，$\text{CM}_{i,\text{u}(\text{year})}$ 和 $\text{CM}_{i,\text{r}(\text{year})}$ 分别为省级尺度（四川、云南、甘肃、新疆四个边缘省区取青海和西藏的平均值）不同年份城乡畜产品人均消费量；$\text{RM}_{i(\text{year})}$ 为不同畜产品（猪肉、牛肉、羊肉、家禽、鸡蛋、牛奶、水产品）在不同年份的耗量系数。

平衡膳食人均粮食需求量基于中国居民合理膳食模式的人均粮食需求研究中获得。前人研究表明，人均粮食消费量达到 322.07kg/a 即可满足营养需求的人均粮食消费量，以确保粮食安全（唐华俊和李哲敏，2012）。由此，情景 D3 的粮食需求计算公式为

$$D_{3(\text{year})} = (P_{\text{u}(\text{year})} + P_{\text{r}(\text{year})}) \times 322.07 \tag{14.26}$$

式中，$D_{3(\text{year})}$ 为不同年份平衡膳食情景下的粮食需求量。将当前、2030 年和 2050 年的人口数量乘以 322.07kg/a 得到情景 D3 下不同年份的粮食需求。

14.3.2 未来粮食供给变化

青藏高原粮食产量较高的地区集中在西藏南部的一江两河地区、青海东部农业区、四川和云南部分的横断山区。受限制性因素影响（S1），2030 年和 2050 年分别有 35% 和 45% 的县粮食产量增加。粮食产量增幅较大的县集中在四川和云南的横断山区 [图 14-9（a）、（b）]。若考虑自然灾害带来的粮食减产，其将显著影响未来的粮食供给 [图 14-9（c）～（f）]，而气候变化对粮食供应的积极影响则相对较小 [图 14-9（g）、（h）]。在基础情景（S1）中，2030 年和 2050 年分别有 18% 和 26% 的县的粮食产量减少。与基础情景相比，一般自然灾害情景（S2）下 2030 年和 2050 年产量下降的县的比例将分别增加 24% 和 12%，而在极端自然灾害情景（S3）下，2030 年和 2050 年这一比例将分别比一般自然灾害情景继续增加 39% 和 28%。未来粮食减产幅度较大的县集中在青海中部和西藏南部地区。

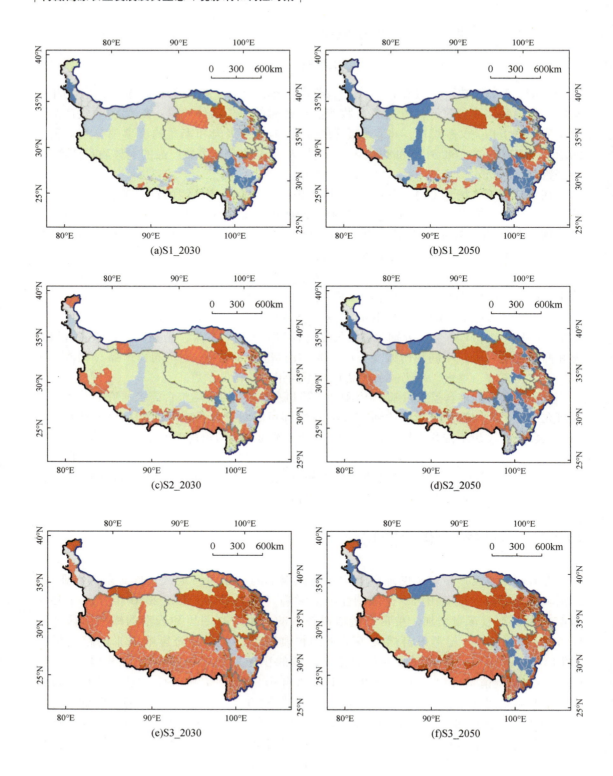

(a)S1_2030

(b)S1_2050

(c)S2_2030

(d)S2_2050

(e)S3_2030

(f)S3_2050

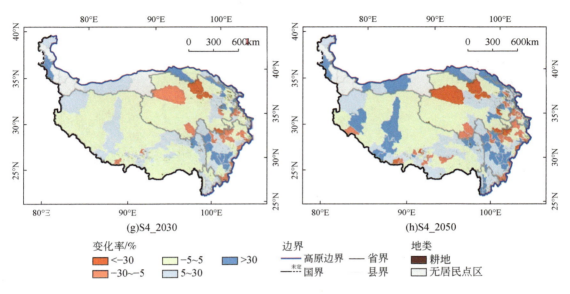

(g)S4_2030 (h)S4_2050

变化率/%
<-30	−5~5	>30	
−30~−5	5~30		

边界
高原边界　——省界
国界（未定）　县界

地类
耕地
无居民点区

图 14-9　S1、S2、S3、S4 情景下 2030 年和 2050 年粮食供给相较于当前的变化

14.3.3　未来粮食需求变化

　　粮食需求主要由人口控制。粮食需求量大的地区与粮食产量大的地区大致相同，集中在西藏南部的一江两河流域、青海东部农业区和四川云南横断山区。受未来人均口粮需求量下降的影响，未来情景 D2 和 D3 将明显高于情景 D1。2030 年和 2050 年口粮需求下降（5% 以上）的县占比分别为 11% 和 24%。在情景 D2 和 D3 下，未来大部分县的粮食需求相较于情景 D1 呈现增长趋势，且 2050 年增幅大于 2030 年（图 14-10）。在情景 D2 和 D3 下，需求增长较大的县将主要与人口增长有关，如青海和四川横断山区及云南 ［图 14-10（c）~（f）］，尤其是青海粮食需求量随着未来人口增长将急剧增加。

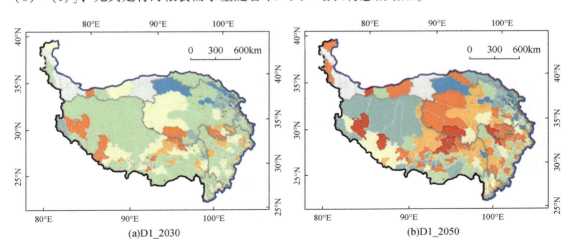

(a)D1_2030 (b)D1_2050

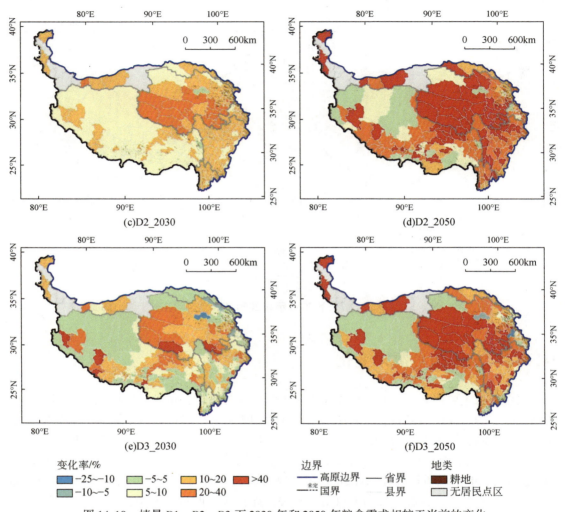

图 14-10　情景 D1、D2、D3 下 2030 年和 2050 年粮食需求相较于当前的变化

14.3.4　未来粮食自给状况

在情景 D1、D2 和 D3 下，青藏高原全域目前分别有 62%、44% 和 33% 的县（占 70%、54% 和 36% 的人口）能够实现粮食供需平衡。预计在 2030 年和 2050 年，青藏高原有 46%~60% 的县（占人口的 54%~68%）可实现口粮自给［图 14-11（a）、（d）］。考虑饲料粮后，情景 D2 下的自给率明显降低［图 14-11（b）、（e）］。与情景 D1 相比，情景 D2 非自给县的比例将增加 18%~23%（占人口的 18%~26%），只有 24%~41% 的县（占人口的 29%~48%）能够实现总体粮食自给。在 2030 年和 2050 年情景 D3 的自给率仍将是最差的。情景 D3 中的非自给县数量比情景 D1 高 23%~31%（占人口的 27%~38%）［图 14-11（c）、（f）］。

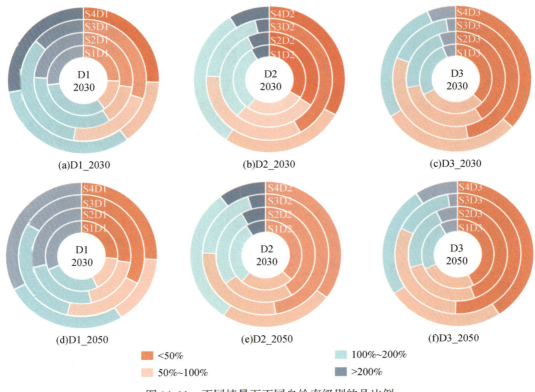

图 14-11　不同情景下不同自给率级别的县比例

　　情景 S2D1 对口粮自给率的影响较小，但与不考虑灾害影响的基础情景 S1D1 相比，情景 S3D1 会使非自给县比例增加 11%～12%（占人口的 11%～13%）。此外，情景 D2 和 D3 将比情景 D1 更易受自然灾害的影响。与情景 S1D2/S1D3 相比，在情景 S3D2/S3D3 下，情景 S3 将使不能自给县的比例增加 14%～16%（占人口的 14%～17%）/13%～14%（占人口的 17%～19%）。气候变化的积极影响将低于自然灾害造成的损失。与情景 S1 相比，在考虑气候变化的积极影响后，3 种需求情景下实现自给自足的县比例仅增加 1%～2%（占人口的 0.4%～2%）。

　　目前，粮食供需平衡较好的地区主要分布在雅鲁藏布江流域等粮食产量主产区，尤其是云南北部、青海东部农业区和柴达木盆地部分县域。3 种需求情景中粮食供需不平衡的县域连续分布在西藏羌塘高原、可可西里沙漠和青海南部（图 14-12）。在 2030 年和 2050 年口粮供大于求的区域（自给率大于 200%）将主要分布在农业区，如雅鲁藏布江藏南谷地，特别是一江两河流域。四川云南横断山区、青海东部农业区、甘肃祁连山区的口粮自给率虽然大于 100%，但在情景 D2 和 D3 下不能实现自给。粮食供大于求的地区将主要分布在西藏羌塘高原、青海南部和四川北部，这些地区农业种植较少或为牧业区。受极端灾害影响，青藏高原南部能够自给的县域面积明显小于情景 S1。2030 年和 2050 年粮食自给率相较于当前状况有所下降。3 种粮食需求均能满足的县将主要分布在西藏南部河谷农业区和青海东部的河谷农业区。3 种需求均不能自给的县主要分布在青藏高原城市地区、中部和藏北牧业区，以及青海西部部分县，未来这部分面积将略有扩大。

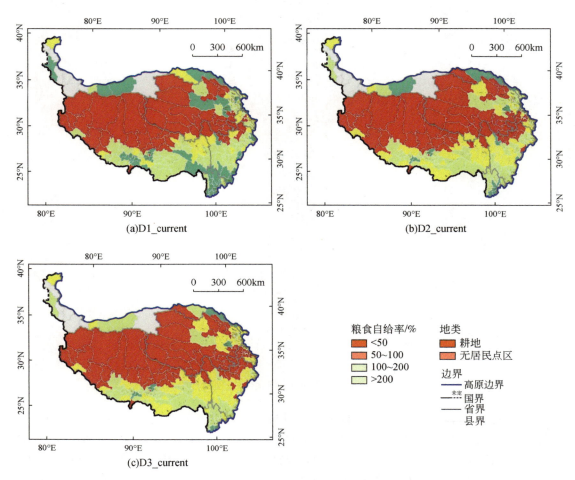

图 14-12　情景 D1、D2 和 D3 下青藏高原当前粮食自给率状况

　　将未来的自给自足与当前状况进行比较，未来一些县的自给率类别发生转换。与情景
D1 相比，情景 D2 和 D3 下将有更多县转换为其他自给率类别。当前和未来均不能自给的
县（N->N）主要分布在羌塘高原、青海西部和柴达木盆地北部。在情景 D1（图 14-13）、
D2（图 14-14）和 D3（图 14-15）下，这部分县分别占 35%～38%（占人口的29%～
32%）、51%～56%（占人口的45%～48%）和61%～67%（占人口的58%～65%）。当
前和未来均能自给的县（Y->Y）主要分布在西藏南部、四川、云南和青海东部的农业
区。在情景 D1、D2 和 D3 下，这部分县分别占 46%～58%（占人口的 53%～67%）、
24%～40%（占人口的29%～46%）和17%～31%（占人口的17%～34%）。尽管这些
县未来也能实现自给，但其自给率将在未来有所下降。当前不能自给但未来能够自给的县
（N->Y）的比例将较低，仅占县的 1%～6%（占人口的 1%～8%），这些县将主要分布
在四川横断山区。当前能够自给但未来不能自给的县（Y->N）在情景 D1 和 D3 中分别占
4%～16%（占人口的 2%～15%）和 3%～15%（占人口的 1%～17%）。在情景 D2 中，

此类别的县将更多，占 5% ~20% （占人口的 7% ~24%）。这部分县将主要分布在雅鲁藏布江流域、青海和四川部分。

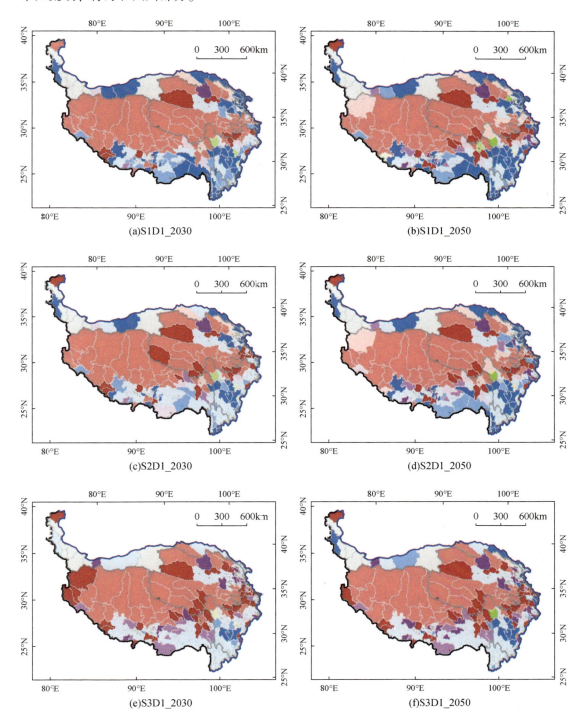

(a)S1D1_2030

(b)S1D1_2050

(c)S2D1_2030

(d)S2D1_2050

(e)S3D1_2030

(f)S3D1_2050

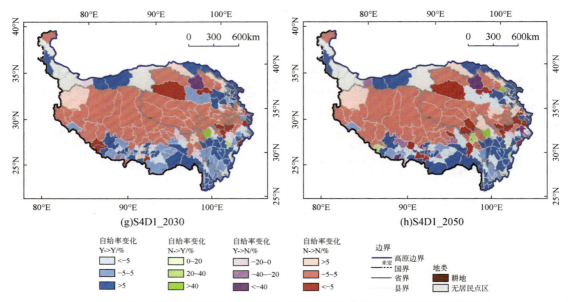

(g)S4D1_2030　　　　　　　　　　　　　(h)S4D1_2050

图 14-13　2030 年和 2050 年情景 D1 下粮食自给率相较于当前的变化格局

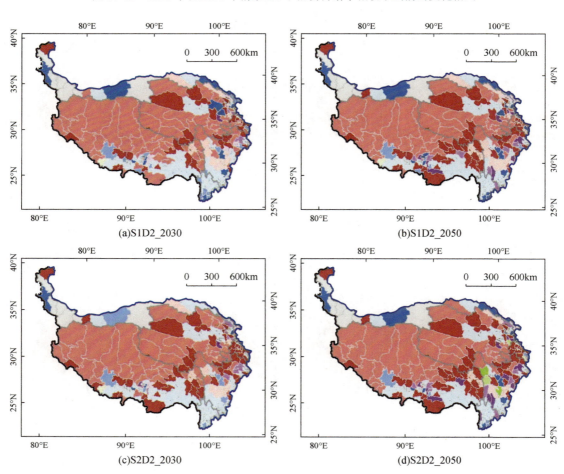

(a)S1D2_2030　　　　　　　　　　　　　(b)S1D2_2050

(c)S2D2_2030　　　　　　　　　　　　　(d)S2D2_2050

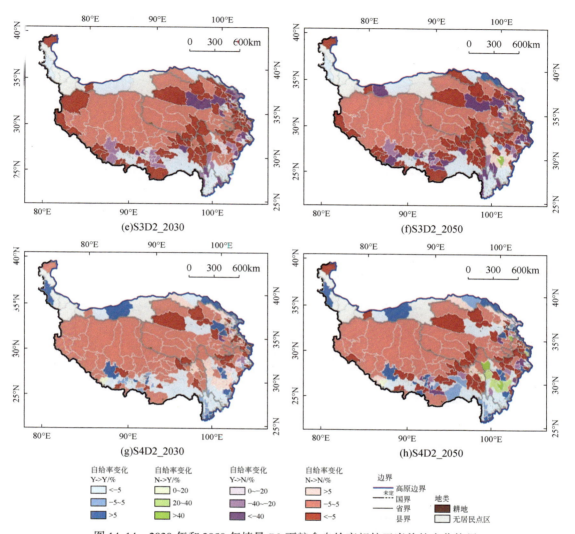

(e)S3D2_2030　　　　　　　　　　(f)S3D2_2050

(g)S4D2_2030　　　　　　　　　　(h)S4D2_2050

自给率变化 Y->Y/%
<-5
-5~5
>5

自给率变化 N->Y/%
0~20
20~40
>40

自给率变化 Y->N/%
0~-20
-40~-20
<-40

自给率变化 N->N/%
>5
-5~5
<-5

边界
高原边界
国界
省界
县界

地类
耕地
无居民点区

图 14-14　2030 年和 2050 年情景 D2 下粮食自给率相较于当前的变化格局

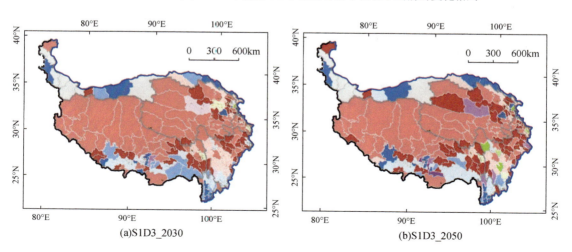

(a)S1D3_2030　　　　　　　　　　(b)S1D3_2050

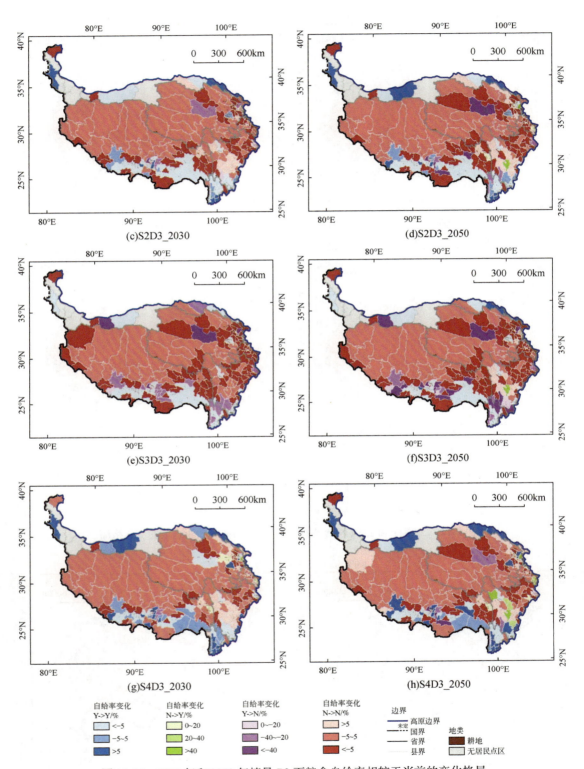

图 14-15　2030 年和 2050 年情景 D3 下粮食自给率相较于当前的变化格局

在 4 种供给情景中，极端自然灾害对自给率的负面影响较大，这主要与极端自然灾害导致粮食供应减少有关。特别是在情景 D2 下，2030 年和 2050 年将分别有 5% 和 10% 的县（占 7% 和 9% 的人口）属于 Y->N 类别。随着极端自然灾害的影响，这一比例将在情景 S3D2 下增加约 20% 的县（占人口的 20%~24%）。尽管气候变化对自给率类别的转变贡献不大，但其积极作用可以减缓四川部分和西藏南部部分县自给率的下降趋势。

在青藏高原尺度上，未来粮食需求呈增长趋势。在 2030 年和 2050 年，情景 D1 下分别由当前的 3.02Mt 增至 3.09Mt 和 3.25Mt；情景 D2 下分别由当前的 4.46Mt 增长至 5.04Mt 和 5.96Mt，其中饲料粮需求分别由当前的 1.44Mt 增长至 2.02Mt 和 2.70Mt；情景 D3 下分别由当前的 5.85Mt 增长至 6.38Mt 和 7.21Mt。未来青藏高原全域粮食产量相较于当前状况也有所提升。在考虑限制性因素的基础供给情景下（情景 S1），在 2030 年和 2050 年，青藏高原全域粮食产量分别由当前的 5.08Mt 增至 5.41Mt 和 6.24Mt。考虑一般自然灾害（情景 S2）和极端自然灾害（情景 S3）的影响，2030 年粮食产量将分别为 4.93Mt 和 3.88Mt，2050 年粮食产量将分别为 5.67Mt 和 4.46Mt。考虑气候变化的积极影响（情景 S4），2030 年和 2050 年青藏高原粮食产量将分别提升至 6.54Mt 和 7.29Mt。青藏高原全域在 2030 年和 2050 年均能实现口粮自给，平均自给率大于 150%。2030 年和 2050 年分别有 0.80~2.46Mt 和 1.21~3.29Mt 的粮食盈余（图 14-16）。但是，对于总体粮食和平衡膳食粮食的需求量，未来两者都无法实现自给。2030 年和 2050 年总体粮食供需差额分别为 -1.15~0.50Mt 和 -1.50~0.58Mt，平衡膳食粮食供需差额分别为 -2.49~-0.83Mt 和 -2.75~-0.67Mt。

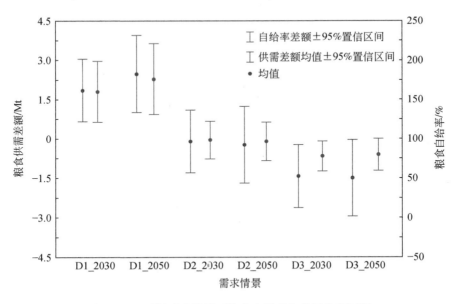

图 14-16　不同需求情景下粮食自给率和供需差额区间

14.4　小　　结

　　青藏高原作为我国重要生态安全屏障，其农牧业供需安全与高质量发展关系到边区稳定和国防安全。青藏高原耕地面积少，粮食产量较低，且对气候变化敏感。本章针对青藏高原粮食供需水平，从青藏高原粮食供需的时空格局、气候变化对粮食产量影响，以及未来粮食供需预测三方面深入开展研究。首先，本研究摸清过去青藏高原粮食供需时空格局。结果表明，青藏高原区域尺度口粮需求能够自给且自给率呈增长趋势，2010～2016 年青藏高原地区口粮自给率为 173.03%。藏南河谷地区、川藏交界地区和青海东部粮食供需状况较好，但在长江、黄河源头和羌塘高原地区存在粮食供需缺口。其次，本研究利用三类统计模型评估历史气候变化对谷物单产的影响。结果表明，气候变化对西藏谷物产量产生了积极影响。西藏对温度（最低气温和生长度日）的敏感性大于降水量和太阳辐射。最后，在历史粮食供需的基础上以及结合气候变化对粮食产量影响的评估结果，进一步综合考虑 4 种供给情景和 3 种需求情景，对未来青藏高原粮食供需状况进行系统预测。结果表明，青藏高原未来整体口粮能够实现供需平衡，但不能实现口粮和饲料粮加和的总体粮食与平衡膳食粮食需求的供需平衡。虽然气候变化的积极影响对自给率整体提升幅度不大，但可以减缓四川部分和西藏南部部分县的自给率下降趋势。预计 2030 年和 2050 年气候变化将使西藏粮食自给状况提升 2.45% 和 2.09%。极端自然灾害对粮食自给率的负面影响较大，相较于基础情景，极端自然灾害将使当前能够实现口粮和饲料粮加和的总体粮食自给但未来不能自给的县的比例增加。

参 考 文 献

丁锐，史文娇，吕昌河，等 . 2022. 气候变化背景下未来西藏粮食供需平衡状况预测 . 地理科学，42
　（5）：772-781.

杜军，胡军，索朗欧珠 . 2005. 西藏高原农业界限温度的变化特征 . 地理学报，60（2）：289-298.

胡庆芳，杨大文，王银堂，等 . 2010. Angstrom 公式参数对 ET_0 的影响及 FAO 建议值适用性评价 . 水科学
　进展，21（5）：644-652.

石晓丽，史文娇 . 2016. 极端高温对黄淮海平原冬小麦产量的影响 . 生态与农村环境学报，32（2）：
　259-269.

唐华俊，李哲敏 . 2012. 基于中国居民平衡膳食模式的人均粮食需求量研究 . 中国农业科学，45（11）：
　2315-2327.

王仰麟，蒙吉军，刘黎明，等 . 2011. 综合风险防范：中国综合生态与食物安全风险 . 北京：科学出
　版社 .

赵艳，王连芬，杨青松 . 2013. 萌发温度及品种对青稞种子萌发和幼苗生长的影响 . 种子，32（11）：34-
　37，41.

Deng X，Huang J，Rozelle S，et al. 2006. Cultivated land conversion and potential agricultural productivity in chi-
　na. Land Use Policy，23（4）：372-384.

Ding R，Shi W. 2022. Contributions of climate change to cereal yields in Tibet，1993-2017. Journal of
　Geographical Sciences，32（1）：101-116.

Enaami M E，Mohamed Z，Ghani S A. 2013. Model development for wheat production：Outliers and multicollinearity problem in cobb- douglas production function. Emirates Journal of Food and Agriculture, 25 (1): 81-88.

Gourdji S, Laderach P, Valle A M, et al. 2015. Historical climate trends, deforestation, and maize and bean yields in nicaragua. Agricultural and Forest Meteorology, 200: 270-281.

Lee L F, Yu J H. 2010. Estimation of spatial autoregressive panel data models with fixed effects. Journal of Econometrics, 154 (2): 165-185.

Liu B, Asseng S, Müller C, et al. 2016. Similar estimates of temperature impacts on global wheat yield by three independent methods. Nature Climate Change, 6 (12): 1130-1136.

Lobel D B, Field C B. 2007. Global scale climate- crop yield relationships and the impacts of recent warming. Environmental Research Letters, 2 (1): 014002.

Lobell D B, Ortiz- Monasterio J I, Asner G P, et al. 2005. Analysis of wheat yield and climatic trends in Mexico. Field Crops Research, 94 (2-3): 250-256.

Lobell D B, Schlenker W, Costa-Roberts J. 2011. Climate trends and global crop production since 1980. Science, 333 (6042): 616-620.

Nichols N. 1997. Increased australian wheat yield due to recent climate trends. Nature, 387 (6632): 484-485.

Qi X, Vitousek P M, Liu L. 2015b. Identification and evaluation of risk factors related to provincial food insecurity in China. Journal of Risk Research, 18 (9): 1184-1202.

Qi X, Vitousek P M, Liu L. 2015a. Provincial food security in china: A quantitative risk assessment based on local food supply and demand trends. Food Security, 7 (3): 621-632.

Tao F L, Yokozawa M, Liu J Y, et al. 2008. Climate-crop yield relationships at provincial scales in China and the impacts of recent climate trends. Climate Research, 38 (1): 83-94.

Tao F, Zhang Z, Xiao D, et al. 2014. Responses of wheat growth and yield to climate change in different climate zones of China, 1981 ~ 2009. Agricultural and Forest Meteorology, 189: 91-104.

Veron S R, de Abelleyra D, Lobell D B. 2015. Impacts of precipitation and temperature on crop yields in the pampas. Climatic Change, 130 (2): 235-245.

Wang Y, Meng J, Liu L, et al. 2011. Integrated Risk Governance (Integrated Ecological and Food Security Risks in China). Beijing: Science Press.

Zaveri E, Lobell D B. 2019. The role of irrigation in changing wheat yields and heat sensitivity in India. Nature Communications, 10 (1): 4144.

Zellner A, Kmenta J, Dreze J. 1966. Specification and estimation of cobb- douglas production function models. Econometrica: Journal of the Econometric Society, 34 (4): 784-795.

第 15 章 ｜ 农业调控分区与发展布局

青藏高原生态脆弱，对农业活动非常敏感，因此，合理调控青藏高原的农业格局，打造地方特色鲜明的农业生产体系，对青藏高原生态屏障建设，以及保障生态安全、社会稳定和边防安全的国家战略具有重要意义。

15.1 分区原则与指标

农业调控分区的目的是针对生态保护和农业可持续发展目标，提出区域农业生产的空间布局、分区调控目标和管控措施，推动青藏高原生态建设和农业发展的协同共进，促进青藏高原社会经济发展和边疆安全。为此，区域划分必须综合考虑区域生态功能、生产功能和社会保障功能的一致性，便于针对共性问题，确定农业发展方向，制定调控对策和管控措施。

15.1.1 分区原则

根据青藏高原的发展方向和区划目标，分区主要遵循如下原则。

第一，生态保护优先原则。青藏高原是我国重要的生态屏障，是长江、黄河以及雅鲁藏布江、怒江、澜沧江等诸多跨境河流的水源地，是河西走廊、塔里木盆地绿洲农业的灌溉水源重要供给区。青藏高原湿地和野生动物资源丰富，是我国自然保护区分布最密集的地区。根据国家公园管理局网站（http://www.forestry.gov.cn/main/5536/index.html）和文献资料统计，青藏高原现有国家级自然保护区 43 个，保护区总面积约 70 万 km²，超过青藏高原土地面积的 25%。维护和改善青藏高原地区的生态功能，尤其是重要河流水源地和野生动物栖居地的生态健康，是农业调控的重要基础和目标。因此，区划时将生态保护优先作为首选原则，区划单元尽量保证生态功能区尤其是关键生态功能区的完整性。生态保护优先原则的贯彻，主要根据国家级自然保护区的空间布局，同时选择湿地、林草地分布、地形起伏度等作为参考指标，对保护区分布集中的地区尽量单独划出，如羌塘高原、三江源区、若尔盖湿地、青海湖区、祁连山区、川西山地区等。区域划分时尽量保持生态功能、存在的生态问题和保护目标的一致性。

第二，生产功能和社会保障功能相对一致性原则。农业是青藏高原地区的主要产业，也是当地农牧民最重要的就业渠道，因此，必须维持和改善区域的农业生产功能、农产品供给能力和就业保障能力。考虑农业发展现状、土地的适宜性和农业主导发展方向，按农业生产活动和主导产品，分为种植业（粮食、蔬菜）、牧业（肉类、奶）、林果业，主要根据 2017～2020 年县级农业统计数据确定。社会保障功能是指保障人口就业和农牧民生计水平，选择人口密度界定。对于维持边防安全功能，主要根据是否属于边境县划分。

第三，区域完整性原则。即每个区划单元都是唯一的，在空间上保持连续和完整。为便于管理和方案实施，在差异不是特别显著的地区，尽量保持县域完整，同时兼顾流域的完整性，即区域界限尽量与县界、分水岭保持一致。由于高原区地广人稀，很多县域面积大，区域差异显著，因此在分区时，以乡、镇为最基本单元，考虑土地利用现状和农业发展方向、自然条件等因素，先识别主要大区（带），然后以乡镇为主要单元，考虑地形、气候、土地利用等自然条件的差异，自下而上进行归类合并。

第四，主导因素和综合性原则。在区域划分时，将生态保护和农业的主导利用方向作为主要划分指标，同时考虑农业结构的一致性进行划分。

第五，可操作性原则。分区目的是农业管控，因此，区划按照等级划分，以满足不同层级政府部门的需要，区域命名尽量突出关键特征。

15.1.2 分区指标

(1) 指标和数据

区划指标的选取主要考虑三方面：第一，自然条件。选择地貌架构与地貌类型、地形起伏度、流域、温度、降水量等指标划分；第二，生态功能。选择自然保护区数量与面积、湿地分布与面积、林地分布与面积等指标界定；第三，生产功能和社会保障功能。选择耕地和草地面积、粮食生产量、牲畜存栏量、作物种植结构、畜群结构和人口密度等指标划分。

数据包括 30m 分辨率 DEM 数据，130 个站点 2000～2017 年气候数据，县级 2000～2020 年农业统计数据，国家级自然保护区分布，2000～2019 年 250m 分辨率 MODIS 数据，草地盖度数据（Liu and Lu, 2021），2018 年耕地（Wei et al., 2021）和设施农业数据（魏慧等，2019），Google Earth 2016～2019 年米级分辨率遥感影像数据，2020 年县级人口和农业生产统计数据，气候空间插值数据，地形起伏度和坡度等数据；以及县界、乡镇行政界线图，主要来源于 91 卫图（www.91weitu.com）。

(2) 指标划分

地貌：根据地形起伏度和海拔，将青藏高原划分为高原核心区和周边山地区两个地貌单元。高原核心区包括羌塘高原和青南高原，气候高寒，地势平缓，基本无种植业，以高山、亚高山草甸和草原为主。周边山地区位于高原南部、东缘和东北部，包括雅鲁藏布江谷地、横断山区、柴达木盆地、祁连山地、河湟谷地等，地形起伏，地貌类型复杂，主要为山地、山原和河谷盆地；河谷海拔一般在 2000～4300m，气候温暖，是青藏高原种植业和人口集中分布区。

流域：青藏高原是长江、黄河和诸多国际河流的发源地和亚洲水塔，农业发展必须考虑水源地的保护，国家也在青藏高原建有包括三江源、大通河源区、若尔盖湿地等诸多水源保护区。为此，区划时将保持流域完整性作为一个重要原则。根据河流的特性及其对我国的重要性，将青藏高原划分为长江、黄河流域区，雅鲁藏布江、怒江、澜沧江等跨境河流流域区、藏北高原内流区、柴达木盆地和青海湖内流区，以及高原北缘源于昆仑山、阿尔金山和祁连山的内陆河流域区，西南缘边疆包括狮泉河、察隅河等跨境河流等。

热量条件：根据年均温度和无霜期日数，划分为 5 个温度带，即高寒带（不适宜作物种植）、寒温带（适宜早熟青稞、油菜种植）、中温带（适宜青稞、春小麦种植）、暖温带和暖热带（适宜冬小麦、玉米、水稻、果木种植）。主要利用 130 个台站 2000～2017 年站点数据、DEM 和遥感影像数据，参考植被和作物分布状况，根据种植业集中分布的河谷和盆地的海拔划分。

农业活动强度：根据人口密度、耕垦指数、放牧强度，以及人均粮食和畜产品产量、粮食和肉类产量等指标。主要根据县级统计数据划分。

土地利用类型：划分为荒漠、荒漠草原、草原、草甸、林地、耕地、灌丛等基本类型，根据 2000～2019 年 250m 分辨率 MODIS 数据、1∶100 万植被数据、30m 分辨率土地利用数据、Google Earth 高分影像数据识别。

15.1.3　分区方案

（1）区划体系和分区

区划方案采用农业带-农业区-农业小区三级。带是区划的一级单位，具有相似的主导生态保护目标和农业发展方向；区是二级单位，具有相似的生态功能或生产功能，相似的土地利用结构、生态保护和农牧调控目标；小区是三级单位，具有相似的热量、水分或水热条件、相似的作物种植结构和畜群结构，以及相似的农产品生产能力。区划的最高单元为农业带，每个带划分为多个农业区，农业区进一步划分农业小区。

农牧带的划分主要考虑生产功能和社会保障功能的差异。第一，利用 91 卫图助手（www. 91weitu. com）及其集成的高分影像数据，根据耕地分布，识别了种植业的分界线，将青藏高原划分为纯牧区和农牧区；然后，根据青藏高原地貌的基本架构、地形起伏度、坡度构成和海拔，将青藏高原划分为高原核心区和周边山地区两部分。青藏高原核心区以和缓起伏的高原面、河湖盆地为基础特征，是青藏高原的主体部分或核心区。其界限与纯牧区基本吻合。对于纯牧区，考虑生态功能、保护区建设和人口密度，划分为两个带，即中西部高原生态保护限牧带、中东部山原特色草牧业发展带。

第二，考虑稳定边疆人口和保障边防安全的目的，根据县界和流域界限，将邻近国界的高原的西南缘边境山地区划出，作为一个一级区，范围包括昆仑山西段、喜马拉雅山和藏南山地，以及滇北怒江峡谷区，涵盖邻近边境的全部县市。该区以高山、河盆和河谷为主，以草牧业为主，河谷地区有农业耕垦和果木种植，称为西南缘山地边疆农业发展带。

第三，位于青藏高原东南缘、东缘山地区，包括滇北和川西山地、青海东部和甘南地区，划归为一个一级区，称为东缘山地农业调控发展带。该带地形起伏，地貌类型复杂。河谷海拔多在 2000～3500m，气候温暖，是青藏高原种植业和人口集中分布区，以农业和果木业为主，畜牧业以生猪和牛羊养殖为主。

第四，柴达木盆地及周边地区，包括祁连山西段、阿尔金山和昆仑山北坡地区，气候干旱，盆地和山地河谷区海拔较低，以绿洲农业为主，单独划为一个一级区，称为北缘山盆地绿洲农业发展带。

第五，一江两河地区、藏东山地、横断山中北部，是藏族人口集中分布区，又是青稞、牦牛最重要产区，其共同特点是地势高，高山河谷地貌，气候温凉，作物种植分布高，海拔多在 3000m 以上，具有典型的高原农业特色，因此，单独划分为一个农业带，称为中南部山地特色农业发展带。

农业区具有相似的生态功能，以及相似的主导农业产业和结构，具备类似的农业调控目标。划分主要考虑生态功能的差异性和保护的必要性，参考国家级自然保护区的分布，主要按流域和县界划分，每个带划分为 2~4 个农业区。

小区是内部差异较小的地域单元，综合考虑了农林牧业结构、水热条件、地貌特征、植被类型、人口密度和自然保护区分布等因素。因不同农业区内造成地域差异的主导因素不同，小区的划分采用差异化指标，如南羌塘高寒草地限牧区，主要根据干湿度、草地类型和人口密度的差异划分为 3 个小区；滇川暖热河谷坡地农业区，主要根据水热状况的差异划分为 3 个小区（表 15-1）。

（2）分区方案

根据上述原则和指标，以乡镇为基本划分单元，综合考虑地形（海拔、坡度）、植被类型和盖度、土地利用现状和农业类型、自然保护区，以及生态保护重点和农业发展方向，提出了青藏高原面向生态保护的农业调控分区方案（图 15-1）。方案包括 6 个农业带、19 个农业区和 46 个农业小区（表 15-1），其中纯牧区、以种植业为主的区域和半农半牧区分别命名为牧区、农业区和农牧区。通过 GIS 空间统计，获取了各区的地形结构和草地、耕地、林地、湿地等土地资源，以及人口和粮油、载畜量、畜产品产量等农牧生产等数据。

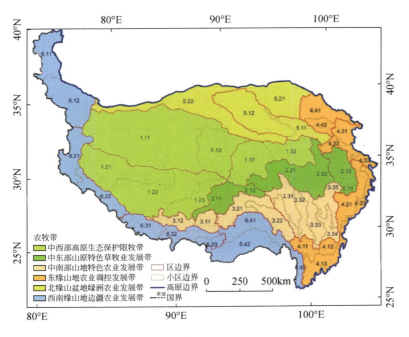

图 15-1　青藏高原农业调控分区布局
图例见表 15-1

表 15-1　青藏高原农业调控分区方案

1. 中西部高原生态保护限牧带	3.12 日喀则中温河谷小区	4.42 青海湖盆地小区
1.1 北羌塘寒旱荒漠草原禁牧区	3.2 藏东中温河谷高山农牧区	5. 北缘山盆地绿洲农业发展带
1.11 北羌塘荒漠小区	3.21 北部半湿润河谷小区	5.1 柴达木盆地暖温绿洲农业区
1.12 可可西里荒漠化草原小区	3.22 南部半干旱河谷小区	5.11 东部干旱小区
1.2 南羌塘高寒草地限牧区	3.3 横断山中暖温峡谷高山农牧区	5.12 西部极旱小区
1.21 西部干旱荒漠草原小区	3.31 芒康山温干河谷小区	5.2 金祁干旱河谷高山农牧区
1.22 中部半干旱荒漠化草原小区	3.32 澜金暖干峡谷小区	5.21 西祁连山中温河谷小区
1.23 东部半干旱稀疏草原小区	3.33 沙鲁里山温湿河谷小区	5.22 阿尔金高原山地小区
1.3 三江源高寒草地限牧区	3.34 雅砻江暖湿峡谷小区	6. 西南缘山地边疆农业发展带
1.31 长澜源区半湿润草甸小区	3.35 大雪山湿润峡谷小区	6.1 喀喇昆仑干旱河谷高山农牧区
1.32 黄河源区半干旱草原小区	4. 东缘山地农业调控发展带	6.11 西北部暖温河谷高山小区
2. 中东部山原特色草牧业发展带	4.1 滇川暖热河谷坡地农业区	6.12 东南部中温河谷高原小区
2.1 怒拉河源区高山草甸牧区	4.11 西北部暖干峡谷小区	6.2 喜马拉雅山干旱盆高山农牧区
2.11 当雄–那曲高原盆地小区	4.12 东北部暖湿河谷小区	6.21 普兰–萨嘎寒温谷盆地小区
2.12 藏东高山河谷小区	4.13 南部湿热河谷小区	6.22 日土–札达中温河谷小区
2.2 三江源深谷高山草甸牧区	4.2 川西暖热峡谷坡地农业区	6.3 喜马拉雅山半干旱谷盆高山农牧区
2.21 杂多–达日高山草甸小区	4.21 北部暖温河谷小区	6.31 吉隆–定结寒温河谷小区
2.22 甘孜–果洛亚高山草甸小区	4.22 南部湿热河谷小区	6.32 岗巴–浪卡子寒温谷盆地小区
2.3 松潘高原寒温草甸湿地牧区	4.3 黄河上游温干河谷农业区	6.33 洛扎–隆子中温谷盆地小区
2.31 中部盆地草甸湿地小区	4.31 湟水谷地小区	6.4 藏滇湿润峡谷坡地农业区
2.32 周边山地草甸小区	4.32 贵南–夏河谷盆地小区	6.41 雅江暖湿河谷小区
3. 中南部山地特色农业发展带	4.33 洮河谷地小区	6.42 藏南湿热峡谷小区
3.1 一江两河半干旱河谷农业区	4.4 东祁连山温干河谷盆地农业区	6.43 怒澜湿热峡谷小区
3.11 拉萨–山南中暖温河谷小区	4.41 东祁连山地河谷小区	

15.2　农业分区特征与调控方向

从宏观的角度，青藏高原划分为两个大区，即以生态保护为主的区域和农业适度发展区，前者包括一个带，即中西部高原生态保护限牧带，后者根据农业结构和发展方向，划分为 5 个农业优化发展带，即中东部山原特色草牧业发展带、中南部山地特色农业发展带、东缘山地农业调控发展带、北缘山盆地绿洲农业发展带、西南缘山地边疆农业发展带。各带的主要特征概述如下。

15.2.1　中西部高原生态保护限牧带

中西部高原生态保护限牧带位于藏北高原和青海高原北部，包括昆仑山、冈底斯山、唐古拉山和可可西里山脉，土地面积 94.75 万 km²，占青藏高原总面积的 35.4%。地势高寒，平均海拔近 5000m。高原山地丘陵和湖盆地貌，地形起伏和缓，区域平均起伏度 171m。年均气温在 0℃ 以下，无霜期短，一般低于 3 个月，区域平均 59d。年降水量在 100 ~ 450mm，区域年平均降水量为 244.6mm，主要为高寒荒漠和荒漠化草原植被。划分为 3 个区：北羌塘寒旱荒漠草原禁牧区、南羌塘高寒草地限牧区、三江源高寒草地限牧区（表 15-2）。

表 15-2 中西部高原生态保护限牧带及各区主要特征

项目	指标	中西部高原生态保护限牧带	北羌塘寒旱荒漠草原禁牧区	南羌塘高寒草地限牧区	三江源高寒草地限牧区
面积与人口	土地面积/万 km²	94.75	46.46	33.98	14.31
	人口总量/万人	36.04	1.77	24.62	9.65
地形与气候	平均海拔/m	4966	5052	4992	4604
	地形起伏度/m	171	143	207	174
	年均温度/℃	−4.24	−6.89	−0.90	−3.62
	无霜期长度/d	59	34	89	69
	年均降水量/mm	244.6	163.9	316.2	336.5
湿地林地资源	湖泊面积/万 hm²	399.08	193.30	178.84	26.94
	湿地面积/万 hm²	770.81	385.35	298.83	86.63
	林地面积/万 hm²	21.08	13.91	6.59	0.58
可利用草地资源	面积/万 hm²	6091.61	2235.02	2532.26	1324.33
	青草期长度/d	114	105	119	121
	青草期盖度/%	22.91	15.34	19.20	42.30
	平均海拔/m	4916	5017	4993	4601
	平均坡度/(°)	9.55	7.97	10.85	9.75
存栏量	牛存栏量/万头	194.90	23.36	90.72	80.81
	羊存栏量/万只	568.79	100.74	387.27	80.77
肉奶产量	牛肉产量/万 t	5.95	1.29	2.95	1.71
	羊肉产量/万 t	3.81	1.01	2.32	0.47
	牛奶产量/万 t	7.26	1.65	3.48	2.12
农业活动强度	人口密度/(人/km²)	0.38	0.04	0.72	0.67
	草地载畜量/(羊单位/hm²)	0.25	0.10	0.33	0.37
	农业活动强度指数	0.16	0.05	0.26	0.28

注：可利用草地面积包括大部分湿地。本章中其他表中可利用草地数据同样。

该带共有人口约 36.04 万人，人口密度约为 0.38 人/km²，近 70% 分布在南羌塘高寒草地限牧区。位于北部的北羌塘寒旱荒漠草原禁牧区，土地面积超过 46 万 km²，人口不足 2 万人，人口密度仅 0.04 人/km²。区域草地面积为 6091.61 万 hm²，其中约 12% 是以沼泽草甸为主的高原湿地，2020 年平均实际载畜量 0.25 羊单位/hm²，农业活动强度总体微弱。区域生态状况总体稳定向好，但在局部地区，存在过牧和生态退化现象。对 2000 ~ 2019 年草地青草期盖度变化趋势分析发现，该带 68% 的草地呈改善趋势，但有 16% 的草地，其盖度呈现较显著的下降趋势，主要分布在三江源和纳木错–色林错等宽谷湖盆地区。

该带约 50% 的面积为无人区，是藏羚羊、藏野驴、野牦牛等野生动物集中栖居区。高原湖泊星罗棋布，总面积近 400 万 hm² （表 15-2），栖居有黑颈鹤、金雕等国家一级和二级保护鸟类近百种。分布有羌塘高原、可可西里、三江源和阿尔金山国家级自然保护区，合计保护区面积超过 50 万 km²，是我国自然保护区分布面积最大、密度最高的地区，是青藏高原生态屏障建设的核心区。因此，农业的总体调控目标是，立足原生高原生态系统保护和生态屏障建设的中心定位，实施限牧、禁牧政策，保护野生动物的栖居环境和生态功能。考虑区域差异，北羌塘高原区人口稀少，原则上应移民禁牧；南羌塘高原区人口数量较多，是西藏重要的藏羊和绒山羊产区，应采取限牧措施，控制畜群规模；三江源区是黄河、长江和澜沧江的水源地，考虑人口分布数量较大，应采取以限制和逐步降低畜群数量为主的策略。

（1）北羌塘寒旱荒漠草原禁牧区

北羌塘寒旱荒漠草原禁牧区位于西藏日土县、改则县、尼玛县、双湖县、安多县等地的中北部地区，青海曲麻莱西部和格尔木唐古拉山镇，新疆策勒县、于田县、民丰县、且末县、若羌县南部，涵盖羌塘高原自然保护区和可可西里自然保护区的核心区域，土地面积为 46.46 万 km²。属高原丘陵和湖盆地貌，平均海拔为 5052m，地形起伏度为 143m。气候寒冷干旱，区域年均温度为 –6.89℃，年均降水量为 163.9mm，高寒荒漠和荒漠化草原植被，无霜期短促，仅 1 个月左右。划分北羌塘荒漠小区、可可西里荒漠化草原小区。

该区人口稀少，总人口仅 1.77 万人，人口密度为 0.04 人/km²，其中北羌塘荒漠小区 0.03 人/km²，可可西里荒漠化草原小区 0.05 人/km²，零散分布在海拔 4800m 以下的河谷湖盆，大部分地区无人定居，因此，常称为"无人区"。该区有可利用草地面积 2532 万 hm²，平均分布海拔超过 5000m，高寒荒漠草原，植被稀疏，青草期草地平均盖度为 15.34%，其中北羌塘荒漠小区平均盖度仅 11.8%，可可西里荒漠化草原小区平均盖度为 23.4%。夏季有藏绵羊、绒山羊和牦牛在草地短暂放牧。2020 年该区牦牛存栏量约 23 万头，绵羊和山羊约 101 万只，草地平均载畜量 0.1 羊单位/hm² （表 15-2）。

该区分布有国家一级保护野生动物 10 种、国家二级保护野生动物约 21 种，是藏野驴、藏羚羊、野牦牛、黑颈鹤等珍稀动物聚集区。自 1993 年建立羌塘高原自然保护区、1995 年建立可可西里自然保护区以来，该区相继实施了草场承包到户、退牧还草和草畜平衡等生态保护政策，牲畜数量有所减少；藏野驴、藏羚羊、野牦牛等野生动物种群增长迅速，造成与家畜争食牧草，雪豹、狼、棕熊等食肉动物数量增加，伤人、伤畜事件频发，如 2011～2015 年双湖县年均野生动物肇事致使 6537 头/只/匹牲畜死亡（徐增让等，2019）。为此，政府除提供经济补偿外，还采取支持牧民草场围栏建设的举措，使围栏面积扩大。因所围区域水草条件好、阻隔作用大，原本野生动物和家畜共享的草原被围栏和道路分割，对藏羚羊、藏野驴等野生动物迁徙造成威胁。因此，应加强生态移民搬迁，将人畜逐步迁出，拆除草场围栏，实施禁牧，保护野生动物的栖居环境。另外，应将羌塘自然保护区纳入国家公园体系，探索野生动物保护的长效机制（徐增让等，2019）。

（2）南羌塘高寒草地限牧区

南羌塘高寒草地限牧区位于阿里地区南部、日喀则市西北部和那曲市西南部，土地总面积为 33.98 万 km²。属高原丘陵地貌，平均海拔 4992m，地形起伏和缓。该区地理纬度较低，太阳辐射强，但因海拔高，区域年均气温仅为 -0.90℃；年降水量在 100~400mm，由西向东增加，划分为 3 个小区：西部干旱荒漠草原小区、中部半干旱荒漠化草原小区、东部半干旱稀疏草原小区（表 15-3）。

表 15-3 南羌塘高寒草地限牧区各小区的主要特征

项目	指标	西部干旱荒漠草原小区	中部半干旱荒漠化草原小区	东部半干旱稀疏草原小区
面积与人口	土地面积（万 km²）	13.07	15.56	5.35
	人口总量（万人）	5.93	11.09	7.60
地形与气候	平均海拔（m）	4949	5032	4988
	地形起伏度（m）	201	208	217
	年均温度（℃）	-1.00	-0.68	-1.29
	无霜期长度（d）	86.9	90.4	89.6
	年均降水量（mm）	195.1	384.4	414.2
湿地林地资源	湖泊面积（万 hm²）	33.68	106.47	38.69
	湿地面积（万 hm²）	77.69	155.09	66.05
	林地面积（万 hm²）	0.86	3.59	2.14
草地资源	面积（万 hm²）	904.03	1206.30	421.93
	青草期长度（d）	114	120	128
	青草期盖度（%）	12.14	19.43	33.38
	平均海拔（m）	4977	5011	4973
	平均坡度（°）	10.73	10.76	11.34
存栏量	牛存栏量（万头）	8.09	38.15	44.48
	羊存栏量（万只）	97.19	180.12	109.96
肉奶产量	牛肉（万 t）	0.19	1.37	1.39
	羊肉（万 t）	0.54	1.20	0.58
	牛奶（万 t）	0.15	1.48	1.85
农业活动强度	人口密度（人/km²）	0.45	0.71	1.42
	草地载畜量（羊单位/hm²）	0.15	0.31	0.79
	农业活动强度指数	0.11	0.25	0.66

该区共有人口 24.62 万人，平均人口密度 0.72 人/km²，以藏羊、牦牛放牧业为主，是西藏重要的山羊绒产区。2020 年区域牛羊存栏量分别为 90.72 万头和 387.27 万只，牛羊肉产量分别为 2.95 万 t 和 2.32 万 t，主要分布在中部、东部两小区（表 15-3）。区域共有可利用草地面积 2532.26 万 hm²，高寒荒漠草原、草原植被，植被稀疏，区域草地青草期平均盖度为 19.20%，平均载畜量为 0.33 羊单位/hm²。西部干旱荒漠草原小区牧畜以绵山羊为主，占比超过牛羊存栏总量的 90%，草地载畜量较低，仅 0.15 羊单位/hm²；东部

半干旱稀疏草原小区牦牛数量显著增加，存栏头数约为羊只数的 40%，草地平均载畜量为 0.79 羊单位/hm²；在纳木错–色林错湖盆区，放牧强度存在过牧和较显著的草地退化现象，应引起重视。

该区有湖泊水域面积 178.84 万 hm²，沼泽湿地面积近 300 万 hm²，生态功能突出，也是藏羚羊、野牦牛、藏野驴、黄羊、雪豹、黑颈鹤等珍稀草食动物和鸟类的重要栖居区，因此，生态保护仍是该区需要优先考虑的目标，应控制畜群规模，适度降低藏羊存栏量。在纳木错湖盆等草地退化较明显的地区，应加强草畜平衡政策的落实和监管，控制畜群规模。在色林错等国家级自然保护区，应严格实施国家的限牧、禁牧政策。同时，鼓励牧民改善饲养方式，缩短饲养周期，促进适时出栏，提高草畜生产效率。

（3）三江源高寒草地限牧区

三江源高寒草地限牧区位于青海高原中北部黄河、长江和澜沧江河源区，青海曲麻莱县、治多县、杂多县和玛多县境内，土地面积为 14.31 万 km²。高原丘陵和河盆地貌，平均海拔为 4604m，地形起伏和缓，平均起伏度为 174m。气候高寒，年降水量为 300 ～ 450mm，半干旱、半湿润气候，高山草甸、草原植被。包括 2 个小区：长澜源区半湿润草甸小区、黄河源区半干旱草原小区。前者分布于曲麻莱县、治多县和杂多县境内，长江和澜沧江河源区，高寒半湿润气候；后者位于玛多县和曲麻莱县西部，位于黄河源区，高寒半干旱气候。

区域总人口 9.65 万人，人口密度为 0.67 人/km²，其中长澜源区半湿润草甸小区 0.78 人/km²，黄河源区半干旱草原小区 0.52 人/km²。牧畜主要为牦牛和藏绵羊，2017 年牦牛存栏量为 80.81 万头，牛肉产量为 1.71 万 t，70% 分布在长澜源区半湿润草甸小区；藏羊存栏量为 80.77 万只，羊肉产量为 0.47 万 t，近 70% 分布在黄河源区半干旱草原小区。区域共有草地面积 1324.33 万 hm²，青草期平均盖度为 42.3%，平均分布海拔为 4601m，平均草地载畜量为 0.37 羊单位/hm²，总体适中，但在部分地区，仍存在较明显的草地过牧退化现象。尤其在长澜源区半湿润草甸小区，2000 ～ 2019 年近 10% 的草地，其盖度呈现下降趋势。

该区是长江、黄河和澜沧江的主要水源区，约 8% 的面积为河湖水域和沼泽湿地，是这 3 条河流的重要水源补给区，水源涵养功能突出。经过 2000 ～ 2019 年的生态保护，区域生态总体得到显著改善，但部分地区草地仍在退化，生态保护任重道远。因此，应加强监管，减少牲畜存栏量，保护长江、黄河水源地及黑颈鹤等珍稀鸟类的栖居环境。

15.2.2 中东部山原特色草牧业发展带

中东部山原特色草牧业发展带主要位于巴颜喀拉山、阿尼玛卿山和松潘高原，西藏那曲市东部，青海玉树州、果洛州、黄南州，四川阿坝州和甘肃甘南州境内，土地总面积为 24.52 万 km²。高原高山河谷盆地地貌，区域平均海拔为 4381m，地形起伏度为 281m，年均温度为 -1.09℃，年均降水量为 559mm（表 15-4）。高寒、寒温带半湿润气候，草甸植被，分布有青藏高原最好的草场和 1/3 的牦牛存栏量，近 30% 的牛肉产量，是青藏高原最重要的牦牛放牧区和牦牛肉奶产区。同时，该带还是拉萨河、怒江、雅砻江、大渡河等河流的发源地，是长江、黄河和澜沧江的重要的水源补给地。分布有若尔盖湿地、石渠县长沙贡玛湿地国家级自然保护区，湿地资源丰富，共有湿地面积 124.29 万 hm²，有黑颈鹤、白天鹅、赤麻鸭、斑头雁等数十种珍稀鸟类，还有白唇鹿、棒子、黄羊、岩羊等野生动物。

2020 年总人口为 127.77 万人，人口密度为 5.21 人/km²，牛、羊存栏量分别为 628.12 万头和 424.74 万只，可利用草地面积为 2150.39 万 hm²，平均载畜量为 1.66 羊单位/hm²。总体来看，大部分草地载畜量适中，草地基本维持稳定或有所改善，盖度提高；但在局部地区，约占草地面积的 12%，存在超载过牧，草地盖度出现下降。该带包括 3 个草牧区，即怒拉河源区高山草甸牧区，位于拉萨河和怒江发源地，藏北高原与藏东山地的过渡带，高寒气候，平均海拔 4887m，无霜期和青草期较短；三江源深谷高山草甸牧区，位于澜沧江、长江和黄河源区南部与东部，水热条件较好，草地青草期平均在 5 个月左右；松潘高原寒温草甸湿地牧区，位于四川阿坝州、青海黄南州和甘肃甘南州，高原盆地地貌，海拔较低，寒温带山地气候，草地水热条件好，青草期一般超过 7 个月，草质优良（表 15-4）。

表 15-4　中东部山原特色草牧业发展带及各区主要特征

项目	指标	中东部山原特色草牧业发展带	怒拉河源区高山草甸牧区	三江源深谷高山草甸牧区	松潘高原寒温草甸湿地牧区
面积与人口	土地面积/万 km²	24.53	6.14	12.78	5.60
	人口总量/万人	127.77	32.10	57.53	38.14
地形与气候	平均海拔/m	4381	4887	4414	3731
	地形起伏度/m	281	297	297	228
	年均温度/℃	−1.09	−1.35	−1.74	0.67
	年均无霜期长度/d	98	94	90	122
	年均降水量/mm	559	528	537	643
湿地林地资源	湖泊面积/万 hm²	16.34	9.03	3.94	3.38
	湿地面积/万 hm²	124.29	48.64	20.13	55.51
	林地面积/万 hm²	28.00	5.32	12.96	9.72
草地资源	面积/万 hm²	2150.39	533.13	1138.71	478.55
	青草期长度/d	156	127	149	207
	青草期盖度/%	66.40	54.45	67.42	77.16
	平均海拔/m	4387	4856	4444	3731
	平均坡度/(°)	14.76	14.73	15.52	12.97
存栏量	牛存栏量/万头	628.12	136.89	228.73	262.50
	羊存栏量/万只	424.74	41.22	115.13	268.38
肉奶产量	牛肉产量/万 t	17.76	4.03	5.11	8.63
	羊肉产量/万 t	4.23	0.45	0.82	2.96
	牛奶产量/万 t	29.48	4.00	8.37	17.11

项目	指标	中东部山原特色草牧业发展带	怒拉河源区高山草甸牧区	三江源深谷高山草甸牧区	松潘高原寒温草甸湿地牧区
农业活动强度	人口密度/（人/km²）	5.21	5.23	4.50	6.81
	草地载畜量/（羊单位/hm²）	1.66	1.36	1.11	3.30
	农业活动强度指数	1.40	1.21	0.86	2.86

该带是青藏高原优质牦牛肉奶的集中产区，应以草地为中心，坚持以草定畜、草畜平衡的原则，积极示范推广现代草牧业生产体系，打造优质、绿色的生态牦牛生产基地，推动区域草牧业的可持续发展。该带盛产虫草和黄菇等优质菌类，是青藏高原虫草产出最集中的地区，应规划布局，促进虫草产业的可持续发展。该带湿地资源丰富，建有若尔盖湿地、长沙贡玛湿地国家级自然保护区，也是长江、黄河等河流重要的水源补给区，应严格执行国家保护区政策，提高区域的水源涵养功能。在部分超载过牧地区，加强监管，切实落实草畜平衡政策，降低放牧强度，促进草地恢复。

（1）怒拉河源区高山草甸牧区

怒拉河源区高山草甸牧区位于拉萨河和怒江河源区，处于西藏那曲市东南部、拉萨市当雄县和昌都市丁青县、类乌齐县北部，土地面积为 6.14 万 km²。高山和高原盆地地形，平均海拔为 4887m。区域西部，即当雄-那曲高原盆地小区，处于唐古拉山和念青唐古拉山之间，高原丘陵河盆地貌，地形起伏和缓，平均起伏度 221m，年降水量在 450～500mm，主要为高寒半湿润缓坡草甸和草原植被；区域东部，即藏高山河谷小区，主要位于唐古拉山东段南麓，为深谷高山地貌，地形起伏度 367m，年降水量在 600mm 以上，高寒半湿润气候和高山坡地草甸植被。

该区人口为 32.10 万人，人口密度为 5.23 人/km²。牛羊存栏量分别为 136.89 万头和 41.22 万只，牛羊肉和牛奶产量分别为 4.03 万 t、0.45 万 t 和 4.0 万 t，人均肉、奶占有量分别高达 140kg 和 125kg，是西藏最重要的牛肉产区，其牦牛肉产量占西藏总产量的近 20%。区域共有利用草地面积 533 万 hm²，草地实际载畜量为 1.36 羊单位/hm²，大部分草地放牧强度适中，但部分地区存在过牧现象，根据 2000～2019MODIS 影像数据，约 25% 的草地存在退化风险，主要分布人口密度较高的河湖盆地，如当雄盆地，因此，需要加强草畜平衡政策的监督落实，控制畜群规模，防治草地过牧退化。该区有沼泽湿地面积近 50 万 hm²，目前大多用作牧场，湿地和黑颈鹤等鸟类栖居环境保护有待加强。

（2）三江源深谷高山草甸牧区

三江源深谷高山草甸牧区位于三江源区南部，巴颜喀拉山和阿尼玛卿山山脉，是雅砻江、大渡河，以及澜沧江、金沙江和黄河上游诸多支流的发源地，处于青海玉树州、果洛州和四川阿坝州（石渠县、阿坝县和色达县）境内，土地面积为 12.78 万 km²。深谷高山地貌，平均海拔为 4414m，地形起伏度 297m。杂多-达日高山草甸小区，主要位于巴颜喀拉山地和玉树州南部，地形海拔较高，平均 4571m，人口密度为 3.79 人/km²，畜牧以牦牛为主，存栏量近 100 万头，是羊存栏量的 4 倍多，草地载畜量为 0.85 羊单位/hm²；甘孜-果洛亚高山草甸小区，主要位于阿尼玛卿山地和果洛州境内，小部分面积位于四川石渠县东南部和德格县、甘孜县和色达县北部，海拔相对较低，平均 4259m，地形起伏度为 313m，水热条件相对较好，在部分河湖地区分布有约 0.12 万 km² 的山地针叶林地，为亚寒带半湿润气候；人口密度为 5.21 人，牛羊存栏量相近，分别为 130 万头和 91 万只，草地载畜量为 1.39 羊单位/hm²，较杂多-达日高山草甸小区高 63.5%。

该区人口为 57.53 万人，人口密度为 4.50 人/km²，主要从事牛羊放牧业。根据 2017 年县级统计数据，区域牛羊存栏量分别为 228.73 万头和 115.13 万只，肉、奶产量分别为 5.92 万 t 和 8.37 万 t，人均牛羊肉占有量超过 100kg。区域有可利用草地面积为 1138.71 万 hm²，多分布在 4300~4700m 的中缓坡山地，青草期平均盖度近 70%，草质优良。草地平均载畜量为 1.11 羊单位/hm²，农业活动强度总体较弱，低于青藏高原的均值（表 15-4），大部分地区的生态状况保持稳定或改善，仅在局部地区，约占草地面积的 10%，草地有轻度退化趋势。

该区湿地资源较丰富，共有面积 20 余万公顷，建有隆宝滩（草甸沼泽）国家级自然保护区，被誉为"黑颈鹤之乡"。该区还是三江流域的重要水源地，也是青海最重要的优质牦牛肉产区，因此，在加强草地和湿地保护，提高水源涵养能力的同时，调整和优化畜群结构，充分利用草地质量较好的优势，发展羔羊育肥和优质牦牛产业。另外，需要加强人工草场建设和草地鼠害防治，提高草地的产草量，预防冬季雪灾危害。

（3）松潘高原寒温草甸湿地牧区

松潘高原又称若尔盖草地或若尔盖盆地，位于四川、青海和甘肃三省的交界处，主要包括四川若尔盖县、红原县、阿坝县、松潘县，甘肃玛曲县、碌曲县，青海久治县、泽库县、河南蒙古族自治县（简称河南县）、同德县等的全部或部分区域，土地总面积为 5.60 万 km²。高原丘陵和盆地地形，海拔多在 3200~4000m，区域平均海拔为 3731m，地形起伏和缓，相对高差为 228m。气候温凉湿润，区域年均温度为 0.67℃，年降水量在 600~800mm，寒温半湿润气候，分布有青藏高原最好的草甸草场和最丰富的湿地资源，是牦牛、藏羊集中放牧区，共存栏牛羊分别为 262.5 万头和 268.39 万只。区域中部位于若尔盖-泽库一带，即中部盆地草甸湿地小区，为宽谷盆地区，平均海拔为 3600m，分布有密集的沼泽湿地，面积达 46.3 万 hm²，超过区域面积的 20%；周边地区为高山丘陵，即周边山地草甸小区，平均海拔为 3818m，缓坡亚高山草甸，在河谷地区分布有沼泽湿地，总面积为 9.2 万 hm²。

该区总人口为 38.14 万人，平均人口密度 6.81 人/km²，其中中部盆地草甸湿地小区较高，为 9.02 人/km²，周边山地区 5.37 人/km²。根据 2017 年和 2020 年县级统计数据，区域共生产牛、羊肉分别为 8.63 万 t、2.96 万 t，牛奶 17.11 万 t，均超过青藏高原总产量的 10%，人均牛羊肉产量超过 300kg，人均奶类产量约 445kg，是高原人均肉奶产量最高的地区。区域共有草地面积为 478.55 万 hm²，草地青草期盖度为 77.16%，平均草地载畜量为 3.30 羊单位/hm²，农业活动强度中等水平。因草质优良，耐牧性强，放牧活动对草地的影响不大，2000~2019 年 98% 的草地保持稳定，其中近 2/3 的草地盖度有所提高。

松潘高原地势平阔，是黄河南部源区包括黑河、白河、贾曲的汇流处，水草丰茂，是我国三大草原牧区之一。当地盛产的河曲马，是全国三大名马之一，墨洼牦牛也是著名的优良畜种。因此，现代草牧业发展具有广阔前景。建议加强草地建设，打造草地放牧和秋末集中育肥的现代畜牧业，推动羔羊育肥产业发展。同时，加强湿地、水源地和黑颈鹤、白天鹅、藏鸳鸯、白鹳等候鸟栖居地保护，提高生态和水源涵养能力，推动旅游业和区域经济发展。

15.2.3 中南部山地特色农业发展带

中南部山地特色农业发展带包括西藏一江两河地区和康巴地区，即念青唐古拉山北麓和横断山中北部地区。行政范围位于西藏日喀则市、拉萨市、山南市、林芝市和昌都市，四川甘孜州、阿坝州，青海玉树州和果洛州境内，土地总面积为 31.68 万 km²，2020 年总人口为 333.39 万人。高山河谷地貌，河谷海拔多在 3000～4400m，包括雅鲁藏布江中游、拉萨河和年楚河，怒江、澜沧江、金沙江和雅砻江等河谷。地形起伏，相对高差多超过400m，平均起伏度为 482m（表 15-5）。受海拔影响，气候垂直分异显著，但总体气候温凉，年平均温度为 1.77℃，年均降水量为 575.1mm，中暖温半干旱、半湿润气候。包括 3个农业区：一江两河半干旱河谷农业区、藏东中温河谷高山农牧区、横断山中暖温峡谷高山农牧区（表 15-5）。

表 15-5 中南部山地特色农业发展带及各区的主要特征

项目	指标	中南部山地特色农业发展带	一江两河半干旱河谷农业区	藏东中温河谷高山农牧区	横断山中暖温峡谷高山农牧区
面积与人口	土地面积/万 km²	31.68	5.16	8.91	17.75
	人口总量/万人	333.39	154.45	43.40	135.54
地形与气候	平均海拔/m	4426	4577	4731	4224
	地形起伏度/m	482	428	534	472
	年均温度/℃	1.77	2.90	0.48	2.09
	无霜期长度/d	127.0	129.5	114.0	144.0
	年均降水量/mm	575.1	417.6	569.8	625.6
湿地林地资源	湖泊面积/万 hm²	17.15	7.45	5.00	4.70
	湿地面积/万 hm²	38.58	18.96	7.87	11.75
	林地面积/万 hm²	360.81	30.88	85.09	244.84
耕地资源	面积/万 hm²	40.983	22.409	3.653	14.921
	人均/亩	1.84	2.18	1.26	1.65
	平均海拔/m	3759	3918	3821	3500
	平均坡度/（°）	9.42	5.69	14.14	13.48
草地资源	面积/万 hm²	1874.00	370.78	519.51	983.71
	青草期长度/d	183	158	152	209
	青草期盖度/%	48.68	34.30	41.12	57.97
	平均海拔/m	4520	4626	4751	4358
	平均坡度/（°）	22.08	21.42	24.20	21.20

续表

项目	指标	中南部山地特色农业发展带	一江两河半干旱河谷农业区	藏东中温河谷高山农牧区	横断山中暖温峡谷高山农牧区
存栏量	牛存栏量/万头	493.71	94.56	105.14	294.0
	羊存栏量/万只	236.13	129.33	10.10	96.66
	猪存栏量/万头	26.36	5.38	8.48	12.49
农产品产量	粮食产量/万 t	101.42	61.84	9.99	29.60
	油料产量/万 t	5.41	3.40	0.35	1.66
	牛肉产量/万 t	17.71	2.95	3.65	11.08
	羊肉产量/万 t	1.59	0.61	0.14	0.84
	猪肉产量/万 t	0.92	0.22	0.13	0.57
	牛奶产量/万 t	37.56	15.40	5.86	16.35
农业活动强度	人口密度/（人/km²）	10.52	29.93	4.87	7.70
	耕垦指数/%	1.29	4.35	0.41	0.85
	草地载畜量/（羊单位/hm²）	1.44	1.62	1.03	1.44
	农业活动强度指数	1.78	4.02	0.93	1.55

和植业主要分布在海拔 3000~4500m 的河谷地区，耕地面积为 40.983 万 hm²，多为平缓地，人均 1.84 亩（表 15-5），主要和植青稞和小麦，其次是油菜、马铃薯、蚕豆等喜凉作物，以及少量玉米，是青藏高原的青稞主产区。2020 年区域粮食总产量约 101.42 万 t，占青藏高原粮食总产量的 25%，其中青稞产量在 70 万 t 左右，超过高原青稞总产量的 80%。油料（主要为油菜籽）产量为 5.41 万 t。

区域可利用草地面积为 1874.00 万 hm²，分布在高山坡地，平均海拔为 4426m，平均坡度为 22.08°，主要为高山、亚高山草甸，草地平均青草期 183d，平均盖度为 48.68%（表 15-5），草地总体质量较好。根据 2020 年和 2017 年（青海）县级数据统计，区域共存栏牦牛 493.71 万头、绵山羊 236.13 万只，藏猪 26.36 万头；牛、羊、猪肉和奶类产量 17.71 万 t、1.59 万 t 和 0.92 万 t 和 37.56 万 t，是青藏高原重要的牛肉和牛奶产区，分别占青藏高原总产量的 27% 左右。

区域人口密度 10.52 人/km²，是青藏高原均值的 2 倍。土地耕垦指数 1.29%，草地载畜量为 1.44 羊单位/hm²，平均农业活动强度较青藏高原均值高 78%（表 15-5）。该带是青藏高原最重要的青稞、牦牛肉和牛奶产区，尤其是青稞全国闻名，农业具有显著的高原特色。畜牧业以天然草场放牧为主，冬、春季采用草场放牧与圈养相结合的混合模式，利用作物秸秆和青储饲料补饲，具有显著的农区畜牧业特色。设施农业近年发展快速，2018 年有设施用地 0.23 万 hm²，为拉萨市、日喀则市等重要城市提供了丰富的优质蔬菜。该带农业地位突出、特色鲜明，生态保护压力相对较轻，因此，应加强农业投入和农业结构调整，推动农业的可持续和绿色发展。

第一，加强农业投入，推动种植业和畜牧业的稳定发展。从空间布局看，位于西部的一江两河半干旱河谷农业区，耕地分布面积大（表 15-5），是西藏人口最聚集的农业区和粮食产区，也是最著名的青稞产区，因此，应挖掘地区优势，推动种植业的规模化和产业化发展，建设青稞生产基地，推动青稞生产、产品加工和销售的全产业链发展。位于中部的藏东中温河谷高山农牧区，耕地分布零散，宜发展以农户为基础的小规模种植，重点应推动草牧产业发展，提高优质牛羊肉和奶类产品的产出。横断山中暖温峡谷高山农牧区，草地资源丰富，且质量好，也是青藏高原重要的牛羊肉产区；同时，该区耕地资源分布面积较大，是重要的青稞、马铃薯产区，黑青稞已成为甘孜州和阿坝州的标志性产品。农业布局应推动优质牛羊草牧产业发展，在阿坝县和甘孜盆地等传统青稞产区，打造黑青稞生产基地。第二，充分利用区域光照资源丰富，病虫害较轻的优势，大力发展设施农业，提高蔬菜的供应能力。第三，农牧结合，改善耕地的利用结构，适度扩大豆科牧草、玉米、燕麦草等青饲作物的种植面积，提高饲草生产，发展牛羊放牧–舍饲相结合的高效畜牧业，推动农业资源的综合利用。例如，可利用种植业基础较厚的优势，发展奶牛养殖，推动牛奶产业发展。第四，加强基本农田建设，改善灌溉条件，提高种植业的生产效率；同时通过粮食作物与豆科作物轮作，改善土壤肥力，减少化肥农业使用量，控制农药使用，发展绿色粮食、蔬菜生产。第五，推动观光农业发展，增加旅游收入。

（1）一江两河半干旱河谷农业区

一江两河半干旱河谷农业区位于雅鲁藏布江中游及其支流拉萨河、年楚河、拉孜河等流域的中下游地区，行政上位于拉萨市、日喀则市和山南市境内，区域总面积为 5.16 万 km^2，总人口为 154.45 万人，聚集在拉萨市、日喀则市、山南市等重要城市。河谷海拔多在 3500～4400m，中温带半干旱气候，年均温度在 5～10℃，年降水量在 350～550mm。区域耕地面积 22.409 万 hm^2，平均海拔 3918m，主要分布在河谷平原，多为厚层壤质土，灌溉条件好，农田灌溉率超过 90%，以种植青稞为主，占比超过作物播种面积的 60%，其次是小麦、马铃薯、油菜等作物。2020 年粮食总产量 61.84 万 t，超过西藏总产量的60%，油菜产量 3.40 万 t。粮食作物单产一般都在 4t/hm^2 以上，是西藏的粮仓。

区域共有可利用草地面积 370.78 万 hm^2，主要分布在山坡，平均分布海拔 4626m，以高山、亚高山草原和灌丛草原为主，草地质量相对较差，植被稀疏，草地盖度多低于40%。受温度和降水量的影响，牧草大致在 5 月开始返青，10 月底进入枯草期，青草期长度在 158d 左右，平均盖度为 34.30%（表 15-5）。2020 年牛羊存栏量分别为 94.56 万头和129.33 万只，牛、羊肉产量分别为 2.95 万 t、0.61 万 t，牛奶产量 15.40 万 t，猪肉产量0.22 万 t。

根据区域差异，该区划分为 2 个小区，即拉萨–山南中暖温河谷小区、日喀则中温河谷小区。前者土地面积为 2.37 万 km^2，人口为 102 万人，人口密度为 43.04 人/km^2，是西藏人口密度最高的地区。小区有耕地面积 8.91 万 hm^2，耕垦指数为 3.75%，人均耕地1.31 亩。耕地平均海拔 3795m，水热条件相对较好，年均温度在 8～10℃，年均降水量在450～550mm，主要种植青稞、小麦、油菜和马铃薯，部分地区有青储饲料玉米种植。在拉萨市周边设施农业分布集中，主要生产黄瓜、辣椒、西红柿等优质蔬菜和西瓜等。2020年小区粮食总产量为 24.89 万 t，油菜产量为 1.24 万 t。林周县、曲水县、达孜区等地，耕地分布面积较大，适合发展青稞等粮食生产基地建设。小区可利用草地面积为 169.48万 hm^2，以高山草甸和放牧牦牛为主，2020 年年末存栏量为 60.25 万头，牛肉产量为 2.28

万 ，牛奶产量为 10.36 万 t。藏羊存栏量为 29.27 万只，羊肉产量为 0.16 万 t。牛羊年存栏总量为 330 万羊单位，草地平均载畜量为 1.95 羊单位/hm²。

日喀则中温河谷小区主要位于尼木县、仁布县、桑珠孜区、江孜县、拉孜县、南木林县、谢通门县和昂仁县境内，土地面积为 2.78 万 km²，人口为 52.41 万人，人口密度为 18.84 人/km²。耕地面积为 13.5 万 hm²，主要分布在 3800～4400m 的雅鲁藏布江及其支流年楚河和拉孜河的河谷盆地区，平均海拔为 4001m。河谷农区气候温凉，年均温度多在 5～8℃，年均降水量在 280～450mm，属于半干旱偏干气候，非常适合春青稞生长，是青藏高原青稞最重要的产区和种子生产基地。2020 年，小区共生产粮食 36.95 万 t，80%以上为青稞。该小区有可利用草场 135 万 hm²，主要为高山草原，青草期平均盖度 30%，草质较差，以放牧藏羊为主，存栏量约 100 万只，但羊肉产量不高，仅 0.45 万 t；牦牛存栏量为 34.31 万头，以奶牛为主，年产牛奶 5 万 t，牛肉 0.67 万 t。小区人均耕地 3.86 亩，土地耕垦指数较高，为 4.85%。草地放牧强度相对较低，平均 1.35 羊单位/hm²。

一江两河半干旱河谷农业区是西藏人口分布最密集的地区，人口密度为 29.93 人/km²，是西藏最重要的农区，土地耕垦指数为 4.35%，草地载畜量为 1.62 羊单位/hm²，平均农牧活动强度是青藏高原均值的 4 倍。在河谷盆地，分布有包括拉鲁湿地等湿地面积 18.96 万 hm²，是多种鸟类的栖居地。该区还是黑颈鹤的越冬夜宿地和觅食地，其河谷农区是雅鲁藏布江中游河谷黑颈鹤国家保护区的核心区。因此，农业发展第一需要考虑黑颈鹤的越冬保护问题，应限制化肥、农药的施用；在核心保护地，应禁止农药施用，作物收割后，禁止秋末、早春翻耕，保护黑颈鹤的越冬环境，为黑颈鹤觅食和越冬提供保障。第二，应加强耕地保护。由于城市发展和生态退耕，2000 年以来耕地流失严重，已对区域粮食生产产生显著影响，因此，需要严格非农建设、绿地发展占用耕地的审批和监控，稳定耕地面积。第三，加强绿色发展试验示范区建设，重点打造一批青稞、马铃薯和设施蔬菜核心种植区。第四，调整作物种植结构，利用农区较丰富的耕地资源，扩大人工饲草种植面积，发展牛羊放牧、舍饲相结合的农区畜牧业，建设绵羊、牦牛育肥和奶牛养殖基地，改善畜牧业的生产效率。第五，河谷地区风蚀沙化严重，应加强植树造林和沙化土地防治。

（2）藏东中温河谷高山农牧区

藏东中温河谷高山农牧区位于尼洋河、怒江上游高山河谷区，行政范围包括工布江达县、嘉黎县、比如县、索县、边坝县、丁青县、类乌齐县、洛隆县、八宿县、左贡县等地的全部或部分区域，区域面积为 8.91 万 km²，2020 年总人口为 43.40 万人。区内分布有念青唐古拉山东段、他念他翁山、伯舒拉岭等高大山脉，高山深谷地貌，平均海拔为 4731m，地形起伏度为 534m。受地形影响，区域气候差异显著，北部半湿润河谷小区，分布于工布江达县、比如县、丁青县地区，降水较丰，年降水量在 600mm 以上，为半湿润气候；南部半干旱河谷小区，位于洛隆县和左贡县境内，气候干热，年降水量在 400mm 左右，为半干旱气候。受地形制约，耕地资源有限，主要分布于海拔 3000～4100m 的河谷和坡麓洪积扇，耕地总面积为 3.653 万 hm²，人均 1.26 亩，多为坡耕地，平均坡度为 14.14°。耕地地块小且分布零散，土层厚度一般低于 50cm，石砾含量高，土地质量较差；但山坡溪水丰富，一般灌溉有保证，主要种植青稞、小麦、油菜、马铃薯等作物，在海拔低于 3500m

的地区有少量玉米种植。2020 年该区粮食产量为 9.99 万 t，油料产量为 0.35 万 t（表 15-5），其中北部半湿润河谷小区粮食产量为 4.82 万 t、油料产量为 0.21 万 t，南部半干旱河谷小区粮食产量为 5.17 万 t、油料产量为 0.14 万 t。

区域有草地面积为 519.51 万 hm²，高山草甸和草原植被，平均海拔为 4751m、坡度为 24.20°；草地平均青草期为 152d，草地盖度为 41.12%。其中北部半湿润河谷小区为 321.00 万 hm²，平均海拔为 4854m，高山草甸，青草期盖度为 45%。南部半干旱河谷小区草地面积 198.51 万 hm²，高山陡坡草甸草原植被，青草期盖度为 35%，草质较差。该区牧畜以牦牛为主，2020 年存栏 105.15 万头，牛肉和牛奶产量分别为 3.65 万 t 和 5.86 万 t，其中近 70% 分布在北部半湿润河谷小区。羊存栏数量不大，仅 10 余万只，羊肉产量为 0.14 万 t；藏猪存栏量为 8.48 万头，猪肉产量为 0.13 万 t。藏羊和藏猪都主要分布在南部半干旱河谷小区。

区域平均人口密度为 4.87 人/km²，受地形限制，人口和农业活动集中在河谷地区，农业活动强度指数为 0.93，土地耕垦指数为 0.41%，都略低于青藏高原均值。草地平均载畜量为 1.03 羊单位/公顷，载畜量适中（表 15-5）。从 2000 ~ 2019 年草地盖度的变化趋势看，93.8% 的草地生长状况保持稳定或改善，只有 6.2% 的草地盖度出现显著下降趋势，说明农业活动对区域生态的负面影响不大，建议继续推进草畜平衡政策，适当控制绵羊、山羊的存栏数量。该区丁青县、类乌齐县、比如县、索县和嘉黎县等地，牦牛品质优良，应规划建设牦牛优质生产基地，提高牦牛产业的生产效率和收益。其次，该区藏香猪有一定的养殖基础，应规划推动藏香猪产业发展。对于种植业，应加强基本农田建设，改善耕地灌溉条件，提高作物单产，提高农户的粮食自给能力。该区适宜耕垦的土地有限，河谷坡地分布有较大面积的山地针叶林（表 15-5），生态比较脆弱，应禁止山坡地耕垦，保护山地针叶林生态系统，防治水土流失。

（3）横断山中暖温峡谷高山农牧区

横断山中暖温峡谷高山农牧区位于横断山中北部澜沧江、金沙江、雅砻江流域，涵盖昌都市东部、青海玉树州、镶嵌县南部地区，甘孜州、阿坝州的大部分县市，土地总面积为 17.61 万 km²，人口 135.54 万人，人口密度 7.70 人/km²。高原山地和深切河谷地貌，平均海拔 4224m，地形起伏度 472m。由西向东，澜沧江、芒康山、金沙江、沙鲁里山、雅砻江、大雪山相间分布。山地海拔多在 4000m 以上，以高山、亚高山草甸植被为主；河谷海拔多在 3000 ~ 4000m，年均降水量多在 450 ~ 800mm，中暖温半干旱、半湿润气候，谷坡陡峻，多为灌木林和针叶林地。该区自然条件空间差异显著，划分为 5 个小区：芒康山温干河谷小区、澜金（澜沧江和金沙江）暖干峡谷小区、沙鲁里山温湿河谷小区、雅砻江暖湿峡谷小区、大雪山暖湿河谷小区，其主要特征见表 15-6。

表 15-6 横断山中暖温峡谷高山农牧区各小区的主要特征

项目	指标	芒康山温干河谷小区	澜金暖干峡谷小区	沙鲁里山温湿河谷小区	雅砻江暖湿河谷小区	大雪山暖湿河谷小区
面积与人口	土地面积/万 km²	4.12	4.56	3.22	2.14	3.57
	人口总量/万人	37.81	36.31	22.35	21.66	17.41

续表

项目	指标	芒康山温干河谷小区	澜金暖干峡谷小区	沙鲁里山温湿河谷小区	雅砻江暖湿河谷小区	大雪山暖湿河谷小区
地形与气候	平均海拔/m	4367	4150	4422	4025	4093
	地形起伏度/m	409	556	373	597	453
	年均温度/℃	1.36	3.35	1.28	2.97	1.52
	无霜期长度/d	120.7	145.4	120.8	153.3	127.8
	年均降水量/mm	542.2	544.6	651.1	766.6	709.0
湿地林地资源	湖泊面积/万 hm²	1.44	1.55	1.09	0.35	0.27
	湿地面积/万 hm²	3.09	2.06	4.33	0.62	1.65
	林地面积/万 hm²	27.30	91.16	21.76	58.88	45.74
耕地资源	面积/万 hm²	3.189	4.292	1.208	2.316	3.916
	人均耕地/亩	1.27	1.77	0.81	1.60	3.37
	平均海拔/m	3704	3489	3659	3289	3429
	平均坡度/(°)	12.56	15.90	12.52	17.37	11.57
草地资源	面积/万 hm²	257.16	193.06	228.07	77.78	227.65
	青草期长度/d	177	221	219	252	212
	青草期盖度/%	62.89	48.79	55.42	49.53	65.58
	平均海拔/m	4438	4322	4473	4312	4198
	平均坡度/(°)	20.73	24.78	17.20	24.50	21.59
存栏量	牛存栏量/万头	82.87	52.51	56.76	18.96	82.90
	羊存栏量/万只	26.02	19.94	19.04	7.73	23.93
	猪存栏量/万头	1.68	6.50	1.11	1.83	1.37
农产品产量	粮食产量/万 t	5.74	9.56	2.38	4.48	7.44
	油料产量/万 t	0.12	0.20	0.17	0.46	0.71
	牛肉产量/万 t	3.12	3.01	1.49	0.79	2.66
	羊肉产量/万 t	0.19	0.22	0.14	0.08	0.21
	猪肉产量/万 t	0.02	0.18	0.08	0.16	0.13
	牛奶产量/万 t	3.74	4.19	2.45	1.30	4.67
农业活动强度	人口密度/(人/km²)	9.18	7.96	6.94	10.12	4.88
	耕垦指数/%	0.77	0.94	0.38	1.08	1.10
	草地载畜量/(羊单位/hm²)	1.71	1.46	1.33	1.32	1.93
	农业活动强度指数	1.71	1.37	1.28	1.25	2.00

该区有丰富的针叶林地、湿地等生态资源，林地面积为 244.84 万 hm²，森林覆盖率为13.9%。湿地面积为 11.75 万 hm²，主要分布在澜沧江、金沙江和雅砻江等河流的水源补给与涵养区，尤其在四川甘孜州的理塘县和稻城县分布最为集中。现代冰川、古冰川发

育，现有高山冰川面积近 7 万 hm^2，自然景观丰富多样。目前建有海子山高寒湿地和野生动物（扭角羚、白唇鹿、林麝、马麝、雪豹、豹）国家级自然保护区；察青松湿地、原生针叶林和白唇鹿等野生动物国家级自然保护区；亚丁冰川景观、湿地、针叶林和牛羚、白唇鹿等珍稀野生动物国家级自然保护区。

区域耕地面积为 14.921 万 hm^2，主要分布在河谷和坡麓洪积扇，多为缓坡耕地，平均海拔为 3500m，热量条件较好，但地块小、土层薄、石砾含量高，土质、肥力和保水能力差。多数耕地无灌溉条件，以旱作为主。但在甘孜和阿坝盆地，耕地分布连片，土层深厚，有灌溉保障。主要种植作物有小麦、青稞、马铃薯、玉米、油菜等，产量不高，一般亩产在 200kg 以下。2020 年区域粮食产量约 29.60 万 t，占青藏高原粮食总量的 7.40%，其中近 60% 分布在澜金暖干峡谷小区和大雪山暖湿河谷小区。油料产量为 1.66 万 t，其中 70.5% 分布在雅砻江暖湿峡谷小区和大雪山暖湿河谷小区（表 15-6）。区域可利用草地面积 228 万 hm^2，主要分布于高山、亚高山带，草甸植被，青草期为 209d，草地平均盖度为 57.97%，草质优良，主要放牧牦牛。2020 年牦牛存栏量为 294.0 万头，牛肉和牛奶产量分别为 11.08 万 t 和 16.35 万 t，分别占青藏高原总量的 17.3% 和 11.6%。羊存栏量为 96.66 万只，生产羊肉 0.84 万 t；藏猪存栏量为 12.49 万头，生产猪肉 0.57 万 t，主要分布在澜金暖干峡谷小区。

该区人口密度 7.70 人/km^2，土地耕垦指数为 0.85%，草地载畜量为 1.44 羊单位/hm^2，农业活动强度中等。2000 年以来，由于生态保护和气候暖湿化的影响，超过 60% 的草地生长状况改善，不过仍有近 10% 的面积盖度下降，总体保持稳定向好的态势。从农业发展看，第一，应充分利用该区草地资源丰富、草质较好的优势，发展优质牦牛产业；第二，河谷农区藏香猪和特色果木如核桃、苹果、甜樱桃等产业发展基础良好，应推动藏猪和果木产业发展；第三，在甘孜县、阿坝县等地河谷盆地，耕地质量好，可规划建设优质黑青稞生产基地；第四，该区坡耕地比例高，在加强基本农田建设的同时，陡坡耕地应退耕还林或改种果木作物，防治水土流失，保护林地生态系统；第五，该区农民多采用农膜种植玉米、马铃薯，应加强农膜监管回收，避免农膜污染。

15.2.4 东缘山地农业调控发展带

东缘山地农业调控发展带位于横断山南部和东侧高山峡谷区、岷山山地、高原东北部黄河上游谷地和祁连山东段，从南向北跨云南、四川、甘肃和青海四省，土地总面积为 29.54 万 km^2。地处青藏高原与云贵高原、四川盆地、秦岭、黄土高原的过渡带，地形变化剧烈，农业差异显著。东南部川滇地区气候湿润，年均降水量为 600~900mm，深切河谷发育，地形破碎，相对高差超过 500m。东北部地区为中高山地和黄土丘陵地貌，地形起伏相对和缓，相对高差多在 200~350m，半干旱气候，年均降水量多在 350~500mm。根据自然条件和农业差异，由南向北划分为 4 个农业区，即滇川暖热河谷坡地农业区、川西暖热峡谷坡地农业区、黄河上游温干河谷农业区、东祁连山温干河谷盆地农业区（表 15-7）。

表 15-7　东缘山地农业调控发展带及各农业区的主要特征

项目	指标	东缘山地农业调控发展带	滇川暖热河谷坡地农业区	川西暖热峡谷坡地农业区	黄河上游温干河谷农业区	东祁连山温干河谷盆地农业区
面积与人口	土地面积/万 km²	29.54	8.10	8.15	6.06	7.23
	人口总量/万人	891.01	216.89	104.82	540.50	28.80
地形与气候	平均海拔/m	3343	3241	3390	3069	3632
	地形起伏度/m	443	549	645	291	251
	年均温度/℃	3.17	7.96	4.01	2.29	-2.41
	无霜期长度/d	161	226	176	144	84
	年均降水量/mm	580.8	786.1	656.3	437.1	386.2
湿地林地资源	湖泊面积/万 hm²	57.47	4.53	1.57	2.91	48.47
	湿地面积/万 hm²	105.76	5.20	1.90	7.34	91.32
	林地面积/万 hm²	553.07	293.95	213.22	31.07	14.83
耕地资源	面积/万 hm²	125.390	33.652	13.971	70.960	6.807
	人均/亩	2.11	2.33	2.00	1.97	3.55
	平均海拔/m	2623	2549	2294	2704	2819
	平均坡度/(°)	12.84	15.51	21.85	10.17	8.28
草地资源	面积/万 hm²	1285.54	103.42	279.06	373.78	529.28
	青草期长度/d	179	256	219	189	139
	青草期盖度/%	58.63	43.88	57.60	64.14	58.13
	平均海拔/m	3562	3675	3825	3135	3703
	平均坡度/(°)	17.95	24.96	27.07	16.22	12.99
牲畜存栏量	牛存栏量/万头	439.16	99.80	104.33	161.88	73.15
	羊存栏量/万只	1389.93	242.68	69.53	602.05	475.67
	猪存栏量/万头	344.02	162.09	55.09	124.97	1.87
农产品产量	粮食产量/万 t	241.04	94.70	24.13	114.29	7.92
	油料产量/万 t	30.86	1.48	1.44	26.86	1.08
	牛肉产量/万 t	18.46	3.39	4.35	8.28	2.44
	羊肉产量/万 t	14.55	2.45	0.74	6.50	4.87
	猪肉产量/万 t	30.26	12.71	4.00	13.32	0.23
	牛奶产量/万 t	54.54	10.43	7.33	31.27	5.51
农业活动强度	人口密度/(人/km²)	30.16	26.78	12.86	89.19	3.98
	耕垦指数/%	4.25	4.16	1.71	11.72	0.94
	草地载畜量/(羊单位/hm²)	2.79	7.17	2.12	3.78	1.59
	农业活动强度指数	4.57	4.60	1.88	11.06	2.14

2020年区域人口为891.01万人，占青藏高原总人口的56.2%，其中50%以上为农业人口，主要从事种植业、畜牧业和果木业。区域共有耕地面积为125.390万 hm²，超过80%为山坡地，主要种植玉米、小麦、马铃薯、油菜、青稞、蔬菜及少量水稻。区域粮食和油料总产量分别为241.04万 t 和30.86万 t，分别占青藏高原总产量的60.1%和72.4%；猪、牛、羊肉产量分别为30.26万 t、18.46万 t、14.55万 t，分别占青藏高原总产量的84.4%、28.8%、48.7%。其他农产品包括中草药、果木（核桃、苹果、梨等）等，年产量分别超过20万 t 和60万 t。区域可利用草地面积为1285.54万 hm²，主要分布在高山地区，以山地草甸为主。草地青草期为179d，平均盖度为58.63%，草地质量优良。区域存栏牦牛和黄牛合计439.16万头，绵山羊1389.93万只，藏猪和土猪344.02万头（表15-7）。该带是青藏高原土地垦殖率最高、农业活动最剧烈的地区。

该带有林地面积553.07万 hm²，森林覆盖率为18.7%，湿地面积为105.76万 hm²（表15-7），分布有丰富的珍稀生物资源，有大熊猫、金丝猴、戴帽叶猴、白眉长臂猿、熊猴、羚牛、豹、白尾稍虹雉等珍稀野生动物，以及斑头雁、棕头鸥、渔鸥、鸬鹚、黑颈鹤等多种珍稀鸟类，还分布有原生林以及红豆杉、长蕊木兰、光叶珙桐等珍稀树种。目前，已建有十多个国家级自然保护区，包括九寨沟、平武县王朗和雪宝顶、宝兴县蜂桶、汶川县卧龙、石棉县栗子坪等多个大熊猫国家级自然保护区；高黎贡山、芒康滇金丝猴、小金县四姑娘山、甘肃莲花山、洮河、祁连山，青海循化县孟达、大通北川等森林生态系统和野生动物国家级自然保护区，以及青海湖国家级自然保护区等，其保护区面积合计约2.8万 km²，占区域总面积的近10%。

该带人口密度较高，平均为30.16人/km²，土地耕垦指数为4.25%，草地牛羊载畜量为2.79羊单位/hm²，农业活动强度指数为4.57，农业活动强度较高，生态压力大。受地形限制，耕地主要分布在山坡，平均坡度为12.84°，尤其是滇川暖热河谷坡地农业区、川西暖热峡谷坡地农业区，耕地坡度较陡（表15-7），部分地区水土流失严重。因此，农业发展应优先考虑生态保护，在此基础上，调整农业结构尤其是耕地的利用结构，促进生态和农业的协调发展。第一，应强化山地森林生态系统和生物多样性保护，深化保护区和边远山区农村居民点的移民搬迁，限制在自然保护区耕垦放牧，并逐步退出耕垦土地。第二，加强梯田和基本农田建设，提高耕地质量。第三，推动耕地利用转型，发展果树、茶树、花椒等果木产业；同时，适当扩大马铃薯、蔬菜、中药材等高附加值作物的种植比例，增加农民收入。第四，适度开发适宜荒坡地建造果园、茶园、花椒园等，但需要严格监管和审批。第五，加强人工饲草种植，发展农区舍饲畜牧业。第六，适度控制农膜、农药用量，防治面源污染，发展绿色产业。

（1）滇川暖热河谷坡地农业区

滇川暖热河谷坡地农业区位于横断山南部，怒江、澜沧江、金沙江、雅砻江中游山地峡谷区，行政上主要位于云南迪庆州、丽江市和大理州，四川得荣县、木里县、盐源县、九龙县和冕宁县等县境内，土地面积为8.10万 km²，人口为216.89万人，超过一半为汉族人口，其他为藏族、白族、傈僳族、纳西族、彝族等少数民族。中高山峡谷地貌，地形起伏破碎，平均海拔为3241m，地形起伏度为549m。气候温暖，区域年均温度为7.96℃，年均降水量在600mm以上，但区域差异明显：南部地区，即南部湿热河谷小区，位于云龙–盐源一带，海拔较低，平均 2831m，年均降水量在 800mm 以上，区域年均温度超过 10℃，属亚热带湿润气候；区域西北部怒江、澜沧江、金沙江河谷区，即西北部暖干峡谷小区，地形起伏破碎，河谷地区气候干热，为半干旱气候；区域东北部地区，即东北部暖湿河谷小区，中高山地峡谷地形，平均海拔为 3610m，相对高差超过 600m，河谷海拔多在 2500～3200m，降水量较丰，为亚热带半湿润气候（表 15-8）。

该区水热条件好，大部分地区温暖多雨，无霜期长，适宜苹果、核桃、桃、梅、梨、茶等经济林木生长。农业以种植业和生猪养殖为主，主要种植玉米、冬小麦、豆类、马铃薯等；在山间盆地，主要种植水稻、玉米以及烤烟等作物。现有耕地面积 33.652 万 hm²，集中分布在 3200m 以下的谷坡，多为旱坡地，平均坡度为 15.51°。2020 年区域粮食产量为 94.70 万 t，猪肉产量为 12.71 万 t，约 89% 产自南部湿热河谷小区。黄牛和牦牛年末存栏量为 99.80 万头、羊年末存栏量为 242.68 万只，牛羊肉产量为 5.84 万 t，也主要分布在南部湿热河谷小区（表 15-8）。

表 15-8 滇川暖热河谷坡地农业区各小区的主要特征

项目	指标	西北部暖干峡谷小区	东北部暖湿河谷小区	南部湿热河谷小区
面积与人口	土地面积/万 km²	2.45	1.47	4.18
	人口总量/万人	22.21	10.59	184.09
地形与气候	平均海拔/m	3718	3610	2831
	地形起伏度/m	624	618	480
	年均温度/℃	5.36	6.02	10.16
	无霜期长度/d	190.9	197.1	256.0
	年均降水量/mm	661.2	806.1	852.3
湿地林地资源	湖泊面积/万 hm²	1.25	0.42	2.86
	湿地面积/万 hm²	1.59	0.46	3.15
	林地面积/万 hm²	81.54	65.83	146.58
耕地资源	面积/万 hm²	2.290	1.371	29.991
	人均/亩	1.55	1.94	2.44
	平均海拔/m	2952	2706	2520
	平均坡度/（°）	14.47	18.25	15.47
草地资源	面积/万 hm²	60.30	20.91	22.21
	青草期长度/d	228	305	307
	青草期盖度/%	37.15	45.42	60.50
	平均海拔/m	3823	4161	2806
	平均坡度/（°）	26.94	25.72	18.80
存栏量	牛存栏量/万头	17.96	14.16	67.68
	羊存栏量/万只	9.55	25.20	207.93
	猪存栏量/万头	11.84	9.16	141.09

续表

项目	指标	西北部暖干峡谷小区	东北部暖湿河谷小区	南部湿热河谷小区
农产品产量	粮食产量/万 t	6.98	5.82	81.90
	油料产量/万 t	0.18	0.04	1.26
	牛肉产量/万 t	0.45	0.56	2.38
	羊肉产量/万 t	0.06	0.23	2.16
	猪肉产量/万 t	0.79	0.62	11.30
	牛奶产量/万 t	2.05	0.66	7.72
农业活动强度	人口密度/（人/km²）	9.07	7.22	44.04
	耕垦指数/%	0.93	0.93	7.18
	草地载畜量/（羊单位/hm²）	1.65	4.59	24.60
	农业活动强度指数	1.03	1.50	7.79

区域林地面积为 293.95 万 hm^2，平均森林覆盖率为 36.3%，分布有原始高山针叶林和滇金丝猴等珍稀野生动物，建有芒康滇金丝猴、云南白马雪山、云龙天池等国家级自然保护区。林下菌类资源丰富，有野生羊肚菌、黑木耳、松茸等。苹果、花椒、梨、樱桃等经济果木种植面积较大，是青藏高原主要水果产区之一，经济林木开发建设前景良好。

该区平均人口密度 26.78 人/km²，人均粮食占有量 437kg，自给有余。首先，农业布局应在保障农户口粮安全供给的基础上，扩大经济作物种植面积；调整耕地的利用方式，发展车厘子、苹果、梨、花椒等经济果木，促进农民增收。其次，发展玉米、豆科牧草作物种植比例，建设种养基地，推动藏香猪、当地黑猪等特色养殖业发展。最后，坡地开垦较普遍，因此，应加强基本农田建设，提高耕地质量，同时禁止林地耕垦，保护山地森林生态系统。

（2）川西暖热峡谷坡地农业区

川西暖热峡谷坡地农业区位于岷山以南、大雪山以东，岷江、大渡河和邛崃山峡谷区，土地面积为 8.15 万 km²，人口为 104.82 万人（表 15-7），主要为汉族和藏族、羌族、回族、彝族、苗族等少数民族人口。区域平均海拔为 3390m，地形起伏度为 645m，西部四川康定市、丹巴县、小金县、马尔康市、黑水县、松潘县到甘肃九寨沟县、迭部县、卓尼县一带，即北部暖湿河谷小区，海拔较高，平均为 3668m，土地面积为 5.30 万 km²，人口为 50.72 万人，人口密度为 9.55 人/km²。小区现有耕地面积为 6.33 万 hm^2，主要分布在 2500～3200m 的河谷坡地，以种植业和牛羊草牧业为主，可利用草地面积为 251.3 万 hm^2，牦牛和绵羊存栏量分别为 85.2 万头和 45.2 万只。东部冕宁县、泸定县、宝兴县、茂县、北川县、平武县、舟曲县、宕昌县一带，即南部湿热河谷小区，位于高原边界带，海拔较低，平均为 2870m，但地形变化剧烈，地形起伏度高达 720m，土地面积为 2.85 万 km²，人口为 54.10 万人，人口密度为 18.98 人/km²；耕地面积为 7.646 万 hm^2，主要分布在 2500m 以下的河谷坡麓和谷坡，平均海拔为 1963m，平均坡度达 23°，以种植业、生猪养殖业和果木业为主。

川西暖热峡谷坡地农业区总体属暖温带和亚热带半湿润气候,年均降水量在600mm以上,区域平均温度为4.1℃,但河谷地区温度高,在10~20℃,农业以种植业为主,其次是畜牧业和果木业。区域耕地面积为13.971万hm²,多为中陡坡山坡地,平均坡度为21.85°,主要种植玉米、小麦、马铃薯、青稞、蚕豆、油菜等作物,为典型的坡地农业区。2020年粮食产量为24.13万t,油料产量为1.44万t。牛、羊存栏量和产肉量分别为104.33万头、69.53万只和4.35万t、0.74万t(表15-7),主要为牦牛和绵羊,超过70%分布在北部暖湿河谷小区。生猪存栏量55.09万头,多为藏猪和本地土猪,以放养为主,猪肉产量为4.00万t,主要分布在南部湿热河谷小区。

该区有原生和次生针阔叶林地面积213.22万hm²,森林覆盖度为26.16%,是大熊猫等野生珍稀动物的主要栖居地。可利用草地面积为279.06万hm²,主要分布在亚高山山坡,平均坡度为27.07°,为陡坡山地草甸,可进行性差,但草地盖度高,青草期平均盖度为57.60%,草质优良,平均牛羊载畜量为2.12羊单位/hm²。该区人类活动总体强度处于中等,土地耕垦指数为1.71%,但河谷地区人口密度较高,坡地耕垦严重,环境压力较大,对大熊猫保护造成一定威胁。因此,第一,需要加强自然保护区的生态移民、退耕和控制放牧强度,保护山地生态系统和珍稀野生动物的栖居环境。第二,加强坡耕地改造,推进梯田建设,或将坡耕地改为果园、茶园等。立足当地优势水果资源,建设大樱桃、苹果、梨(长把梨、黄果梨、软儿梨)、薄皮核桃、花椒种植园。第三,调整种植结构,发展高山蔬菜、马铃薯等高收益农业产业,增加农民收入。第四,该区是贝母、羌活、灵芝等中草药和松茸等菌类的主要产区,推进中草药和菌类产业发展。

(3)黄河上游温干河谷农业区

黄河上游温干河谷农业区处于青藏高原与黄土高原、秦岭过渡带,黄河上游及其支流湟水河、洮河、大通河山地河谷区,海拔在2000~4000m,平均为3069m,地形起伏度为291m,山地丘陵地貌,分布有较大面积的黄土沉积。行政上,位于青海西宁市、海东市、海南州、海北州和黄南州,甘肃甘南州、定西市境内,土地面积为6.06万km²,总人口为540.50万人,占青藏高原人口总数的34.1%。中暖温半干旱气候,区域年均温度为2.29℃,年均降水量在350~550mm,区域平均年降水量437.1mm(表15-7)。

根据人口分布和农业活动的空间差异,划分为3个小区,即湟水谷地小区、贵南-夏河谷盆地小区、洮河谷地小区(表15-9)。湟水谷地小区,主要分布于西宁市和海东市,人口超过400万人,是青藏高原人口最密集的地区,平均人口密度为153.36人/km²,也是青海的主要粮食区和青藏高原油料集中产区,生产了青藏高原54.1%的油菜籽,农业发展程度较高。贵南-夏河谷盆地小区,位于西倾山、拉脊山及其之间的黄河谷地,区域平均海拔为3336m,气候温凉,人口密度相对较低,以种植业和牛羊放牧业为主。洮河谷地小区位于甘南州南部,平均海拔为2904m,年均降水量为528.1mm,中温半干旱偏湿或亚湿润气候,耕地面积为20.054万hm²,主要为坡耕地,平均坡度为14.00°,其中约40%的耕地种植中草药作物,是青藏高原中草药生产分布最集中的地区。

表 15-9　黄河上游温干河谷农业区及各小区的主要特征

项目	指标	湟水谷地小区	贵南-夏河谷盆地小区	洮河谷地小区
面积与人口	土地面积/万 km²	2.69	2.32	1.05
	人口总量/万人	412.54	42.73	85.23
地形与气候	平均海拔/m	2901	3336	2904
	地形起伏度/m	307	261	316
	年均温度/℃	2.27	1.47	4.15
	无霜期长度/d	145	130	173
	年均降水量/mm	424.7	410.3	528.1
湿地林地资源	湖泊面积/万 hm²	1.74	0.72	0.45
	湿地面积/万 hm²	2.51	4.00	0.83
	林地面积/万 hm²	13.61	7.06	10.40
耕地资源	面积/万 hm²	42.061	8.845	20.054
	人均/亩	1.53	3.10	3.53
	平均海拔/m	2644	3052	2707
	平均坡度/(°)	9.43	6.83	14.00
草地资源	面积/万 hm²	150.34	171.44	52.00
	青草期长度/d	185	185	221
	青草期盖度/%	61.53	62.52	77.01
	平均海拔/m	2937	3365	2947
	平均坡度/(°)	17.53	14.42	18.35
存栏量	牛存栏量/万头	74.26	61.45	26.17
	羊存栏量/万只	316.66	233.22	52.18
	猪存栏量/万头	105.56	3.98	15.43
农产品产量	粮食产量/万 t	89.74	11.64	12.91
	油料产量/万 t	23.08	2.21	1.56
	牛肉产量/万 t	4.97	2.30	1.01
	羊肉产量/万 t	3.45	2.56	0.49
	猪肉产量/万 t	12.03	0.30	0.99
	牛奶产量/万 t	23.28	6.03	1.97
农业活动强度	人口密度/(人/km²)	153.36	18.42	81.17
	耕垦指数/%	15.66	3.81	19.15
	草地载畜量/(羊单位/hm²)	4.58	3.15	3.52
	农业活动强度指数	15.70	5.00	12.61

　　黄河上游温干河谷农业区以汉族、藏族、回族为主，主要从事种植业。区域耕地面积为 70.960 万 hm²，人均耕地 1.97 亩，分布于黄河及其支流谷地、盆地和山地缓坡，以旱

作为主，主要种植小麦、油菜、青稞、马铃薯、玉米和中草药，农田灌溉率低于30%。根据青海2017年和甘肃2020年县级统计数据，区域粮食产量为114.29万t，其中约30%为马铃薯，35%为小麦和青稞，其余35%是玉米、豆类、荞麦等。油料产量为26.86万t。畜牧以绵羊、牦牛、藏猪放牧和圈养补饲为主，年末存栏量分别为602.05万只、161.88万头和124.97万头，产肉量分别为6.50万t、8.28万t和13.32万t（表15-7）。

该区可利用草地面积为373.38万hm²，平均载畜量为3.78羊单位/hm²。人口密度大，为89.19人/km²，土地耕垦指数高，平均达11.72%，是青藏高原农业活动最剧烈的地区。该区2000年以来退耕力度大，在湟水谷地小区，因退耕和城市用地扩张占用，耕地面积出现快速减少，2000～2020年共减少耕地超过20%。从近20年的草地盖度变化趋势结果看，该区生态状况总体得到显著改善，86%的草地盖度增加，只有2%的草地盖度出现下降，主要受益于生态保护和气候暖湿化的影响。因此，第一，建议适度控制退耕规模，严格控制耕地转为建设、绿化等非农用地，稳定粮食生产；第二，加强高标准基本农田和水利设施建设，建设优质青稞、油菜、马铃薯、中草药生产基地；第三，调整作物种植结构，发展粮草轮作和农区畜牧业；第四，加强山地植树绿化和坡耕地整治，防治水土流失；第五，该区是油菜籽主产区，秋季油菜花开，景观优美，其中门源盆地是我国著名的农业观光旅游区，因此应总结经验，推动观光农业及其相关产业链开发，带动区域绿色农业发展。

（4）东祁连山温干河谷盆地农业区

东祁连山温干河谷盆地农业区包括东祁连山地和青海湖盆地，位于青海祁连县、天峻县、刚察县、海晏县和甘肃肃南州、民乐县、山丹县等地境内，土地面积7.23万km²，人口28.80万人。山地河谷盆地地貌，平均海拔3632m，地形起伏度251m。由于地理纬度较高，加上地形的影响，热量条件较差，区域年均温度−2.41℃，年均降水量低于400mm，属寒温带兰干旱气候。分为两个小区，即东祁连山地河谷小区、青海湖盆地小区。前者海拔在2500m以上，平均海拔为3705m，地形起伏度为298m，属低起伏高山地貌。气候寒冷，年均温度为−3.24℃，无霜期低于3个月。后者平均海拔为3441m，地形起伏度126m，丘陵盆地地貌。两小区降水量差别不大，区域平均在380mm左右。

该区有耕地面积6.807万hm²，主要分布在河谷和湖盆周边，坡度平缓，其中4.467万hm²分布在东祁连山地河谷小区，耕地平均海拔为2653m，其余耕地分布在青海湖盆边小区，海拔较高，平均为3219m。气候偏寒，作物种植单一，主要为青稞、油菜和马铃薯。无霜期短，春季常受低温霜冻影响，因此单产不高，青稞单产低于3t/hm²，油菜单产低于1.5t/hm²。2017年粮食产量为7.92万t，油料产量为1.08万t。畜牧以羊为主，年末存栏量为475.67万只，产肉4.87万t；其次是牦牛，年末存栏量为73.15万头，产肉2.44万t；生猪存栏量不大，仅1.87万头。

该区有山地针叶林地面积14.83万hm²，湖泊水域和湿地面积分别为48.47万hm²和91.32万hm²，分布有青海云杉、祁连圆柏、白唇鹿等珍稀树种、野生动物和多种鸟类。祁连山地又是河西走廊的主要水源地，因此，大部分区域已划为祁连山山地森林生态系统国家级自然保护区、青海湖国家级自然保护区。经过20余年的生态保护，农业活动有所减轻，耕地面积占比不足1%，草地载畜量为1.59羊单位/hm²，总体适中，基本实现草畜平衡，生态状况得到显著改善。2000~2019年，超过85%的草地植被盖度提高，仅在居民点附近少量（2.4%）草地质量有所下降。考虑到该区生态地位特殊，农业发展应坚持生态优先的原则，继续推进限牧、限农政策，提高祁连山生态系统的水源涵养能力，改善青海湖的水环境。根据国家级自然保护区政策，在核心保护区，应退耕禁牧；在边缘区，应通过适当补贴，发展绿色种植业，限制化肥、农药的使用，改善青海湖周边鸟类的生存环境。同时，应加强青海湖鱼类资源的监管，禁止非法捕捞。最后，应加强青海湖、祁连县油菜花观光农业建设，推进游憩观光农业发展。

15.2.5 北缘山盆地绿洲农业发展带

北缘山盆地绿洲农业发展带包括昆仑山、阿尔金山山地、柴达木盆地、共和盆地西部，土地总面积为39.20万km²，人口为58.77万人，人口密度为1.50人/km²，超过90%分布在柴达木盆地暖温绿洲农业区。金祁干旱河谷高山农牧区（阿尔金山、祁连山西段），人口稀少（表15-10）。

该带年均降水量多在50~300mm，区域平均年降水量为108.8mm，气候干旱，超过60%的面积为干旱裸地和沙漠，耕地集中分布在柴达木盆地和共和盆地周边的洪冲积扇上，共有面积7.540万hm²，主要种植枸杞、玉米、小麦、油菜和马铃薯。2020年生产枸杞9.21万t，2017年粮食、油料产量分别为9.55万t、3.19万t，牛、羊、猪肉和牛奶产量分别为0.90万t、3.17万t、0.49万t和1.94万t。

该带共有可利用草地面积1289.82万hm²，占区域面积的32.90%，高山荒漠化草原、荒漠灌丛草原植被，平均分布海拔为3803m，青草期平均盖度为20.66%，牛羊载畜量为0.28羊单位/hm²。土地耕垦指数为0.19%，人类活动强度指数为0.29，总体较弱（表15-10）。在绿洲区周边，有较丰富的水资源和荒地资源，可适度开发，发展枸杞产业。同时，应适度限制山羊规模，保护荒漠生态系统，防治土地沙化。

表15-10 北缘山盆地绿洲农业发展带及各区的主要特征

项目	指标	北缘山盆地绿洲农业发展带	柴达木盆地暖温绿洲农业区	金祁干旱河谷高山农牧区
面积与人口	土地面积/万km²	39.20	14.77	24.43
	人口总量/万人	58.77	54.51	4.26
地形与气候	平均海拔/m	3592	2990	3949
	地形起伏度/m	208	90	278
	年均温度/℃	-0.37	3.48	-2.70
	无霜期长度/d	99	145.8	69.9
	年均降水量/mm	108.8	97.1	115.9
湿地林地资源	湖泊面积/万hm²	65.95	36.82	29.13
	湿地面积/万hm²	161.42	108.86	52.56
	林地面积/万hm²	2.52	1.03	1.49

续表

项目	指标	北缘山盆地绿洲农业发展带	柴达木盆地暖温绿洲农业区	金祁干旱河谷高山农牧区
耕地资源	面积/万 hm²	7.540	6.893	0.647
	人均/亩	1.92	1.90	2.28
	平均海拔/m	2931	2993	2409
	平均坡度/（°）	3.84	3.62	5.68
草地资源	面积/万 hm²	1289.83	328.03	961.80
	青草期长度/d	110	133	101
	青草期盖度/%	20.66	26.22	18.70
	平均海拔/m	3803	3284	3981
	平均坡度/（°）	12.84	8.63	14.27
存栏量	牛存栏量/万头	18.89	13.18	5.71
	羊存栏量/万只	262.03	140.22	121.81
	猪存栏量/万头	3.55	3.25	0.30
农产品产量	粮食产量/万 t	9.55	8.23	1.32
	油料产量/万 t	3.19	2.81	0.38
	牛肉产量/万 t	0.90	0.60	0.30
	羊肉产量/万 t	3.18	1.89	1.29
	猪肉产量/万 t	0.49	0.46	0.03
	牛奶产量/万 t	1.94	1.23	0.71
农业活动强度	人口密度/（人/km²）	1.50	3.69	0.17
	耕垦指数/%	0.19	0.47	0.03
	草地载畜量/（羊单位/hm²）	0.28	0.63	0.16
	农业活动强度指数	0.29	0.59	0.11

（1）柴达木盆地暖温绿洲农业区

柴达木盆地暖温绿洲农业区位于柴达木盆地东部、共和盆地西部，干旱气候，年降水量 200~350mm，主要种植玉米、冬小麦和枸杞等作物，畜牧以绵山羊、牦牛和藏猪为主（表15-10）。光照充足，昼夜温差大，非常适宜枸杞生长，是我国仅次于宁夏的枸杞产区。农业以国有农场为主，种植小麦、玉米、马铃薯和油菜等作物，灌溉水源稳定，亩产一般在 300kg 以上。近年因为人口外迁，耕地撂荒现象较突出，应支持国有农场发展，建设藜麦、小麦、马铃薯生产基地，稳定粮食生产。开发当地的农业旅游资源，打造盐湖观光、旱区畜牧业及绿洲特色农业观光区。支持枸杞产业的生产发展，加强枸杞基地建设。该区有可利用草地资源 328.03 万 hm²，适合绵山羊放牧养殖，但应控制畜群规模，防止因过牧导致土地沙漠化。

（2）金祁干旱河谷高山农牧区

金祁干旱河谷高山农牧区位于昆仑山北坡和阿尔金山、西祁连山干旱荒漠区，土地面积为 24.43 万 km²。高原山地地貌，海拔在 2700~5000m，平均近 4000m，地形起伏度为 278m。寒温带干旱气候，区域年均温度为 $-2.7℃$，年均降水量为 115.9mm。人口稀少，总人口为 4.26 万人，零散分布在河谷地区，主要从事种植业和放牧业。该区耕地面积为 0.647 万 hm²，平均海拔为 2409m，温带干旱气候，主要种植玉米、小麦、油菜、马铃薯等作物，2020 年粮食产量为 1.32 万 t，油料产量为 0.38 万 t；牛、羊存栏量分别为 5.71 万头、121.81 万只，产肉量分别为 0.30 万 t、1.29 万 t（表 15-10）。

该区大部分地区无人居住，平均人口密度仅 0.17 人/km²，土地耕垦指数为 0.03%，草地载畜量为 0.16 羊单位/hm²，农业活动仅限于局部地区，总体轻微，原始高原荒漠生态系统保持基本完好。该区有河湖水域和湿地面积超过 80 万 hm²，主要分布在阿尔金山和祁连山盐池湾野生动物（藏羚羊、藏野驴、野牦牛、白唇鹿、藏原羚）国家级自然保护区内，栖居有白雕、玉带海雕、金雕、斑头雁、棕头鸥、黑颈鹤等多种鸟类。农业发展应坚持生态保护优先的原则，适度发展玉米、小麦、油菜、枸杞等作物种植。对于畜牧业，应控制羊群规模，防止草地过牧沙化。

15.2.6 西南缘山地边疆农业发展带

西南缘山地边疆农业发展带位于新疆、西藏和云南靠近边境的地区，土地面积为 48.14 万 km²，人口约为 137.64 万人。地处喀喇昆仑山、喜马拉雅山和高黎贡山山脉，平均海拔为 4202m，地形起伏度为 481m。西北角新疆边境地区，即喀喇昆仑山地区，平均海拔 4300m，干旱少雨；位于西藏阿里地区和日喀则市境内的边境区，平均海拔约 4900m，干旱、半干旱气候，河谷海拔较高，气候温凉；东南段包括藏南地区和云南边境区，海拔较低，平均为 3100m，温暖多雨。考虑其显著的空间差异特征，划分为 4 个农牧区：喀喇昆仑干旱河谷高山农牧区、喜山（喜马拉雅山）干旱谷盆高山农牧区、喜山半干旱谷盆高山农牧区、藏滇湿润峡谷坡地农业区，其主要特征见表 15-11。

表 15-11 西南缘山地边疆农业发展带及各区的主要特征

项目	指标	西南缘山地边疆农牧发展带	喀喇昆仑干旱河谷高山农牧区	喜山干旱谷盆高山农牧区	喜山半干旱谷盆高山农牧区	藏滇湿润峡谷坡地农业区
面积与人口	土地面积/万 km²	48.14	14.04	9.88	9.24	14.98
	人口总量/万人	137.64	16.53	7.34	31.86	81.92
地形与气候	平均海拔/m	4202	4305	4936	4908	3100
	地形起伏度/m	481	470	304	380	687
	年均温度/℃	1.62	-3.73	-0.11	0.66	8.37
	无霜期长度/d	137	69	100	111	240
	年均降水量/mm	374.3	81.3	194.3	434.3	730.8

项目	指标	西南缘山地边疆农牧发展带	喀喇昆仑干旱河谷高山农牧区	喜山干旱谷盆高山农牧区	喜山半干旱谷盆高山农牧区	藏滇湿润峡谷坡地农业区
湿坦林地资源	湖泊面积/万 hm²	54.76	5.78	19.32	18.63	11.03
	湿地面积/万 hm²	110.98	15.51	48.76	32.85	13.86
	林地面积/万 hm²	674.48	0.94	9.61	29.50	634.43
耕地资源	面积/万 hm²	23.087	1.367	0.366	5.752	15.602
	人均/亩	2.52	1.24	0.75	2.71	2.86
	平均海拔/m	2447	2562	4080	4200	1740
	平均坡度/(°)	12.11	4.92	6.10	6.80	15.29
草地资源	面积/万 hm²	1865.52	462.18	499.75	600.97	302.62
	青草期长度/d	127	129	121	129	132
	青草期盖度/%	22.76	20.37	16.34	24.79	32.55
	平均海拔/m	4458	3597	4880	4815	4360
	平均坡度/(°)	19.18	24.73	12.57	15.98	28.03
存栏量	牛存栏量/万头	118.27	14.08	10.68	48.80	44.71
	羊存栏量/万只	372.52	88.42	54.68	178.83	50.59
	猪存栏量/万头	74.76	0.03	0.00	0.67	74.06
农产品产量	粮食产量/万 t	46.86	3.64	0.48	11.73	31.01
	油料产量/万 t	1.51	0.02	0.01	0.75	0.73
	牛肉产量/万 t	3.43	0.85	0.19	1.17	1.22
	羊肉产量/万 t	2.53	0.88	0.22	0.81	0.62
	猪肉产量/万 t	4.20	0.00	0.00	0.01	4.19
	牛奶产量/万 t	9.38	0.00	0.22	6.05	3.11
农业活动强度	人口密度/(人/km²)	2.86	1.18	0.74	3.45	5.47
	耕垦指数/%	0.48	0.10	0.04	0.62	1.04
	草地载畜量/(羊单位/hm²)	0.52	0.34	0.22	0.70	0.91
	农业活动强度指数	0.54	0.25	0.13	0.85	0.89

该带以牧业和种植业为主,2020 年牛、羊、猪存栏量分别为 118.27 万头、372.52 万只、74.76 万头,肉类总产量为 10.16 万 t,牛奶产量为 9.38 万 t,人均肉奶占有量分别为 74kg 和 68kg。区域有耕地面积为 23.087 万 hm²,人均 2.52 亩,主要种植玉米、青稞、小麦、水稻、豆薯类和油菜等作物。2020 年粮食产量为 46.86 万 t,油料产量为 1.51 万 t,人均粮食占有量为 341kg。

该带人口密度为 2.86 人/km²,土地耕垦指数为 0.48%,草地载畜量为 0.52 羊单位/hm²,农业活动强度总体较低,仅为青藏高原平均强度的一半,很多地区还保持较原始的自然状态，在喜马拉雅山南坡分布有大面积的原生林，现有林地面积674.48万 hm^2。该带地理位置特殊，种植业和牧业仍是主导产业，对稳定人口、维护边疆安全具有关键作用，因此，建议适当进行土地开发，发展设施农业和饲草产业，推动农业发展，提高蔬菜和肉类产品的供给能力。藏南地区包括波密县、墨脱县、察隅县地区，水热条件好，应适当加大开发力度，发展水果和茶叶产业，加强波密县、墨脱县、错那县等地的茶园建设，提高雪域有机绿茶、红茶、黑茶和砖茶等特色茶叶产量，带动城镇建设和人口集聚，促进边疆安全。

（1）喀喇昆仑干旱河谷高山农牧区

喀喇昆仑干旱河谷高山农牧区位于新疆西南角喀喇昆仑山脉，乌恰县、塔什库尔干县、叶城县、皮山县、和田县等地境内，土地面积为14.04万 km^2。高原山地河谷地貌，平均海拔为4305m，地形起伏度为470m。气候干旱，年均降水量为81.3mm。根据河谷海拔和地貌特征，分为西北部暖温河谷山地小区、东南部中温河谷高原小区。区域总人口16.53万人，超过80%分布在西北部小区。耕地面积为1.367万 hm^2，平均海拔为2562m，气候温暖，灌溉农业，主要种植玉米、小麦、马铃薯、棉花等作物，以及紫花苜蓿等饲草作物。2020年共生产粮食为3.64万t，约90%产自西北部小区。区域有可利用草地面积462.18万 hm^2，山地荒漠草原，青草期盖度仅20.37%。年末绵山羊存栏量为88.42万只，牦牛存栏量为14.08万头，牛羊肉产量分别为0.85万t和0.88万t（表15-11）。

该区人口散布在河流谷地和洪冲积扇上，平均人口密度为1.18人/ km^2。西北部暖温河谷高山小区较高，为2.57人/ km^2，主要从事种植业；西南部中温河谷高原小区人口稀少，人口密度仅0.31人/ km^2，以草牧业为主。区域土地耕垦指数0.10%，人均粮食占有量220kg，草地载畜量为0.34羊单位/ hm^2。该区农业活动强度总体轻微。河谷地区气候温暖，光照充足，适宜红枣、核桃、杏等喜光果木生长，其生产的薄皮核桃、巴仁杏等独具特色，已列为地理标志产品。还有就是乌恰牦牛、大尾羊等也是独具地方特色地理标志产品。农业发展应挖掘地区的资源优势，适度土地开发，推动核桃、红枣果木业以及设施蔬菜产业发展，改善农业效益。

（2）喜山干旱谷盆高山农牧区

喜山干旱谷盆高山农牧区位于喜马拉雅山西段，札达县、普兰县、仲巴县、萨嘎县，以及西部日土县、萨嘎县境内，土地面积为9.88万 km^2，人口为7.34万人。高原山地和宽谷盆地地貌，平均海拔为4936m，地形起伏度为304m。高寒干旱气候，区域年均温度为-0.11℃，年均降水量为194.3mm，荒漠和荒漠化草原植被，植被稀疏，超过40%的面积为荒漠裸地。分为2个小区，即日土-札达中温河谷小区、普兰-萨嘎寒温谷盆地小区。前者位于狮泉河和象泉河流域，气候极为干旱，年均降水量仅88.3mm，但灌溉水源充足，在象泉河谷地，分布有较大面积的河湖沉积层，土质优良，具有良好的绿洲农业发展条件，但开发程度不高，现有耕地面积仅0.28万 hm^2。后者年均降水量在100~300mm，干旱气候，草地面积为293.20 hm^2，但因适宜耕垦的低海拔土地有限，耕地面积很少，仅860 hm^2。

该区以草牧业为主，共有可利用草地面积约499.75万 hm^2，主要分布在雅鲁藏布江河源区、象泉河和狮泉等河谷盆地，以及高山阴坡，平均分布海拔为4880m，为高山荒漠草原，植被稀疏，青草期草地平均盖度仅 16.34%，主要放牧绵山羊和牦牛。2020 年羊存栏量为 54.68 万只，牦牛存栏量为 10.68 万头，牛羊肉总产量为 0.41 万 t。种植业主要分布在河谷地区，共有耕地面积 0.366 万 hm²，分布海拔在 3800~4300m，气候温凉，有灌溉保障，主要种植早熟青稞。2020 年生产粮食 0.48 万 t，人均 65kg。

该区人口稀少，人口密度仅 0.74 人/km²，大部分地区无人居住。土地耕垦指数为 0.04%，草地载畜量为 0.22 羊单位/hm²，农业活动总体轻微。该区与印度交界，战略地位重要。除要加强城镇建设外，可通过农业发展，促进人口聚集。该区光照充足，在日土狮泉河、札达象泉河谷地，水源较丰富，可适度开发，发展青稞和设施农业，提高粮食和蔬菜的供给。普兰县、萨嘎县一带，地处雅鲁藏布江河源区，湿地分布面积大，也是该区草地最好的地区，部分区域已划为保护区，因此，需要控制放牧强度，防止草地退化。

（3）喜山半干旱谷盆高山农牧区

喜山半干旱谷盆高山农牧区位于西藏喜马拉雅山中段北坡，日喀则市和山南市境内，土地面积 9.24 万 km²，人口 31.86 万人。高山湖盆地貌，平均海拔 4908m，地形起伏度 380m。年降水量多在 300~500mm，但在樟木市、亚东县、吉隆县等位于喜马拉雅山南坡的河谷谷地，降水量较大，超过 600mm。包括 3 个农牧小区，即吉隆–定结寒温河谷小区、岗巴–浪卡子寒温谷盆地小区、洛扎–隆子中温谷盆地小区（表 15-12）。

表 15-12 喜山半干旱谷盆高山农牧区各小区特征

项目	指标	吉隆–定结寒温河谷小区	岗巴–浪卡子寒温谷盆地小区	洛扎–隆子中温谷盆地小区
面积与人口	土地面积/万 km²	4.09	3.64	1.51
	人口总量/万人	13.39	11.87	6.6
地形与气候	平均海拔/m	4922	4961	4737
	地形起伏度/m	406	300	506
	年均温度/℃	1.32	0.15	0.13
	无霜期长度/d	117	102	117
	年均降水量/mm	528.0	355	373
湿地林地资源	湖泊面积/万 hm²	5.56	12.56	0.51
	湿地面积/万 hm²	9.17	22.89	0.79
	林地面积/万 hm²	19.34	4.39	5.77
耕地资源	面积/万 hm²	2.517	1.663	1.572
	人均面积/亩	2.82	2.10	3.57
	平均海拔/m	4197	4434	3956
	平均坡度/（°）	5.5	5.84	9.86

项目	指标	吉隆-定结寒温河谷小区	岗巴-浪卡子寒温谷盆地小区	洛扎-隆子中温谷盆地小区
草地资源	面积/万 hm²	239.68	266.09	95.20
	青草期长度/d	117	128	163
	青草期盖度/%	21.6	25.8	30.0
	平均海拔/m	4819	4874	4636
	平均坡度/（°）	15.9	13.9	22.1
存栏量	牛存栏量/万头	13.65	26.45	8.70
	羊存栏量/万只	62.84	104.52	11.47
农产品产量	粮食产量/万 t	5.98	2.86	2.89
	油料产量/万 t	0.37	0.22	0.16
	牛肉产量/万 t	0.24	0.74	0.19
	羊肉产量/万 t	0.26	0.5	0.05
	牛奶产量/万 t	0.92	4.14	0.99
农业活动强度	人口密度/（人/km²）	3.27	3.26	4.37
	耕垦指数/%	0.06	0.46	1.04
	草地载畜量/（羊单位/hm²）	0.55	0.89	0.58
	农业活动强度指数	0.71	0.93	1.06

该区有耕地面积为 5.752 万 hm²，人均 2.71 亩，分布于河流宽谷，海拔较高，多在 4000m 以上，最高可达 4600m，平均海拔为 4200m，温凉半干旱气候，主要种植早熟青稞、油菜和豌豆，以及燕麦草等饲草作物，粮食作物单产不高，亩产 100kg 左右。2020 年共生产粮食 11.73 万 t，油料产量为 0.75 万 t。该区有可利用草地面积 600.97 万 hm²，主要分布在高山缓坡，平均海拔为 4815m，气候寒冷，青草期短，多不足 5 个月，平均草地盖度为 24.79%。牧畜以绵羊为主，存栏量为 178.83 万只；其次是牦牛，存栏量为 48.80 万头。2020 年，羊肉产量为 0.81 万 t，牛肉产量为 1.17 万 t。猪存栏量为 0.67 万头，集中在洛扎-隆子中温谷盆地小区（表 15-11 和表 5-12）。

该区人口密度为 3.45 人/km²，土地耕垦指数为 0.62%，草地载畜量为 0.70 羊单位/hm²，农业活动强度接近高原的平均水平。受喜马拉雅山脉东西走向的影响，该区河谷地带大风日数多，风蚀沙化严重，沙地面积较大，因此，需要加强土地沙化防治。该区宜农荒地资源丰富，但主要问题是灌溉水源不足，生长期偏短，适宜发展早熟青稞、油菜、饲草种植，以及发展暖棚蔬菜产业。应充分利用当地的土地资源较丰富的优势，发展牧草种植，推动草业和绵羊和牦牛产业发展，同时探讨设施农业的发展途径，发展设施蔬菜产业。

（4）藏滇湿润峡谷坡地农业区

藏滇暖湿峡谷坡地农业区包括雅鲁藏布江下游山地河谷，云南高黎贡山和怒江、澜沧江下游谷地，行政上位于西藏林芝市南部和云南迪庆州、怒江州境内，土地面积为 14.98

万 km²（其中约 9 万 km² 位于印控区），人口为 81.92 万人。中高山峡谷地貌，平均海拔为 3100m，地形起伏度为 687m，谷深坡陡，地形极为破碎。年均降水量为 730.8mm，半湿润、湿润气候，森林覆盖率 42%。划分为 3 个小区，即雅江暖湿河谷小区、藏南湿热峡谷小区、怒澜湿热峡谷小区（表 15-13），其中雅江暖湿河谷小区，位于朗县-波密一带，雅鲁藏布江和尼洋河下游谷地，河谷海拔在 2700～3000m，为暖温带半湿润气候；藏南温热峡谷小区位于错那县、墨脱县和察隅县南部，大部分位于印控区，海拔较低，平均仅 2245m；怒澜湿热峡谷小区位于高黎贡山和怒江、澜沧江下游峡谷区，河谷海拔多在 2500m 以下，降水丰沛，为亚热带湿润气候。

表 15-13　藏滇山地湿润峡谷坡地农业区各小区特征

项目	指标	雅江暖湿河谷小区	藏南湿热峡谷小区	怒澜湿热峡谷小区
面积与人口	土地面积/万 km²	6.05	7.21	1.72
	人口总量/万人	20.42	1.61	59.89
地形与气候	平均海拔/m	4220	2245	2746
	地形起伏度/m	721	659	689
	年均温度/℃	3.2	12.5	9.3
	无霜期长度/d	160	303	260
	年均降水量/mm	691	/	1169
湿地林地资源	湖泊面积/万 hm²	5.12	4.64	1.26
	湿地面积/万 hm²	6.83	5.76	1.27
	林地面积/万 hm²	139.66	420.35	74.42
耕地资源	面积/万 hm²	3.135	4.944	7.523
	人均/亩	2.30	46.16	1.88
	平均海拔/m	3059	546	1920
	平均坡度/（°）	8.37	6.27	24.65
草地资源	面积/万 hm²	206.88	79.41	16.33
	青草期长度/d	143	101	156
	青草期盖度/%	32	32	46
	平均海拔/m	4531	4067	3590
	平均坡度/（°）	27.6	29.2	28.6
存栏量	牛存栏量/万头	26.25	3.02	15.44
	羊存栏量/万只	2.61	1.97	46.01
	猪存栏量/万头	26.14	1.64	46.28

项目	指标	雅江暖湿河谷小区	藏南湿热峡谷小区	怒澜湿热峡谷小区
农产品产量	粮食产量/万 t	6.95	1.63	22.44
	油料产量/万 t	0.42	0.03	0.28
	牛肉产量/万 t	0.60	0.17	0.45
	羊肉产量/万 t	0.02	0.04	0.56
	猪肉产量/万 t	0.40	0.04	3.75
	牛奶产量/万 t	2.45	0.61	0.05
农业活动强度	人口密度/（人/km^2）	3.38	0.22	34.82
	耕垦指数/%	0.52	0.69	4.38
	草地载畜量/（羊单位/hm^2）	0.65	0.21	7.55
	农业活动强度指数	0.61	0.49	3.58

该区现有耕地面积为 15.602 万 hm^2，其中约 30% 分布在藏南印控区。耕地平均分布海拔为 1740m，以坡耕地为主，主要种植玉米和冬小麦，其次是马铃薯、豆类、青稞和油菜；在部分河谷平地，有水稻种植。2020 年共生产粮食 31.01 万 t，油菜籽等油料产量为 0.73 万 t。畜牧以养猪业为主，2020 年存栏量为 74.06 万头，生产猪肉 4.19 万 t，占肉类总产量的 69%；牛肉产量为 1.22 万 t；羊肉产量不高，仅 0.62 万 t。该区林地面积大，林下菌类资源丰富。水热条件适合果木生长，其中雅江暖湿河谷小区是西藏最重要的核桃、苹果和茶叶产区。

根据县域人口数据测算，该区平均人口密度为 5.47 人/km^2，人口压力不大，但在怒澜湿热峡谷小区，人口密度较高，平均 34.84 人/km^2。区域土地耕垦指数为 1.04%，怒澜湿热峡谷小区较高，为 4.38%。该区有可利用草地面积 302.62 万 hm^2，主要分布在林间高山陡坡，平均分布海拔为 4360m，平均坡度达 28.03°，草地可达性较差，平均牛羊载畜量为 0.91 羊单位/hm^2。该区森林和灌木林占比超过 50%，农业活动强度中偏下水平，不过，怒澜湿热峡谷小区农业活动强度较高。

该区水热条件好，在雅鲁藏布江谷地和藏南地区，部分河谷缓坡适宜开发，可发展有机茶园、苹果等产业，吸引人口聚集，促进边疆农业发展。在怒澜湿热峡谷小区，应加强坡耕地改造和基本农田建设，稳定当地居民粮食供给。从农业产业发展看，该区重点应发展高原茶叶、核桃、苹果、藏香猪养殖等基础良好的优势产业。

15.3 农业调控布局

青藏高原的农业调控布局划分为 6 个农业带（图 15-1），包括 1 个生态保护限牧带和 5 个农业优化发展带，可简称为"一核五区"的调控布局方案；前者位于高原腹地，是生态保护和屏障建设核心区，应限牧、禁牧，称为"一核"；后者位于高原东南部和高原周边地区，是高原特色农业建设发展区，称为"五区"：在中东部特色草牧业发展带、中南部山地特色农业发展带，构建以牦牛、青稞为基础的高原特色农业产业；在高原东缘山地农业调控发展带，调控打造可持续的坡地农业体系；在高原北缘山盆地绿洲农业发展带，包括昆仑山–阿尔金山–祁连山和柴达木盆地，发展绿洲农业；在新疆–西藏–滇北边境带，稳固、推动边疆农业发展，促进边防安全。

中西部高原生态保护限牧带：以生态和水源地保护为中心，积极推进生态安全屏障建设。其中北羌塘寒旱荒漠草原禁牧区，人口稀少，人口密度仅 0.04 人/km^2，应加强生态移民，退牧还草，提升羌塘高原和可可西里国家级自然保护区的生态功能；南羌塘高寒草地限牧区现有人口近 25 万人，人口密度为 0.72 人/km^2，是青藏高原重要的绒山羊产区，也是黑颈鹤、藏羚羊、藏野驴等珍稀野生动物的栖居区，建有色林错国家级自然保护区，应坚持生态保护优先的原则，以草定畜，优化畜群结构，控制绒山羊的放牧规模；三江源高寒草地限牧区现有人口近 10 万人，人口密度为 0.67 人/km^2，涵盖"三江源国家公园"，分布有丰富的河湖湿地资源，应严格按照国家公园的管理政策，限制放牧强度；在公园外围地区，逐步降低牛和藏羊的存栏数量。

中东部山原特色草牧业发展带：2020 年总人口为 127.77 万人，人口密度为 5.21 人/km^2。纯牧区，基本无种植业，主要为草甸植被，草质优良，分布了青藏高原近 1/3 的牦牛，是优质牦牛肉、奶的集中产区。应以草地为中心，坚持以草定畜、草畜平衡的原则，积极构建现代草牧业示范区，打造优质、绿色的生态牦牛生产基地，推动区域草牧业的可持续发展。同时，加强湿地保护，在若尔盖湿地、长沙贡玛湿地国家级自然保护区，严格落实限牧政策，保护长江、黄河等河流重要的水源补给区。在部分超载过牧地区，加强监管，落实草畜平衡政策，降低放牧强度，促进草地恢复。

中南部山地特色农业发展带：半农半牧区和青稞主产区，也是藏族人口集中分布区。2020 年总人口为 333.39 万人，人口密度为 10.52 人/km^2。现有耕地面积 40.983 万 hm^2，生产粮食超过 100 万 t，其中约 2/3 为青稞。应推动青稞产业发展，在一江两河地区、横断山河谷盆地（如阿坝州、甘孜州、香格里拉市）等耕地连片分布区，布局建设一批优质青稞生产基地；积极推动设施蔬菜和设施瓜果（如西瓜）等设施农业产业，满足当地的蔬菜需求；在藏东和横断山农牧区，积极发展藏香猪、马铃薯、藏中药材、核桃和苹果等产业，建设生产基地；调整耕地的利用结构，扩大饲草、青储玉米的种植面积，推动畜牧业转型，构建农区牧畜业生产体系；加强雅鲁藏布江河谷地区的风蚀沙化和横断山区的水土流失防治。在一江两河黑颈鹤越冬农区，发展免耕技术，保护黑颈鹤越冬采食环境。

东缘山地农业调控发展带：土地面积占青藏高原面积的 11%，总人口 891.01 万人，占青藏高原总人口的 56%，是青藏高原人口的集中分布区。以种植业为主，生产了超过全区 60% 的粮食和油料，是高原油菜、马铃薯和水果等农产品的重要生产区。区域现有耕地 125.390 万 hm^2，超过 60% 为山坡地，生态压力较大。因此，第一，应推动耕地利用转型，发展果木产业，在气候适宜的滇北、川西、甘肃甘南山地河谷区，构建苹果、核桃、梨、樱桃等果树种植园、绿色茶园和花椒园；适当发展人工饲草种植，发展农区舍饲畜牧业。第二，加强梯田建设，提高耕地质量，控制水土流失。第三，调整作物种植结构，扩大马铃薯、山地蔬菜等高附加值作物的种植比例，在河湟谷地、滇川河谷盆地建设马铃薯、油菜、山地蔬菜生产基地。第四，有序开发特色生物资源，如野生蔬菜、野生菌类、特色花卉、食用菌、藏中药材等特色资源，发展食用菌、藏药材等特色产业。第五，加强山地森林生态系统和生物多样性保护，深化保护区和边远山区农村居民点的移民搬迁，限制自然保护区的耕垦、放牧活动，逐步退出耕垦土地。

北缘山盆地绿洲农业发展带：气候干旱，超过60%的面积为干旱裸地和沙漠，耕地面积7.540万 hm²，集中分布在柴达木盆地、共和盆地周边的洪冲积扇上，主要种植枸杞、玉米、小麦、油菜和马铃薯等，是我国仅次于宁夏的枸杞主产区。该带光热资源丰富，部分绿洲区水资源和荒地资源丰富，可适度开发，发展枸杞产业。同时，应适度限制山羊规模，保护荒漠生态系统，防治土地沙化。

西南缘山地边疆农业发展带：位于西南缘邻近国界的地区，地理位置特殊。现有人口为137.64万人，人口密度为2.86人/km²，总体人口密度不高。农业以种植业和草牧业为主，应适度进行土地开发，发展早熟青稞和饲草产业，推动农业发展；在海拔低于4400m的河谷农区，发展设施蔬菜产业，提高蔬菜的供给能力。藏南地区包括波密县、墨脱县、察隅县地区，水热条件好，应适当加大开发力度，发展水果和茶叶产业，加强波密县、墨脱县、错那县等地的茶园建设，带动城镇建设和人口集聚，促进边疆安全。

参 考 文 献

魏慧，吕昌河，杨凯杰，等. 2019. 青藏高原及其典型地区设施农业空间分布数据集（2008，2018）（中英文）. 全球变化科学研究数据出版系统，（4）：12.

徐增让，靳茗茗，郑鑫，等. 2019. 羌塘高原人与野生动物冲突的成因. 自然资源学报，34（7）：1521-1530.

Liu Y，Lu C. 2021. Quantifying grass coverage trends to identify the hot plots of grassland degradation in the Tibetan Plateau during 2000 ~ 2019. International Journal of Environmental Research and Public Health，18（2）：416.

Wei H，Lu C H. 2022. Farmland change and its implications in the Three River Region of Tibet during recent 20 years. PLoS One，17（4）：e0265939.

Wei H，Lu C H. 2021. High-resolution dataset of farmland area in the Tibetan Plateau. https：//doi. pangaea. de/10. 1594/PANGAEA. 937400［2022-01-20］.

Wei H，Lu C H，Liu Y Q. 2021. Farmland changes and their ecological impact in the Huangshui River Basin. Land，10（10）：1082.

第 16 章 农业可持续发展对策

青藏高原的农业发展，应立足水土资源禀赋和农业特色，积极推动青稞、设施蔬菜、牦牛、藏羊、藏香猪、果木、藏中药材等特色产业发展；发展饲草产业，推动畜牧业由数量型向效率型或向可持续的现代草牧业转变；加强政策支持和科技支持体系建设，提升农业生产能力和综合效益，促进生态、社会和边防安全。

16.1 农业发展的总体策略

16.1.1 坚持生态保护和绿色发展

根据国家对青藏高原生态屏障建设的战略定位，坚持草畜平衡和绿色发展，控制农牧业活动的范围和强度，遏制草地退化，促进生态恢复。

（1）控制草地放牧强度，促进生态恢复

2000 年以来，国家通过资金支持，在青藏高原相继实施了一系列生态保护政策和生态建设工程。其中草畜平衡奖励政策，即对未超载草地（年奖励 0.6~1.5 元/亩）和实行禁牧封育草地（年补助 6 元/亩）的补助奖励影响最大。作者调查访问发现，草补政策基本落实到位，村、乡每年都将发放的补贴张榜公布。该补贴对草地保护起到了积极作用，使天然草场的放牧强度有所减轻，加上气候暖湿化的影响，青藏高原的草地总体呈现改善趋势。通过 NDVI 数据的分析发现，2000~2019 年，青藏高原 90% 的草地变好或保持基本稳定（图 9-1）。受气候暖湿化的影响，1980 年以来草地生产力显著提高（图 6-7），预计未来 50 年还将持续改善，草地产草量增加（图 6-24）。

不过，根据 2020 年县级牛羊等放牧牲畜数量（图 4-7）、2009~2018 年草地平均产草量（莫兴国等，2021）数据测算，部分地区草地还存在较严重的超载现象（图 16-1），集中在人口密度较高的农区，包括高原东北部地区（青海东部和甘肃西南部黄河上游区）、西藏一江两河地区和滇北地区，牲畜存栏量大，大部分县市的牛羊饲养量都超过草地的承载能力，超载程度多在 50% 以上；在新疆高原地区和柴达木盆地西部，因气候干旱，草地产草量低，也存在较严重的超载现象；在部分纯牧区，如西藏当雄县、色尼县、日土县、噶尔县和四川若尔盖县（图 16-1），以及纳木错-色林错湖盆区、三江源宽谷盆地区，近 20 年草地植被覆盖度下降显著（图 9-1），超载也较严重。从作者的农户访谈和实地观察看，这些地区还未完全落实草畜平衡政策，导致草地放牧密度高，过牧突出，在 4~5 月就观察到大量牧畜放牧，一直延续到 10~11 月。常年放牧造成对草场的巨大压力，草地存在明显的风蚀沙化、杂草入侵和鼠害等问题。不过高原腹地的大部分高寒草地，放牧强度适中，低于草地的载畜能力（图16-1）。

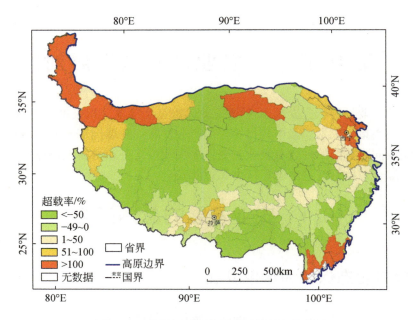

图16-1　青藏高原县域草地超载程度分布图

总体来看，21世纪初以来青藏高原实施的限牧和草地保护政策，取得了显著成效，不过，要完全实现草畜平衡仍需要付出巨大努力，尤其是需要加强农区和河湖盆地区天然草地牲畜放牧数量的管控。同时，应充分利用耕地资源较丰富的优势，发展饲草产业和舍饲养殖，降低天然草场的放牧压力。在河湖盆地和湿地集中分布区，应严格执行国家的限牧政策，加强监管，逐步降低天然草场的放牧强度，实现草畜平衡。

（2）加强退化土地整治

2000年以来，国家实施的退耕还林还草政策，总体成效显著。作者在横断山区、青海东北部黄土丘陵区的实地考察和基于高分影像数据的分析发现，山坡耕地大部分已退耕转化为林地或草地，2000年以来这些地区的植被覆盖度显著提高，生态环境整体得到明显改善。

不过，在喜马拉雅山北坡地区、雅鲁藏布江中游河谷、青海柴达木盆地、共和盆地，因大风和干旱，土地风蚀沙化严重，需要加强农田防护林、固沙障建设；同时，应改进作物种植结构，推广草田轮作、免耕等农耕措施，防治耕地的风蚀沙化。另外，对位于国家自然保护核心区的耕地，以及位于或邻近行洪河道以及河流、湖泊、水库水面区域的耕地，应按照国家保护区的政策，退耕或转为林草地。

（3）加强农业环境保护，发展田园农业和绿色种植

青藏高原的农业主要分布于河谷冲积平原、河流阶地、洪冲积扇上，种植作物主要为青稞、小麦、油菜、马铃薯等，因此，种植业多呈串珠状分布于河流两侧，青稞/小麦与油菜作物轮作种植，镶嵌分布；独具民族特色的乡村建筑分布于农田周边，形成了独特、温馨和谐的田园农业和乡村景观，是青藏高原美丽自然景观的点缀，提升了其旅游观光价值。因此，应积极支持绿色田园农业建设，打造以乡村和小农户为基础的观光农业。

绿色是青藏高原农业生产的优势，但近 20 年化肥、农药尤其是农膜的用量增加。在滇北、川西和昌都南部的横断山热河谷地区的调研发现，这些地区农膜使用非常普遍，主要用于种植玉米和马铃薯等作物。其次是设施农业的发展，也极大提高了农膜的使用。但作物收获后，农膜并没有得到很好的回收，对环境来说是一个潜在的威胁。根据 10.3 节对土壤样品的分析结果，部分农地特别是设施农业用地，存在较高的土壤塑料污染风险，需要引起重视。

因此，应根据高原的自然条件特点，研究制定化肥、农药、地膜施用的控制指标，制定农膜回收规范，对农田农膜进行清理回收。研究制定绿色种植规范、监督管理和考核办法，指导高原绿色农业发展。从作者在西藏日喀则市的调查看，当地政府已将绿色种植业作为农业的发展目标，出台了限制化肥和农药用量的措施。但对地方农业部门的访谈发现，在实际考核中，仍将提高单产和粮食增产作为重要的考核指标，在一定程度上影响了绿色发展的推进。因此，建议调整种植业的绩效考核办法，弱化或取消粮食增产指标，提高绿色种植的评价权重。

16.1.2　加强耕地保护和基本农田建设

耕地是青藏高原最宝贵的土地资源，2019 年共有耕地 192.0 万 hm²，人均 1.82 亩。受地形和气候的影响，耕地质量总体较低，坡耕地比例大。2000 年以来，受生态退耕政策、城镇扩张、农村劳动力转移和种植业效益下降等因素的影响，耕地面积有所减少（图 5-3），特别是在湟水河谷地和一江两河等重点农区，耕地流失现象突出（Wei et al.，2021；Wei and Lu，2022）。耕地是种植业的基础，青藏高原估计超过 700 万农牧人口的生计还主要依靠种植业，因此，有必要加强耕地保护和基本农田建设，提高耕地的综合生产能力，维持粮食生产和农牧民生计的稳定与改善。

（1）加强耕地保护

由于城镇发展和生态建设，部分地区耕地流失过快。例如，在青海湟水河流域，由于生态退耕和城市扩张，2000 年以来耕地面积减少近 24%，导致粮食生产能力下降；在西藏一江两河地区，耕地面积也出现显著减少趋势，2000～2018 年减幅近 9%，因此，应加强耕地监督，落实耕地保护措施。除严格限制耕地转为非农用地外，应控制耕地转为生态用地。作者分析发现，在一江两河地区和湟水河地区的流失耕地中，70% 和 83% 的面积是退耕转为生态用地或绿化用地造成的，因此，应控制生态退耕规模。因农村劳动力短缺和种粮收益低，农民种粮积极性不高，退耕还林还草补贴政策在推动陡坡耕地退出的同时，在一定程度上也造成了过度退耕问题。2000 年以来，经过近 20 年的退耕还林还草工程建设，符合政策要求的耕地基本已退出，因此，建议将"退耕还林还草工程"调整为"林草建设工程"，弱化政策退耕指标；同时禁止优质耕地转为生态用地或绿化用地。应支持农民改善种植结构，扩大饲草和经济作物的种植面积。

（2）加强基本农田建设

青藏高原地区的耕地质量总体较低，除一江两河、河湟谷地等地区外，大部分地区的农田地块小，分布零散，土地质量差，尤其是在横断山区，坡耕地比重高、土层薄、土壤砾石含量高，土壤肥力和保水能力差。受地形制约，山区河谷耕地主要利用山坡溪流灌溉，保证程度低。耕地地块零散，80% 的地块面积小于 $10hm^2$，33% 的地块面积小于 $1hm^2$，难以进行规模化经营，是制约种植业发展的重要限制因素。

因此，应加强耕地的整理平整和坡耕地改造，修建梯田；通过增施有机肥、捡拾土壤石砾、适当培土等措施，提高土壤质量，提高农田的保水保肥能力。因地制宜，构建以小农户为主体的、与周边环境相协调的田园农业发展模式。在一江两河地区、河湟谷地、甘孜盆地等粮食主产区，耕地比较集中连片，应加强高标准农田建设，改善耕地的保灌程度和道路连通性，建设青稞、小麦、马铃薯等生产基地，提升区域的粮食生产能力和生产效率。

16.1.3 推动特色农业发展

青藏高原太阳辐射和紫外线强，大部分地区病虫害少。由于长期形成的宗教传统，藏族农民很少使用农药，化肥用量也较低。根据第 10 章对农地和水样的采样分析结果，水土质量都保持良好，没有发现明显的农业污染，绿色特征色鲜明，已成为青藏高原农产品的重要标志。

(1) 特色农产品丰富多样

青藏高原孕育了包括青稞、牦牛、藏羊、藏猪等独特的农业地域类型。根据《西藏高原特色农产品基地发展规划》和《青海省"十三五"特色农牧业发展规划》等资料，青藏高原地区有 130 余种特色农林牧产品，其中特色作物类包括青稞、小油菜、马铃薯、蚕豆等；禽畜类包括藏香猪、藏鸡、牦牛和藏羊等；林果类包括薄皮核桃、黑枸杞、黄果橘、黄果梨和软儿梨等；水产品包括青海冷水鱼、亚东鲑鱼等。独特和多样的自然条件，还孕育了丰富的中草药和菌类资源，包括虫草、藏红花、天麻、蕨麻、贝母、党参、灵芝等名贵药材，以及黄菇、白菇、松茸等优质菌类。

超过 50 个独具地域特色的优良品种已被认定为中国国家地理标志保护产品（表 16-1），如西藏青稞米，分布在甘孜县、泽库县、囊谦县、察雅县、隆子县等地的黑青稞，分布在当雄县、那曲市和昌都市、玉树州和果洛州、甘南州和甘孜州、阿坝州等地的牦牛，分布在夏河县、玛多县、唐古拉山镇、刚察县、祁连县、泽库县、天峻县、碌曲县、加什科、若尔盖县等地的藏羊，分布在尼洋河地区和稻城县、大通县、乐都县等地的藏香猪，分布在柴达木盆地的枸杞等。

表 16-1 青藏高原农业主要地理标志产品

农业类型	地理标志产品
特色作物	西藏青稞米；甘孜、泽库、囊谦、察雅、隆子黑青稞；门源、同仁、乃东、香格里拉青稞；大通、民和、凉山马铃薯；南木林艾玛土豆、贡嘎昌果红土豆；湟中燕麦、蚕豆、胡麻；尖扎、八宿荞麦；凉山苦荞；察隅大米、龙爪稷、花生、鸡爪谷；互助、门源油菜籽；门源蚕豆；同仁胡麻、豌豆

农业类型	地理标志产品
牦牛	当雄牦牛、类乌齐牦牛、帕里牦牛、娘亚牦牛、嘉黎牦牛、九龙牦牛、石渠牦牛、海晏牦牛、唐古拉牦牛、刚察牦牛、玉树牦牛、久治牦牛、甘德牦牛、碌曲牦牛、肃南牦牛、雪多牦牛、乌恰牦牛、金川多肋牦牛、天祝白牦牛；三江黄牛（役肉兼用型）
绵山羊	甘加、玛多、唐古拉、刚察、祁连、泽库、天骏、碌曲、加什科、若尔盖藏羊；欧拉羊、岗巴羊、塔什库尔干大尾羊、和田羊、阿克塞羊、格尔木蒙古羊、肃南高山细毛羊、革吉象雄半细毛羊、曲麻莱扎加羊、昌都阿旺绵羊；贵南黑藏羊、尖扎山羊、茶卡羊、措勤紫绒山羊、日土白绒山羊
猪、马等	林芝、工布江达、稻城、大通、乐都、黑水县色湾、若尔盖藏香猪；互助八眉猪、蕨麻猪；互助花土鸡、海东鸡；米林、香城、舟曲从岭藏鸡；黑水凤尾鸡；河曲马、阿克塞哈萨克马、红原麦洼马
中草药	藏红花；那曲、杂多、玉树虫草；果洛、玉树、同仁、泽库蕨麻、波密、林芝天麻、卓尼柴胡、当归、互助大黄、当归、黄芪；松潘、甘孜川贝母；金川秦艽、九寨党参
果木	循化、舟曲、同仁花椒；同仁黄果梨；察隅猕猴桃；朗县、林芝、加查、左贡、舟曲、理县核桃；柴达木枸杞；察雅、林芝、小金、茂县苹果；乐都大樱桃、汶川甜樱桃；金川雪梨、小金酿酒葡萄；木里邹皮柑
蔬荬菌类	循化、乐福线辣椒；道孚大葱、德荣树椒；朗县、波密、芒康、昌都索多西辣椒；祁连、刚察、天骏黄菇；石渠白蘑菇；稻城、林芝松茸；林芝灵芝

（2）加强特色农产品开发

经过多年的开发建设，青藏高原已形成了多种独具特色品牌优势的农牧产品系列，包括青稞产品系列、牦牛肉产品系列、羊绒精纺织品系列、特色农畜产品系列、特色植物油系列、特色饮料系列等，尤其是牦牛、藏系绵羊、藏猪、藏鸡、野生核桃油、野生黑木耳等品质上乘的高原特色农产品在国内独具特色。但总体来看，规模还较小，专业化和产业化程度不高。因此，应拓宽渠道，通过建立龙头企业，推动产业化发展，提高农牧民的经营性收入。

（3）发展设施农业，满足市场需求

充足的光照资源，为设施农业的发展提供了良好的条件，加上旅游资源丰富，旅游业发展迅速，为设施蔬菜、瓜果等农产品提供了市场保障。由于由国家"菜篮子"工程的推动，设施蔬菜生产在过去20年得到了快速发展，到2018年，青藏高原设施农业面积为9427hm²（魏慧等，2019），主要种植蔬菜，品种包括西红柿、叶菜、豆角、黄瓜、辣椒、大葱等；其次是大棚瓜果，包括西瓜、葡萄、火龙果等，以及大棚食用菌类。对2008年、2018年西宁市和拉萨市设施农业面积的解译结果分析发现，分别扩大了6.2倍和2.3倍（魏慧等，2019）。但目前还不能满足市场需求。根据青海省农业农村厅公布的数据，青海2018年的蔬菜自给率为65%，较2008年的57%提高14%。根据中国西藏网发布的文献数据，2018年西藏主要城镇在夏、秋两季的蔬菜自给率达85%，冬、春两季自给率达65%。虽然"吃菜难"问题有很大缓解，但仍需要从外地调入。

2000年以来，青藏高原城市、居民收入和旅游业呈现了快速发展的态势，尤其是旅游业发展迅速，2006～2018年青藏旅游人数增加了9.24倍。预计到2030年，青藏高原地区

的城市化、经济和旅游业仍呈快速增长的态势，既给发展高原设施农业带来重大机遇和美好前景，又存在巨大挑战，蔬菜、瓜果等设施农产品的供求关系预计还将处于紧张状态，因此，推动设施农业发展，不仅可满足市场需求，还有望成为高原农业发展的一个重要的增长点。为此，当地政府也出台了一系列的政策措施和规划，如西藏自治区人民政府制定了"旅游+农业"的发展战略，以推进设施农业的发展。

边疆区旅游资源丰富，近年旅游人口增加很快，促进了餐饮旅馆业的发展，但蔬菜供给严重不足，还主要依靠从拉萨市、日喀则市、云南等地区调入，不仅增加了成本，又不利于当地经济发展。边境地区虽然总体海拔较高，气候干旱，水土资源较差，但部分河谷地区，海拔较低，有较丰富的土地适合设施农业的发展，因此，应推动边疆地区的设施农业发展，吸引人口聚集，推动经济发展，促进边防安全。

（4）积极发展特色果木业

青藏高原独特的气候和土壤，为各种果木提供了良好生长的条件，生产了包括薄皮核桃、苹果、枸杞、黄果橘、邹皮柑、梨、樱桃、花椒、茶叶等很多独具地方特色的地理标志产品（表16-1），尤其是核桃、苹果、梨和柴达木枸杞等都初具规模。在川西地区的盐源县、茂县、汶川县、小金县、金川县和木里县，滇北地区的玉龙县、剑川县、宁蒗县等地，西藏林芝市，以苹果、梨和核桃为主的果木生产，已成为当地的主要农业产业，2020年水果产量都超过万吨，盐源县和茂县分别达到49.24万t和11.13万t。近10年，青藏高原地区道路建设发展迅速，为水果销售提供了良好的基础，因此，应因地制宜，积极规划布局和推进果园、核桃园、枸杞园、绿色茶园、花椒园建设，如在察雅县、林芝市、小金县、茂县，发展苹果和雪梨果园基地；在朗县、林芝市、加查县、左贡县、舟曲县、理县等地，推动核桃园建设；在藏南地区，发展猕猴桃和绿色茶园建设；在循化县、舟曲县、同仁市和川西山地，建设花椒园。通过果木产业发展，促进当地农牧民增收。

（5）发展藏中药材和食用菌产业

青藏高原中草药和野生菌类资源丰富（表16-1），包括虫草、藏红花、蕨麻、大黄、当归、黄芪、川贝母、秦艽和党参等中草药。高原环境优良，基本无污染，为优质藏中药材生产提供了良好的条件。根据统计数据，甘肃高原区中药材已形成规模化生产，2020年藏中药材种植面积为4.727万hm^2，药材产量为20万t，其中50%产自岷县，37%产自天祝县、临潭县、迭部县和卓尼4县。青海中药材也已形成体系，2018年全省当归、黄芪等中药材种植面积为1.66万hm^2，主要分布在河湟谷地的15个县市，总产量为10.2万t。在川西地区藏中药材种植也具有一定规模，2020年藏中药材产量为2.55万t。西藏藏中药材种植面积不大，以虫草等天然药材采集为主，年虫草采集量在50t左右。药材种植绿色、效益高，应积极推动藏中药材产业的发展，重点在甘南、河湟谷地、川西地区建设藏中药材种植基地，促进优质药材生产。另外，规范保护虫草产区，完善那曲市、杂多县、玉树市等重要天然虫草产区的规范管理和收购制度，保障虫草产业的可持续发展。

高原中东部高山草甸区，雨季7月、8月黄菇、白蘑菇等天然菌类丰富，品质优良，近年受市场驱动，价格飙升，目前还处于无序采集状态，应探讨保护发展模式，提高产量，使当地牧民增收。在藏东南地区和横断山区，松茸等野生菌类资源丰富，目前也缺乏统一管理，处于自由采集状态，危险性高，可在重点产区，如香格里拉市、稻城县、林芝市等地，探讨制定管理和采集规范，提高产量，减少采集风险。

高山蔬菜优质、绿色，在川西地区，高山蔬菜生产已初具规模，主要供给成都市等城市，应充分挖掘当地市场资源，与周边城市或企业合作，建设高山蔬菜生产基地。

16.1.4 加强边境农业建设

新疆、西藏和云南靠近边境的地区，现有人口约 138 万人，人口密度为 2.86 人/km²。区域资源相对丰富，现有耕地面积 23.1 万 hm²，人均 2.5 亩，2020 年粮食总产量为 46.87 万 t，人均粮食占有量为 340kg。区域有可利用草地面积 1865.5 万 hm²，放牧强度为 0.52 羊单位/hm²，还有一定的发展潜力。尤其是藏南地区，水热条件好，适宜水果、茶叶发展。作者基于高分影像数据解译发现，仅在察隅河流域，就有可开发土地约 1 万 hm²。这些土地海拔多在 1400～2500m，年降水量在 800～1000mm，年均温度在 12～16℃，气候温和湿润，水资源丰富，应积极发展玉米、青稞、小麦、水稻、豆薯类等种植业和茶叶、核桃、猕猴桃等果木业。

目前边疆区农业活动强度总体较低，很多地区还保持较原始的自然状态，在喜马拉雅山南坡分布有大面积的原生林。该带地理位置特殊，农业仍是主导产业，对稳定人口、维护边疆安全具有关键作用，因此，应加强政策支持，发展种植业、设施农业、果木业和饲草产业，推动农牧业发展，提高蔬菜和肉类产品的供给能力。藏南地区包括波密县、墨脱县、察隅县，水热条件好，应适当加大开发力度，发展水果和茶叶产业，带动城镇建设和人口集聚，促进边疆安全。

16.1.5 推进农业和旅游业的融合发展

青藏高原农牧业独特，具有鲜明的田园和立体农业特色，分布在山地河谷区的村庄，景观优美，具有发展休闲观光农业的优势。因此，应结合旅游产业优势，发掘高原旅游文化功能，推进农牧民特色庭院经济、民俗家庭旅馆和乡村民族文化的有机结合，建立包括农耕、观光、游牧生活于一体的休闲农业。结合新农村、新牧区建设，充分发挥自然景观优美、文化资源丰富的优势，推进特色畜禽产业与旅游、教育、文化等产业融合，促进自然资源和民族文化等资源优势转化为产业经济优势，带动农牧业经营模式的转变；发展特色餐饮服务，创建一批特色生态旅游示范村镇。通过举办具有影响力的高原特色农牧业节庆活动，扩大高原特色休闲旅游品牌的知名度和影响力，多方位输出青藏高原各类特色农产品。

开发建设观光农牧业的精品线路。在西藏，可重点打造以一江两河为主线，以青稞、油菜、马铃薯和设施农业为基础、独具西藏特色的藏中农耕文化区；以林芝市-昌都市为主线，构建田园种植业，藏香猪、牦牛养殖业以及核桃、苹果等果木业的藏东南景观农业区；在当雄县、那曲市、阿里地区等重要牧区，打造游牧和野生动物体验区。

在青海，重点建设完善以湟中区、大通县、西宁市为中心，以油菜和高原马铃薯产业为基础的城市休闲观光农业圈，以及海东民俗文化及现代农业特色区、环青海湖地区景观旅游及生态农牧业特色区、青南地区藏文化体验及草地畜牧业特色区、柴达木地区盐湖观光及绿洲农业特色区等。

在川西和甘南地区，重点建设完善牦牛产业与湿地保护、红色旅游观光相结合的生态草牧业发展模式；构建高原边缘山地、大熊猫等珍稀野生动物保护区，生态保护与农林牧相协调的可持续发展模式。在滇北地区，充分利用水热条件优良、山地景观优美的特点，合理布局作物（水稻、马铃薯、豆类、山地有机蔬菜等）和果园（苹果、梨等）的空间结构，打造山地立体田园农业，提升和开发农业的观光休闲功能。

16.1.6　推动农业市场化和产业化发展

加强市场和农畜产品加工产业建设，带动青藏高原特色农产品的流通和农业的市场化发展。第一，在主要城市如拉萨市、日喀则市、昌都市、山南市、西宁市、海东市、香格里拉市等地区中心城市，建设优质粮油和优质畜产品加工区，重点发展青稞、马铃薯、油菜和牦牛、藏羊、藏香猪/黑土猪等畜产品加工产业。第二，在西藏、青海等主要城市人口聚居区，培育饲草加工企业，生产优质草粉、优质干草、浓缩饲料和配合饲料等饲料产品。第三，在林芝市、昌都市、山南市、日喀则市、拉萨市、西宁市、海东市、海西州、海北州等主要城市，建设果蔬、藏药材加工区和蔬菜保鲜库，培育蔬菜物流企业；积极发展冬虫夏草、天麻、灵芝、藏红花、红景天等藏药材加工，发展核桃、苹果、梨、桃、花椒、茶叶、食用菌等林果产品加工。第四，发挥区域资源优势，加大营销实体建设，拓宽市场，鼓励生产经营主体与有实力、有渠道的知名企业开展产销合作。第五，充分利用互联网等现代信息技术，大力推进电商与实体结合、互联网与产业融合、生产者与消费者直接对接等新业态，创新流通方式，减少流通环节，支持开展产品营销促销和展销活动，通过电视、网络等媒体加强产品的宣传和推介，引导市场主体加大营销力度。第六，打造特色旅游产品，拓宽优势特色产品营销渠道。

16.2　改善生产效率，推进农业转型

根据 2020 年第七次全国人口普查数据，青藏高原共有人口 1584.61 万人，其中农业人口约占 55%，大部分分布在河谷农区、半农区，主要从事种植业和粮食生产。因此，改善农区的农业生产模式，积极推动农业转型，提高经济和生态效益，既可使大部分农牧民受益，又是实现高原可持续发展的必要条件。

16.2.1　推进农业增产增效

青藏高原农牧业生产总体还较粗放，农业生产效率总体较低，如青稞、小麦的单产大部分地区分别低于 $4t/hm^2$、$5t/hm^2$，部分地区仅 $1 \sim 2t/hm^2$。青藏高原光照资源丰富，气候温凉，日夜温差大，作物灌浆期长，有利于干物质的积累，因此，作物生产潜力较高。基于 WOFOST 模型模拟的潜力结果显示（张泽民和吕昌河，2022；Zhang and Lu，2022），

在青藏高原的两个主要农区，即一江两河地区和河湟谷地，青稞生产潜力在 $7 \sim 8t/hm^2$，在海拔超过 4300m 的高寒地区，如定日县、错那县、改则县和浪卡子县等区域，青稞的生产潜力也可达到 $5t/hm^2$ 左右。春小麦热量条件要求较高，在主要种植区，其生产潜力多在 $6 \sim 9t/hm^2$。从目前的单产水平看，青稞和小麦至少还有 50% 的增产潜力。青稞是高原的特色作物，又是藏族居民的主要口粮，因此，应挖掘其增产潜力，提高青稞的供给能力。

畜牧业面临的主要问题是冬春饲草不足和饲养周期过长，导致牲畜出栏率和生产效率低，例如，2020 年青藏高原地区牛、羊平均出栏率分别仅为 27.51%、53.22%；在西藏，分别只有 23.91%、32.70%（表 4-5）。这意味着畜牧的生产效率还有很大的提升空间，未来 10 ~ 20 年，通过改善经营，缩短饲养周期，完全有可能使牛、羊的出栏率提高 1 ~ 2 倍，达到 2020 年全国的平均水平（牛 48%、羊 104%）。

因此，应建设农牧业循环联动发展模式，发展牧草种植，弥补牧业区饲料缺口。相比粮食作物，牧草种植要求相对较低，能更充分地利用气候、土地和生物资源，提高单位面积生物量。青海门源县经验表明，人工饲草混播地鲜草单产是天然草地产量的 5 ~ 10 倍。"粮改饲"的经验在青藏高原具有很高的推广价值，尤其是在半农半牧区。通过以草定畜、牧繁农育等措施，可形成农牧结合、优势互补的产业循环。另外，推动农牧业管理模式转型，可通过示范带动，有序推进标准化生产，促进种植业和草牧业的发展。可选择产业基础好、土地资源集中连片、特色突出、辐射带动能力强、区域竞争优势明显、增收潜力大的区域，推广标准化种养模式。

（1）改善种植结构

中华人民共和国成立特别是改革开放以来，青藏高原的种植业和粮食生产得到较快发展，2020 年全区粮食总产超过 400 万 t，人均占有量为 253kg，已满足当地人口的口粮需求。在农区，被采访的 200 多农户普遍反映粮食已完全自足，部分农户家中有超过 5 年的余粮，个别农户余粮甚至超过 10 年。因此，在保持粮食生产基本稳定的基础上，应支持引导农民调整耕地的种植结构，适当扩大青储玉米、苜蓿、燕麦草等饲草作物和马铃薯、油菜、蔬菜、豆类等经济作物的种植面积，提高饲草的供给能力，促进农区畜牧业的发展和农牧民增收。

（2）推广标准化种植模式

青藏高原地区耕地，多数土壤成土时间短、土层薄、土壤肥力差，因此，应建立合理的轮作制度，培肥地力，均衡利用土壤养分。第一，推广豆科作物与作物轮作、粮豆作物套种如冬青稞套蚕豆或箭舌豌豆等。第二，适时播种，根据不同的地区的热量条件，尽量早播，以充分利用有效积温，提高光能利用率。第三，推广优良品种和精量播种技术，减少用种量。第四，规范整地、灌水、施肥、除草等田间管理技术标准。

青藏高原大部分区域一年只种一季作物，很少复种。西藏自治区农牧科学院通过实验研究发现，在西藏一江两河农区，利用作物夏季收获后的剩余生长季，通过套种和复种，可以增加一季收成，提高土地利用率。主要的套种和复种模式有：粮食作物与经济作物复种，如冬青稞复种香瓜；粮食作物与饲料作物复种，如冬青稞套种、复种燕麦；豆科作物与饲料作物复种，如蚕豆复种饲料玉米；粮食作物与料作物复种，如冬小麦复种小油菜；

粮食作物与豆科作物复种，如冬青稞复种蚕豆；早熟青稞收获后复种秋菠菜；经济作物与饲料作物复种，如饲料玉米复种荞麦；油经作物复种，如早熟油菜复种香瓜等（关树森等，2009）。应因地制宜，分地区制定实施标准化种植规范，推动耕地的可持续利用，提高生产效率。

（3）推广标准化养殖模式

以天然草场放养为基础，按照畜禽良种化、养殖设施化、生产规范化、防疫制度化、粪污处理无害化和监管常态化的要求，建设适度规模养殖场，推动分散养殖向适度规模养殖转变，带动产业转型升级，提质增效。建立选种、配种、妊娠、哺乳、放牧、补饲、育肥、出栏标准，制定划区轮牧、越冬保暖、冬季补饲技术规范，采取放牧和补饲相结合、农牧结合的新型饲养模式，解决冬春饲草不足，牛羊生产"一年两头瘦，中间两季急抓膘"的低效生产方式，推进畜牧业生产方式转变，提高畜牧生产效率。

（4）发展牧养农育模式

在牧区建立放牧基地，充分利用天然草场，在夏、秋季对牛羊进行生产繁育和放牧饲养；在农区建立饲草生产和育肥基地，通过调整作物种植结构，发展草田轮作或建设人工草场，生产优质牧草，即"农种牧用"，提供牧区牛羊育肥出栏。通过夏、秋季牧区放牧，冬、春季（每年 11 月~次年 5 月）枯草期在农区育肥，提高资源的综合利用和畜牧效率。该模式可改善牧区饲草不足的问题，通过种植牧草，可改良农区的土壤肥力，育肥产生的牲畜粪便可培肥地力。该模式可加快牧区草畜出栏淘汰，促进农牧民共同增收。

（5）发展观光农业

充分利用农牧业独特的自然和人文资源，选择交通条件好、旅游资源丰富的地区，通过规划设计，开发高原农牧区的田园风光和休闲旅游功能，以旅游带动农牧区发展。游客既可以观光、采收、体验农作，又可以了解农牧民生活、享受农村牧区乡间情趣，当地农牧民可通过提供游客住宿、度假、游乐获取收入。结合青藏高原独特的自然资源条件、草原文化、湿地文化、牦牛文化和红色文化的乡村特色，开发建设各具特色的乡村旅游与休闲观光农牧业区。

（6）推广农林复合种植模式

根据当地资源特点，发展林下养鸡、中药材立体种植、农田间种果木（如核桃、苹果）等复合种植模式；在东南部山地区，推广林农、林药、林菜复合种植模式，即通过修建梯田，在阶面或梯田间的坡地植树种草，防治水土流失，梯田种植作物、药材或蔬菜。

（7）推广冬圈夏牧模式

在牧区，利用牲畜棚圈在暖季种植牧草，在秋末收割晾晒，作为牲畜冬、春季补饲饲料。牲畜棚圈建有围墙，避风保温，冬春季积累的牲畜粪尿为牧草生长提供了充足的养分，产草量高，超过天然草地产量的 50 倍，对缓解牧区冷季饲草不足具有重要作用。该模式投入很低，但能提高土地资源的综合利用效率。

16.2.2 推动天然草地放牧业向现代草牧业转型

青藏高原仍普遍采用天然草场放牧养畜的模式，忽视草地建设和牧草生产、畜产品加工等环节，导致畜牧业生产效率不高。作为重要的畜牧业经济类型，现代草牧业以草地牧场为中心，重视牧草生产、草场和放牧管理、畜产品加工与流通、草地牧场景观维护及文化经营等环节，具有鲜明的时代特征。因此，推动高原草牧业的现代化转型是实现高原草牧业可持续发展的必然选择。

（1）坚持以草定畜，维持草畜平衡

根据草地的承载能力，采用休牧、划区和围栏轮牧、季节转场放牧制度，使草场有一个稳定的恢复生长期，减轻草场尤其是冬、春季草场的放牧压力，维持草畜平衡。同时，大大扶持建设标准化规模化养殖小区、高标准现代草牧业示范区；支持养殖专业户、家庭农牧场、农牧民合作社、产业化龙头企业，发展品优高效的生态牧场。

（2）优化畜群结构，适龄出栏

藏族牧民仍普遍存在"多养即富""惜杀惜售"的传统观念，重存栏轻出栏，使牛羊的生产周期过长。例如，绵羊和山羊一般要饲养3~5年、牦牛5~7年甚至超过10年才出栏屠宰，使牛羊存栏量居高不下。虽然藏族牧民在长期的实践中，形成了牛羊季节换场轮牧的传统，但很少及时出栏，导致冬、春季存栏量大，饲草供给严重不足，牛羊因缺草掉膘、死亡，尤其是遇到大雪等自然灾害年份，牲畜死亡现象严重。在农区因有较丰富的耕地资源，多余的粮食和作物秸秆作为冬、春季饲料，加上近年政府推动的人工牧草种植，冬、春季饲草储备相对充足，畜牧业发展较稳定。但在纯牧区，饲草短缺严重，冬、春季牧畜普遍出现掉膘、死亡现象。

牛羊秋末提早出栏，减少冬、春季牛羊的存栏量，会大幅减少饲草消耗量，缓解草畜矛盾，提高草地畜牧业的生产效率。牛羊在出生后的6~12月龄阶段生长最快，单位增重饲草消耗量低，生产效率高，但随着年龄增长，饲草消耗量会急剧增加，生产效率下降。根据中国科学院西北高原生物研究所的实验数据（赵新全等，2011）测算，藏绵羊的生产率，即单位饲草的产肉量，当年羔羊最高，是2岁羊的2倍、3岁及3岁以上成年羊的3~5倍。羔羊当年出栏，生产同量的羊肉产品，较在4岁时出栏节省75%以上的牧草。同样，当年犊牛的生产效率最高，分别是2岁和3岁牦牛的1.5倍和2.5倍，是4~7岁牦牛的3.0~4.5倍。牛生长期长，国际上一般在1.5~2.0岁出栏屠宰。按此标准，即牦牛在第二年秋季出栏，在青藏高原地区，生产同量的牛肉产品，可较在5~7岁时出栏节省50%以上的牧草。因此，牛羊适龄出栏，可大幅减少饲草消耗，极大提高草畜业的生产效率，减轻草场压力。

（3）加强草场建设，推进优质饲草生产

青藏高原大部分地区海拔都在4000m以上，气候寒冷，草地植物群落结构简单，植株低矮，以莎草科的嵩草、苔草、禾本科的针茅、羊茅、早熟禾、披碱草、藏异燕麦和蓼科等植物为主，牧草营养成分有高脂肪、高蛋白、高无氮浸出物和低纤维素含量的特点，营养价值较高。但因土壤土层薄、质地偏粗，草地产草量普遍较低，大部分草地干草产量不足1t/hm²。受高寒气候的影响，超过80%的面积牧草青草期不足150d，加上冬、春季草地的牧草产量要明显低于暖季，导致饲草供给季节极其不平衡，冬、春季缺草严重，是制约高原草牧业生产效率和可持续发展的关键因素。

为解决高原地区冬、春季饲草不足的问题，当地政府都采取了很多具体措施，包括建设人工草场，改粮食作物为种植豆科牧草、燕麦草等，以推动草业的发展。这些措施在传统的农牧区，包括西藏一江两河地区、四川甘孜地区、青海共和盆地等，人工草地建设取得了一定成效和规模。但在纯牧区，成效不大，人工种植的草地保存率不高。其原因主要是：第一，牧民没有种植习惯，尽管有政府资金支持，但因劳动强度大、缺乏种植经验，牧民参与度不高；第二，受当地气候条件的制约，加上适宜草种的筛选不到位，人工草地长势差，且非常容易退化；第三，天然草地开垦种植人工草地，易发生土地风蚀沙化和杂草、鼠兔入侵；第四，后期管理不到位。

考虑高原的气候特点，人工草场建设需要做好规划，选择水热和土壤条件好、邻近居民点的区域，通过实验示范，分步推进。在农区，当地农民有作物种植经验，应引导和支持农民调整耕地的种植结构，发展草粮轮作和间作套种，扩大一年生牧草和多年生牧草种植面积。新垦建植人工草地，应选择≥0℃的生育期超过180d 或生长期积温大于 1500℃的低盖度草地，从海拔看，西藏南部地区和横断山区人工草地建设应不超过 4400m，青海、甘南地区应限制在 4000m 以下。温度过低，影响草地的生长和产草量，且易引起风蚀退化。根据第 2 章的土地适宜性评价结果，青藏高原有适宜人工草地建设的面积为 207 万 hm²，若管理得当，这些土地发展人工牧草种植，保守估计每年可至少生产 1500 万 t 优质饲草。

饲草选择应以禾本科和豆科牧草混播为主，合理搭配上繁草和下繁草的比例。从发表的文献数据看，可选择苜蓿+无芒雀麦+多叶老芒麦、苜蓿+多叶老芒麦+冷地早熟禾、无芒雀麦+多叶老芒麦+冰草、无芒雀麦+多叶老芒麦+冷地早熟禾、苜蓿+多叶老芒麦+冰草、垂穗披碱草+中华羊茅+冷地早熟禾+波伐早熟禾、无芒雀麦+扁蓿豆等，建设多年生人工草地（吕昌河和于伯华，2011）。在热量较差的地区，可发展燕麦+箭舌豌豆、燕麦+毛苕子等一年生人工草地。在农区，可采用粮油作物和豆科牧草轮作或混播的模式，生产人工饲草；也可利用作物收获后的剩余生长季，套种或复种豆科作物，如冬青稞收获后，利用 8～10 月的生长季，复种箭等豌豆，不仅可收获一季优质饲料，还可改良土壤结构和肥力状况。充分利用牲畜的棚圈，在暖季牲畜转场放牧时，种植一年生牧草，在冷季到来之前刈割后晾晒备用，用于牲畜补饲，是缓解冷季饲草压力的一个有效途径。

（4）加强本土草种的驯化培育，建设草畜种资源库

挖掘本土优质高产草种，建立优良草种繁育体系；建设牦牛、藏系绵羊、绒山羊、奶牛、藏猪、藏鸡等畜牧基地和牧畜良种选育基地，提升牲畜良种覆盖率和草畜生产效率。加强生态原产地畜产品的保护和认证，构建产前、产中、产后的动物性食品安全监督和健全标准体系，严格生产流程。

16.2.3 改善经营管理模式

青藏高原地广人稀，耕地分布零散，草场分布范围大、距离远，给农牧业的规范化经营管理和市场化带来一定难度，因此，需要加强合作，提高农业机械和劳动力的生产效率和市场化水平。根据当地农牧民长期实践和政府的支持推动，下述模式行之有效，应支持推广。

（1）村民合作互助模式

西藏大部分地区耕地地块分散，土层薄且石砾含量高，不太适合机械化作业，播种和收获还主要依靠人工或小型机械，经营规模小，因此，在长期的实践中，形成了村民合作互助模式，以充分利用机械设备，保证及时播种和收获。作者在青藏高原考察时发现，很多地方还延续着这种传统的集体合作模式，即耕作、脱粒机械由所在村庄集体购买，共同使用。在作物收获季节，村民合作互助。该模式可有效利用农业机械，减少成本，同时促进村民间的和谐共处。村民的牛羊集中，由专人负责放牧，也大量节省了劳动力，提高了劳动生产率。

（2）股份合作模式

通过农牧民将草场、牲畜、土地作价入股，建立农牧业股份合作的经营模式。主要的组织方式有：合作社+农户经营模式，即依托农牧合作联社，通过农牧民专业合作组织，带动广大农牧户进行优势农畜产品的生产和销售；公司+专业合作社+基地+农户模式：以专业公司为基础，建立农畜产品基地，对农畜产品实行订单收购，实行最低保护价收购政策，二次返利，确保农牧民的基本利益；产业和企业带动模式，通过培育扶持龙头企业，如牦牛乳肉、藏绵羊和藏香猪肉、优良牧草、青稞、马铃薯、高原油菜等，形成以产业为依托，以企业为龙头，带动发展农畜产品加工业，拓展农牧业的多种功能，促进生态农牧业发展。

（3）园区建设模式

以政府或企业为主导，以农业科技园区为载体，通过合理规划和政府补贴，建设规范化、标准化、专业化的农林牧业专业或综合园区，统一规范管理，引导农牧民改善经营方式，带动农业产业综合发展。针对高原的特色和优势产业，可建设青稞、油菜、马铃薯、中草药、茶叶、水果、核桃、蔬菜、牦牛、藏羊、藏香猪、绒山羊等专业产业示范园。在水热条件较好的地区，如藏东、横断山河谷区，应积极发展农林牧综合产业示范园。

16.2.4 加强品牌和市场建设

青藏高原农业市场化程度不高，尤其是在西藏地区，粮食和肉奶主要用于自食，很少售卖，多余的粮食用于酿制青稞酒和作为牲畜饲料，具有显著的自给自足的特征。除传统因素外，市场建设滞后、农产品价格偏低也是重要原因。因此，应积极打造特色品牌，开拓区内外市场。一是应挖掘地方传统特色产品资源，拓展无公害、绿色有机地理标志农产品数量。二是鼓励地区合作，联合发展规模化种植业和养殖业，推进从原料生产、加工物流到市场营销的产业融合发展，培育成熟的地区特色农牧业加工龙头企业；密切与内地省市的农牧产品企业合作，共同打造绿色农畜产品，开拓农畜产品的区域外销售市场。三是开展特色优势农畜产品推介宣传活动，增强市场拉动功能。四是加强农产品商贸物流配送能力建设。

16.3 加强政策与科技支撑体系建设

国家政策扶持和兄弟省区的支持对青藏高原的发展起到了重要作用，在今后很长时间内，国家政策支持仍是推动青藏高原可持续发展的一个关键因素。

16.3.1　加强政策建设

在全面落实粮食直补、良种补贴、农机具购置补贴、农资综合补贴和草原生态奖励补助等国家惠农政策的基础上，加快推进耕地、草场流转和租赁政策建设，促进农业的规模化经营。通过补助合作社、生产基地、设施农业建设，调动农牧民投入现代农牧业生产的积极性。加大对特色农业的扶持力度，按照"收入全留、补助递增、专项扶持"的财政政策，有针对性地降低税率、减免税收，广泛吸引社会投资。充分发挥政府投入的导向作用、地方配套的引导作用，带动农业关联企业和农户共同投资，实现投资主体多元化，推动农业的持续快速发展。

制定援建项目规范，促进各省区对口援建项目与高原特色农产品基地和商贸物流重大项目建设、农业产业龙头企业发展和青藏高原名优农产品特色农产品品牌建设形成对接，形成长期发展的良性共赢合作格局。

16.3.2　改善生态补偿政策

2018～2020年作者在西藏一江两河地区、横断山区、若尔盖地区、湟水河和青海湖地区、柴达木盆地采访了200多个农牧户和数十个乡村，并与当地市、县和乡镇政府部门座谈，对于国家实施的禁牧、限牧和草畜平衡补贴政策，在农区，因草地面积小、质量较差，补贴收益好，可使年收入增加2000～5000元，当地农牧户普遍持欢迎态度。但在草地质量好、牧业收入高的纯牧区如甘孜地区，单纯限制牛羊数量，会影响牧民收入，因为现行的补贴金额难以弥补牛羊数量减少造成的收入损失，牧民积极性不高，抵触情绪较大。根据若尔盖县科学农牧局的分析数据，按照传统的放牧强度，牧民每年从草地获取的收益约60元/亩；按草畜平衡政策的要求，放牧强度需要降低约50%，意味着收入要减少一半，而现行的草原生态保护奖补政策是每亩补贴6元，远低于限牧造成的收益损失。另外，湿地是当地最好的草场，禁牧保护必然影响饲草的供给，影响牧民收入。从作者野外观察看，很多湿地保护区仍在放牧，并未落实禁牧。在云南迪庆州，根据农业农村部、生态环境部《畜禽养殖禁养区划定技术指南》和《云南省畜禽养殖禁养区划定方案》要求，2018年已将全州42%的国土面积划为禁牧区，力度很大。如果补助奖励标准达不到牧民群众的生活需求，将使牧民群众的生活水平下降，势必会影响生态保护政策的推行，因此应根据实际情况，适当调整生态保护补助奖励标准，调整单纯按草地面积实施草畜平衡补贴的政策：①实施按年末存栏头数和饲养年限补贴，对提早出栏的牧畜进行补贴，激励牧民缩短饲养周期，提高出栏率；②采用分类补贴政策，即对草地质量进行划等分类，根据生产力高低进行差异性补贴；③适当提高禁牧草地的生态补偿力度。

青藏高原草地海拔多在4000m以上，冬、春冷季枯草持续期长达6～8个月，而适宜冷季放牧的草场面积低于50%。因此，要维持草畜平衡，秋末牲畜必须及时出栏，否则必然会造成存栏数量过大，牛羊在冬、春季因饲草不足，掉膘而死亡，还会导致草场过牧退化。因此，在秋季牛羊及时出栏屠宰，减少冬、春季牛羊的存栏数量，可平衡草畜矛盾，提高草畜生产效率。要解决这个问题，关键是激励牧民缩短牛羊的饲养周期。抓住这个关键，具有事半功倍的效果，既能控制畜群数量，实现草畜平衡；又能提高出栏率和生产效率，增加农牧民收入。

国际上一般都采用羔羊育肥、当年秋末出栏的管理模式，以减少冷季或枯草期牲畜存栏数量，降低草场压力。牛羊在出生后的 6 月龄阶段生长最快，单位增重饲草消耗量低，生产效率高，但随着年龄增长，饲草消耗量会急剧增加，生产效率下降。因此，牛羊适龄出栏可大幅减少饲草消耗，同时极大提高草畜业的生产效率，减轻草场压力。作为草畜平衡补贴政策的补充，应建立秋末牛羊适龄出栏补贴制度，激励牧民改变草畜的管理方式，实现由"数量型畜牧业"向"效益型畜牧业"的转变，化解冬、春季草畜供需矛盾，实现草牧业的可持续发展。

目前，青藏高原牛羊母畜多在 4 月产仔，在 3~5 岁和 5~7 岁或之后，于秋季集中出栏屠宰。考虑该现状，建议牦牛（包括犏牛、黄牛）在 5 岁前、绵羊和山羊在 3 岁前出栏屠宰按出栏年龄实施差别补贴，而之后出栏不补贴。具体补贴金额，可按出栏年龄，将羊划分为当年秋季出栏、第二年秋季出栏、第三年秋季出栏 3 个档次；将牦牛划分为当年秋季出栏、第二年秋季出栏、第三年秋季出栏、第四年秋季出栏和第五年秋季出栏 5 个档次。按不同档次，分别确定出栏补贴金额。

建立完善的牛羊登记制度。适龄出栏补贴发放需要完善细化以户为基础的牛羊登记制度。目前，青藏高原农牧区已基本完成草地确权，在乡镇和村级都已建立牛羊数量、草地面积按户登记制度，可进一步细化登记项目，包括当年新生牛羊数量、存栏牛羊年龄、能繁牲畜数量等，为补贴发放提供可靠的基础信息。当地农牧民基本有手机，可开发基于手机的数字登记系统，试点推广草畜数字化登记制度。这样，政府部门可及时掌握草畜动态，保证补贴包括草畜平衡等其他补贴准确发放到户，还可推动青藏高原精准畜牧业发展。

16.3.3　加强粮食保障体系建设

按口粮需求计算，青藏高原的粮食生产总量总体已实现自给有余，但粮食供给水平在空间上严重不平衡，牧区粮食需求基本都来自高原农区。由于牧区位置偏远、居民点分散，对粮食及时供应形成重要制约，首先，需要优化布局粮食的供应网点，构建以县、乡（镇）为中心的粮食供应网络。第二，应加强农贸市场建设，积极发展电商，构建多样化的粮食和其他农畜产品的流通体系。第三，完善粮食收购制度，鼓励支持农民售卖余粮，增加粮食的收购储备。第四，稳定青稞等基本口粮作物的播种面积。

青藏高原农业灾害特别是雪灾和低温霜冻严重，因此，应加强雪灾、冻害监测和应急设施建设，提高预警和防灾能力。建立健全针对高原雪灾、冻害的农牧业保险制度，为农牧民提供多样化、个性化的保险产品。加强粮食仓储建设，保证应急抢险能力。

16.3.4　加强科技支撑体系建设

青藏高原具有独特的作物和畜牧物种资源，但受科技条件的制约，引种改良、换种、冻改和保种等提纯复壮工作严重滞后。长期采用近亲繁殖，使牧畜品种和品质退化，个体矮小、生长速度慢，优良种质资源没有得到有效利用，部分优秀基因面临丢失和灭绝的危险，急需应对保护。因此，应加强科技体系建设，通过企业、大学和科研院所、政府部门联合共建，构建产学研相结合的育繁推一体化的现代种业体系，按照"引进与自繁相结合，纯繁与改良相结合"的原则，对牦牛、藏猪、藏羊、藏鸡等特色地方畜禽品种进行保护与改良利用，提高生产性能。同时，应加大青藏高原地区现有科技资源的整合，提高支持力度，构建创新研发平台，提升特色优质农牧品种的研发和成果转化能力。

应大力支持研发适宜高寒环境的草种、草地生态修复技术，构建病虫、鼠害防治体系，推广病虫害和鼠害生物和生态防治技术，构建用药标准和生态防治规范。完善农牧技术服务站，指导农牧民科学施肥、用药灭虫，提高农业生产效率。

加快农牧业信息化基础设施建设，推进农牧业信息进村入户和农牧业信息化服务水平。在已经形成产业化的企业、农牧民合作社、家庭农场、种养专业大户等新型经营主体，试行物联网、电商服务，提升龙头企业的生产活力和农牧业信息化服务水平，加快由传统自给自足的农牧业向现代农牧业的转变。

16.3.5　加强技术培训和人才引进

推动实施农牧民培训和农牧民职业教育工程，建设规范化的农牧民合作组织；实施农牧民创业扶持工程，扶持种养大户和加工产业大户，培育新型生产经营主体。统筹推进农牧业人才队伍建设，培养农牧业关键领域科研人才、高职院校农牧业产业推广人才；完善人才引进政策，为农牧业发展提供人才支撑。支持科研单位与企业共建农业技术研发平台、示范基地、成果转化中心；稳定科研队伍，培育建设农业创新研究推广团队。

参 考 文 献

关树森，刘国一，尼玛扎西．2009．西藏一年两收套复种技术研究．西藏大学学报（自然科学版），（1）：39-46．

刘文，莫兴国，刘苏峡．2022．青藏高原草地地上生物量的 ANNs 模拟分析．草地学报，30（2）：446-455．

吕昌河，于伯华．2011．青藏高原土地退化整治技术与模式．北京：科学出版社．

莫兴国，刘文，孟铖铖，等．2021．青藏高原草地产量与草畜平衡变化．应用生态学报，32（7）：2415-2425．

穆青云，李俊，何亮，等．2021．青藏高原冬小麦生产潜力及其对气候变化的响应．干旱区资源与环境，35（7）：92-99．

魏慧，吕昌河，刘亚群，等．2019．青藏高原设施农业分布格局及变化．资源科学，41（6）：1093-1101．

张泽民，吕昌河．2022．青藏高原不同积温条件下春小麦光温生产潜力及其对气候变化的响应．中国农业科学，55（11）：2135-2149．

赵新全，等．2011．三江源区退化草地生态系统恢复与可持续管理．北京：科学出版社．

Liu Y, Lu C. 2021. Quantifying grass coverage trends to identify the hot plots of grassland degradation in the Tibetan Plateau during 2000-2019. International Journal of Environmental Research and Public Health, 18

（2）：416.

Wei H, Lu C. 2022. Farmland change and its implications in the Three River Region of Tibet during recent 20 years. PLoS One, 17 (4)：e0265939.

Wei H, Lu C, Liu Y. 2021. Farmland changes and their ecological impact in the Huangshui River Basin. Land, 10 (10)：1082.

Zhang Z, Lu C. 2022. Assessing influences of climate change on highland barley productivity in the Qinghai-Tibet Plateau during 1978-2017. Scientific Reports, 12 (1)：7625.